高等学校课证融通系列教材

基础会计

JICHU KUAIJI

主　编　韩　丹

副主编　王　睿　吴灵均　王　新

高等教育出版社·北京

内容提要

本书是高等学校课证融通系列教材。本书采用模块化结构进行编写，按基础会计岗位能力要求，将基础会计的内容分为四大模块：会计认知、会计核算基础、会计核算方法、会计工作组织与要求。其中第一模块和第四模块分别讲述了会计的含义、会计的职能以及会计工作组织、会计规范等基本知识；第二模块和第三模块是本书的核心部分，阐述了会计核算的主要方法和业务内容。第二模块具体内容包括：会计对象、会计要素、会计等式、会计科目、账户和复式记账法。第三模块具体内容包括：会计凭证、工业企业主要经济业务的核算、会计账簿、财产清查、账务处理程序、会计报表。

本书理论基础深厚，体系完整，强调理论知识的应用性和实践性，注重培养学生的基础会计实践操作能力，同时也为财务会计、成本会计、管理会计等后续课程的学习奠定专业知识基础。此外本书与初级会计专业技术资格考证紧密联系，阐述的内容和练习题与初级会计专业技术资格考试内容相结合，以此增强学生参与考证的积极性，提高考试的通过率。

本书既可以作为高等学校会计学、财务管理专业教材，也可以供从事会计、财务管理及其他经济管理工作人员自学和培训使用。

图书在版编目(CIP)数据

基础会计 / 韩丹主编. —北京：高等教育出版社，2019.8 (2021.7 重印)

ISBN 978-7-04-052185-6

Ⅰ. ①基… Ⅱ. ①韩… Ⅲ. ①会计学−高等学校−教材 Ⅳ. ①F230

中国版本图书馆 CIP 数据核字(2019)第 154810 号

策划编辑 林　荫　**责任编辑** 刘自挥　张正阳　**封面设计** 张文豪　**责任印制** 高忠富

出版发行	高等教育出版社	**网　　址**	http://www.hep.edu.cn
社　　址	北京市西城区德外大街 4 号		http://www.hep.com.cn
邮政编码	100120		http://www.hep.com.cn/shanghai
印　　刷	当纳利（上海）信息技术有限公司	**网上订购**	http://www.hepmall.com.cn
开　　本	787mm×1092mm　1/16		http://www.hepmall.com
印　　张	21.25		http://www.hepmall.cn
字　　数	511 千字	**版　　次**	2019 年 8 月第 1 版
购书热线	010-58581118	**印　　次**	2021 年 7 月第 2 次印刷
咨询电话	400-810-0598	**定　　价**	42.00 元

本书如有缺页、倒页、脱页等质量问题，请到所购图书销售部门联系调换

版权所有　侵权必究

物 料 号　52185-00

前　言

会计工作是经济管理工作的一个重要组成部分。一个国家的经济越想发展得好，越需要规范的会计工作，为决策者提供高质量的会计信息。“基础会计”是会计学科的入门课程，主要讲授会计学的基本原理、基本方法和基本工作程序。为了培养应用型会计人才，本书吸收了会计学最新的理论研究成果，借鉴了国内外同类教材的先进经验。我们以国家颁布的会计准则及其应用指南为依据，按企业会计岗位对基础会计的能力要求，编写了这本《基础会计》教材。本书按基础会计岗位能力要求有机整合课程内容，主要有以下三个特色：

构建模块化结构

本书按基础会计岗位能力要求，将基础会计的内容分为四个模块：会计认知、会计核算基础、会计核算方法、会计工作组织与要求。会计认知模块的内容包括会计的含义与对象，会计的职能、作用与目标，会计核算方法，会计的基本假设，会计核算的基础，会计信息的质量要求，会计核算的一般要求。会计核算基础模块的内容包括会计对象、会计要素、会计等式、会计科目、会计账户、复式记账法和借贷记账法。会计核算方法模块的内容包括会计凭证、工业企业主要经济业务的核算、会计账簿、财产清查、账务处理程序、会计报表。会计工作组织与要求模块的内容包括会计工作组织、会计规范。

强调教材的应用性

本书在介绍会计核算方法模块时，通过结合企业具体业务案例讲授会计凭证的编制、会计账簿的登记和会计报表的编制方法。本教材在阐述工业企业主要经济业务的核算时，首先通过描述给出企业经济业务的文字提示；其次提供证明经济业务发生的原始凭证；再次阐述会计工作过程，即根据审核无误的原始凭证，详细分析每笔经济业务涉及的会计科目、借贷方向和金额；最后，展示编制每笔业务的记账凭证（会计分录）的过程。在会计核算方法模块中，在讲解会计凭证、工业企业主要经济业务的核算、会计账簿、账务处理程序、会计报表的内容后，不仅编写了巩固理论知识和练习题，而且还编写了相关理论知识在实践中应用的实训题，有利于提高学生的基础会计实践操作能力。

与全国会计专业技术初级资格的考证内容紧密结合

本书的编写不仅满足会计实践工作的岗位能力要求，同时也符合全国会计专业技术初级资格的考证要求。本书内容与考证相结合，标注有★的内容与考证相关：★表示内容属于需要了解和理解的考点；★★表示内容是考证的重点；★★★表示内容是考证的难点。

本书由海口经济学院韩丹担任主编，负责全书写作大纲的拟定和编写的组织工作，并总纂定稿。海口经济学院王睿、海南经贸职业技术学院吴灵均、海口经济学院王新担任副主编。海口经济学院秦亚琳、涂红标担任编写委员。全书分工如下：项目一和项目十由秦亚琳负责编写；项目二、项目三和项目五由韩丹负责编写；项目四和项目六由吴灵均负责编写；项目八和项目九由王睿负责编写；项目七由王新和涂红标合作编写。

本书不仅可作为高等学校会计学、财务管理、审计学以及其他经济学、管理学类专业教材，也可以供从事会计、财务管理及其他经济管理工作人员自学和培训使用。

在编写本书的过程中，我们得到了其他有关院校的老师和企业会计实务工作者的大力支持和帮助，他们对本书的编写提出了许多宝贵建议，谨此致谢。

由于时间仓促，加之水平有限，书中内容安排与语言表述可能还存在缺点或错误，我们恳请同行和读者批评指正。

编 者

2019 年 6 月

目　　录

模块一　会计认知

模块二　会计核算基础

模块三 会计核算方法

模块四 会计工作组织与要求

模块一

会 计 认 知

项目一　总　论

☞ **学习目标**

1. 了解会计的含义；
2. 熟悉会计的内容、职能与目标；
3. 掌握会计核算方法、会计基本假设以及会计信息质量要求。

☞ **能力目标**

掌握会计基本假设与会计处理基础的应用。

任务一　会计的含义与对象

一、会计的含义★

会计是以货币作为主要的计量单位，对企事业单位经济活动的全过程进行连续、系统、全面和综合的核算和监督，并为企事业单位的经济决策提供有用信息的一种管理活动。

会计学作为一门社会科学是随着社会生产力的发展而产生和发展起来的。在人类社会的发展过程中，随着社会生产力的发展产生了物资剩余，这是会计产生的前提条件；在社会分工的基础上，随着社会生产力的进一步发展和私有制的产生，逐步出现了商品交换，而作为媒介交换的一般等价物的货币的出现，则为会计的发展奠定了重要的基础。

随着社会生产力的发展，会计由单式簿记发展为复式簿记。1494 年，在意大利产生了借贷记账法，会计从此逐步成为一门独立的学科。借贷记账法是世界上沿用至今的一种通用的、科学的复式记账方法。

在我国，唐、宋两代创建的“四柱结算法”，即通过“旧管＋新收－开除＝实在”的基本等式进行结账，为我国在行政事业单位通行的收付记账法奠定了基础。

1993 年，我国会计实现了与国际惯例的初步接轨，将记账方法统一为借贷记账法。

2000 年 12 月，财政部制定发布了《企业会计制度》，从 2001 年 1 月 1 日起在股份制企业实行，并逐步推广至其他企业全面实行。2006 年，财政部正式发布了《企业会计准则——基本准则》和 38 项具体准则，又发布了《企业会计准则——应用指南》，从 2007 年 1 月 1 日起在上市公司范围内实行，并规定在尽可能短的时间内在其他企业全面实行。

随着社会生产力的不断发展，会计作为一种为企事业单位的经济决策提供有用信息的管理活动，对于企事业单位加强经济管理、提高经济效益起着重要作用。

二、会计对象★

会计对象是指会计所要核算和监督的内容，即特定单位能够用货币表现的经济活动。以货币表现的经济活动通常又称为价值运动或资金运动。

企业与行政事业单位的经济活动不尽相同。因而其会计对象的具体内容也有所不同。

企业作为以盈利为目的的经济组织，其经济活动的主要动机是通过经营而获取利润，实现资金的增值。企业的资金运动包括资金投入、资金循环周转和资金退出。这里的企业主要分为产品制造企业（即工业企业）和商品流通企业（即商业企业）两类，其他企业可以比照上述企业。工业企业的资金由企业的所有者及债权人投入，资金循环周转经过了供应过程、生产过程和销售过程。供应过程主要是采购生产产品所需的原材料的过程，生产过程是工人借助于机器设备等将原材料加工成产品的过程，销售过程是将生产的产品出售以换回货币的过程。在资金循环周转过程中，资金的形态经历了货币资金—储备资金—生产资金—成品资金—货币资金（结算资金）的不断转换的过程。资金退出是指上交税费、偿还债务及向投资者分配红利等使资金离开企业的活动。与工业企业相比，商业企业的资金运动除了缺少生产过程外，其余部分与工业企业相似。

行政事业单位包括国家行政机关、社会团体、事业单位和其他组织。这些单位一般不以盈利为目的，不从事经营活动。所以，行政事业单位的资金运动的主要形式是经费收入与经费支出。

任务二　会计的职能、作用与目标

一、会计的职能★★

会计的职能是指会计在经济管理中固有的功能，是明确会计工作的任务、充分发挥会计作用的理论依据。会计的基本职能主要是核算与监督。

（一）核算职能

会计的核算职能也称为反映职能，是会计最基本的职能。会计核算是将实际发生的经济业务转化成有用的会计信息的过程。会计的核算职能在实际工作中是通过记账、算账、报账等完成。记账就是将会计主体发生的经济业务运用会计的方法和程序，通过填制凭证、登记账簿反映在账户中；算账是在记账的基础上，运用记账的相关资料，计算会计主体的资产、负债、所有者权益、收入、费用、利润；报账是在记账、算账的基础上，运用账簿记录的数据资料，通过编制、报送财务报告以反映会计主体的财务状况、经营成果、现金流量等。会计就是通过记账、算账、报账等形式，以货币为主要计量单位来反映会计主体的业务或事项，对内、对外提供会计信息，以实现会计的目标。因此，会计的核算职能也叫会计的反映职能。会计核算职能是会计最基本的职能，具有以下特点：

（1）会计核算采用货币作为主要的计量单位对经济活动的数量方面进行核算。

（2）会计核算主要是对已经发生的经济活动进行事后核算。

（3）会计核算具有完整性、连续性、系统性。

（二）监督职能

会计的监督职能是通过专门的方法，对会计主体的经济业务进行合法性、合理性的监督和审查。合法性监督和审查是指监督、审查会计主体的经济活动是否符合国家的法律、法规、方针政策等，是否有违法乱纪的行为，以遏制不法行为的发生。合理性的监督和审查是为了提高经济效益，依据客观经济规律以及经济管理的要求，对会计主体的经济活动通过预测、计划、控制、分析、考评等进行监督。例如，是否符合财务收支计划、是否增收节支、是否符合内部控制制度的要求等。会计监督包括事前、事中和事后监督。

会计的反映职能和监督职能是相互联系、相辅相成的。反映是监督的基础，没有会计反映职能提供的信息资料，会计监督就失去了依据；而会计监督是会计反映的保障，是会计反映的继续和深入，只有严格履行会计的监督职能，才能保证会计反映的财务信息合理、合法、真实、完整，有利于会计提供决策有用信息目标的实现。

会计除了具有反映和监督两大基本职能外，还具有预测、决策、控制、分析、评价等扩展功能。

二、会计的作用★

会计的作用是会计职能的具体化，是会计职能在会计实践中的具体表现。随着市场经济的发展，会计发挥着越来越重要的作用，主要表现在以下方面。

（一）为会计信息使用者提供决策有用的信息

会计通过最基本的反映职能，以会计报表等形式，为企业内部经营管理者、外部的投资者和债权人、国家相关部门等诸多的信息使用者提供有关企业财务状况、经营成果和现金流量等方面的信息。

对于企业内部生产经营者，可以通过会计信息了解企业的生产经营状况，分析问题，及时地发现问题，以便采取有效措施，改进经营管理方式，提高经济效益。

对于投资者及债权人等外部信息使用者来说，财务信息是各方面进行决策的依据。作为企业投资者，他们可利用企业的盈利能力、偿债能力和发展趋势等方面的信息选择投资对象、衡量投资风险、做出投资决策。作为企业的债权人，他们可利用流动比率、速动比率、资产负债率等指标在内的短期偿债能力和长期偿债能力等财务信息选择贷款对象、衡量贷款风险、做出贷款决策。

对于政府部门来说，作为社会经济的管理者，要从总体上掌握企业的生产经营状况，从宏观上把握经济的发展变化趋势、制定经济政策、进行宏观调控、配置社会资源，同样离不开会计信息。

（二）有助于考核企业管理层经济责任的履行情况

企业接受了投资者和债权人的投资，经营者受托对企业进行经营，经营者就具有受托责任，就应按照企业预定的发展目标和要求，为提高经济效益，履行受托责任，在生产经营过程中合理利用资源，改善经营管理方式，接受投资者、债权人对其经济责任的考核。而会计提供的经营成果的高低、现金流量的多少、资产质量的优劣、偿债能力的强弱、所有者权益的变化等信息，则较全面地反映了生产经营状况及经营者的经营管理水平，有助于分析、评价企业的业绩，从而有助于考核企业管理层受托责任的履行情况。

三、会计的目标

纵观会计理论界对财务会计目标的研究，归纳起来主要有两大流派，即“受托责任派”和“决策有用派”。

（一）受托责任学派观点

受托责任学派认为，会计的目标就是以适当的方式有效反映受托人的受托责任及其履行情况。换言之，会计应向委托人报告受托人的经营活动及其成果并以反映经营业绩及其评价为中心。其依据是，资源所有者将资源的经营管理权授予受托人，同时通过相关的法规、合约和惯例等来激励和约束受托人的行为，受托人接受委托，对资源进行有效管理和经营并通过向资源提供者如实报告资源的受托情况来解除其受托责任。受托责任学派更强调信息的可靠性，它在重视资产负债表的基础上格外重视利润表。

（二）决策有用学派观点

决策有用学派认为，会计的目标就是向会计信息使用者提供对其决策有用的信息。换言之，会计应当为现时的和潜在的投资者、信贷者和其他信息使用者提供有利于其投资和信贷决策及其他决策的信息。其依据是，资源的所有权和经营权分离后，在资本市场介入的条件下，资源所有者对受托资源有效管理的关注程度会降低，转而更为关注所投资的企业在资本市场上的风险与报酬。决策有用学派更强调会计信息的相关性，即要求信息具有预测价值、反馈价值和及时性，更关注与企业未来现金流量有关的信息。

决策有用和受托责任是互有关联的会计目标，受托责任是实质，决策有用是形式。受托责任是会计产生和发展的根本动因，提供反映受托责任的信息是会计的根本目标。

任务三 会计核算方法

会计方法是指核算与监督会计对象，并完成会计任务的途径或手段。会计方法包括会计核算方法、会计分析方法、会计检查方法。会计核算方法是会计的基本方法，是对企事业单位的交易或事项进行连续、系统、全面、综合的记录和计算，为信息使用者提供有用信息的方法。会计核算的专门方法有设置账户、复式记账、填制和审核会计凭证、登记账簿、成本计算、财产清查以及编制会计报表七种。

一、设置账户★

设置账户是对会计核算对象的具体内容进行分类核算的一种专门方法。账户应根据国家统一规定的会计科目并结合各单位的实际情况合理设置，分别登记各项交易或事项，取得各项核算资料。对于国家统一规定的一级会计科目和明细科目，单位可以根据实际情况选用；对于国家未统一规定的明细科目，单位可以在不违反会计准则、制度的前提下，根据实际情况自行设计。

二、复式记账★

复式记账是指对每一项交易或事项都必须以相等的金额在两个或两个以上相互联系的

账户中进行登记，以记录资金运动及资金增减变化和结果的一种专门方法。采用复式记账法，可以通过账户的对应关系，了解有关交易或事项的来龙去脉，同时便于检查有关交易或事项的记录正确与否。

三、填制和审核会计凭证★★

会计凭证是指记录交易或事项，明确经济责任并作为记账依据的书面证明。会计凭证分为原始凭证和记账凭证。原始凭证是记账的原始依据，记账凭证是记账的直接依据。填制和审核会计凭证是有效实行会计监督，保证会计核算资料合理、合法、真实、完整、可靠的一种专门方法。

四、登记账簿★★

登记账簿是指根据会计凭证，在账簿上连续、系统、全面、综合地记录交易或事项的一种专门方法。根据会计凭证将交易或事项序时、分类地记入有关账簿，并定期进行结账、对账，为编制会计报表提供完整、正确、系统的数据。

五、成本计算★★★

成本计算是指按一定的成本计算对象，将生产、经营过程中发生的成本、费用进行归集和分配，以确定各成本计算对象实际总成本和单位成本的一种专门方法。通过成本计算，可以确定成本水平和成本构成，为考核业务成果和计算经营成果提供资料。

六、财产清查★★★

财产清查是指对货币资金、实物资产、往来款项等的盘点或核查，并将盘点或核查的实际结存数与账面结存数核对，以查明账实是否相符的一种专门方法。财产清查对于保证会计核算资料的真实、完整，保护财产物资的安全具有重要作用。

七、编制会计报表★★★

编制会计报表是指定期向会计报表使用者提供财务状况、经营成果和现金流量等有关会计信息，反映企业经营者受托责任履行情况的一种专门方法。会计报表所提供的会计信息，有助于信息使用者进行经济决策。

任务四　会计基本假设与会计确认基础

一、会计基本假设★★★

会计的基本假设也称为会计的基本前提，是指为了保证会计工作的正常进行和会计信息的质量，对会计核算工作所处的空间和时间范围以及计量方法等所作的合理设定。它是因会计人员面对变化不定的社会经济环境，而对某种情况按进行会计工作的先决条件所作的合理推断或人为规定。我国《企业会计准则》和《企业会计制度》规定，在企业组织会计核算时，应将会计主体、持续经营、会计分期和货币计量作为会计核算的基本假设。

（一）会计主体假设

会计主体是指会计工作为之服务的特定单位。会计主体可以是一个特定的企业，可以是某一个企业的特定部分，例如，企业的分公司、分厂等，也可以是由若干家企业通过控股关系组织起来的集团公司。我国《企业会计准则——基本准则》规定：“企业应当对其本身发生的交易或者事项进行会计确认、计量和报告。”即企业会计核算的对象要以自身发生的经济业务为主体，反映自身的经济活动。会计主体假设规定了会计核算的空间范围，明确了会计工作站在谁的立场上，为谁服务的问题。理解会计主体要明确以下几点：

1. 本企业的经济活动应区别于其他企业或单位的经济活动

企业发生的经济业务往往与其他企业或单位相联系，例如，从其他企业购入材料，将产品销售给其他单位等，企业在对经济业务进行核算时，必须站在本企业的立场上，必须以本企业的权利、义务为界限，将自身应核算的经济活动与其他企业或单位应核算的经济活动严格区别开来，正确地确认、计量、报告本企业的资产、负债、所有者权益，正确核算本企业的损益。

2. 企业的经济活动应区别于企业投资者的经济活动

明确会计主体，除了将本企业的经济活动与其他企业或单位的经济活动区别开来，还应将企业的经济活动与企业投资者的经济活动区别开来。如果企业的投资者又是企业的经营者，因为会计核算的是企业的经济业务，因此，应将投资者的个人消费与企业的经济活动区分开，核算清楚企业与投资者的往来，正确确认、计量、报告企业自身的财务状况和经营成果。

3. 会计主体与法人是有区别的

明确会计主体，还应明确会计主体与法人的区别。会计主体不一定具备法人资格，可以是法人，也可以不是法人；而法人一定是会计主体。比如，个人独资企业和合伙企业往往不具有法人资格，个人独资企业和合伙企业的财产和债务，在法律上仍是业主和合伙人的，但在会计的确认、计量、报告中，仍把它们看作是独立的会计主体。比如，由若干个具有法人资格的企业组成的集团公司，集团公司本身可能不具备法人资格，但在编制集团公司的会计报表（合并会计报表）时，要将集团公司看作是一个独立的会计主体。

（二）持续经营假设

我国《企业会计准则——基本准则》规定：“企业确认、计量和报告应当以企业持续经营为前提。”所谓持续经营是指在正常情况下，企业的生产经营活动将按照既定的经营目标、方针、形式无限期地延续下去，即在可预见的将来，企业既不会清算，也不会大规模削减业务。

如果说会计主体的基本假设为会计核算规定了空间范围，那么持续经营的基本假设则为会计核算规定了时间范围。企业是否能持续经营，决定了企业采用的核算方法、原则的不同。只有在持续经营的前提下，会计核算方法才能得以持续、稳定应用；会计主体所持有的资产，才能按预定的目的消耗、出售，所持有的负债才能如期偿还；会计才能对特定单位的经济活动进行正常的核算与监督，并保持会计信息处理的一致性与稳定性。持续经营为会计核算的正常进行提供了依据，解决了财产计价、收益和费用确认、计量等问题。例如，在持续经营的前提下，企业收益、费用才能按权责发生制的原则确认，而不是收付实现制，企业财产才能以历史成本计价，而不是现行市价或清算价格等。

在竞争激烈的社会环境下，企业破产、清算的风险时常存在。如果有确凿证据表明企业无法正常经营下去，即将破产、倒闭，那么在持续经营前提下的会计核算的方法、原则等将不再适用。

（三）会计分期假设

会计分期是建立在持续经营假设之上的。我们假设企业的生产经营会持续不断地进行下去，但会计要为各信息使用者及时提供信息，发挥会计的功能，实现会计的目标，不可能一直等到企业持续经营的过程全部结束时，因此，有必要将企业持续不断的生产经营过程人为地划分为会计期间，即会计分期。会计分期是指将持续经营的过程人为地划分成一个个时间跨度相同的期间，以便确定每一个会计期间的收入、费用、盈亏，确定该会计期间的期初、期末的资产、负债、所有者权益，并据以结算账目、编制会计报告，及时向各方面提供有关企业财务状况、经营成果、现金流量等会计信息。

会计期间分为会计年度和会计中期。会计年度是指将 1 年作为一个会计期间，这是最常见也是最重要的会计期间。我国的会计年度的起讫时间为公历每年的 1 月 1 日至 12 月 31 日；会计中期是指短于一个会计年度的会计期间，分为月度、季度、半年度，会计中期也按照公历起讫时间确定。会计分期为会计分期核算、编制会计报表提供了前提。会计分期是会计工作时间范围的具体化。

正因为会计分期假设，会计核算才能将本期与非本期进行区分，进而产生权责发生制与收付实现制，使不同类型的会计主体形成了记账的基准，进而出现应收、应付、预收、预付等会计处理方法。

（四）货币计量假设

货币计量是指会计在确认、计量、报告中以货币作为主要的计量单位，记录和反映会计主体的财务状况、经营成果、现金流量等信息。

企业在生产经营过程中会发生许许多多、纷繁复杂的经济业务，会计核算可以采用诸如劳动计量、实物计量、货币计量等多种计量单位，而劳动计量、实物计量只能从某一个侧面反映会计主体的生产经营情况，不能在量上进行比较、汇总。而货币作为一般等价物，是衡量一般商品的价值的共同尺度，因此，在会计核算中为了全面反映生产经营情况，提供系统、综合的会计信息资料，应以货币作为计量单位，以其他计量单位作为辅助。所以，《企业会计准则——基本准则》规定："企业会计应当以货币计量。"在货币计量的基本假设下，企业进行会计核算一般以人民币作为记账本位币。企业的业务收支以外币为主的可以选择外币作为记账本位币，但在编制会计报表时应折算为人民币。在境外的中国企业向国内报送的会计报表，应折算为人民币。

货币计量假设隐含着币值稳定的基本前提。货币本身也有价值，在市场经济中，货币的价值与其他商品一样也会时常波动，如果币值波动较大，以货币作为计量单位就不能准确地反映企业的经营状况，会计提供的信息就会失真。因此，以货币作为计量单位，同时也隐含着币值稳定的假设。

二、会计确认基础★★★

会计处理基础包括权责发生制和收付实现制两种。

(一) 权责发生制

权责发生制也称应收应付制或应计制，是指企业应按收入的权利和支出的义务是否属于本期来确认收入、费用的入账时间，而不是按款项的收支是否在本期发生来确认。具体来说，凡是属于本期的收入，不论款项是否已经收到，都应当作为本期的收入；反之，凡是不属于本期的收入，即使款项已经收到，也不应当作为本期的收入。凡是属于本期的费用，不论款项是否已经支付，都应作为本期的费用；反之，凡是不属于本期的费用，即使款项已经支付，也不应作为本期的费用。

按照权责发生制的要求，企业在确认各会计期间收入时不以款项的实际收到为标准，而是以是否应该确认为本期收入为标准。例如，企业赊销商品的销货款，尽管在会计当期款项尚未收到，但也应确认为本期的收入；在采用预收款方式销售商品时，预收的货款即使在本期已经收到，也不应确认为本期的收入。例如，因向银行借款而应支付的季度利息，应该在季度末支付，但在季度前两个月，即使未支付利息，也要确认每月应该负担的利息费用；如在1月份支付的全年财产保险费，即使款项在1月份已经全部支付，但1月份只能确认其中1/12的费用，而不能将全部保险费用确认为1月份的费用。

企业作为以盈利为目的的经济组织，为了正确核算各会计期间的收入与费用，确定各会计期间的经营成果，应当以权责发生制作为会计核算基础。

(二) 收付实现制

收付实现制也称为实收实付制或现金制，是指按照款项是否已经收到或支付作为标准来确认各会计期间的收入和费用的会计处理基础。具体来说，只要是本期收到的款项，就应确认为本期的收入；只要是本期支付的款项，就应确认为本期的费用。

按照收付实现制的要求，在确认各会计期间收入时，应以款项的实际收到作为标准。例如，企业赊销商品的销货款，因为在本期款项尚未收到，所以不应确认为本期的收入；在采用预收款方式销售商品时，预收的货款因为在本期已经收到，所以应确认为本期的收入。在确认各会计期间费用时，以款项的实际支付作为标准。例如，因向银行借款而应支付的季度利息，应该在季度末支付，在季度前两个月，因为未支付利息，所以不确认前两个月应该负担的利息费用，而在第三个月实际支付利息时，将季度利息全部确认为第三个月的费用，如在1月份支付的全年财产保险费，因为在1月份已经全部支付，所以应全部确认为1月份的费用。

行政、事业单位一般不以盈利为目的，不需要确认各会计期间的经营成果，一般以收付实现制作为会计处理基础。事业单位或其他组织如从事经营活动，为了正确核算各会计期间的收入与费用，确定各会计期间的经营成果，对从事的经营活动部分，应当以权责发生制作为会计处理基础。

任务五 会计信息质量要求与会计核算一般要求

一、会计信息质量要求★★★

会计信息的质量要求是会计确认、计量、报告的质量保证，是对发生的交易或事项进行会计处理的基本依据。会计信息的质量要求包括可靠性、相关性、可理解性、可比性、实质重于形式、重要性、谨慎性和及时性。

（一）可靠性

可靠性是指企业应该以实际发生的交易或事项为依据进行会计确认、计量和报告，如实反映符合确认和计量要求的各项会计要素和其他相关信息，保证会计信息内容真实、数字准确、记录完整。

可靠性是对会计信息质量的基本要求，而要保证会计信息的可靠，必须做到会计原始资料的真实性与会计核算结果的可核实性。真实性是指会计原始资料反映的是客观事实；可核实性是指不同的会计人员利用相同的会计原始资料、相同的会计核算方法进行会计核算，将得出相同的核算结果。只有做到会计原始资料的真实性与会计核算结果的可核实性，才能确保会计信息的可靠性。

（二）相关性

相关性，也称有用性，是指企业提供的会计信息应当与财务报告使用者的经济决策相关，有助于会计信息的使用者对企业的过去、现在或未来的情况作出评价或预测。

相关的会计信息应是有使用价值的信息，是对决策有用的会计信息。对决策有用的会计信息，一方面，能帮助信息使用者评价过去的决策是否正确，验证、修正某些预测，总结经验，以利于未来的决策，即相关的会计信息具有反馈价值；另一方面，能帮助信息使用者对未来进行预测、做出决策，即相关的会计信息应有预测价值。

要使会计信息符合相关性要求，需要企业在确认、计量和报告的过程中，充分考虑使用者的需要。只有做到了会计信息对会计信息使用者的有用性，才能确保会计信息的相关性。但是，相关性是以可靠性为基础的，两者之间并不矛盾，会计信息应在可靠性的前提下，尽可能达到相关性，以满足会计信息使用者的决策需要。

（三）可理解性

可理解性是指企业提供的会计信息应当清晰明了，便于会计信息使用者理解和使用。

企业提供的会计信息是为了使用，会计信息只有清晰、易懂，才能被信息使用者充分理解，才能准确把握会计信息的内容，充分发挥信息的相关性。

可理解性要求会计记录清晰，在填制会计凭证、登记账簿时做到依据合法、账户对应关系明确、文字清楚；在编制会计报表时做到数字准确、内容完整、项目勾稽关系清楚，对于会计报表中难以用数字反映的问题，应当用文字加以说明。

（四）可比性

可比性是指不同企业之间的会计信息、同一企业不同会计期间的会计信息应该能够互相可比。

可比性要求做到两个方面：一是不同企业之间的会计信息互相可比即横向可比，这就要求不同企业对发生的相同或类似的交易或事项，应当采用相同的会计政策，确保会计信息的口径一致、相互可比；二是同一企业不同会计期间的会计信息互相可比即纵向可比，这就要求同一企业在不同会计期间发生的相同或类似的交易或事项，应当采用一致的会计政策，不得随意变更，以便使用者能够对不同会计期间的会计信息进行比较。

（五）实质重于形式

实质重于形式是指企业应当按照交易或事项的经济实质进行会计确认、计量和报告，而不应当仅以交易或事项的法律形式作为依据。

交易或事项的经济实质与法律形式在大多数情况下是一致的，但有时也会出现不一致的情况。当交易或事项的法律形式不能够完全反映其经济实质时，应当按照交易或事项的经济实质进行会计确认、计量和报告，以保证会计信息与客观经济事实相符。例如，企业以融资租赁方式租入的资产，从法律形式看，企业对该资产并不拥有所有权，但是由于租赁合同规定的租赁期相当长，往往接近于该资产的使用寿命；租赁期结束时承租企业有优先购买该资产的选择权；在租赁期内承租企业有权支配资产并从中受益等，从其经济实质看，企业能够控制融资租入资产所创造的未来经济利益，因此，按照实质重于形式的要求，企业在会计确认、计量和报告时应当将以融资租赁方式租入的资产视为企业的资产，在企业的资产负债表中进行反映。

（六）重要性

重要性是指企业提供的会计信息应当反映与企业财务状况、经营成果和现金流量等有关的所有重要的交易或者事项。

重要性要求是对重要的交易或事项进行重点或详细反映，而对次要的交易或事项进行简化或合并反映，这将在保证会计信息质量的前提下，降低会计核算的成本。在会计核算中，应区分交易或事项的重要程度，采用不同的核算方法。对使用者做出经济决策有较大影响的重要的交易或事项，就应该严格按照会计规定的程序和方法，逐项核算，做到数字准确、资料详细、披露充分。对于非重要的交易和事项，在不影响会计信息的真实性，不影响信息使用者做出正确判断的前提下，可以适当简化、合并处理。

坚持重要性原则，要保证会计信息的质量，兼顾全面性和重要性。之所以要区分交易或事项的重要性和非重要性，主要源于成本效益原则，即提供的会计信息的效用要与其核算成本相比较。企业发生的诸多经济业务，如果不加区分地按相同的会计核算方法处理，全部转化为会计报表中详细的指标，罗列在一起，既没必要，也会浪费人力、物力、财力，降低效率，提供的会计信息也会主次不分，反而会影响信息使用者对会计信息的选择、判断，进而影响决策。

判断交易或事项的重要性，很大程度上取决于会计人员的职业判断。一般来说，应从交易或事项的质和量两方面判断。从质的方面来讲，如果交易或事项的发生可能对信息使用者的决策影响重大，该交易或事项就具有重要性；从量的方面来讲，如果交易或事项的发生达到总资产的一定比例，就可以判断该交易或事项具有重要性。在实际中，判断交易或事项是否重要，应结合具体情况，考虑经济业务的性质。如果某项会计信息是进行决策所必须的，即使核算成本较高，比例较低，也应作为重要的交易或事项处理。

（七）谨慎性

谨慎性也称为稳健性，是指企业在对发生的交易或事项进行会计确认、计量和报告时保持应有的谨慎，不高估资产或收益，不低估负债或费用。

在社会主义市场经济条件下，企业的经济活动面临各种风险，经济活动的结果存在着不同程度的不确定性，企业应保持应有的谨慎，充分考虑可能发生的损失，并对损失进行合理估计。值得注意的是，不得高估资产或收益并不意味着可任意低估资产或收益以设置企业秘密准备；不得低估负债或费用也不意味着可任意高估负债或费用。

（八）及时性

及时性是指对于已经发生的交易或事项应当及时进行会计处理，会计确认、计量和报告，不得提前或延后。

企业提供会计信息的目的是帮助会计信息的使用者进行经济决策，所以应具有很强的时效性。及时的会计信息能够帮助会计信息的使用者进行有效的经济决策。如果会计信息缺乏时效性，则它对会计信息的使用者进行经济决策就失去了意义，不再具有决策的相关性。

二、会计核算一般要求★

会计核算的一般要求是指各单位进行会计确认、计量和报告应遵循的基本规范或要求。

（一）对会计核算方法的要求

各单位必须按照国家统一的会计准则、会计制度所规定的会计核算方法进行会计确认、计量和报告。即按照国家统一的会计准则、会计制度的要求设置账户、复式记账、填制和审核会计凭证、登记账簿、成本计算、财产清查以及编制会计报表。

（二）对会计核算依据的要求

各单位必须根据实际发生的交易或事项进行会计确认、计量和报告。即要求各单位进行会计确认、计量和报告时应当依据真实、合法、有效的原始凭证；不得弄虚作假或编造虚假会计信息以误导会计信息的使用者。

（三）对会计档案的保管要求

会计档案即会计核算资料，是单位的重要档案之一，是可供查核的重要历史资料，各单位必须按照规定的归档方法、保管期限建立会计档案并妥善保管。对于保管期满后的会计档案，应当按照规定的审批程序经批准后予以销毁。

（四）对会计记录的文字要求

各单位会计记录的文字应当使用中文，在民族自治地区可以同时使用当地通用的一种民族文字，在我国境内的外商投资企业、外国企业和其他外国组织可以同时使用一种外文。

（五）对会计电算化的要求

会计电算化即使用计算机进行会计核算，同样是向会计信息使用者提供有用的会计信息，因此，会计电算化采用的软件及其生成的记账凭证、账簿、会计报表和其他会计资料都必须符合国家统一的会计准则、会计制度的规定。

项目小结

1. 本项目主要阐述会计基本理论的有关知识，包括会计的含义与对象、会计的职能与作用、会计的核算方法、会计的基本假设与会计处理基础、会计信息质量要求以及会计核算的一般要求等内容。

2. 会计是以货币作为主要计量单位，对企事业单位经济活动的全过程进行连续、系统、全面和综合的核算和监督，并为企事业单位的经济决策提供有用信息的一种管理活动。会计的基本职能主要是核算与监督。

3. 会计核算的专门方法主要是设置账户、复式记账、填制和审核会计凭证、登记账簿、成本计算、财产清查以及编制会计报表七种方法。会计核算的基本假设是会计主体、持续经营、会计分期和货币计量。会计处理基础分为权责发生制和收付实现制两种。

4. 会计信息的质量要求包括可靠性、相关性、可理解性、可比性、实质重于形式、重要性、谨慎性和及时性。

一、单项选择题

1. 会计的基本职能是(　　)。★

A. 确认和计量　　B. 预测和决策　　C. 核算和监督　　D. 检查和分析

2. 会计以(　　)作为主要计量单位对经济活动的数量方面进行核算。★

A. 实物　　B. 价格　　C. 劳动　　D. 货币

3. 会计对象是指特定单位的(　　)。★

A. 经济活动　　B. 财产物资　　C. 现金流量　　D. 资金运动

4. 会计核算的基本假设是(　　)。★

A. 物资剩余　　B. 会计基本前提　　C. 权责发生制　　D. 经济活动

5. 会计基本假设中界定了会计核算空间范围的是(　　)。★

A. 会计主体　　B. 持续经营　　C. 会计分期　　D. 货币计量

6. 我国的行政事业单位一般以(　　)作为会计处理基础。★

A. 权责发生制　　B. 收付实现制　　C. 经济活动　　D. 持续经营

7. 会计基本假设中界定了会计核算具体时间范围的是(　　)。★

A. 会计主体　　B. 持续经营　　C. 会计分期　　D. 货币计量

8. 企业提供的会计信息应对信息使用者进行经济决策有用是指(　　)。★

A. 可靠性　　B. 相关性　　C. 重要性　　D. 可理解性

9. 最常见的重要会计期间是(　　)。★

A. 会计年度　　B. 会计中期　　C. 会计季度　　D. 会计月度

10. 不得高估资产或收益，不得低估负债或费用反映的是(　　)质量要求。★

A. 相关性　　B. 谨慎性　　C. 可靠性　　D. 可比性

二、多项选择题

1. 会计监督是指会计人员在会计核算过程中，审查特定主体经济活动的(　　　　)。★

A. 合法性　　B. 合理性　　C. 真实性　　D. 有效性

2. 下列各项中，属于会计核算方法的有(　　　　)。★

A. 成本计算　　B. 货币计量　　C. 财产清查　　D. 复式记账

3. 下列各项中，属于会计信息质量要求的有(　　　　)。★

A. 相关性　　B. 及时性　　C. 权责发生制　　D. 谨慎性

4. 下列各项中,可以作为会计主体的有(　　　　)。★

A. 合资企业　　　　B. 民营企业

C. 企业的销售机构　　　　D. 企业的生产车间

5. 会计处理的基础有(　　　　)。★

A. 货币计量　　B. 收付实现制　　C. 权责发生制　　D. 会计分期

6. 下列关于会计的说法中,正确的有(　　　　)。★

A. 会计是一项管理活动　　　　B. 会计以货币作为主要的计量单位

C. 会计的基本职能是反映和监督　　　　D. 会计核算具有完整性、连续性、系统性

三、判断题

1. 由于有了持续经营这个会计核算的基本前提,才产生了当期与其他期间的区别,从而出现了权责发生制与收付实现制的区别。(　　)

2. 可比性要求企业采用的会计处理方法和程序前后各期应当一致,不得变更。(　　)

3. 库存中已失效或已毁损的商品,由于企业对其拥有所有权并且能够实际控制,因此应该作为本企业的资产。(　　)

4. 所有者权益实际上是投资者(所有者)对企业净资产的所有权。(　　)

5. 利润是收入与成本配比相抵后的差额,是经营成果的最终要素。(　　)

6. 所有的总分类科目都设置明细科目。(　　)

7. 发生额及余额试算平衡中本期借方发生额合计等于本期贷方发生额合计,说明账户发生额记录肯定没有错误。(　　)

8. 从外单位取得的原始凭证如果丢失,可由当事人写出详细情况,代作原始凭证。(　　)

9. 结账时,没有余额的账户,应当在“借或贷”栏内用“0”表示。(　　)

四、业务题

(一) 目的:练习权责发生制和收付实现制下收入与费用的确认。

(二) 资料:某企业 2019 年 1—2 月有关业务如下。

1. 1 月,支付 2019 年全年财产保险费 120 000 元。

2. 1 月,销售产品,售价为 500 000 元,款项尚未收到。

3. 1 月,与客户签订销售合同,销售产品总售价为 1 000 000 元,本月预收货款 40%,其余款于 2 月交货时收取。

4. 2 月,收到上月赊销产品的货款 500 000 元。

5. 2 月,履行上月所签销售合同,发出产品并收到其余 60%的货款。

(三) 要求:根据上述资料,分别采用权责发生制和收付实现制计算该企业 2019 年 1 月和 2 月的收入。

模块二
会计核算基础

项目二　会计对象、会计要素与会计等式

☞ **学习目标**

1. 了解会计对象的含义、会计要素的含义和分类；
2. 掌握各会计要素的含义、特征和内容；
3. 熟悉会计等式的含义和基本原理；
4. 掌握经济业务影响会计等式的类型。

☞ **能力目标**

1. 掌握会计要素之间的关系在会计工作中的应用；
2. 运用经济业务对会计等式的影响来检查会计核算是否正确。

任务一　会 计 对 象

一、会计对象的概念★

会计对象是指会计所要反映和监督的内容。在社会主义制度下，会计对象就是社会再生产过程中的资金运动。企业进行生产经营的前提条件是资金。任何一个单位要想从事经营活动，必须拥有一定的物质基础。如工业企业若要从事生产经营，就必须拥有厂房、机器设备、原材料等物资，劳动者利用生产资料对劳动对象进行加工，才能生产出产品。可见，这些物资是生产经营活动的前提。在市场经济中，这些物资属于商品。货币作为商品价值的一般等价物，是衡量商品价值的尺度。当各项财产物资用货币来计量其价值时，会计上引出一个名词即资金。资金是一个会计概念，是指社会再生产过程中各项财产物资的货币表现及货币本身。企业所拥有的资金不是闲置不动的，资金随着生产经营活动的进行而不断发生变化，经过采购、生产、销售等阶段，周而复始地循环周转。在资金循环周转过程中发生的一切经济活动就是会计对象的具体内容，即资金运动。

二、工业企业的会计对象★

工业企业的经济业务主要是制造产品、销售产品。工业企业的资金运动表现为三种类型：资金投入、资金循环、资金退出。其具体过程如图 2-1 所示。

(一) 资金投入

工业企业要进行生产经营活动，就必须拥有一定数量的资金。这些资金的来源渠道主

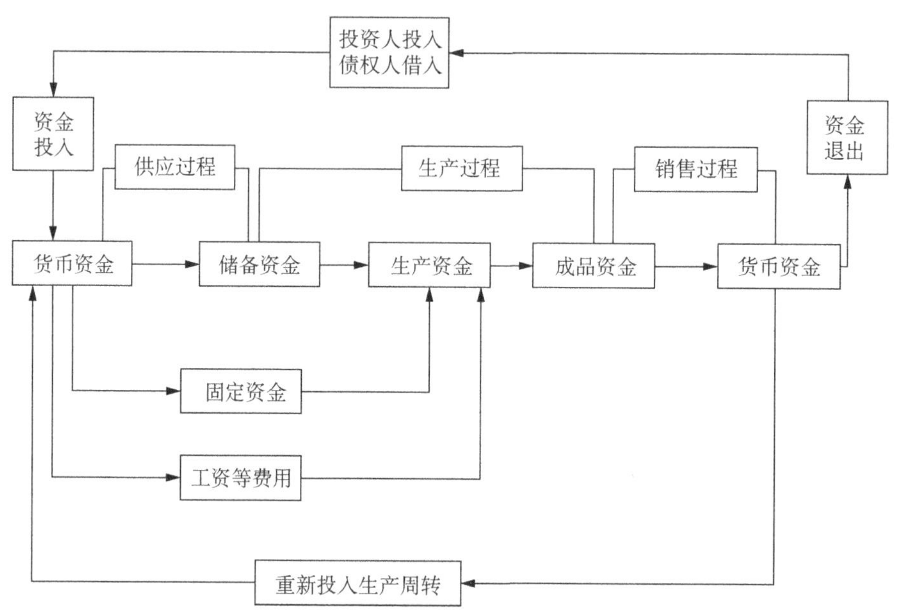

图 2-1 工业企业的资金运动

要是企业所有者投资和向银行等金融机构借资。当企业取得这些货币资金或财产物资时，将资金投入企业。

（二）资金循环和周转

工业企业的生产经营过程分为供应、生产和销售三个阶段。因而，工业企业的资金也依次经过供应过程、生产过程和销售过程三个具体阶段。资金的形态在这三个阶段也发生相应的变化。在供应过程中，用货币购买固定资产和原材料时，货币资金转化为固定资金和储备资金；在生产过程中，车间生产产品时，引起了原材料的消耗、固定资产的折旧、工资的支付和生产费用的开支，使固定资金、储备资金和一部分货币资金转化为生产资金；产品完工验收入库后，生产资金就转化为成品资金；在销售过程中，将产品销售出去取得销售收入，成品资金又转化为货币资金，同时支付销售费用。在这三个过程中，资金从货币形态开始，依次经过固定资金、储备资金、生产资金、成品资金，最后又回到货币资金的这一运动过程叫做资金循环。周而复始的资金循环叫做资金周转。

（三）资金退出

当企业偿还借款、上缴税金、分配利润、抽减资本金后，部分资金将不再参加周转，而是退出了企业。没有退出企业的部分资金又重新进入生产经营过程，在企业内部循环周转。

三、商业企业的会计对象

商业企业的主要职能是组织商品流通。商业企业的资金运动也表现为三种类型：资金投入、资金循环、资金退出。与工业企业相比，其经营过程只有商品购进和商品销售两个过程。商业企业的资金循环中，其资金也依次经过购进过程和销售过程两个具体阶段。在商品购进过程中，主要是用货币购入商品，此时货币资金转化为商品资金；在商品销售过程中，主要是销售商品，取得销售收入，此时商品资金又转化为货币资金。在商业企业经营过程中，也要消耗一定的人力、物力和财力，它们表现为商品流通费用。其具体过程如图 2-2 所示。

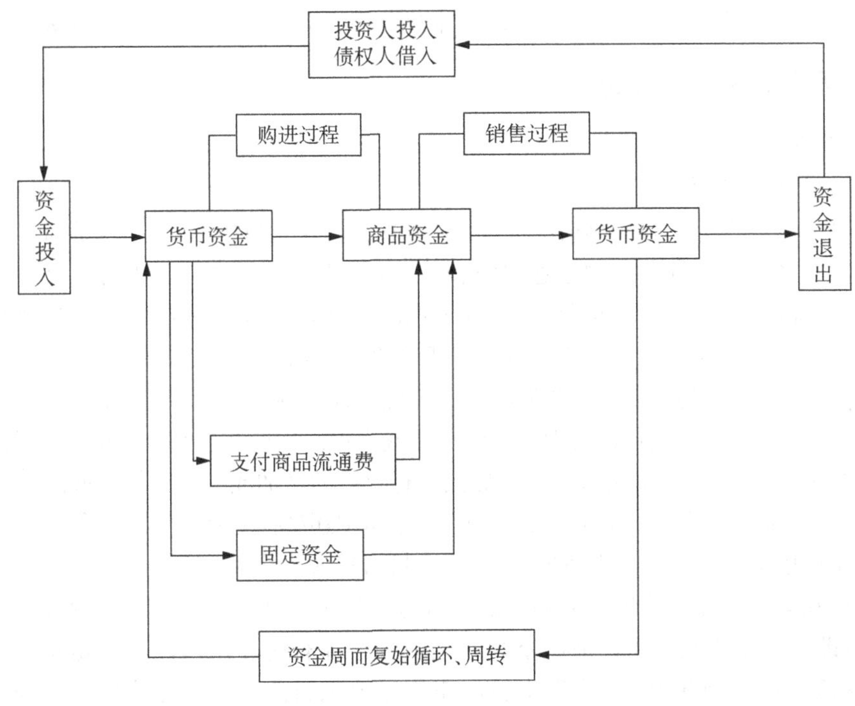

图 2-2　商业企业的资金运动

四、行政、事业单位的会计对象★

行政、事业单位是非营利性组织，不从事生产经营活动，其主要职能是完成国家赋予的各项任务。行政、事业单位的资金来源于国家财政拨款，并按预先批准的预算来支出费用，因此行政、事业单位的资金又称为预算资金。行政、事业单位的资金运动表现为两种类型：预算资金的收入和预算资金的支出。

任务二　会　计　要　素

一、会计要素的含义★

从会计对象的概念可以看出，会计对象的内容繁多，涉及面广，而且又很抽象。在会计实践中，为了便于分类核算，从而提供各种分门别类的会计信息，就必须对会计对象的具体内容进行适当的分类，于是出现了会计要素这一概念。会计要素是指对会计对象按其经济特征所作的基本分类，是会计对象的具体化，是反映会计主体的财务状况和经营成果的基本单位。我国的《企业会计准则——基本准则》严格定义了资产、负债、所有者权益、收入、费用和利润六大会计要素。这六大会计要素又可以划分为两大类，即反映财务状况的会计要素和反映经营成果的会计要素。资产、负债、所有者权益三项会计要素反映企业在一定时点上的（月末、季末、半年末、年末）资金运动的静态表现，是反映企业财务状况的会计要素，又称为资产负债表要素。收入、费用和利润三项会计要素反映企业在一定期间（月度、季度、半年度、年度)资金运动的动态表现,是反映企业经营成果的会计要素,又称为利润表要素。

二、会计要素的内容★★★

(一) 资产

1. 资产的含义和特征

资产是指由过去的交易或事项形成的,由企业拥有或控制的,预期会给企业带来经济利益的资源。资产可以是具有实物形态,如材料、产品、机器设备、房屋;也可以是不具有实物形态的债权,如应收账款、应收票据、其他应收款;还可以是以特殊权利形态出现的无形资产,如专利权、商标权和著作权。资产具有以下几个基本特征。

(1) 资产是由过去的交易或事项形成的。传统会计强调"过去发生"原则。企业过去的交易或者事项包括购买、生产、建造行为或其他交易或事项。预期在未来发生的交易或事项不形成资产。例如,企业销售产品,销售事项会导致银行存款的增加或应收账款的增加,从而形成了企业的资产。然而企业计划进行材料采购,由于采购事项还没有实际进行,则不能确认为资产。

(2) 资产必须为某一特定主体所拥有或控制的资源。企业会计并不计量所有的资源,而仅是计量在某一会计主体控制下的资源,因此,会计中所计量的资产就应该是归属于某一特定主体,即具有排他性。拥有是指企业对某项资产拥有所有权。控制则是指目前企业虽然并不拥有某项资产所有权,但实质上已经掌握了该项目的未来收益或风险。前者泛指企业的各种财产、债权和其他权利,而后者则指企业只具有使用权而没有所有权的各项经济资源,如企业融资租入的固定资产。

(3) 资产预期会给企业带来经济利益。这是资产最重要的特征,也是资产的本质所在。预期会给企业带来经济利益,是指资产具有直接或间接导致现金和现金等价物流入企业的潜力,如出售产品直接取得经济利益以及对外投资获得股利。如果预期不能给企业带来经济利益,就不能确认为企业的资产,如企业报废的厂房和设备等已不再具有资产这一特征,就不能再确认为企业的资产。

2. 资产的确认条件

将一项资源确认为资产,除了应当符合资产的定义,还需要同时满足以下两个条件。

(1) 与该资产有关的经济利益很可能流入企业。预期会给企业带来经济利益是资产最重要的特征,但是市场经济环境变化很大,与资源有关的经济利益能否流入企业或流入金额数量,实际上都是不确定的。企业根据实际工作中所取得的证据,与该资源有关的经济利益很可能流入企业,就应当将其作为资产确认。反之,不能作为资产确认。

(2) 该资产的成本能够可靠计量。只有当有关资源的成本能够可靠地计量时,资产才能予以确认。企业取得的许多资产一般都是发生了实际成本的,如企业购置的厂房和设备。只要实际发生的购买或者生产成本能够可靠计量时,就应视为符合资产的可计量性确认条件。

3. 资产的分类

资产按其流动性不同,即变现能力和速度不同,可分为流动资产和非流动资产。

(1) 流动资产。流动资产是指可以在 1 年或超过 1 年的一个营业周期内变现或者耗用的资产。营业周期通常指企业从购买用于加工的资产起到实现现金或现金等价物的流入所需经历的期间。一般情况下,企业营业周期通常短于 1 年,1 年内变现或者耗用的资产可以确认为流动资产。在实践中,一些企业也存在营业周期超过 1 年的情况。例如轮船制造企业生产大型船只等，这些产品的生产周期往往超过 1 年，但仍应将其划分为企业的流动资产。流动资产主要包括库存现金、银行存款、交易性金融资产、应收及预付款项和存货等。

① 库存现金是指企业持有的现款，也称为现金，主要用于支付企业日常发生的小额、零星的费用或支出。

② 银行存款是指企业存入某一银行的款项。该银行为企业的开户银行。企业的银行存款主要来自投资者投入资本的款项、负债融入的款项、销售商品的货款等。

③ 交易性金融资产是指企业为了在近期内出售而持有的金融资产，如企业为了赚取差价而从二级市场购买的股票、债券、基金等。

④ 应收及预付款项是指企业在日常生产经营过程中发生的各项债权，包括应收款项(应收票据、应收账款、其他应收款等)和预付账款等。

⑤ 存货是指企业在日常的生产经营过程中持有以备出售，或者仍然处在生产过程中将要消耗，或者在生产或提供劳务的过程中将要耗用的各种材料或物料，包括库存商品、半成品、在产品以及各类材料等。

(2) 非流动资产。非流动资产是指企业不能在 1 年或者超过 1 年的一个营业周期内变现或者耗用的资产，主要包括长期股权投资、投资性房地产、固定资产、无形资产等。

① 长期股权投资是指投资方对被投资单位实施控制、重大影响的权益性投资，以及对其合营企业的权益性投资。

② 投资性房地产是指企业为了赚取租金或资本增值，或两者兼有而持有的房地产，自用房地产或作为存货的房地产不属于投资性房地产。

③ 固定资产是指企业为了生产商品、提供劳务、出租或经营管理而持有的，使用寿命超过一个会计年度的房屋、建筑物、机器、机械、运输工具以及其他与生产、经营有关的设备、器具、工具等。

④ 无形资产是指企业拥有或控制的没有实物形态的可辨认非货币性资产。无形资产包括专利权、非专利技术、商标权、著作权、土地使用权等。

(二) 负债

1. 负债的含义和特征

负债是指企业过去的交易或者事项形成的，预期会导致经济利益流出企业的现时义务。负债具有以下几个基本特征。

(1) 负债是由企业过去的交易或事项形成的。只有过去发生的交易或事项才形成负债，如接受银行的贷款、购买货物尚未付款等交易行为会形成企业的负债。企业在将来发生的承诺、签订的合同等交易或事项，不形成负债。

(2) 负债是企业承担的现时义务。现时义务是指企业在现行条件下已承担的义务。负债是企业过去的交易或事项形成的一种后果。企业预期在将来要发生的经济业务可能产生的债务，是企业的潜在义务，不属于负债。

(3) 负债预期会导致企业经济利益的流出。企业履行现时义务时，不管采用什么偿还方式，都会导致经济利益流出。例如企业用银行存款、固定资产、存货偿还债务，必然会导致企业经济利益流出。

2. 负债的确认条件

将一项现时义务确认为负债，除了符合负债的含义外，还需要同时满足以下两个条件。

（1）与该义务有关的经济利益很可能流出企业。预期会导致经济利益流出是企业负债的一个本质特征。鉴于履行义务所需流出的经济利益带有不确定性，因此，负债的确认应当与经济利益流出的不确定性程度的判断结合起来，经济利益流出可能性大的，就应当将其作为负债予以确认。

（2）未来流出的经济利益的金额能够可靠地计量。负债的确认也需要符合可计量性的要求，即对于未来流出的经济利益的金额应当能够可靠地计量。由于经济利益的流出一般发生在未来期间，有的未来期间的时间还很长，企业在计量负债金额时通常还要考虑货币时间价值等因素的影响。

3. 负债的分类

负债按流动性不同，可以分为流动负债和非流动负债。负债按流动性分类有利于了解企业流动资产和流动负债的比例，能大致反映出企业的短期偿债能力，从而向债权人揭示债权的相对安全程度。

（1）流动负债是指将在1年（含1年）或者超过1年的一个营业周期内偿还的债务，主要包括短期借款、应付及预收款项等。

① 短期借款是指企业从银行或其他金融机构借入的期限在1年以下的各种借款，如企业从银行取得用来补充流动资金不足的临时性借款。

② 应付及预收款项是指企业在日常生产经营过程中发生的各项债务，包括应付款项（应付票据、应付账款、应付职工薪酬、应交税费、应付利息、应付股利、其他应付款）和预收账款等。

（2）非流动负债是指偿还期在1年或者超过1年的一个营业周期以上的债务，主要包括长期借款、应付债券、长期应付款等。

① 长期借款是指企业从银行或者其他金融机构借入的期限在1年以上的各项借款。企业借入长期借款主要是为了筹集长期工程项目所需资金。

② 应付债券是指企业为了筹集长期资金而实际发行的长期债券。

③ 长期应付款是指除了长期借款和应付债券以外的其他长期应付款项，包括应付引进设备款等。

（三）所有者权益

1. 所有者权益的含义与特征

所有者权益是指企业资产扣除负债后由所有者享有的剩余权益，它在数值上等于企业全部资产减去全部负债后的余额。股份制公司的所有者权益又称为股东权益。所有者权益具有以下几个基本特征。

（1）所有者权益是所有者享有的剩余权益。企业的资产一般是由投资者的投入资金和向债权人的借入资金两部分资金形成的。投资者只对其投资所形成的那部分资产享有要求权，这种要求权包括对经营成果的分享权和对资产的经营管理权等，而对负债所形成的那部分资产不享有要求权。

（2）所有者权益的金额不能单独计量。所有者权益金额的计量是通过对资产和负债的计量间接进行的。

2. 所有者权益的确认条件

所有者权益是所有者对企业资产享有的剩余权益，因此所有者权益的确认主要依赖于资产要素和负债要素的确认，所有者权益金额的计量也取决于资产和负债的计量，是资产减去全部负债后的余额。如企业接受投资人投资的一栋办公楼，并且该办公楼符合企业资产确认条件，也相应地符合了所有者权益的确认条件。当该办公楼的价值能够可靠计量时，所有者权益的金额也就可以确定了。

3. 所有者权益的来源

所有者权益的来源包括所有者投入的资本、直接计入所有者权益的利得和损失、留存收益等，通常由实收资本（股本）、资本公积、其他综合收益、盈余公积和未分配利润构成。盈余公积和未分配利润合称为企业的留存收益。

（1）实收资本（股份制公司的股本）是指投资者按照企业章程或合同、协议的约定，实际投入企业的资本。它是企业注册成立的基本条件之一，也是企业承担民事责任的财务保证。

（2）资本公积是指企业收到投资者出资额超过其在注册资本（或股本）中所占份额的部分，以及直接计入所有者权益的利得和损失等。投资者出资额超过其在注册资本（或股本）中所占份额的部分也称为资本（股本）溢价。

（3）直接计入所有者权益的利得和损失是指不应计入当期损益、会导致所有者权益发生增减变动的、与所有者投入资本或者向所有者分配利润无关的利得或者损失。

利得是指由企业非日常活动所形成的、会导致所有者权益增加的，与所有者投入资本无关的经济利益的流入。损失是指由企业非日常活动所形成的、会导致所有者权益减少的，与向所有者分配利润无关的经济利益的流出。直接计入所有者权益的利得和损失主要包括其他综合收益和其他资本公积。

（4）盈余公积是指企业按照法律、法规的规定从净利润中提取的留存在企业的公积金，包括法定盈余公积和任意盈余公积。法定盈余公积是指企业按照《公司法》规定的比例从净利润中提取的盈余公积。任意盈余公积是指企业经股东大会或类似机构批准后按规定的比例从净利润中提取的盈余公积。企业的盈余公积可以用于弥补亏损、转增资本（股本）、派发现金股利。

（5）未分配利润是指企业留待以后年度分配的利润。这部分利润也属于企业的留存收益。

所有者权益的来源小结如图 2-3 所示。

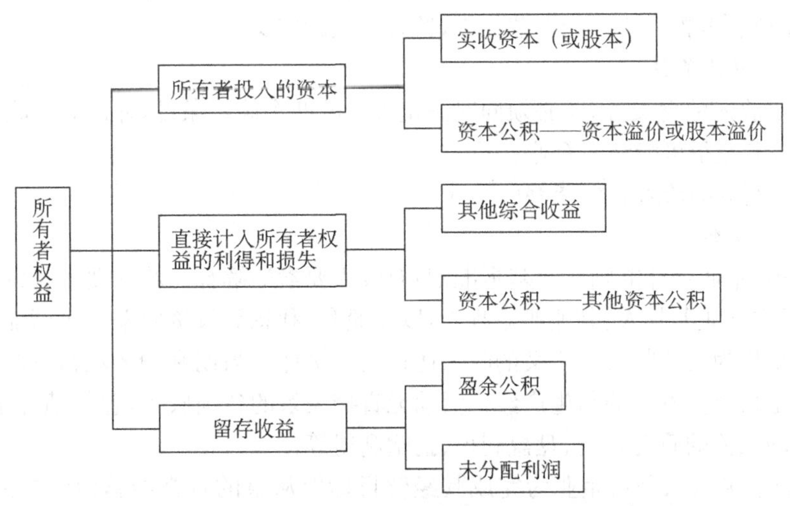

图 2-3 所有者权益的来源

4. 所有者权益与负债的区别

所有者权益和负债虽然同是企业的权益，都是企业的资金来源，但两者之间还是存在本质的不同，具体表现在以下几个方面。

(1) 经济责任不同。所有者权益是企业对投资者所承担的经济责任，一般情况下，不需要归还给投资者；而负债是企业对债权人所承担的经济责任，需要企业偿还本息。

(2) 权利不同。投资者既可以参与企业的利润分配，也可以参与企业的经营管理；而债权人只能按期收回本金和利息，不能参与企业的利润分配和经营管理。

(3) 清偿顺序不同。在企业清算时，负债拥有优先求偿权；而所有者权益则只能在清偿了所有的负债后，才能返还给投资者。因此，负债风险较小，而所有者权益风险较大。

(四) 收入

1. 收入的含义和特征

收入是指企业在日常活动中形成的，会导致所有者权益增加的，与所有者投入资本无关的经济利益的总流入。收入是反映企业经营成果的会计要素，取得收入首先用来补偿费用，补偿后的剩余部分形成了盈余，所以收入是利润的源泉。收入具有以下几个基本特征。

(1) 收入是企业在日常活动中形成的。日常活动是指企业为了完成其经营目标所从事的经常性活动以及与之相关的活动。例如工业企业销售产品、商业企业销售商品、服务企业提供服务劳务。企业在非日常活动中也会形成经济利益的流入，例如，企业处置使用过的固定资产属于非日常活动，则该项活动带来的经济利益流入就是利得，而不是收入。

(2) 收入会导致所有权者权益的增加。收入可能表现为企业资产的增加，也可能表现为企业负债的减少，或者两者兼而有之，但最终都会导致所有者权益的增加。例如工业企业销售产品获得的经济利益流入，要么表现为资产增加，要么表现为负债减少，最终都会使所有者权益增加，因此该经济利益流入属于收入。而企业向银行借款，虽然也会导致企业经济利益流入，但该流入并不导致所有者权益增加，而是负债增加，因此不能确认为收入。

(3) 收入是与所有者投入资本无关的经济利益的总流入。投资者向企业投入资本会导致经济利益流入，收入也会导致经济利益流入。前者经济利益来自投资者，不能确认为收入，而后者是所有者投入资本的经营成果，符合收入的定义。

2. 收入的确认条件

除了满足收入的含义外，还必须同时满足收入的两个确认条件，才能确认收入要素。

(1) 经济利益很可能流入企业。

(2) 经济利益的流入金额能够可靠计量。

3. 收入的分类

根据我国《企业会计准则——基本准则》对收入要素的解释。收入要素指的是收入的狭义概念，包括主营业务收入、其他业务收入，以及股利、利息等投资收益。主营业务收入和其他业务收入统称为营业收入。广义的收入还包括直接计入当期利润的利得，即营业外收入。营业外收入是指企业发生的与生产经营活动无直接关系的各项收入，包括债务重组利得、与企业日常活动无关的政府补助、盘盈利得、捐赠利得等。

(1) 主营业务收入是指企业为完成其经营目标而从事的日常经营活动中的主要项目，并从中获取的收入，如工业企业销售产品、提供工业性劳务等取得的收入。

(2) 其他业务收入是指企业从事的主营业务以外的其他日常活动,并从中获取的收入,如工业企业销售材料,出租固定资产、包装物,转让技术使用权等。

(3) 投资收益是指企业对外投资所取得的收益减去发生的投资损失和计提的投资减值准备后的净额。

(五) 费用

1. 费用的含义和特征

费用是指企业在日常活动中发生的、会导致所有者权益减少的、与向所有者分配利润无关的经济利益的总流出。费用是与收入相对应的概念,是企业为了取得收入而付出的代价。费用有多种表现形式,但其本质是企业资产的耗费。费用具有以下几个基本特征。

(1) 费用是企业在日常活动中形成的。

(2) 费用会导致所有者权益的减少。

(3) 费用导致的经济利益总流出与向所有者分配利润无关。

2. 费用的确认条件

除了满足费用的含义外,还必须同时满足费用的两个确认条件,才能确认为费用要素。

(1) 经济利益很可能流出企业。

(2) 经济利益流出的金额能够可靠计量。

3. 费用的分类

费用也有狭义和广义之分。费用要素所指的是狭义的费用。狭义的费用只包括为获取营业收入提供商品或劳务而发生的耗费,包括主营业务成本、其他业务成本、税金及附加、销售费用、管理费用、财务费用、研发费用、资产减值损失等。广义的费用,除了上述内容,还包括营业外支出和所得税费用。

(1) 主营业务成本是指企业销售产品、提供劳务或让渡资产使用权等日常活动而发生的成本。

(2) 其他业务成本是指企业除了主营业务活动以外其他经营活动所发生的支出,包括销售材料成本、出租固定资产的折旧额、出租无形资产的摊销额等。

主营业务成本和其他业务成本统称为营业成本。

(3) 税金及附加是指企业营业活动应当负担并根据销售收入确定的各种税费,如消费税、城市维护建设税、教育费附加、资源税、房产税、土地使用税、车船税、印花税等。

(4) 销售费用是指企业在销售商品过程中发生的各项费用,包括企业销售过程中发生的运输费、装卸费、包装费、保险费、展览费和广告费,以及销售机构人员的职工薪酬等经营费用。

(5) 管理费用是指企业为组织和管理生产经营活动而发生的各项费用,包括企业的董事会和行政管理部门的职工工资、修理费、办公费和差旅费等公司经费,以及聘请中介机构费、咨询费(含顾问费)、业务招待费等费用。

(6) 财务费用是指企业为了筹集生产经营所需资金而发生的各项费用,包括应当作为期间费用的利息支出(减利息收入)、汇兑损失(减汇兑收益)以及相关的手续费等。

(7) 研发费用是指自行研发无形资产发生的费用化支出。

(8) 资产减值损失是指企业计提的存货跌价准备和固定资产减值准备等所形成的损失。

(9) 信用减值损失是指金融资产中债权投资、其他债权投资等资产价值下跌发生的损失和坏账损失。

(10) 资产处置损失是指固定资产、在建工程及无形资产等处置过程中发生的净损失。

广义的费用还包括营业外支出和所得税费用。营业外支出是指企业在营业利润以外发生的与企业日常活动无关的各项支出，包括债务重组损失、公益性捐赠支出、非常损失等。所得税费用是指企业按企业所得税法的规定向国家缴纳的所得税。

(六) 利润

1. 利润的含义和特征

利润是指企业在一定会计期间的经营成果，包括收入减去费用后的净额，直接计入当期利润的利得和损失等。利润具有以下基本特征。

(1) 利润是企业在一定会计期间的经营成果。在该会计期间，如果企业收入大于费用，则企业的经营成果是盈利；反之，则为亏损。

(2) 利润包括收入减去费用后的净额，直接计入当期利润的利得和损失等。收入减去费用后的净额反映的是企业日常活动的业绩，直接计入当期利润的利得和损失反映的是企业非日常活动的业绩。企业日常经营活动之外发生的一些事项也会对利润产生一定的影响，如债务重组损益。按企业会计准则规定，这些利得和损失应直接计入该会计期间的利润。

利润是收入减去费用后的净额，加上当期利得减去当期损失。因此利润的确认主要依赖于收入、费用、利得和损失的确认。

2. 利润的分类

利润按其形成情况不同，可分为营业利润、利润总额和净利润。

(1) 营业利润是指企业在销售商品、提供劳务等日常活动中所产生的利润，即营业收入减去营业成本、税金及附加、销售费用、管理费用、研发费用、财务费用、资产减值损失、信用减值损失，加上其他收益、投资收益、公允价值变动收益、资产处置收益后的金额。其中，营业收入为主营业务收入与其他业务收入之和，营业成本为主营业务成本和其他业务成本之和。它是狭义收入与狭义费用配比后的结果。

(2) 利润总额是指营业利润加上营业外收入减去营业外支出后的金额。其中，营业外收入是与企业生产经营活动无直接关系的各项收入，而营业外支出是与企业生产经营活动无直接关系的各项支出。

(3) 净利润是指利润总额减去所得税费用后的余额。它是广义收入与广义费用配比后的结果。

利润的公式如下：

$$\begin{aligned}\text{营业利润} = &\ \text{营业收入} - \text{营业成本} - \text{税金及附加} - \text{销售费用} - \text{管理费用} - \\ &\ \text{研发费用} - \text{财务费用} - \text{资产减值损失} - \text{信用减值损失} + \\ &\ \text{其他收益} + \text{投资收益} + \text{公允价值变动收益} + \text{资产处置收益}\end{aligned} \tag{2-1}$$

$$\text{利润总额} = \text{营业利润} + \text{营业外收入} - \text{营业外支出} \tag{2-2}$$

$$\text{净利润} = \text{利润总额} - \text{所得税费用} \tag{2-3}$$

三、划分会计要素的作用

划分会计要素在会计核算中具有十分重要的作用，具体表现在以下几个方面。

(1) 会计要素是对会计对象的科学分类。会计对象的内容多种多样，必须对其进行科学的分类，才能科学系统地对其反映和监督。

(2) 会计要素是设置会计科目和会计账户的基本依据。对会计对象进行分类，必须确定分类的标志，而这些标志本身就是账户的名称即会计科目。不划分会计要素，就无法设置会计账户，也就不能实现会计的反映职能。

(3) 会计要素构成了会计报表的基本框架。会计报表是提供会计信息的基本手段，而会计报表的指标主要是由会计要素所构成的，因此会计要素为设计会计报表奠定了基础。

任务三　会 计 等 式

一、会计等式的含义和种类★★

(一) 会计等式的含义

会计等式也称为会计方程式或会计平衡公式，是指表明各会计要素之间基本关系的恒等式。会计对象是资金运动，具体表现为会计要素。企业每发生一笔经济业务，都是资金运动的一个具体过程，这个资金运动的具体过程必然会涉及相应的会计要素，会计要素之间存在一定的相互联系，会计要素之间的这种内在关系可以通过数学式来表达，这种数学表达式就叫会计等式。

(二) 会计等式的种类

会计等式是将会计要素按不同的方式组合形成的，分为静态会计等式、动态会计等式和扩展会计等式，会计要素包括资产、负债、所有者权益、收入、费用和利润，其中资产、负债、所有者权益是反映企业资金财务状况的静态要素，收入、费用、利润是反映企业资金经营成果的动态要素。资产、负债、所有者权益三个要素组成的会计等式为静态会计等式。收入、费用、利润三个要素组成的会计等式为动态会计等式。六个要素组成的会计等式为扩展会计等式。

1. 静态会计等式

静态会计等式是由反映企业资金静态运动的会计要素组合而成的，表明企业某一特定时点财务状况的等式。静态会计等式是最基本的会计等式，又称为存量会计等式或第一会计等式。

静态会计等式：

$$资产=负债+所有者权益 \qquad (2\text{-}4)$$

该会计等式反映了企业资金的两个不同侧面。公式左边的资产反映了企业所拥有的全部资产。企业要从事生产经营活动，就必须有一定的资产。这些资产以各种不同的形态分布于企业生产经营活动的各个阶段，成为企业生产经营活动的基础。公式右边的负债、所有者权益反映了企业资金的来源渠道，即企业主要通过接受投资者投资和向债权人借款等途径筹措资金。

资产和负债、所有者权益实际上是同一价值运动的两个方面，分别反映资金的来龙和去脉。一定数额的资产必然对应着相同数额的负债和所有者权益。这一会计等式是设置账户、复式记账以及编制资产负债表的理论依据，在会计核算体系中有着非常重要的地位。

2. 动态会计等式

动态会计等式是由反映企业资金动态运动的会计要素组合而成的，反映企业在一定会计期间经营成果的等式。动态会计等式又称为增量会计等式或第二会计等式。

动态会计等式：

$$收入-费用=利润 \tag{2-5}$$

该会计等式反映了利润是企业实现收入与其费用进行配比后的结果，是两者的差额。企业在取得收入的同时，必然要发生相应的费用。如果收入大于费用，其差额为盈利；反之，收入小于费用的差额为亏损。这一会计等式反映了企业某一时期收入、费用和利润的恒等关系，表明了企业某一会计期间所取得的经营成果，是编制利润表的理论依据。

3. 扩展会计等式

企业的生产经营成果必然影响所有者权益，即企业获得利润将使所有者权益增加，资产也会随之增加；反之，企业发生亏损将使所有者权益减少，资产也会随之减少。因此企业生产经营活动产生收入、费用和利润后，基本会计等式就会演变为：

扩展会计等式：

$$资产=负债+所有者权益+利润 \tag{2-6}$$

$$资产=负债+所有者权益+(收入-费用) \tag{2-7}$$

扩展会计等式又称为综合会计等式，是由静态会计等式和动态会计等式综合而成的全面反映企业财务状况和经营成果的等式。该等式反映的是企业资金向两个不同侧面的扩展。会计等式左边的费用实质是资产被消耗后的一种形态，可以看成是资产的一种特殊存在形态；等式的右边收入是企业通过生产经营活动而获得的资金，是一种新的资金来源渠道。

二、经济业务对会计等式的影响★★★

企业在日常生产经营活动中不断发生各种各样的经济业务，每一笔经济业务都会对会计要素产生影响。一项会计要素发生增减变动，其他会计要素也会相应发生等额变动，或者一项会计要素内部一个具体项目发生增减变动，其他有关项目也会随之发生等额变动。然而不管经济业务引起会计要素发生如何增减变动，都不会破坏会计等式中各要素的平衡关系。

(一) 经济业务对基本会计等式的影响

静态会计等式和动态会计等式又称为基本会计等式。经济业务对基本会计等式的影响归纳起来不外乎以下九种类型。

(1) 经济业务的发生，导致资产项目此增彼减，但增减金额相等，故等式保持平衡。

(2) 经济业务的发生，导致负债项目此增彼减，但增减金额相等，故等式保持平衡。

(3) 经济业务的发生，导致所有者权益项目此增彼减，但增减金额相等，故等式保持平衡。

(4) 经济业务的发生，导致负债项目增加，而所有者权益项目减少，但增减金额相等，故等式保持平衡。

(5) 经济业务的发生，导致所有者权益项目增加，而负债项目减少，但增减金额相等，故等式保持平衡。

(6) 经济业务的发生，导致资产项目增加，而同时负债项目亦增加相同金额，故等式保持平衡。

(7) 经济业务的发生，导致资产项目增加，而同时所有者权益项目亦增加相同金额，故等式保持平衡。

(8) 经济业务的发生，导致资产项目减少，而同时负债项目亦减少相同金额，故等式保持平衡。

(9) 经济业务的发生，导致资产项目减少，而同时所有者权益项目亦减少相同金额，故等式保持平衡。

下面举例说明经济业务对基本会计等式影响的九种类型。

[例 2-1] 从银行提取现金 20 000 元。

[分析] 这笔经济业务的发生，使资产项目“银行存款”减少 20 000 元，“库存现金”增加 20 000 元，属于资产类要素内部有增有减的等额变动，资产总额仍然不变，故等式保持平衡。

[例 2-2] 开出商业汇票抵付应付账款，票面价值为 50 000 元。

[分析] 这笔经济业务的发生，使负债项目“应付账款”减少 50 000 元，“应付票据”增加 50 000 元，属于负债类要素内部有增有减的等额变动，负债总额仍然不变，故等式保持平衡。

[例 2-3] 按法定程序报经批准后，将 100 000 元的资本公积转增资本。

[分析] 这笔经济业务的发生，使所有者权益项目“资本公积”减少 100 000 元，“实收资本”增加 100 000 元，属于所有者权益类要素内部有增有减的等额变动，所有者权益总额仍然不变，故等式保持平衡。

[例 2-4] 按照股东大会决议，分配给股东现金股利 30 000 元。

[分析] 这笔经济业务的发生，使所有者权益项目“利润分配——应付现金股利”减少 30 000 元，负债项目“应付股利”增加 30 000 元，属于负债项目增加，所有者权益项目减少的等额变动，故等式两边总额不变。

[例 2-5] 供应商将企业以前所欠的购料款 100 000 元转作对企业的投资。

[分析] 这笔经济业务的发生，使负债项目“应付账款”减少 100 000 元，所有者权益项目“实收资本”增加 100 000 元，属于所有者权益项目增加，而负债项目减少的等额变动，故等式两边总额不变。

[例 2-6] 购买原材料一批，货款 20 000 元，材料已验收入库，但款项尚未支付。

[分析] 这笔经济业务的发生，使资产项目“原材料”增加 20 000 元，负债项目“应付账款”增加 20 000 元，属于资产项目和负债项目同时等额增加的变动，等式仍然保持平衡。

[例 2-7] 收到投资者投入资本 300 000 元，款项已收到，并存入银行。

[分析] 这笔经济业务的发生，使资产项目“银行存款”增加 300 000 元，所有者权益项目“实收资本”增加 300 000 元，属于资产项目和所有者权益项目同时等额增加的变动，等式仍然保持平衡。

[例 2-8] 用银行存款偿还到期的短期借款 50 000 元。

[分析] 这笔经济业务的发生，使资产项目“银行存款”减少 50 000 元，负债项目“短期借款”减少 50 000 元，属于资产项目和负债项目同时等额减少的变动，等式仍然保持平衡。

[例 2-9] 经董事会批准，以银行存款退还投资人投资额 100 000 元。

[分析] 这笔经济业务的发生，使资产项目“银行存款”减少 100 000 元，所有者权益项目“实收资本”减少 100 000 元，属于资产项目和所有者权益项目同时等额减少的变动，等式仍然保持平衡。

通过以上分析，我们可以得出如下结论：一项经济业务的发生，可能只涉及资产、负债和所有者权益中的某一个要素，也可能涉及资产与负债和所有者权益，但无论如何，基本会计等式的恒等关系保持不变。

(二) 经济业务对扩展会计等式的影响

将扩展会计等式：

$$资产 = 负债 + 所有者权益 + 利润$$
$$资产 = 负债 + 所有者权益 + (收入 - 费用)$$

移项为：

$$资产 + 费用 = 负债 + 所有者权益 + 收入 \tag{2-8}$$

经济业务对扩展会计等式的影响归纳后分为两种类型。

(1) 企业取得收入，表现为收入要素的增加和资产要素的同等金额的增加，或者表现为收入要素的增加和负债要素的同等金额的减少，结果，等式仍然保持平衡。

(2) 企业发生费用，或者表现为费用要素的增加和资产要素的同等金额的减少，或者表现为费用要素的增加和负债要素的同等金额的增加，结果，等式仍然保持平衡。

下面举例说明经济业务对扩展会计等式的影响的两种类型。

[例 2-10] 销售一批产品，取得产品销售收入 10 000 元，存入银行。

[分析] 这笔经济业务的发生，使资产项目“银行存款”增加 10 000 元，收入项目“主营业务收入”增加 10 000 元，属于等式双方资产要素和收入要素同时等额增加的变动，等式仍然保持平衡。

[例 2-11] 企业向供应商销售一批产品，价值 20 000 元，全部款项用于抵还前欠的材料款。

[分析] 这笔经济业务的发生，使负债项目“应付账款”减少 20 000 元，收入项目“主营业务收入”增加 20 000 元，属于等式一方负债要素和收入要素金额相等的有增有减的变动，等式仍然保持平衡。

[例 2-12] 用银行存款支付本月行政管理部门的办公费 3 000 元。

[分析] 这笔经济业务的发生，使资产项目“银行存款”减少 3 000 元，费用项目“管理费用”增加 3 000 元，属于等式一方资产要素和费用要素金额相等的有增有减的变动，等式

仍然保持平衡。

［例2-13］ 本月企业应付广告公司广告费用5 000元。

［分析］ 这笔经济业务的发生，使负债项目“应付账款”增加5 000元，费用项目“销售费用”增加5 000元，属于等式双方负债要素和费用要素金额同时等额增加的变动，等式仍然保持平衡。

通过以上分析，我们可以得出如下结论：由于收入、费用和利润这三个要素的变化实质上都可以表现为所有者权益的变化，上述这两种情况也可以归纳到前面的经济业务的发生对基本会计等式影响的九种类型中去，因此经济业务的发生都不会破坏扩展会计等式的平衡关系。

项目小结

1. 本项目主要阐述会计对象、会计要素与会计等式的相关知识，包括会计对象的含义、会计要素的含义、会计要素的分类、各会计要素的含义和内容、会计等式的种类以及会计等式的基本原理等内容。

2. 会计对象是指会计所要反映和监督的内容。在社会主义制度下，会计对象就是社会再生产过程中的资金运动。

3. 会计要素是对会计对象的基本分类，是会计对象的具体化，是反映会计主体的财务状况和经营成果的基本单位，包括资产、负债、所有者权益、收入、费用和利润六大会计要素。

4. 资产是指由过去的交易或事项形成的，由企业拥有或控制的，预期会给企业带来经济利益的资源。将一项资源确认为资产，除了应当符合资产的定义，还需要同时满足以下两个条件：一是，与该资产有关的经济利益很可能流入企业；二是，该资产的成本能够可靠计量。资产按其流动性不同，即变现能力和速度不同，可分为流动资产和非流动资产。

5. 负债是指企业过去的交易或者事项形成的，预期会导致经济利益流出企业的现时义务。将一项现时义务确认为负债，除了符合负债的含义外，还需要同时满足以下两个条件：一是，与该义务有关的经济利益很可能流出企业；二是，未来流出的经济利益的金额能够可靠地计量。负债按流动性不同，可以分为流动负债和非流动负债。

6. 所有者权益是指企业资产扣除负债后由所有者享有的剩余权益，它在数值上等于企业全部资产减去全部负债后的余额。由于所有者权益是所有者对企业资产享有的剩余权益，因此所有者权益的确认主要依赖于资产要素和负债要素的确认。所有者权益由实收资本（或股本）、其他权益工具、资本公积、其他综合收益、盈余公积和未分配利润构成。盈余公积和未分配利润合称为企业的留存收益。

7. 所有者权益和负债虽然同是企业的权益，都是企业的资金来源，但两者之间还是存在的不同，具体表现在以下几个方面：一是，经济责任不同；二是，权利不同；三是，清偿顺序不同。

8. 收入是指企业在日常活动中形成的，会导致所有者权益增加的，与所有者投入资本无关的经济利益的总流入。除了满足收入的含义外，还必须同时满足收入的两个确认条件，才能确认收入要素：一是，经济利益很可能流入企业；二是，经济利益的流入金额能够可靠计量。收入要素指的是收入的狭义概念，包括主营业务收入、其他业务收入，以及股利、利息等投资收益。广义的收入还包括直接计入当期利润的利得，即营业外收入。

9. 费用是指企业在日常活动中发生的、会导致所有者权益减少的、与向所有者分配利润无关的经济利益的总流出。除了满足费用的含义外，还必须同时满足费用的两个确认条件，才能确认为费用要素：一是，经济利益很可能流出企业；二是，经济利益流出的金额能够可靠计量。狭义的费用只包括为获取营业收入提供商品或劳务而发生的耗费，包括主营业务成本、其他业务成本、税金及附加、销售费用、管理费用、财务费用、资产减值损失等。广义的费用，除了上述内容，还包括营业外支出和所得税费用。

10. 利润是指企业在一定会计期间的经营成果，包括收入减去费用后的净额，直接计入当期利润的利得和损失等。利润按其形成情况不同，可分为营业利润、利润总额和净利润。

11. 会计等式也称为会计平衡公式或会计恒等式，它是表明各会计要素之间内在联系的表达式。会计等式包括静态会计等式、动态会计等式和扩展会计等式。静态会计等式是由反映企业资金静态运动的会计要素组合而成的，表明企业某一特定时点财务状况的等式。静态会计等式是最基本的会计等式，又称为存量会计等式或第一会计等式。静态会计等式：资产＝负债＋所有者权益。动态会计等式是由反映企业资金动态运动的会计要素组合而成的，反映企业在一定会计期间经营成果的等式。动态会计等式又称为增量会计等式或第二会计等式。动态会计等式：收入－费用＝利润。扩展会计等式又称为综合会计等式，是由静态会计等式和动态会计等式综合而成的全面反映企业财务状况和经营成果的等式。扩展会计等式：资产＋费用＝负债＋所有者权益＋收入。

12. 每一笔经济业务的发生，都会对会计要素产生一定影响，但是任何经济业务的发生都不会破坏会计等式的平衡关系。

一、单项选择题

1. 下列选项中属于反映企业财务状况的会计要素的是(　　)。★

A. 收入　　B. 所有者权益　　C. 费用　　D. 利润

2. 企业的原材料属于会计要素中的(　　)。★

A. 资产　　B. 负债　　C. 所有者权益　　D. 权益

3. 下列选项中属于企业流动资产的是(　　)★。

A. 长期股权投资　　B. 固定资产　　C. 应收账款　　D. 无形资产

4. 所有者权益从数量上看，是(　　)。

A. 流动资产减去流动负债的余额　　B. 长期资产减去长期负债的余额

C. 全部资产减去流动负债的余额　　D. 全部资产减去全部负债的余额

5. 下列选项中属于静态会计等式的是(　　)。★

A. 收入－费用＝利润

B. 资产＝负债＋所有者权益

C. 资产＝负债＋所有者权益＋利润

D. 资产＝负债＋所有者权益＋(收入－费用)

6. 下列选项中关于一项资产增加，一项负债增加的经济业务发生后，会使资产与权益总额变化的说法正确的是(　　)。★

A. 发生同增的变动

B. 发生同减的变动

C. 不会变动

D. 发生不等额的变动

7. 某企业刚刚建立时，权益总额为80万元，现发生一笔以银行存款10万元偿还银行借款的经济业务，此时，该企业的资产总额为(　　)万元。★

A. 80　B. 90　C. 100　D. 70

8.《企业会计准则第14号——收入》规定，企业的日常经营收入不包括(　　)。★

A. 销售商品的收入

B. 提供劳务的收入

C. 他人使用本企业资产取得的收入

D. 报废固定资产的收入

9. 以银行存款50 000元偿还企业前欠货款。这项经济业务所引起的会计要素变动情况属于(　　)。★

A. 一项资产与一项负债同时增加

B. 一项资产与一项负债同时减少

C. 一项资产增加，另一项资产减少

D. 一项负债增加，另一项负债减少

10. 下列选项中能引起资产和权益同时减少的业务是(　　)。★

A. 用银行存款偿还应付账款

B. 向银行借款直接偿还应付账款

C. 购买材料货款暂未支付

D. 工资计入产品成本但暂未支付

二、多项选择题

1. 下列等式中属于正确的会计等式有(　　　)。★

A. 资产＝权益

B. 资产＝负债＋所有者权益

C. 收入－费用＝利润

D. 资产＋利润＝负债＋所有者权益＋(收入－费用)

E. 资产＋负债－费用＝所有者权益＋收入

2. 下列选项中能引起会计等式左右两边会计要素变动的经济业务有(　　　)。★

A. 收到某单位前欠货款20 000元存入银行

B. 以银行存款偿还银行借款

C. 收到某单位投入机器一台，价值80万元

D. 以银行存款偿还前欠货款10万元

E. 购买材料8 000元，以银行存款支付货款

3. 下列选项中属于只引起会计等式左边会计要素变动的经济业务有(　　　)。★

A. 购买材料800元，货款暂欠

B. 银行提取现金500元

C. 购买机器一台，以存款支付10万元货款

D. 接受国家投资200万元

E. 收到某外商捐赠货物一批,价值 80 万元

4. 企业的资产按流动性可以分为(　　)。★

A. 流动资产　　B. 非流动资产

C. 长期股权投资　　D. 无形资产

E. 长期待摊费用

5. 下列选项中关于负债的表述正确的有(　　)。★

A. 负债按其流动性不同,分为流动负债和非流动负债

B. 负债通常是在未来某一时间通过交付资产或提供劳务来清偿

C. 正在筹划的未来交易事项,也会产生负债

D. 负债是企业由于过去的交易或事项而承担的将来义务

E. 负债是企业由于过去的交易或事项而承担的现时义务

6. 下列选项中,属于企业所有者权益组成部分的有(　　)。★

A. 股本　　B. 资本公积

C. 盈余公积　　D. 应付股利

E. 利润分配

7. 企业的收入具体表现为一定期间(　　)。★

A. 现金的流入　　B. 银行存款的流入

C. 企业其他资产的增加　　D. 企业负债的增加

E. 企业负债的减少

8. 企业的费用具体表现为一定期间(　　)。★

A. 现金的流出　　B. 企业其他资产的减少

C. 企业负债的增加　　D. 银行存款的流出

E. 企业负债的减少

9. 下列选项中,应确认为企业资产的有(　　)。★

A. 购入的无形资产　　B. 已霉烂变质无使用价值的存货

C. 购入的固定资产　　D. 计划下个月购入的材料

E. 销售商品暂时尚未收回的款项

10. 下列选项中属于流动资产的有(　　)。★

A. 存放在银行的存款　　B. 存放在仓库的材料

C. 厂房和机器　　D. 企业的办公楼

E. 企业的办公用品

三、判断题

1. 会计六要素中既有反映财务状况的要素,也含反映经营成果的要素。(　　)★

2. 非流动负债的偿还期均在 1 年以上,流动负债的偿还期均在 1 年以内。(　　)★

3. 所有者权益是指企业投资人对企业全部资产的所有权。(　　)★

4. 与所有者权益相比,负债一般有规定的偿还期,而所有者权益没有。(　　)

5. 收入的特点之一是企业在日常活动中形成的经济利益总流入,所以企业处置固定资产、无形资产产生的经济利益流入均不构成收入。(　　)★

6. 期间费用是资产的耗费，它与一定的会计期间相联系，而与生产哪一种产品无关。（ ）

7. 从本质上说，费用就是资产的转化形式，是企业总资产的耗费。（ ）

8. 利润仅仅是指所有收入与所有成本相配比相抵后的差额，是经营成果的最终要素。（ ）

9. 净利润是指营业利润减去所得税后的金额。（ ）★

10. 企业收到某单位偿还欠款 1 万元。该项经济业务会引起会计等式左右两方会计要素发生同时增加的变化。（ ）★

四、业务题

财东公司 2018 年 5 月 31 日的资产负债表显示资产总计 375 000 元，负债总计 112 000元，所有者权益总计 263 000 元，该公司 2018 年 6 月份发生如下经济业务（假设不考虑增值税）：

（1）用银行存款购入全新机器一台，价值 30 000 元。

（2）投资人投入原材料，价值 10 000 元。

（3）以银行存款偿还所欠供应单位账款 5 000 元。

（4）收到供应单位所欠账款 8 000 元，收存银行。

（5）将一笔长期负债 50 000 元转为对企业的投资。

（6）按规定将 20 000 元资本公积金转为实收资本。

要求：

（1）根据 6 月份发生的经济业务，说明经济业务对会计要素的影响。

（2）计算 6 月末财东公司的资产总额、负债总额和所有者权益总额。

项目三　会计科目、会计账户与复式记账法

☞ **学习目标**

1. 了解会计科目的含义、设置原则和分类；
2. 熟悉会计账户的含义、基本结构、分类；
3. 掌握复式记账法的概念、基本原则和分类；
4. 掌握借贷记账法。

☞ **能力目标**

1. 掌握会计账户的设置；
2. 掌握借贷记账法的应用。

任务一　会 计 科 目

一、会计科目的含义★

设置会计科目，是会计核算的一种专门方法。会计要对企业日常发生的纷繁复杂的经济业务进行全面、连续、系统的核算。首先要做的工作，就是对会计核算的对象进行全面、系统的分类，不仅要从数量上反映各项会计要素的增减变化及其结果的总括数据，还要具体地分类反映各项会计要素具体项目的增减变化及其结果的详细数据，这就要求在会计要素的基础上作进一步分类。会计科目是按照经济业务的内容和经济管理的要求，对会计要素的具体内容进行分类核算的项目。

二、会计科目的设置原则★

在实际工作中，会计科目是通过会计制度预先规定的，它是设置账户、处理账务所必须遵循的规则和依据，是正确进行会计核算的一个重要条件。会计科目作为向投资者、债权人、企业经营管理者等提供会计信息的重要手段，在其设置过程中应遵循以下原则。

（一）必须结合会计要素的特点，全面反映会计要素内容

会计科目作为对会计对象具体内容即会计要素进行分类核算的项目，其设置应能保证全面、系统地反映会计要素的全部内容，不能有任何遗漏。同时，会计科目的设置还必须反映会计要素的特点。各会计主体除了需要设置各行各业的共性会计科目外，还应根据本单位经营活动的特点，设置相应的会计科目。例如，制造业企业的主要经营活动是制造产品，

因而需要设置反映生产耗用的会计科目。“生产成本”“制造费用”等科目,就是为适应这一特点而设置的。

(二)既要符合对外报告的要求,又要满足内部经营管理的需要

前面曾经指出,企业会计核算资料应能满足各会计需求主体的需要,如满足政府部门加强宏观调控、制定方针政策的需要,满足投资者、债权人及有关方面对企业经营和财务状况做出准确判断的需要,满足企业内部加强经营管理的需要等。因此,在设置会计科目时要兼顾对外报告和企业内部经营管理的需要,并根据需要会计信息的详细程度,分设总分类科目和明细分类科目。

(三)既要适应经济业务发展的需要,又要保持相对稳定

会计科目的设置,要适应社会经济环境的变化和本单位业务发展的需要。例如,随着商业信用的发展,为了核算和监督商品交易中的延期交货或提前付款而形成的债权债务关系,核算中应单独设置“预收账款”和“预付账款”科目,即把预收、预付货款的核算从“应收账款”和“应付账款”科目中分离出来。但是,会计科目的设置也应保持相对稳定,以便在一定范围内综合汇总和在不同时期对比分析其所提供的核算指标。

(四)统一性与灵活性相结合

所谓统一性,是指在设置会计科目时,应根据提供会计信息的要求,按照会计准则、会计制度对一些主要会计科目的设置及其核算内容所做的统一规定,以保证会计核算指标在一个部门,乃至全国范围内综合汇总、分析利用。所谓灵活性,是指会计科目的设置不但要服从统一的核算指标,而且也可根据本企业自身的经营特点和规模、增减变化情况及投资者的要求,对统一规定的会计科目作必要增补或兼并。如在材料按实际成本核算收发的企业,可以不设置“材料采购”和“材料成本差异”科目,而设置“在途物资”科目。

(五)会计科目要简明适用、称谓规范

所谓简明,是指会计科目的名称必须简单明了,易于理解和使用,所记录的内容必须明确。所谓适用,是指会计科目的设置必须与本企业经济业务的性质、特点相适应,能准确的体现各项经济业务的内容。所以,在设置会计科目时,对每一个科目的特定核算内容必须严格,明确地予以界定。总分类科目的名称应与国家有关会计制度的规定相一致,明细分类科目的名称也要含义明确、通俗易懂。

三、会计科目的分类★★

(一)会计科目的内容

会计科目的内容包括每一会计科目按企业会计准则的规定应反映的具体经济内容和会计科目按经济内容分类。会计科目按经济内容分类,有助于了解和掌握各会计科目核算的内容以及会计科目的性质,为正确运用会计账户反映经济业务引起会计要素的增减变动奠定基础。

参照财政部于2006年10月30日公布的《企业会计准则——应用指南》的附录《会计科目和主要账务处理》、2014年修订的企业会计准则的相关指南、2017年发布的第22号、23号、24号、42号新的企业会计准则列示企业常用的会计科目如表3-1所示。

表 3-1 《企业会计准则——应用指南》会计科目一览表

序号	编号	会计科目名称	序号	编号	会计科目名称
		一、资产类	32	1605	工程物资
1	1001	库存现金	33	1606	固定资产清理
2	1002	银行存款	34	1701	无形资产
3	1121	应收票据	35	1702	累计摊销
4	1122	应收账款	36	1703	无形资产减值准备
5	1123	预付账款	37	1711	商誉
6	1131	应收股利	38	1801	长期待摊费用
7	1132	应收利息	39	1811	递延所得税资产
8	1221	其他应收款	40	1901	待处理财产损溢
9	1231	坏账准备			二、负债类
10	1401	材料采购	41	2001	短期借款
11	1402	在途物资	42	2101	交易性金融负债
12	1403	原材料	43	2201	应付票据
13	1404	材料成本差异	44	2202	应付账款
14	1405	库存商品	45	2203	预收账款
15	1406	发出商品	46	2211	应付职工薪酬
16	1408	委托加工物资	47	2221	应交税费
17		应收退货成本	48	2231	应付利息
18	1411	周转材料	49	2232	应付股利
19	1471	存货跌价准备	50	2241	其他应付款
20	1505	债权投资	51	2401	递延收益
21	1507	其他债权投资	52	2501	长期借款
22	1511	长期股权投资	53	2502	应付债券
23	1512	长期股权投资减值准备	54	2701	长期应付款
24	1521	投资性房地产	55	2702	未确认融资费用
25	1528	其他权益工具投资	56	2711	专项应付款
26	1531	长期应收款	57	2801	预计负债
27	1532	未实现融资收益	58	2901	递延所得税负债
28	1601	固定资产			三、共同类
29	1602	累计折旧	59	3001	清算资金往来
30	1603	固定资产减值准备	60	3101	衍生工具
31	1604	在建工程	61	3201	套期工具

（续表）

序号	编号	会计科目名称	序号	编号	会计科目名称
62	3202	被套期项目	74	6011	利息收入
		四、所有者权益类	75	6051	其他业务收入
63	4001	实收资本	76	6101	公允价值变动损益
64	4002	资本公积	77	6111	投资收益
	4401	其他权益工具	78	6301	营业外收入
		其他综合收益	79	6401	主营业务成本
	4301	专项储备	80	6402	其他业务成本
65	4101	盈余公积	81	6403	税金及附加
66	4103	本年利润	82	6601	销售费用
67	4104	利润分配	83	6602	管理费用
68	4201	库存股	84	6603	财务费用
		五、成本类	85		研发费用
69	5001	生产成本	86	6701	资产减值损失
70	5101	制造费用	87		信用减值损失
71	5201	劳务成本	88	6711	营业外支出
72	5301	研发支出	89	6801	所得税费用
		六、损益类	90	6901	以前年度损益调整
73	6001	主营业务收入			

（二）会计科目的级次

会计科目按其提供指标的详细程度，或者说提供信息的详细程度，可以分为以下两类。

1. 总分类科目

总分类科目亦称一级科目或总账科目。它是对会计要素的具体内容进行总括分类的账户名称，是进行总分类核算的依据，所提供的总括指标。总分类科目原则上由国家财政部统一制定，以会计准则指南或会计核算制度的形式颁布实施。

2. 明细分类科目

明细分类科目，是对总分类科目所含内容再做详细分类的会计科目。它所提供的是更加详细具体的指标。明细分类科目包括二级或多级明细科目，例如，在“应付账款”总分类科目下再按具体单位分设明细科目，具体反映应付哪个单位的货款。

为了适应管理上的需要，当总分类科目下设置的明细分类科目太多时，可在总分类科目与明细科目之间增设二级科目（也称子目）。二级科目所提供指标的详细程度介于总分类科目和明细科目之间。例如，在“原材料”总分类科目下，可按材料的类别设置二级科目“原材料及主要材料”“辅助材料”“燃料”等。

由此可见，在设置二级科目的情况下，会计科目分为总分类科目(一级科目)和明细分类科目。明细分类科目包括二级科目(子目)和明细科目(细目)。另外，如有需要也可设置四级科目、五级科目。明细分类科目，除了会计制度规定设置的以外，各单位可以根据实际需要自行设置。现以"原材料""生产成本"两个科目为例，将会计科目按所提供指标详细程度分类如表 3-2 所示。

表 3-2 "原材料"与"生产成本"会计科目的分级情况

总分类科目(一级科目)	二级与明细分类科目	
	二级科目(子目)	明细分类科目(三级科目、细目)
原材料	材料及主要材料	圆钢 生铁
	辅助材料	润滑油 防腐剂
	燃料	汽油 柴油
生产成本	第一车间	甲产品 乙产品
	第二车间	丙产品 丁产品

3. 总分类核算与明细分类核算

在实际工作中，为满足会计信息使用者的不同需求，各会计主体应分别按总分类科目开设总分类账户，按二级或明细分类科目开设二级或明细分类账户。总分类账户提供的是总括分类核算指标，因而一般只用货币计量；二级或明细分类账户提供的是明细分类核算指标，因而除用货币量度外，有的还用实物量度(如吨、千克、件、台等)。对经济业务通过总分类账户进行的核算，称为总分类核算；通过有关二级或明细分类账户进行的核算，称为明细分类核算。

四、会计科目的编号

在企业会计科目表中，排列顺序依次为资产类、负债类、所有者权益类、成本类和损益类。在每大类科目中，又是按流动性强弱排列的，如资产类中的"流动资产"科目排在前面，而在流动资产科目中"库存现金"科目又排在首位。为了表明会计科目的性质及所属类别，便于编制凭证、审查账目和采用电算化会计，我国财政部统一规定每个会计科目按照一定的规律予以编号，编号不得随意改变。其具体编号的方式如下：左第一位数字代表大类，例如，"1"表示资产类科目，"2"表示负债类科目，"4"表示所有者权益类科目，"5"表示成本类科目，"6"表示损益类科目；左第二位数字代表大类下的进一步分类，例如，在资产类科目中，用"0"表示货币资金类，用"1"表示交易性金融资产及应收账款类，用"6"表示固定资产类科目等；第三、第四位数字代表顺序号，表示各小类下的会计科目的自然序号，其中某些会计科目之间可能有空号，以便增加科目。企业各会计科目的统一编号可参见表 3-1。会计人员在编制记账凭证和登记账簿时，应填写会计科目全称或同时填写编号，不得只填写会计科目编号而不填写会计科目名称。

任务二 会 计 账 户

一、账户的含义及意义★

会计账户通常简称为账户，它是以会计科目为名称，具有一定的格式，用来分类、连续地记录经济业务、反映会计要素增减变动及其结果的一种工具。其意义如下：

首先，研究账户分类可以帮助我们了解每类账户反映和监督的内容，明确区分账户的性质，以便正确运用账户所提供的核算资料。例如，“制造费用”与“生产成本”账户具有共性，可以放在一起统称为成本类账户，它们所反映的都是应计入产品成本的生产费用，可据以提供成本费用指标。

其次，研究账户分类还能帮助我们了解每类账户能提供什么指标和怎样提供这些指标，便于正确记录经济业务。例如，“原材料”“库存商品”“库存现金”“银行存款”可放在一起统称为盘存账户，它们可以提供有关财产物资、货币资金的收入数、支出数及期初、期末结存数四大指标，而且分别通过账户的本期借方发生额、本期贷方发生额、期初余额及期末余额来提供。

二、账户的基本结构★

账户是用来记录经济业务，反映会计要素的具体内容增减变化及其结果的。因此，随着会计主体会计事项的不断发生，会计要素的具体内容也必然随之发生变化，而且这种变化不管多么错综复杂，从数量上看不外乎增加和减少两种情况。所以用来积累企业在某一会计期间内各种有关数据的账户，在结构上就应分为两方，即在左方和右方。一方登记增加数，另一方则登记减少数。至于哪一方登记增加，哪一方登记减少，则由所采用的记账方法和所记录的经济内容决定。这就是账户的基本结构。这一基本结构，不会因企业在实际中所使用的账户具体格式不同而发生变化。

当然对于一个完整的账户而言，除了必须有反映增加数和减少数的两栏外，还应包括其他栏目，以反映其他相关内容。一个完整的账户结构应包括：

(1) 账户名称，即会计科目。

(2) 会计事项发生的日期。

(3) 摘要，即经济业务的简要说明。

(4) 凭证号数，即表明账户记录的依据。

(5) 金额，即增加额、减少额和余额。

为了说明问题和学习的方便，在会计教学中，通常用一条水平线和一条将水平线平分的垂直线来表示账户，称为“T”形账户（亦称丁字形账户）。其格式如图 3-1 所示。

每个账户一般有四个金额要素，即期初余额、本期增加发生额、本期减少发生额和期末余额。账户如有期初余额，首先应当在记录增加额的那一方登记，会计事项发生后，要将增减内容记录在相应的栏内。一定期间记录到账户增加方的数额合计，称为增加发生额；记录到账户减少方的数额合计，称为减少发生额。正常情况下，账户四个数额之间的关系如下：

图 3-1　T 形账户的结构

账户期末余额＝账户期初余额＋本期增加发生额－本期减少发生额　　(3-1)

账户本期的期末余额转入下期，即为下期的期初余额。每个账户的本期发生额反映的是该类经济内容在本期内变动的情况，而期末余额则反映变动的结果。例如，某企业在某一期间“银行存款”账户的记录如图 3-2 所示：

左方		银行存款	右方
期初余额	10 000		
本期增加额	8 000	本期减少额	11 000
本期借方发生额	8 000	本期贷方发生额	11 000
期末余额	7 000		

图 3-2　银行存款账户的记录

根据上述账户的记录，可知企业期初在银行的存款为 10 000 元，本期增加了 8 000 元，本期减少了 11 000 元，到期末，企业还有 7 000 元存款。

三、账户的分类★

（一）按照反映信息的详细程度分类

账户是根据会计科目开设的，会计科目分为总分类科目和明细分类科目，所以，根据总分类科目开设总分类账户，根据明细分类科目开设明细分类账户。

（1）总分类账户。总分类账户，也称总账或一级账户，提供的是总括核算指标，一般只用货币计量。比如，根据“固定资产”科目开设的“固定资产”账户，能够提供企业所拥有的固定资产总额。

（2）明细分类账户。明细分类账户是用来提供详细核算资料的账户，除可以用货币计量外，还可以用实物量度（件、千克、吨等）辅助计量。在总分类账户和明细分类账户之间，根据二级科目开设的二级账户，也将其归入明细分类账户中。

总分类账户和明细分类账户之间的关系是：总分类账户是明细分类账户的统驭账户，它对明细分类账户起着控制作用；明细分类账户是总分类账户的从属账户，它对总分类账户起着辅助和补充的作用。两者结合起来就能既概括又详细地反映同一经济业务的核算内容。值得注意的是，总分类账户和明细分类账户都是根据同一会计分录或记账凭证进行登记的，但相互不能转录，即总分类账户不能根据明细分类账户登记，明细分类账户也不能根据总分类账户登记。

（二）按照反映的经济内容分类

账户的经济内容就是指账户反映的会计要素的具体内容。会计对象可以分为六个要素，会计要素又进一步划分为会计科目，会计科目有六大类，则根据会计科目开设的账户也有六大类，即：

(1) 资产类账户。资产类账户用来反映企业资产的增减变动及其结存情况，如“库存现金”“银行存款”账户。

(2) 负债类账户。负债类账户用来反映企业负债增减变动及其结存情况，如“短期借款”“应付账款”账户。

(3) 所有者权益类账户。所有者权益类账户用来反映企业所有者权益增减变动及其结存情况，如“实收资本”“资本公积”账户。

(4) 收入类账户。收入类账户用来反映企业生产经营过程中取得的各种营业收入情况，如“主营业务收入”“其他业务收入”账户。

(5) 费用类账户。费用类账户用来反映企业生产经营过程中所发生的各种耗费情况，如“主营业务成本”“管理费用”账户。

(6) 利润类账户。利润类账户用来反映企业利润的实现和分配情况，如“本年利润”“利润分配”账户。

会计账户之间最本质的差别在于其反映的经济内容不同，因而账户的经济内容是账户分类的基础。账户的经济内容，就实质而言，是会计对象的具体内容，即资金运动。据此，又可以将上述六种账户划分为两大类：反映资金运动的静态账户和反映资金运动的动态账户。资产类账户、负债类账户、所有者权益类账户均是反映企业财务状况的账户，期末一般都有余额，它们的余额是编制资产负债表的数据来源，属于反映资金运动静态的账户；收入类、费用类和利润类账户是反映企业经营成果的账户，期末经过结转一般没有余额，它们的发生额是编制利润表的数据来源，属于反映资金运动动态的账户。

四、平行登记★

总分类账户和明细分类账户，两者登记的经济业务内容相同，只是详简程度不一样，因此在核算中对两者要采用平行登记的方法。所谓平行登记，就是凡涉及明细账户的同一笔经济业务都要以会计凭证为依据，在总分类账户和所属明细分类账户中按同时、同向、同金额的方法进行登记。平行登记可以概括为同时登记、方向相同、金额相等和依据相同四个要点。

(1) 同时登记。就是对每项经济业务，必须在同一个会计期内，既要记入有关的总分类账户，又要记入它所属的有关明细分类账户，不能漏记或重记。

(2) 方向相同。就是总分类账户如果登记在借方，则明细分类账户也应登记在借方；总分类账户如果登记在贷方，则明细分类账户也应登记在贷方。

(3) 金额相等。就是将一笔经济业务记入几个明细分类账户时，则记入总分类账户的金额，应与记入几个明细分类账户的金额之和相等。

(4) 依据相同。就是对发生的经济业务，都要以相同的会计凭证为依据，既登记有关总分类账户，又登记其所属的明细分类账户。

下面通过举一例子来介绍平行登记的应用。

例如，企业用银行存款 60 000 元购入材料，其中甲材料 30 000 元，乙材料 20 000 元，丙材料 10 000 元。则对于该笔经济业务的平行登记如图 3-3 所示。

由图 3-3 可以看出，一方面将购入的材料总额 60 000 元记入“原材料”总分类账户的借

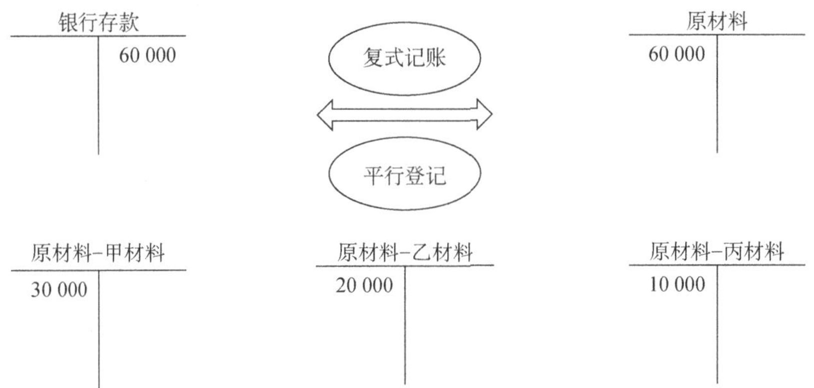

图 3-3 复式记账和平行登记的应用

方；另一方面将入库的甲、乙、丙三种材料的金额分别记入有关明细分类账户的借方，体现了平行登记的特点：同时登记；登记方向相同（总账与明细账均登记在借方）；登记依据相同（都是购入材料业务）；登记金额相等（原材料总账 60 000＝明细账 30 000＋20 000＋10 000）。

由于进行平行登记，总分类账户与其所属的明细分类账户的期初余额、本期发生额和期末余额之间存在相等关系，因此通过总分类账和明细分类账的平行登记，期末进行相互核对，可以及时发现错账，予以更正，以保证账薄记录的准确性。在实际工作中，总分类账户与其所属明细分类账户的核对，是通过定期编制"明细分类账户本期发生额及余额试算表"，并将各指标的合计数直接与其所从属的总分类账户的有关指标进行核对。

五、会计科目与账户的关系★

（一）会计科目与会计账户的联系

会计科目与会计账户这两个概念，既有联系又有区别。会计科目与会计账户的联系表现在以下两个方面：

（1）两者都是对会计对象的具体内容在按会计要素分类的基础上所作的进一步分类，两者的名称和反映的经济内容相同。

（2）会计账户是根据会计科目设置的，会计科目就是会计账户的名称，会计科目是设置会计账户的依据。

（二）会计科目与会计账户的区别

会计科目与会计账户的区别表现在以下三个方面：

（1）会计账户虽是根据会计科目开设的，但会计科目只是账户的名称，只表明某项经济业务的内容；而会计账户除了名称以外，还具有一定格式的账页，是经济业务发生后，对某项经济业务的增减变动及其结果，进行连续、系统记录的手段。

（2）会计科目的作用是为了对经济业务进行归类并开设账户和填制记账凭证所运用，而账户的作用是为设置账簿和编制会计报表所运用。

（3）设置账户是会计核算方法的组成部分，但设置会计科目不构成一种独立的会计方法，它只是会计账户设置的依据。由于会计账户按会计科目来命名，所以在实际工作中，会计科目与会计账户常被作为同义词来使用而不加区别。

任务三 复式记账法

一、记账方法★

在会计工作中，为了有效地反映和监督会计对象，各会计主体除了要按照规定的会计科目设置账户外，还应采用一定的记账方法。所谓记账方法，是指按照一定的规则，使用一定的符号，在账户中登记各项经济业务的技术方法。会计上的记账方法，最初是单式记账法，随着社会经济的发展和人们的实践与总结，单式记账法逐步改进，从而演变为复式记账法。

(一) 单式记账法

单式记账法是一种比较简单、不完整的记账方法。这种方法的主要特征是：对于每项经济业务，通常只登记现金和银行存款的收付业务，以及应收款、应付款的结算业务，而不登记实物的收付业务；除了有关应收款、应付款的现金收付业务需要在两个或两个以上账户中各自进行登记外，其他业务只在一个账户中登记或不予登记。例如，企业以现金 500 元支付办公费用。对于这项经济业务，在单式记账法下，就只在有关的现金账户中作减少 500 元的登记，至于费用的发生情况，则不予反映。又如，企业从某单位购入一批材料计价 1 000 元，货已收到，款尚未支付。对于这项经济业务，采用单式记账法，就只在结算债务账户中作增加 1 000 元的登记，而材料的增加，则不予登记。采用单式记账法，对于有关应收款、应付款的现金收付业务，虽然在记录现金账的同时也记录往来账，但现金账与往来账是各记各的，彼此没有直接的联系。

由此可见，在单式记账法上，对支付费用以及采用付现或赊购方式购买实物性资产的经济业务，只核算现金的减少或债务的增加，而对费用的发生或实物性资产的取得，一般不设置账户进行核算。至于实物性资产的结存数额，只能通过定期的实地盘存得到。经营的损益则由前后两期财产结存数的比较求得，即期末资产结存大于期初资产结存的数额为利润；反之，则为亏损。显然，单式记账法的优点是记账手续比较简单，但由于其账户的设置是不完整的，各个账户之间又互不联系，所以无法全面反映各项经济业务的来龙去脉，也不能正确核算成本和盈亏，更不便于检查账户记录的正确性。因此，这种记账方法只适用于经济业务非常简单的单位，目前已很少采用。

(二) 复式记账法

所谓复式记账法，是指对任何一项经济业务，都必须用相等的金额在两个或两个以上的有关账户中相互联系地进行登记，借以反映会计对象具体内容增减变化的一种记账方法。现仍以前例说明其主要特征。例如，企业以现金 500 元支付办公费用。采用复式记账法，这项经济业务除了要在有关“库存现金”账户中作减少 500 元的登记外，还要在有关费用账户中作增加 500 元的记录。这样登记的结果表明，企业现金的付出同费用的发生两者之间是相互联系的。

由上可见，复式记账法的主要特征是：①全面登记。复式记账法需要设置完整的账户体系，除了“库存现金”“银行存款”账户外，还要设置实物性资产以及收入、费用和各种权益类账户；②增减分明。复式记账法不仅记录货币资金的收付和债权债务的发生，而且要对所有财产和全部权益的增减变化,以及经营过程中所发生的费用和获得的收入作全面、系统的反映;③账户对应。复式记账法对每项经济业务,都要在两个或两个以上的账户中进行等额双重记录,以便反映其来龙去脉;④试算平衡。复式记账法根据会计等式的平衡关系,可以对一定时期所发生的全部经济业务的会计记录进行综合试算,以检查账户记录是否正确。

复式记账法在我国曾经包括借贷记账法、增减记账法和收付记账法等。借贷记账法是一种国际会计语言,是世界各国普遍采用的一种记账方法。借贷记账法本身具有相当高的科学性,采用这种方法不仅可以清晰地反映经济业务,而且能够进行试算平衡。为了同国际惯例接轨,适应我国对外开放的需要,我国从 1993 年开始逐渐取消了增减记账法和收付记账法,并将借贷记账法作为法定记账方法,运用于企业、机关和事业单位。

二、复式记账法的理论依据

如前所述,复式记账包含两个要点:一是在两个或两个以上的账户中登记经济业务;二是以相等的金额登记经济业务。其理论依据如下:

(1) 会计对象是资金运动。每项经济业务都是资金运动的一个具体过程,任何一项经济业务的发生,都会有其相应的资金来源和资金去向,这就是在两个或两个以上账户中登记经济业务,既反映资金从哪里来,又反映资金到哪里去。

(2) 资产和权益存在平衡关系。任何一项经济业务的发生,都会引起资产、负债和所有者权益之间或者其内部至少两个项目发生增减变化,但增减金额相等,平衡不被破坏,所以,要以相等的金额登记经济业务,以便检查账户记录的正确性。

复式记账能如实地反映资金增减变动的客观情况,记录资金的来源、去向及其相互关系,作为一种科学的记账方法,一直得到广泛的运用。

现以下例简要说明复式记账的基本原理。

[例 3-1] 某企业用银行存款 45 000 元购买原材料,并已验收入库(假设不考虑增值税)。

[分析] 这项经济业务构成资金运动的一个具体过程,使资金从货币资金形态转化为储备资金形态。其运动的起点是银行存款,终点是原材料,为了完整地反映资金运动过程,就要在"银行存款"账户和"原材料"账户做双重记录;由于银行存款减少 45 000 元,原材料增加45 000 元,两者增减金额相等,会计等式体现的平衡关系不被破坏,所以,就需要以相等的金额登记。此业务在账户中登记的结果如图 3-4 所示。

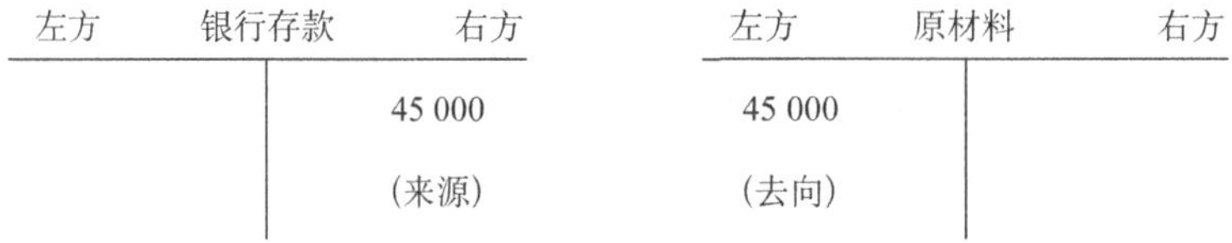

图 3-4 复式记账原理举例

三、复式记账法的基本原则

具体而言,复式记账法必须遵循以下几项原则。

(一) 必须以反映资金运动内在规律的会计等式作为记账基础

会计等式是复式记账法基础理论依据。会计等式是将会计对象的具体内容,即会计要素之间的相互关系，运用数学方程式的原理进行描述而形成的。它是客观存在的必然经济现象，同时也是资金运动规律的具体化。

（二）对每项经济业务必须在相互联系的两个或两个以上账户中等额记录

经济业务的发生，必然会引起资金的增减变动，而这种变动势必导致会计等式中至少有两个要素或同一要素中至少有两个项目发生等量变动。为反映这种等量变动关系，会计上必须在相互联系的两个或两个以上的账户中进行等额记录。

（三）必须按经济业务影响会计等式的类型进行记录

尽管企业发生的经济业务复杂多样，但对会计等式的影响无外乎两种：一种是导致会计等式等号两边会计要素同时发生变化的经济业务，这类业务会影响企业资金总额，使会计等式等号两边等额同增或等额同减；另一种是导致会计等式等号某一边会计要素发生变化的经济业务，这类业务不影响企业资金总额，只会使会计等式等号某一边等额有增有减。因此，对于第一类经济业务，应在等式两边的账户中同时等额登记增加或减少；而第二类经济业务则使等式某一边的账户中等额有增有减。

（四）定期汇总的全部账户记录的发生额、余额必须各自平衡

通过复试记账的每笔经济业务的双重等额记录，定期汇总的全部账户的数据必然会保持会计等式的平衡关系。

四、复式记账法的作用

复式记账法作为一种科学的记账方法一直得到广泛的运用。具体而言，复式记账的作用主要有以下三点：

(1) 复式记账能够把所有的经济业务相互联系地、全面地记入有关账户中，从而使账户能够全面地、系统地核算和监督经济活动的过程和结果，能够提供经营管理所需要的数据和信息。

(2) 复式记账对每笔会计分录都是相互对应地反映每项经济业务所引起资金运动的来龙去脉，因此，运用复式记账法记录各项经济业务，可以通过账户之间的对应关系了解经济业务的内容，检查经济业务是否合理、合法。

(3) 复式记账要求以相等的金额在两个或两个以上的账户同时记账，根据结果必然相等的平衡关系，通过全部账户记录结果的试算平衡，可以检查账户记录的正确性。

综上所述，复式记账是一种科学的记账方法。目前，这种方法在世界范围内得到了广泛的应用，我国的企业和行政、事业单位所采用的记账方法，都属于复式记账法。目前国际上普遍采用的复式记账方法是借贷记账法，我国企业会计准则规定也是使用借贷记账法。

任务四　借贷记账法

一、借贷记账法的概念★★

借贷记账法是以“借”和“贷”作为记账符号，以“有借必有贷，借贷必相等”作为记账规则，以反映经济业务引起各会计要素增减变动及结果情况的一种复式记账方法。借贷记账

法是以“借”和“贷”作为记账符号的一种复式记账法。这种记账方法大约起源于13世纪的意大利。当时，意大利沿海城市的商品经济特别是海上贸易已有很大的发展，在商品交换中，为了适应借贷资本和商业资本经营者管理的需要，逐步形成了这种记账方法。“借”“贷”两字的含义，最初是从借贷资本家的角度来解释的。借贷资本家以经营货币为主要业务，对于收进来的存款，记在贷主(creditor)的名下，表示自身的债务即欠人的增加；对于付出去的放款，则记在借主(debtor)的名下，表示自身的债权即人欠的增加。这样，“借”“贷”两字分别表示借贷资本家的债权(人欠)、债务(欠人)及其增减变化。随着商品经济的发展，经济活动的内容日趋复杂化，会计所记录的经济业务也不再仅限于货币资金的借贷，而逐渐扩展到财产物资、经营损益和经营资本等的增减变化。这时，为了求得账簿记录的统一，对于非货币资金的借贷活动，也利于用“借”“贷”两字来说明经济业务的变化情况。这样，“借”“贷”两字逐渐失去了原来的字面含义，演变为一对单纯的记账符号，成为会计上的专门术语。到15世纪，借贷记账法已逐渐完备，被用来反映资本的存在形态和所有者权益的增减变化。与此同时，西方国家的会计学者提出了借贷记账法的理论依据，即所谓“资产＝负债＋资本”的平衡公式(亦称为会计方程式)，并根据这个理论确立了借贷的记账规则，从而使借贷记账法日臻完善，为世界各国普遍采用。新中国成立以前，借贷记账法就已传入我国，为一部分企业所采用。新中国成立以后，我国会计工作者在借贷记账法的基础上，提出了一些新的记账方法，如增减记账法、资金收付记账法等，并将其运用于会计实践中。但是，记账方法不统一，既给企业间横向经济联系和国际经济交往带来诸多不便，也不利于经济管理中对会计信息的加工、汇总和利用。因此，我国于1993年实施的基本会计准则就已明确规定，境内所有企业在进行会计核算时，都必须统一采用借贷记账法。目前，即使是行政、事业单位，也都采用借贷记账法。

二、借贷记账法的记账符号★

记账符号，是会计核算中采用的一种抽象标记，表示经济业务的增减变动和记账方向。如前所述，借贷记账法以“借”和“贷”作为记账符号，“借”(英文简写Dr)表示记入账户的借方；“贷”(英文简写Cr)表示记入账户的贷方。在借贷记账法下，“借”“贷”两个符号对会计等式两边的会计要素规定了相反的含义，即抽象地看，无论是“借”还是“贷”都既表示增加，又表示减少。具体地看，“借”对会计等式左边的账户即资产、费用类账户表示增加，对会计等式右边的账户即负债、所有者权益、收入和利润类账户则表示减少；“贷”对会计等式左边的资产、费用类账户表示减少，对会计等式右边的负债、所有者权益、收入和利润类账户则表示增加。

三、借贷记账法的账户结构★★

在借贷记账法下，账户的基本结构是：左方为借方，右方为贷方。至于哪一方登记增加，哪一方登记减少，则要根据账户的性质即账户所反映的经济内容决定。

在“资产＝负债＋所有者权益”会计等式中，由于资产反映企业资金占用的情况，负债和所有者权益反映企业资金来源的情况，两者反映的是同一个资金的两个对立面，因此，对于资产和负债及所有者权益的增减变化，必须按相反的方向在账户中登记。一般来说，资产类账户的增加在借方反映，减少在贷方反映；负债和所有者权益类账户的增加在贷方反映，减少在借方反映。另外，企业取得收入和发生的费用，最终会导致所有者权益的变化，按照“资产＝负债＋所有者权益＋收入－费用”这一会计等式，收入的增加可视为所有者权益的增加，费用的增加可视为所有者权益的减少。所以，损益类账户中收入类账户的增加在贷方反映，减少或转出在借方反映；损益类账户中成本费用类账户的增加在借方反映，减少或转出在贷方反映。

(一) 资产类账户的结构

在资产类账户中，借方登记资产的增加额，贷方登记资产的减少额，账户若有余额，一般在借方，表示期末(期初)资产的实有数额。在一个会计期间内，记入资产账户的借方金额合计数称为“本期借方发生额”，记入资产账户的贷方合计数称为“本期贷方发生额”。资产类账户的结构如图 3-5 所示。

借方　　　资产类账户	贷方
期初余额	
本期增加额 ⋮	本期减少额 ⋮
本期借方发生额	本期贷方发生额
期末余额	

图 3-5　资产类账户的结构

资产类账户的期末余额可以根据下列公式计算：

期末借方余额＝期初借方余额＋本期借方发生额－本期贷方发生额　　(3-2)

(二) 负债类账户的结构

负债是资产的对立面，负债类账户的结构与资产类账户的结构相反，其贷方登记负债的增加额，借方登记负债的减少额，账户若有余额，一般在贷方，表示期末(期初)负债实有数额。负债类账户的结构如图 3-6 所示。

借方　　　负债类账户	贷方
	期初余额
本期减少额 ⋮	本期增加额 ⋮
本期借方发生额	本期贷方发生额
	期末余额

图 3-6　负债类账户的结构

负债类账户的期末余额可以根据下列公式计算：

期末贷方余额＝期初贷方余额＋本期贷方发生额－本期借方发生额　　(3-3)

(三) 所有者权益类账户的结构

所有者权益类账户的结构与负债类账户的结构相同，其贷方登记所有者权益的增加额，借方登记所有者权益的减少额，账户余额一般在贷方，表示期末（期初）所有者权益的实有数额。所有者权益类账户的结构如图 3-7 所示。

借方 所有者权益类账户	贷方
	期初余额
本期减少额 ⋮	本期增加额 ⋮
本期借方发生额	本期贷方发生额
	期末余额

图 3-7 所有者权益类账户的结构

所有者权益类账户的期末余额可以根据下列公式计算：

$$\text{期末贷方余额}=\text{期初贷方余额}+\text{本期贷方发生额}-\text{本期借方发生额} \quad (3-4)$$

(四) 费用类账户的结构

费用一般是由资产转化而来的，在抵减收入之前，可将其理解为资产，所以，费用类账户的结构与所有者权益类账户的结构相反，与资产类账户的结构相似。在费用类账户中，借方也登记增加额，贷方在登记减少额的同时还登记转出额，期末经转销后费用类账户一般没有余额。费用类账户的结构如图 3-8 所示。

借方 费用类账户	贷方
本期增加额 ⋮	本期减少额或转出额 ⋮
本期借方发生额	本期贷方发生额
期末余额（或平）	

图 3-8 费用类账户的结构

(五) 收入类账户的结构

收入的增加最终导致所有者权益的增加，所以，收入类账户的结构与所有者权益类的账户的结构相似。在收入类账户中，贷方也登记增加额，借方在登记减少额的同时还登记转出额，期末没有余额。收入类账户的结构如图 3-9 所示。

借方 收入类账户	贷方
本期减少额或转出额 ⋮	本期增加额 ⋮
本期借方发生额	本期贷方发生额
	期末通常无余额

图 3-9 收入类账户的结构

(六) 利润类账户的结构

利润类账户的结构与权益类账户的结构大致相同，所以借贷记账法规定，利润类账户借方记减少(或转销)，贷方记增加，期末余额一般在贷方。利润类账户的结构如图 3-10 所示。

借方	利润类账户 贷方
	期初余额
本期减少额或转销额 ⋮	本期增加额 ⋮
本期借方发生额	本期贷方发生额
	期末余额

图 3-10 利润类账户的结构

利润类账户的期末余额可以根据下列公式计算：

$$期末贷方余额=期初贷方余额+本期贷方发生额-本期借方发生额 \quad (3-5)$$

四、借贷记账法的记账规则★★

记账规则是采用一定的记账方法记录经济业务时必须遵循的规律性原则。根据复式记账原理，对每项经济业务都要以相等的金额，同时在两个或两个以上相互联系的账户中进行登记。一方面记入一个或几个账户的借方；另一方面记入一个或几个账户的贷方，且记入借方的金额与记入贷方的金额相等。这就是借贷记账法的记账规则，可概括为：有借必有贷，借贷必相等。

(1) “有借必有贷”指的是经济业务在账户中的登记方向，即采用借贷记账法记录每一笔经济业务时，如果一个或几个账户是登记在借方，那么，与其对应的另外一个或几个账户肯定是登记在贷方，可能是一借一贷、一借多贷、一贷多借、多借多贷，必定不会出现一笔经济业务的发生额都记录在两个或几个账户借方的情况，也一定不会出现一笔经济业务的发生额都记录在两个或几个账户贷方的情况。

(2) “借贷必相等”指的是采用借贷记账法记录一笔经济业务时，一个或几个账户登记在借方的金额，必须与登记在相对应的另外一个或几个账户贷方的金额相等。

在实际运用借贷记账法的记账规则记录发生的经济业务时，要从以下三个方面分析：首先，根据发生的经济业务的内容，确定其所涉及的账户及账户性质；其次，分析所发生的经济业务引起有关账户金额增加还是减少；最后，根据账户的基本结构确定其金额应记入相应账户的方向。例如，公司收到投资者投资 1 000 000 元。这项经济业务一方面使企业的资产——银行存款增加，应记入“银行存款”账户的借方；另一方面使所有者权益——实收资本增加，应记入“实收资本”账户的贷方，其登账结果如图 3-11 所示。

五、借贷记账法的具体应用★★

(一) 会计分录及账户对应关系

1. 会计分录的含义

会计分录简称分录，是标明某项经济业务应当登记的账户名称、借贷方向和金额的一种

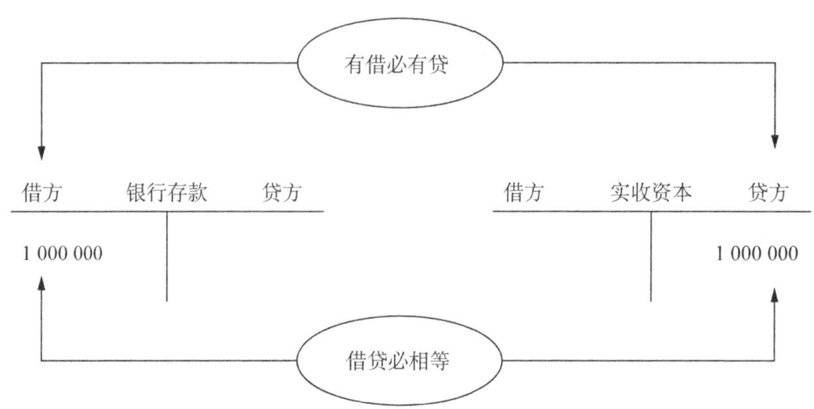

图 3-11 借贷记账法规则举例示意图

记录。它是会计语言的一种表达方式。一笔会计分录分成三个要素:会计科目(账户)、记账符号、变动金额。编制会计分录是会计工作的初始阶段,在实际工作中这项工作一般是通过编制记账凭证或登记日记账来完成的,是按照一定的格式要求填写在记账凭证或日记账上的,编制会计分录,意味着对经济业务进行会计确认,为经济业务数据计入账户提供依据。为了确保账户记录的真实性和正确性,必须严格把好这一关。

2. 编制会计分录的基本方法

编制会计分录一般应经过分析经济业务涉及的会计要素、确定经济业务应予登记的账户名称、分析会计要素的增减变动趋势、确定增减变动在账户中的登记方向、确定应予登记的金额等几个基本步骤。具体可以简化为以下几步:

(1) 确认涉及的会计要素。

(2) 确定需要登记的会计科目名称。

(3) 分析会计要素的增减变动趋势。

(4) 确定记账方向。

(5) 确定记录金额。

(6) 写出完整的会计分录。

在编制会计分录时,要按照以下四点格式进行书写:第一,先借后贷,借和贷要分行写,并且文字和金额的数字都应错开;第二,在一借多贷或一贷多借的情况下,要求借方或贷方的文字和金额数字必须对齐,以便于后续进行借方发生额、贷方发生额的汇总;第三,贷方记账符号、账户、金额都要比借方退后一格,表明借方在左,贷方在右;第四,分录中的金额后面不必写"元"。

下面以宏大有限责任公司 2018 年 10 月份发生的经济业务(假定只发生了这些业务)为例,说明会计分录的编制方法。

[例 3-2] 收到 ABC 公司以价值 25 000 元的机械设备向本企业进行的投资。

[分析] 该笔经济业务涉及资产和所有者权益这两类会计要素,涉及"固定资产"这一资产类账户和"实收资本"这一所有者权益类账户"固定资产"账户增加 25 000 元,"实收资本"账户增加 25 000 元。由于资产类账户的增加记借方,权益类账户的增加记贷方,该业务应记入"固定资产"账户的借方 25 000 元和"实收资本"账户的贷方 25 000 元。该笔会计分

录编制过程如下：

借：固定资产　25 000

　　贷：实收资本——ABC公司　25 000

［例 3-3］　宏大有限责任公司从银行借入短期借款60 000元，直接偿付前欠DEF公司的货款。

［分析］　该笔经济业务只涉及负债这一类会计要素，涉及“短期借款”和“应付账款”两个负债类账户，“短期借款”账户增加60 000元。“应付账款”账户减少60 000元，由于权益类账户的减少记借方，增加记贷方，该业务应记入“应付账款”账户的借方60 000元和“短期借款”账户的贷方60 000元。该笔会计分录编制过程如下：

借：应付账款　60 000

　　贷：短期借款　60 000

［例 3-4］　宏大有限责任公司将资本公积金14 000元按法定程序转增资本。

［分析］　该笔经济业务只涉及所有者权益这一类会计要素，涉及“资本公积”和“实收资本”两个所有者权益类账户，“实收资本”账户增加14 000元，“资本公积”账户减少14 000元。由于权益类账户的减少记借方，增加记贷方，该业务应记入“资本公积”账户的借方14 000元和“实收资本”账户的贷方14 000元。该笔会计分录编制过程如下：

借：资本公积　14 000

　　贷：实收资本　14 000

［例 3-5］　宏大有限责任公司从银行提取3 000元现金备用。

［分析］　该笔经济业务只涉及资产这一类会计要素，涉及“库存现金”和“银行存款”两个资产类账户。“库存现金”账户增加3 000元，“银行存款”账户减少3 000元。由于资产类账户的增加记借方，减少记贷方，该业务应记入“库存现金”账户的借方3 000元和“银行存款”账户的贷方3 000元。该笔会计分录编制过程如下：

借：库存现金　3 000

　　贷：银行存款　3 000

3．会计分录的种类

按照一笔会计分录中所包含的会计账户数量的多少，可以将会计分录分为如下两种：第一种是简单会计分录，指由两个对应账户所组成的会计分录，即一借一贷；第二种是复合（复杂）会计分录，指由两个以上对应账户所组成的会计分录，即一借多贷、一贷多借或多借多贷。复合会计分录可以分解为简单会计分录。编制复合会计分录，既可简化记账手续，又能集中、全面地反映某项经济业务的来龙去脉，但不允许将不同的经济业务合并编制一个多借多贷的复合分录。下面举例说明复合分录的编制过程。

［例 3-6］　宏大有限责任公司购进原材料50 000元，其中30 000元货款已用银行存款支付，其余20 000元货款尚未支付，材料已验收入库，不考虑增值税。

［分析］　该笔经济业务涉及资产和负债这两类会计要素，涉及“原材料”和“银行存款”这两个资产类账户和“应付账款”这一负债类账户，“原材料”账户增加50 000元，“银行存款”账户减少30 000元，“应付账款”账户增加20 000元。由于资产类账户的增加记借方，减少借贷方，负债类账户的增加记贷方，该业务应记入“原材料”账户的借方50 000元、“银行存款”账户的贷方30 000元和“应付账款”账户的贷方20 000元。该笔会计分录编制过程

如下：

借：原材料　　50 000

　贷：银行存款　　30 000

　　应付账款　　20 000

［例3-7］ 宏大有限责任公司以银行存款40 000元偿还银行短期借款30 000元和前欠DEF公司的货款10 000元。

［分析］ 该笔经济业务涉及资产和负债这两类会计要素，涉及“银行存款”这一资产类账户和“应付账款”“短期借款”这两个负债类账户，“银行存款”账户减少40 000元，“短期借款”账户减少30 000元，“应付账款”账户减少10 000元。由于资产类账户的减少记贷方，负债类账户的减少记借方，该业务应记入“银行存款”账户的贷方40 000元、“短期借款”账户的借方30 000元和“应付账款”账户的借方10 000元。该笔会计分录编制过程如下：

借：短期借款　　30 000

　应付账款　　10 000

　贷：银行存款　　40 000

4. 账户对应关系

运用复式记账法处理经济业务时，一笔经济业务的会计分录中所涉及的几个账户之间必然存在着某种相互依存的对应关系，这种关系称为账户对应关系。存在着对应关系的账户称为对应账户。掌握账户的对应关系很重要，只有正确确定对应账户，才能如实反映经济业务的内容。

值得注意的是，为了使账户的对应关系一目了然，在借贷记账法下，一般只编制一借一贷、一借多贷的会计分录，而不宜编制多借多贷的会计分录。因为多借多贷的会计分录存在的账户对应关系不够清晰、直观，不能很好地反映账户之间增减变动的来龙去脉。但在某些特殊情况下为了反映经济业务的全貌，也可以编制多借多贷的会计分录。

（二）过账和结账

企业发生的各项经济业务在编制会计分录以后，就应记入有关账户，这个记账步骤通常称为过账。过账以后，一般要在月末进行结账，即在会计期末结算出各账户的本期发生额和期末余额。我们通过下面例题来深入地了解这部分内容。

［例3-8］ 假设宏大有限责任公司2018年10月1日全部账户的期初余额如表3-3所示。

表3-3　　宏大有限责任公司全部账户期初余额表　　单位：元

账户名称	期初余额	
	借方	贷方
库存现金	6 000	
银行存款	265 000	
原材料	130 000	
固定资产	420 000	
短期借款		200 000

（续表）

账户名称	期初余额	
	借方	贷方
应付账款		100 000
实收资本		500 000
资本公积		21 000
合　计	821 000	821 000

现沿用[例 3-2]至[例 3-7]的资料，将宏大有限责任公司经济业务的会计分录记入各账户，如图 3-12 所示。

借方　库存现金　贷方

借方		贷方	
期初余额	6 000		
本期增加额	(4) 3 000	本期减少额	
本期借方发生额	3 000	本期贷方发生额	
期末余额	9 000		

借方　银行存款　贷方

借方		贷方	
期初余额	265 000		
本期增加额		本期减少额	(4) 3 000
			(5) 30 000
			(6) 40 000
本期借方发生额		本期贷方发生额	73 000
期末余额	192 000		

借方　原材料　贷方

借方		贷方	
期初余额	130 000		
本期增加额	(5) 50 000	本期减少额	
本期借方发生额	50 000	本期贷方发生额	
期末余额	180 000		

借方　固定资产　贷方

借方		贷方	
期初余额	420 000		
本期增加额	(1) 25 000	本期减少额	
本期借方发生额	25 000	本期贷方发生额	
期末余额	445 000		

借方　短期借款　贷方

借方		贷方	
		期初余额	200 000
本期减少额	(6) 30 000	本期增加额	(2) 60 000
本期借方发生额	30 000	本期贷方发生额	60 000
		期末余额	230 000

借方　应付账款　贷方

借方		贷方	
		期初余额	100 000
本期减少额	(2) 60 000	本期增加额	(5) 20 000
	(6) 10 000		
本期借方发生额	70 000	本期贷方发生额	20 000
		期末余额	50 000

借方　实收资本　贷方

借方		贷方	
		期初余额	500 000
本期减少额		本期增加额	(1) 25 000
			(3) 14 000
本期借方发生额		本期贷方发生额	39 000
		期末余额	539 000

借方　资本公积　贷方

借方		贷方	
		期初余额	21 000
本期减少额	(3) 14 000	本期增加额	
本期借方发生额	14 000	本期贷方发生额	
		期末余额	7 000

图 3-12　宏大有限责任公司账户经济业务记录情况

六、借贷记账法的试算平衡★★★

试算平衡是指根据借贷记账法的记账规则与资产和权益的恒等关系，通过对所有账户的发生额和余额的汇总计算和比较，检查账户记录是否正确的一种方法。借贷记账法的试算平衡方法包括发生额试算平衡法和余额试算平衡法。

（一）发生额试算平衡法

发生额试算平衡法是根据本期所有账户借方发生额合计与贷方发生额合计的恒等关系，检验本期账户发生额记录是否正确的方法。其理论依据是借贷记账法的记账规则。发生额试算平衡公式可表示为：

全部账户本期借方发生额合计＝全部账户本期贷方发生额合计 (3-6)

（二）余额试算平衡法

余额试算平衡法就是根据本期所有账户借方余额合计与贷方余额合计的恒等关系，检验本期账户记录是否正确的方法。其理论依据是资产和权益的平衡关系。余额试算平衡法又可分为期初余额平衡与期末余额平衡两类。余额试算平衡公式可表示为：

全部账户的借方期初余额合计＝全部账户的贷方期初余额合计 (3-7)

全部账户的借方期末余额合计＝全部账户的贷方期末余额合计 (3-8)

在实际工作中，试算平衡是在月末结算出各账户的本期发生额和期末余额之后，通过编制试算平衡表来进行的。试算平衡表通常是在期末结出各账户的本期发生额合计和期末余额后编制的，试算平衡表中一般应设置“期初余额”“本期发生额”和“期末余额”三大栏，每一大栏分设“借方”和“贷方”两小栏。各大栏中的借方合计与贷方合计应该平衡相等。

[例3-9] 假设海洋有限责任公司2×19年1月1日总分类账期初余额如表3-4所示。

表3-4 **期初余额**

单位：元

资产	金额	负债及所有者权益	金额
银行存款	30 000	短期借款	40 000
应收账款	50 000	应付账款	30 000
原材料	40 000	实收资本	50 000
合　计	120 000	合　计	120 000

将期初余额以及按1月份发生的经济业务编制的会计分录登账并结账，如图3-13所示。

借方 银行存款 贷方

借方	贷方
期初余额： 30 000	
(1) 40 000	(2) 20 000
(5) 50 000	(3) 30 000
本期借方发生额：90 000	本期贷方发生额：50 000
期末余额： 70 000	

借方 应收账款 贷方

借方	贷方
期初余额： 50 000	
	(1) 40 000
本期借方发生额：	本期贷方发生额：40 000
期末余额： 10 000	

借方	原材料	贷方
期初余额： 40 000 (2) 20 000 (6) 30 000	
本期借方发生额：50 000	本期贷方发生额：
期末余额： 90 000	

借方	短期借款	贷方
(3) 30 000	期初余额： 40 000 (4) 10 000
本期借方发生额：30 000	本期贷方发生额：10 000
	期末余额： 20 000

借方	应付账款	贷方
(4)10 000	期初余额： 30 000 (6) 30 000
本期借方发生额：10 000	本期贷方发生额：30 000
	期末余额： 50 000

借方	实收资本	贷方
	期初余额： 50 000 (5) 50 000
本期借方发生额：	本期贷方发生额：50 000
	期末余额： 100 000

图 3-13 账户记录

根据上述各账户的期初余额、本期借方发生额、本期贷方发生额和期末余额编制的试算平衡表如表 3-5 所示。

表 3-5 海洋有限责任公司分类账发生额及余额试算平衡表

2×19 年 1 月 31 日 单位:元

账户名称	期初余额		本期发生额		期末余额	
	借方	贷方	借方	贷方	借方	贷方
银行存款	30 000		90 000	50 000	70 000	
应收账款	50 000			40 000	10 000	
原材料	40 000		50 000		90 000	
短期借款		40 000	30 000	10 000		20 000
应付账款		30 000	10 000	30 000		50 000
实收资本		50 000		50 000		100 000
合 计	120 000	120 000	180 000	180 000	170 000	170 000

通过编制试算平衡表，如果试算不平衡，即借方发生额(余额)合计不等于贷方发生额(余额)合计，则账户记录或计算肯定有误；如果试算平衡，即借方发生额(余额)合计等于贷方发生额(余额)合计，可大体上推断账户记录或计算正确，但不能绝对肯定记账无误，因为有的错误是不影响借贷平衡关系的。

发生这类不影响借贷平衡关系的错误通常包括以下几个方面：

(1) 一项经济业务在有关账户中全部重记、全部漏记或多记、少记，且金额一致，借贷仍然平衡。

(2) 某项经济业务记错账户，而方向无误，借贷仍然平衡。

(3) 某项经济业务记录的应借、应贷账户相互颠倒，借贷仍然平衡。

(4) 记录某账户的错误金额一多一少，恰好相互抵销，借贷仍然平衡。

由于账户记录可能存在这些不能由试算平衡表来发现的错误，所以，需要对每项会计记录进行日常或定期的复核，以保证账面记录的正确性。

项目小结

1. 设置账户与复式记账是会计核算的核心方法。

2. 会计科目是对会计要素进行分类所形成的具体项目。会计科目按其所提供会计信息的详细程度及其统驭关系不同，可分为总分类科目和明细分类科目两类。

3. 会计账户简称账户，是根据会计科目设置，具有一定格式，用来分类、连续地记录经济业务和反映会计要素增减变动及其结果的一种工具。

4. 账户的基本结构是指在账户的全部结构中用来登记增加额、减少额和余额的结构。一般情况下，会计账户的基本结构简化为左右两方的T形账户形式。

5. 按照反映的经济内容不同，会计账户可分为资产类账户、负债类账户、所有者权益类账户、收入类账户、费用类账户和利润类账户。按照反映信息的详细程度，会计账户分为总分类账户和明细分类账户。

6. 凡涉及明细账户的同一笔经济业务要在总分类账户和所属明细分类账户中按同时、同向、同金额的方法进行登记，这就是平行登记。同时登记、方向相同、金额相等和依据相同是平行登记的四个要点。

7. 会计账户与会计科目既有联系又有区别。会计账户根据会计科目设置，会计科目就是会计账户的名称，两者反映的经济内容基本相同。但是会计账户具有一定的格式，会计科目则没有；会计账户是用来具体记录经济业务的工具，而会计科目是对会计要素具体内容分类所形成的项目。

8. 复式记账是指对每一项经济业务必须以相等的金额在两个或两个以上的账户中相互联系地进行登记，借以反映会计对象具体内容增减变动的记账方法。

9. 借贷记账法是以“借”和“贷”作为记账符号，以“有借必有贷，借贷必相等”作为记账规则，以反映经济业务引起各会计要素增减变动及结果情况的一种复式记账方法。

10. 会计分录是表明某项经济业务应当登记的账户名称、借贷方向和金额的一种记录。将会计分录分为简单会计分录和复合会计分录。

11. 试算平衡是指根据会计等式的平衡原理，按照记账规则的要求，通过汇总计算和比较，检查账户记录的正确性、完整性而采用的一种技术方法。借贷记账法的试算平衡有发生额平衡法和余额平衡法两种。

练习题

一、单项选择题

1. 账户的基本结构是指（　　）。★

A. 账户的具体格式　　B. 账户登记的经济内容
C. 账户登记的日期　　D. 账户中登记增减金额的栏次

2. 会计科目是对(　　)。★
A. 会计对象分类所形成的项目　　B. 会计要素分类所形成的项目
C. 会计方法分类所形成的项目　　D. 会计账户分类所形成的项目

3. 会计账户的设置依据是(　　)。★
A. 会计对象　B. 会计要素　C. 会计科目　D. 会计方法

4. 在借贷记账法下,资产类账户的期末余额一般在(　　)。★
A. 借方　B. 增加方　C. 贷方　D. 减少方

5. 开设明细分类账户的依据是(　　)。
A. 总分类科目　B. 明细分类科目　C. 试算平衡表　D. 会计要素内容

6. 进行复式记账时,对任何一项经济业务登记的账户数量应是(　　)。
A. 一个　B. 两个　C. 三个　D. 两个或两个以上

7. 存在对应关系的账户称为(　　)。★
A. 一级账户　B. 对应账户　C. 总分类账户　D. 明细分类账户

8. 在借贷记账法下,所有者权益账户的期末余额等于(　　)。★
A. 期初贷方余额+本期贷方发生额-本期借方发生额
B. 期初借方余额+本期贷方发生额-本期借方发生额
C. 期初借方余额+本期借方发生额-本期贷方发生额
D. 期初贷方余额+本期借方发生额-本期贷方发生额

9. 借贷记账法试算平衡的依据是(　　)。★
A. 资金运动变化规律　　B. 会计等式平衡原理
C. 会计账户基本结构　　D. 平行登记基本原理

10. 借贷记账法的余额试算平衡公式是(　　)。★
A. 每个账户的借方发生额=每个账户的贷方发生额
B. 全部账户本期借方发生额合计=全部账户本期贷方发生额合计
C. 全部账户期末借方余额合计=全部账户期末贷方余额合计
D. 全部账户期末借方余额合计=部分账户期末贷方余额合计

二、多项选择题

1. 账户一般可以提供的金额指标有(　　　)。★
A. 期初余额　　B. 本期增加发生额
C. 期中余额　　D. 本期减少发生额
E. 期末余额

2. 设置会计科目时应遵循的原则有(　　　)。
A. 必须全面反映会计要素的内容　　B. 符合对外报告的要求
C. 适应需要又要保持相对稳定　　D. 统一性与灵活性相结合
E. 会计科目要简明适用

3. 明细分类科目(　　　)。★
A. 也称一级会计科目　　B. 是进行明细分类核算的依据

C. 是进行总分类核算的依据　　D. 提供更加详细具体的指标
E. 是对总分类科目核算内容详细分类的科目

4. 借贷记账法的记账符号“贷”对于下列会计要素表示增加有(　　)。★
A. 资产　　B. 负债
C. 所有者权益　　D. 收入
E. 利润

5. 下列账户中,用贷方登记增加数的账户有(　　)。★
A. “应付账款”　　B. “实收资本”
C. “累计折旧”　　D. “盈余公积”
E. ”本年利润”

6. 采用借贷记账法时,账户的借方一般用来登记(　　)。★
A. 资产的增加　　B. 收入的减少
C. 费用的增加　　D. 负债的增加
E. 所有者权益的减少

7. 下列账户中,在会计期末一般没有余额的账户有(　　)。★
A. 资产类账户　　B. 负债类账户
C. 所有者权益类账户　　D. 收入类账户
E. 费用类账户

8. 复合会计分录是指(　　)。
A. 一借一贷的会计分录　　B. 一借多贷的会计分录
C. 一贷多借的会计分录　　D. 多借多贷的会计分录
E. 写出明细科目的会计分录

9. 总分类账户与明细分类账户平行登记的要点有(　　)。★
A. 登记的依据相同　　B. 登记的时间相同
C. 登记的方向相同　　D. 登记的金额相同

10. 企业用银行存款偿还应付账款,引起会计要素变化的有(　　)。★
A. 资产增加　　B. 资产减少　　C. 负债增加　　D. 负债减少
E. 收入减少

三、判断题

1. 会计科目是对会计要素分类所形成的项目。(　　)★
2. 会计科目只有总分类科目一个级次。(　　)★
3. 会计科目是会计账户设置的依据。(　　)★
4. 借贷记账法的记账符号表示经济业务的增减变动,也表示记账方向。(　　)★
5. 收入类账户与费用类账户一般没有期末余额,但有期初余额。(　　)★
6. 双重性质账户一般是指既能反映资产又能反映负债的账户。(　　)
7. 企业购入材料而货款未付,其资产与负债会同时减少。(　　)★
8. 会计分录包括业务涉及的账户名称、记账方向和金额三方面内容。(　　)★
9. 账户按提供资料的详细程度不同可分为总账账户和明细账户两种。(　　)★
10. “有借必有贷,借贷必相等”是借贷记账法的记账规则。(　　)★

四、业务题

1. 某企业本月初有关总分类账户的余额如下(单位:元):

(1) 库存现金	300	(2) 银行存款	200 000
(3) 原材料	4 700	(4) 固定资产	160 000
(5) 生产成本	15 000	(6) 短期借款	10 000
(7) 应付账款	50 000	(8) 实收资本	320 000

该企业本月发生如下经济业务(假设不考虑增值税):

(1) 收到投资者投入的货币资金投资 200 000 元,已存入银行。

(2) 用银行存款 40 000 元购入不需要安装的设备 1 台。

(3) 购入材料一批,买价和运费计 15 000 元,材料已入库,货款尚未支付。

(4) 从银行提取现金 2 000 元。

(5) 借入短期借款 20 000 元,已存入银行。

(6) 用银行存款 35 000 元偿还应付账款。

(7) 生产产品领用材料一批,价值 12 000 元。

(8) 用银行存款 30 000 元偿还短期借款。

要求:

(1) 根据所给经济业务编制会计分录。

(2) 根据给出余额资料的账户和会计分录,开设并登记有关总分类账户(开设"T"形账户即可)。

(3) 根据账户的登记结果编制的"总分类账户发生额及余额试算平衡表"。

2. 某企业本月初有关账户的余额如下:

原材料:8 000 元

其中:原材料——H 材料　6 000 元

　　　原材料——Y 材料　2 000 元

应付账款:50 000 元

其中:应付账款——东华机械厂　30 000 元

　　　应付账款——贸发材料公司　20 000 元

该企业本月发生如下经济业务(假设不考虑增值税):

(1) 从东华机械厂购入设备两台,价值 50 000 元,货款尚未支付。

(2) 从贸发材料公司购入材料一批,计 18 000 元,其中,H 材料 10 000 元,Y 材料 8 000 元,两种材料均已入库。H 材料货款已用银行存款支付,Y 材料货款尚未支付。

(3) 用银行存款偿还东华机械厂设备款 60 000 元。

(4) 用银行存款偿还贸发材料公司材料款 28 000 元。

(5) 发出 H 材料 8 000 元、Y 材料 6 000 元用于 A 产品生产。

要求:

(1) 根据所给经济业务编制会计分录。

(2) 开设并登记"原材料""应付账款"和"生产成本"总分类账户和明细分类账户(开设"T"形账户即可)。

(3) 编制"总分类账户与明细分类账发生额及余额试算平衡表"。

模块三

会计核算方法

项目四　会 计 凭 证

☞ **学习目标**

1. 了解会计凭证的概念和作用；
2. 了解会计凭证的传递和保管；
3. 熟悉会计凭证的分类；
4. 掌握会计凭证填制和审核的要求。

☞ **能力目标**

1. 掌握原始凭证的填制和审核；
2. 掌握记账凭证的填制和审核。

任务一　会计凭证的作用与分类

一、会计凭证的含义★

会计信息质量要求中最重要的两个特征就是可靠性和相关性。因此，每一个进入会计信息系统的数据都必须做到有来源、有依据，才能够为会计信息质量提供有力的保障，同时也为明确经济责任提供可靠的证明。

会计凭证是记录经济业务发生或完成情况的书面证明，也是登记会计账簿的依据。任何企业都必须按要求填制和审核会计凭证，并根据审核无误的会计凭证进行账簿的登记，如实地反映经济业务。例如，企业向客户销售商品，首先要由本单位的业务经办人员开具销售发票，列明销售业务的发生情况，并在凭证上签名盖章，以明确责任。财会部门收到相关凭证后，对取得的凭证进行审核，据以记账。再如，企业购进产品生产用的材料，应取得销售单位业务经办人员开具的销售发票；员工预借差旅费，应填写借款单；报销差旅费，应填写费用报销单等。由此可见，实际工作中各种发票、借款单、报销单等，都属于会计凭证。

二、会计凭证的作用★

填制和审核会计凭证作为会计核算的基本方法，是整个会计核算工作的起点，对于如实反映和有效监督会计主体的经济活动，保证经济管理所需的会计核算资料的真实、可靠和完整，具有重要作用。

(一) 记录经济业务，提供记账依据

企业发生的任何一笔经济业务，首先都要取得证明其发生的原始依据。同时，根据我国《会计法》的规定，只有经过审核，完全无误的会计凭证，才能作为会计登记账簿的依据。如此一来，既保证了会计核算资料的真实性、可靠性，同时也使得账簿的登记做到有凭有据。

(二) 明确经济责任，强化会计监督

会计凭证上要求与经济业务相关的部门和人员进行签字盖章，确定经办单位及人员的责任，对凭证中所登记经济业务的真实性、合法性和完整性负责，可以进行有效监督，强化内部控制，防止舞弊行为的发生，即便出现问题或争端，也便于区分责任，作出合理裁定。同时，通过完善的监督，还能够检查经济业务是否符合有关法律法规的规定，是否符合企业计划和预算管理的要求，是否存在铺张浪费和违法乱纪等行为，从而保证企业财产物资的安全、完整。

(三) 建立原始档案，保障会计检查

企业、事业单位等会计主体的各项经济业务的发生情况首先在会计凭证上得到详细反映，因而会计凭证成为反映各单位经济活动的最直接、最原始的业务档案，从而为事后的业务检查提供了必要的原始资料，尤其在解决经济纠纷时提供了具有法律效力的原始证据。

三、会计凭证的分类★

会计凭证种类繁多，形式多样。实务中通常按照会计凭证的填制程序和用途不同，将其分为原始凭证和记账凭证两大类。

(一) 原始凭证

原始凭证是指在经济业务发生或完成时取得或填制的，用以记录或证明经济业务的发生或完成情况的会计凭证。原始凭证是组织会计核算的原始资料和重要依据。原始凭证记载的信息是整个企业会计信息系统的起点，直接影响会计信息的质量。例如，企业领用材料的领料单、销售产品的发票、产品完工的入库单、报销差旅费的飞机票等等都是常见的原始凭证。

需要注意的是，原始凭证必须能够表明经济业务已经发生或其完成情况，凡是不能证明经济业务发生或完成情况的各种单证，如材料请购单、经济合同、计划、银行对账单、银行存款余额调节表、盘存单等，不能作为原始凭证。

(二) 记账凭证

记账凭证是指会计人员根据审核无误的原始凭证或汇总原始凭证，按照经济业务的内容加以归类，据以确定会计分录后所填制的作为登记账簿依据的会计凭证。

原始凭证一般来自不同的单位，种类繁多，数量大，格式不一，不能清楚地表明所发生的经济业务应记入的会计账户的名称和方向。因此，需要对原始凭证反映的经济业务加以归类和整理，确定会计分录并编制统一格式的记账凭证。这样不仅可以简化记账工作，还可以保证账簿记录的正确性。而且，原始凭证还会作为附件粘贴在记账凭证的后面，也有利于加强原始凭证的保管，便于对账和查账，提高会计工作质量。

任务二 原始凭证

一、原始凭证的分类★★

原始凭证有不同的分类标准，可以按照取得来源、格式、填制的手续和内容进行分类。

（一）按取得来源不同分类

原始凭证按其取得来源不同，可以分为自制原始凭证和外来原始凭证两种。

1. 自制原始凭证

自制原始凭证是指由本单位内部经办经济业务的部门或人员，在执行或完成某项经济业务时所填制的凭证。如企业生产领用材料时，由仓库保管人员填制的“领料单”等。领料单的一般格式如表4-1所示。

表4-1 **领料单**

领料部门 凭证编号

用　　途 年　月　日 发料仓库

材料编号	材料规格及名称	计量单位	数量		价格（元）	
			请领	实领	单价	金额
备注	合计					

记账 发料 审批 领料

2. 外来原始凭证

外来原始凭证是指经济业务发生时，由经办人员从其他单位或个人直接取得的原始凭证。如企业支付款项时，收到收款单位开出的收据；购买材料时，收到供货单位开具的“增值税专用发票”；报销差旅费时，取得的车票、住宿发票等。增值税专用发票如表4-2所示。

（二）按填制手续不同分类

原始凭证按其填制的手续不同分为一次凭证、累计凭证和汇总原始凭证。

表 4-2

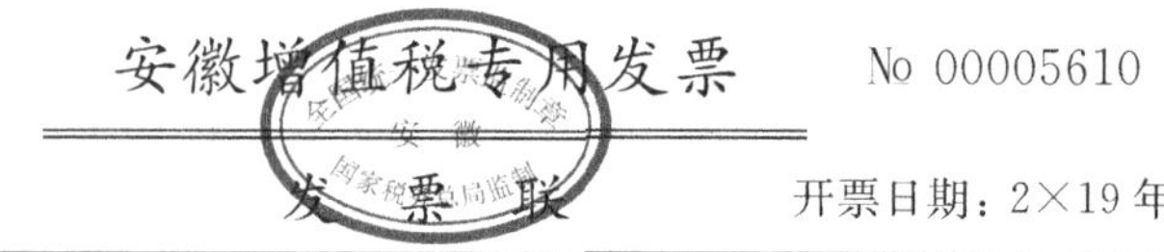

3400133130　　安徽增值税专用发票　　No 00005610

发　票　联　　开票日期：2×19 年 07 月 05 日

购买方	名　　称：日新公司 纳税人识别号：341001012383452111 地 址、电 话：临江市东芜路 82 号 48461589 开户行及账号：工商银行东芜路办事处 26-98098			密码区	＞56937＊－536//32 8784636＜＊56932＋－ ＜8574－686＜79＞56 409－8－85＞＜56＞＞8	加密版本：01 3400133130 00005610	
货物或应税劳务、服务名称	规格型号	单位	数量	单价	金额	税率	税额
A 材料		千克	4 000	1.00	4 000.00	13%	520.00
B 材料		千克	8 000	1.50	12 000.00	13%	1 560.00
合　计					¥16 000.00		¥2 080.00
价税合计（大写）	⊗壹万捌仟零捌拾圆整				（小写）¥18 080.00		
销售方	名　　称：红星材料厂 纳税人识别号：343001503750861 地 址、电 话：临江市银湖路 46 号 4623798 开户行及账号：工商银行银湖路办事处 35-37450			备注	红星材料厂 343001503750861 发票专用章		

收款人：黄怡明　　复核：　　开票人：刘尚峰　　销售方：（盖章）

第三联：发票联　购买方记账凭证

1. 一次凭证

一次凭证是指填制手续一次完成，只记录一笔经济业务且仅仅一次有效不能重复使用的原始凭证。一般来讲，外来原始凭证都是一次凭证。绝大部分自制原始凭证也都是一次凭证。例如，销售发票、购货发票、领料单、收料单、支票、收据、银行收款付款通知等。

2. 累计凭证

累计凭证是指在一定时期内多次记录发生的同类经济业务且多次有效的原始凭证。累计凭证的特点是在一张凭证上可以多次记录相同性质的经济业务，可多次使用。例如限额领料单就是一种典型的累计凭证。在限额领料单上，通常会注明在一定期限内（通常为一个月）领用该种材料的限额，领料单位每次领料或退料时，都要在此单据上逐笔记录、签章，并随时结出领用限额的余额，期末结出实际领用数量和金额。限额领料单的使用不仅可以事前就对领用材料加以控制，而且可以减少原始凭证的数量和填制手续。实务中累计凭证是随着经济业务的发生分次进行填写的，通常会反复使用，因此还必须加强对累计凭证的保管。限额领料单的一般格式如表 4-3 所示。

3. 汇总原始凭证

汇总原始凭证又称原始凭证汇总表，它是指对一定时期内反映经济业务内容相同的若干张一次凭证和累计凭证按照一定的标准进行汇总而形成的原始凭证。汇总原始凭证不仅可以提供一定时期的总量指标，还可以简化核算工作。例如发出材料汇总表、差旅费报销单等就是属于汇总原始凭证。发出材料汇总表的一般格式如表 4-4 所示。

表 4-3 **限额领料单**

领料部门 凭证编号

用途 年 月 日 发料仓库

<table>
<tr><td rowspan="2">材料类别</td><td rowspan="2">材料编号</td><td rowspan="2" colspan="2">材料名称及规格</td><td rowspan="2">计量单位</td><td rowspan="2">单价</td><td rowspan="2">领用限额</td><td colspan="2">全月实际领用</td></tr>
<tr><td>数量</td><td>金额</td></tr>
<tr><td rowspan="2">日期</td><td colspan="2">请领</td><td colspan="2">实发</td><td rowspan="2">限额结余</td><td colspan="2">退库</td></tr>
<tr><td>数量</td><td>领料人</td><td>数量</td><td>发料人</td><td>数量</td><td>退料编号</td></tr>
<tr><td></td><td></td><td></td><td></td><td></td><td></td><td></td><td></td></tr>
<tr><td></td><td></td><td></td><td></td><td></td><td></td><td></td><td></td></tr>
<tr><td></td><td></td><td></td><td></td><td></td><td></td><td></td><td></td></tr>
<tr><td></td><td></td><td></td><td></td><td></td><td></td><td></td><td></td></tr>
<tr><td>合 计</td><td></td><td></td><td></td><td></td><td></td><td></td><td></td></tr>
</table>

仓库负责人(签章) 供应部门负责人(签章) 生产计划部门负责人(签章)

表 4-4 **发出材料汇总表**

<table>
<tr><td rowspan="2">材料汇总</td><td colspan="3">领料用途</td><td rowspan="2">合 计</td></tr>
<tr><td>生产产品</td><td>车间耗用</td><td>……</td></tr>
<tr><td></td><td></td><td></td><td></td><td></td></tr>
<tr><td></td><td></td><td></td><td></td><td></td></tr>
<tr><td>合 计</td><td></td><td></td><td></td><td></td></tr>
</table>

二、原始凭证的基本内容★

原始凭证种类繁多,来源广泛,形式各异。因此,其格式和内容因经济业务和经营管理的不同而有所差异。但是,所有的原始凭证都必须具备以下基本内容,也可以称为原始凭证的要素。原始凭证的基本内容包括:

(1) 原始凭证的名称。例如,收料单、领料单、收据都是原始凭证的名称,它能够反映原始凭证所记录经济业务的内容。

(2) 填制凭证的日期。填制原始凭证的日期通常是指经济业务发生或完成的日期。企业应在经济业务发生或完成时及时填制原始凭证,为会计信息的及时性要求提供可靠保障。

(3) 填制凭证单位的名称或填制人的姓名。

(4) 接受凭证单位的名称。

(5) 经济业务的内容。

(6) 经济业务的数量、单价和金额。由于会计信息提供主要是对经济业务的数据进行加工,因此这是原始凭证的核心内容。

(7) 经办人员的签名或盖章。

三、原始凭证的填制要求★★

(一) 真实可靠

原始凭证填列经济业务内容,必须真实可靠,符合实际情况,不能弄虚作假。

(二) 内容完整

原始凭证要求填列的项目必须逐项填写,不得遗漏或省略。其中,日期应按实际日期填写;单位名称应写齐全,不能简化;有关人员的签章必须齐全;要求填写用途的必须明确,不能含混不清。

(三) 手续完备

填制原始凭证时,必须符合手续完备的要求,经济业务的有关部门和人员要认真审核,签名盖章,保证会计凭证的合法性和真实性。从外单位取得的原始凭证,必须盖有填制单位的公章;从个人取得的原始凭证,必须有填制人员的签名或盖章。单位自制的原始凭证,必须有经办部门负责人或其指定人员的签名或盖章;对外开出的原始凭证,必须加盖本单位的公章。

(四) 书写清楚规范

原始凭证要按要求填写,对发生的经济业务简明扼要地叙述清楚,易于辨认,不得使用未经国务院公布的简化字。文字不能超过各书写栏,可用正楷或行书,但不能用草书,要掌握每个字的重心,字体规范,文字大小应一致,汉字间适当留间距。

大写金额必须符合填写规范。中文大写金额分为数字(壹、贰、叁、肆、伍、陆、柒、捌、玖)和数位(拾、佰、仟、万、亿、元、角、分、零、整或正)两个部分。会计人员在书写中文大写金额时,不能用0(另)、一、二、三、四、五、六、七、八、九、十等文字代替大写金额数据。大写金额前应加上"人民币"字样,若没有印制"人民币"字样的,书写时在大写金额前先要冠以"人民币"字样。"人民币"与金额首位数字之间不得留有空格,数字之间更不能留存空格,写数字与读数字顺序要一致。大写金额若分位没有金额(即无角无分时,或有角无分),应在大写金额后加上"整"或"正"字结尾;如果分位有金额,在"分"后不写"整"或"正"字。例如,58.69元,写成:人民币伍拾捌元陆角玖分;因其分位有金额,在"分"后不写"整"或"正"字。又如,58.60元,写成:人民币伍拾捌元陆角整;因其分位没有金额,应在大写金额后加上"整"或"正"字结尾。如果大写金额数字中间有两个或两个以上零时,可只写一个"零"字。如金额为800.10元,写成:人民币捌佰元零壹角整。大写金额数字为拾几的,大写文字前必须有数字"壹"字,因为"拾"字代表位数,而不是数字。例如16元,应写成:人民币壹拾陆元整。

小写金额用阿拉伯数字逐个书写,不得写连笔字。小写金额前必须填写人民币符号"¥",且与小写金额数字之间不得留有空白。小写金额一律填写到角分,无角无分的,写"00"或符号"一";有角无分的,分位写"0",不得用符号"一"。

日期填写也应按照要求规范填写。票据的出票日期必须使用中文大写,为防止变造票据的出票日期,在填写月、日时,月为壹、贰和壹拾的,日为壹至玖和壹拾、贰拾和叁拾的,应在其前加"零",11月、12月前需要加"壹",日为拾壹至拾玖的应在其前加"壹",如1月20日应写成零壹月零贰拾日，再如 10 月 15 日应写成零壹拾月壹拾伍日。票据出票日期使用小写填写的，银行不予受理；大写日期未按要求规范填写的，银行可予受理，但由此造成损失的由出票人自行承担。

另外，原始凭证如果是两联或者两联以上套写的凭证，填制凭证时必须保证全部写透，以避免上联清楚、下联字迹不清的情况出现。

（五）编号连续

原始凭证要连续编号，以便检查。原始凭证已经预先印定编号，如果发生填写错误，不得撕毁，应在写错的凭证上加盖“作废”戳记，并且还须对作废的凭证妥善保管。

（六）不得涂改、刮擦、挖补

原始凭证是会计信息的起点，如果填写有误，不得随意涂改、刮擦、挖补，需要分情况进行后续处理。原始凭证如果填写金额有误，应当由出具单位重开，不得在原始凭证上更正。原始凭证有其他错误的，可以由出具单位重开或更正，更正处应当加盖出具单位印章。

（七）填制及时

各种原始凭证一定要及时填写，并按照规定的程序及时移交会计部门审核。

四、原始凭证的审核★

为了如实反映经济业务的内容，充分发挥会计的监督职能，保证会计信息的真实、合法、完整和准确，会计人员必须对原始凭证进行严格的审核，只有经过审核无误的原始凭证才能作为记账的依据。审核原始凭证，主要从以下几个方面进行：

（一）审核原始凭证的真实性

原始凭证作为经济业务发生或完成情况的书面证明，对会计信息的质量具有重要影响。原始凭证真实性审核是指审核原始凭证所记载的经济内容是否真实发生的交易事项，主要包括凭证日期是否真实、经济业务内容是否真实、数据是否真实、相关人员签名盖章是否真实等。此外，还要审核凭证本身的真实性，防止弄虚作假的情况出现。

（二）审核原始凭证的合法性

原始凭证的合法性审核是指审核原始凭证所记载的经济业务内容是否符合国家有关的法律、法规的规定，是否履行了规定的凭证传递和审核的程序，是否存在贪污腐化等违法行为。

（三）审核原始凭证的合理性

原始凭证的合理性审核是指审核原始凭证所记载的经济业务内容是否符合企业自身制订的计划、预算等。这也是发挥会计监督作用的一个重要环节，可以推定经济业务是否合乎正常情理，由此推断是否有弄虚作假的行为。

（四）审核原始凭证的完整性

原始凭证的完整性审核是指审核原始凭证的基本内容是否填写齐全，手续是否完备，有关签章是否完整等。如果遇到内容不完整、手续不齐全的凭证，应退还经办人员补办整齐后再予受理。

（五）审核原始凭证的正确性

原始凭证的正确性审核是指审核原始凭证的摘要和数字是否填写清楚，计算有无差错，大小写金额是否相符等行为，主要包括单位名称是否填写正确，大小写金额计算是否正确、书写是否符合规范，原始凭证的更正是否符合要求等。

(六) 审核原始凭证的及时性

原始凭证的及时性审核是指审核原始凭证有没有及时填制和传递。这一环节是保证会计信息及时性的基础。审核时应注意审查原始凭证的填制日期，尤其是支票、银行汇票、银行本票等时效性较强的原始凭证。

经审核的原始凭证应根据不同情况进行处理：

(1) 对于完全符合要求的原始凭证，应及时编制记账凭证登记入账。

(2) 对于真实、合法、合理但是内容不完整、填写有错误的原始凭证，应退回给有关经办人员，由其负责将有关凭证补充完整、更正错误或重开后，再办理正式会计手续。

(3) 对于不真实、不合法的原始凭证，会计人员有权不予接收，并向单位负责人报告。

任务三 记 账 凭 证

一、记账凭证的分类★★

记账凭证有不同的分类标准，可以按照记账凭证的用途、填列方式等进行分类。

(一) 按用途分类

记账凭证按其用途，可分为通用记账凭证和专用记账凭证。

1. 通用记账凭证

通用记账凭证是指用来反映企业所有经济业务的记账凭证，为各类经济业务共同适用。如果企业规模较小，经济业务较少，所需填制的记账凭证数量不多，则可以采用通用格式的记账凭证对所有经济业务进行处理。通用记账凭证格式如表 4-5 所示。

表 4-5　　记账凭证

年　月　日　　　　第　号

摘　要	总账科目	明细科目	记账√	借方金额										记账√	贷方金额									
				千	百	十	万	千	百	十	元	角	分		千	百	十	万	千	百	十	元	角	分
附单据　张	合计																							

会计主管　　记账　　复核　　出纳　　制证

2. 专用记账凭证

专用记账凭证是指分类反映经济业务的记账凭证。如果企业规模较大，经济业务较多，一定时期内所需填制的记账凭证数量很多，则需要对经济业务进行适当的分类，采用专用记账凭证分别对各类经济业务进行处理。专用记账凭证按照其反映经济业务的内容分为收款凭证、付款凭证和转账凭证。

（1）收款凭证。收款凭证是用来记录现金和银行存款收款业务的记账凭证，是根据现金和银行存款收款业务的原始凭证填制的，是出纳人员登记现金日记账、银行存款日记账的依据。收款凭证的借方科目为库存现金或银行存款，因此，其一般格式如表 4-6 所示。

表 4-6　　**收款凭证**

借方科目：　　年　　月　　日　　字第　　号

摘　要	贷方科目		金额										√
	总账科目	明细科目	千	百	十	万	千	百	十	元	角	分	
附单据　　张	合计												

会计主管　　记账　　复核　　出纳　　制证

（2）付款凭证。付款凭证是用来记录现金和银行存款付款业务的凭证，是根据现金和银行存款付款业务的原始凭证填制的，是出纳人员登记现金日记账、银行存款日记账的依据。付款凭证的贷方科目为库存现金或银行存款，因此，其一般格式如表 4-7 所示。

表 4-7　　**付款凭证**

贷方科目：　　年　　月　　日　　字第　　号

摘　要	借方科目		金额										√
	总账科目	明细科目	千	百	十	万	千	百	十	元	角	分	
附单据　　张	合计												

会计主管　　记账　　复核　　出纳　　制证

（3）转账凭证。转账凭证是用来记录与现金、银行存款收付款业务无关的其他业务的凭证，是根据有关转账业务的原始凭证编制的。转账凭证无论借方科目还是贷方科目都不是库存现金或银行存款，因此，转账凭证的格式与通用记账凭证类似，如表 4-8 所示。

表 4-8 转账凭证

年 月 日 字第 号

摘 要	总账科目	明细科目	记账√	借方金额										记账√	贷方金额								
				千	百	十	万	千	百	十	元	角	分		千	百	十	万	千	百	十	元	角	分
附单据 张	合计																							

会计主管 记账 复核 制证

(二) 按记账凭证的填列方式分类

记账凭证按其填列方式分为复式记账凭证和单式记账凭证。

1. 复式记账凭证

复式记账凭证又叫做多科目记账凭证，是将某项经济业务所涉及的全部会计科目及其发生额均在同一张记账凭证中反映的记账凭证。它在实务中应用最为普遍。收款凭证、付款凭证、转账凭证和通用记账凭证都属于复式记账凭证。

复式记账凭证可以全面反映账户之间的对应关系，便于了解经济业务的全貌，了解资金的来龙去脉；同时可以减少填制记账凭证的工作量，减少记账凭证的数量。但是，复式记账凭证不利于汇总计算每一会计科目的发生额，不利于会计岗位上的分工记账。

2. 单式记账凭证

单式记账凭证又叫做单科目记账凭证，是将某项经济业务所涉及的每个会计科目，分别填制记账凭证，每张记账凭证只填列一个会计科目，经济业务涉及几个会计科目就需要填制几张记账凭证。借方会计科目填制借项凭证，贷方会计科目填制贷项凭证。

单式记账凭证按每一会计科目填制，有利于汇总计算每一科目的发生额，便于分工记账。但是，填制单式记账凭证的工作量较大，不利于反映经济业务的全貌及账户之间的对应关系，不利于检验会计分录的正确性。因此，单式记账凭证在实务中使用不太普遍。

二、记账凭证的基本内容★

记账凭证有不同种类，且企业根据本单位规模大小及其对会计核算繁简程度的要求不同，其填写内容具有一定的差异。但是，记账凭证是登记账簿的依据，它必须对原始凭证加以归类整理，确定经济业务发生后应登记的账户名称、记账方向及金额。因此，记账凭证必须具备下列基本内容：

(1) 凭证的名称。企业采用的记账凭证种类不同，凭证的名称也不同。采用通用格式记账凭证的企业，记账凭证的名称就是“记账凭证”；采用专用记账凭证的企业，还需要进一步明确记账凭证的种类和名称，如收款凭证、付款凭证、转账凭证。

(2) 填制凭证的日期。填制凭证的日期能够明确记账凭证所记录的经济业务应记入哪一会计期间的账簿。同时，将记账凭证的日期与所附原始凭证的日期进行对照，为判断企业的会计处理是否符合会计信息及时性要求提供依据。但需要说明的是，记账凭证的日期是填制凭证的日期，可以与原始凭证的日期不一致。

(3) 凭证的编号。记账凭证应连续编号，不仅便于对记账凭证进行管理，而且有利于清晰地反映记账凭证与账簿之间的对应关系。

(4) 经济业务摘要。填写经济业务摘要，要求对发生经济业务的内容进行简要的说明，有助于对会计分录的理解。

(5) 会计分录。每一张记账凭证都必须具备会计分录，这是记账凭证的核心内容，也是对经济业务分析处理的结果，体现记账凭证与原始凭证的区别。

(6) 记账标记。记账凭证是登记账簿的依据，负责记账的会计人员应根据审核无误的记账凭证在账簿中进行登记。为了防止经济业务重复登记或者漏记，会计人员登记账簿后，应在记账凭证中记账"√"处进行"√"登记，标明经济业务已入账。

(7) 所附原始凭证的张数。原始凭证是记账凭证的编制依据，除少量用于结账和更正错账的记账凭证后可以不附原始凭证外，其余记账凭证都应附有原始凭证。实务中，原始凭证作为记账凭证的附件粘贴在记账凭证后面，填写记账凭证时，还要将原始凭证的数量填写在记账凭证中。这样不仅可以对记账凭证的真实性进行检验，还可以加强对原始凭证的保管。

(8) 签名或盖章。记账凭证应有填制人员、审核人员、记账人员、会计主管人员和出纳人员的签名或盖章，以明确经济责任。

三、记账凭证的填制要求★★

记账凭证的填制除了要满足原始凭证填制的基本要求，即真实可靠、内容完整、填制及时、书写清楚、手续完备外，还必须遵守以下基本要求。

(一) 正确填写账户名称

账户名称即会计科目，必须按照会计制度的统一规定填写，不得随意简写、缩写。实务中，会计科目还可以采用戳记的方式代替手写。

(二) 正确填写凭证金额

记账凭证金额分借方金额和贷方金额。填写凭证金额时，应对准借、贷方栏次和科目栏次，数字要填写正确，角分位没有数字的不要留空白，要用"0"填写，填完凭证后，要将最后一行金额栏与合计金额栏之间的空行处划斜线或折线注销。合计金额的最高位数字前应加写人民币符号"￥"，并检查借、贷方金额是否平衡，以保障记账凭证的正确性。

(三) 连续编号

记账凭证应由会计人员按照业务发生的顺序采用"字号编号法"进行连续编号。如果企业采用的是通用记账凭证，从第 1 号开始，按阿拉伯数字依次编号。如果企业采用的是专用记账凭证，其编号应区分收款凭证、付款凭证和转账凭证，分别连续编号。比如银收字 1 号、银付字 2 号、现收字 3 号、现付字 4 号、转字 5 号等。对于一笔经济业务同时编制两张或两张以上同一类型的记账凭证，可以采用"分数编号法"编号。比如一笔业务需要编制两张转账凭证，该转账凭证为本月第 6 号，可按以下方式编号：转字 $6\frac{1}{2}$ 号、转字 $6\frac{2}{2}$ 号。

(四) 注明所附原始凭证张数

审核无误的原始凭证是记账凭证的编制依据。除期末结账和更正错误的记账凭证外，其他记账凭证都必须附有原始凭证。因此,原始凭证或原始凭证汇总表应直接附在编制的记账凭证后面,并在记账凭证上标明原始凭证的张数。如果两张或两张以上的记账凭证依据同一张原始凭证编制,则应在未附原始凭证的记账凭证上注明“单据××张附在××号记账凭证上”,以便日后审核和查阅。

(五) 明确责任分工

在记账凭证上必须有填制人员、审核人员、记账人员和会计主管的签章。经会计主管人员或指定专人审核签章后的记账凭证才能作为登记账簿的依据。出纳人员应在有关收、付款凭证上签章,以明确经济责任。对已办妥收款或付款的凭证及其所附的原始凭证,出纳人员应立即加盖“收讫”或“付讫”戳记,以防止重收、重付。

四、记账凭证的审核★

记账凭证是根据审核无误的原始凭证填制的,它是登记账簿的依据,是会计核算的基础。为了保证账簿记录的准确性,在记账前有关稽核人员必须对已编制的记账凭证进行认真、严格的审核。审核的内容主要是以下几个方面。

(一) 内容是否真实

审核记账凭证内容是否真实主要是审查记账凭证是否有原始凭证为依据,所附原始凭证的内容是否与记账凭证的内容一致等。

(二) 项目是否齐全

审核记账凭证项目是否齐全主要是审查记账凭证的填写是否齐全,如日期、凭证编号、摘要、会计科目、金额、所附的原始凭证的数量和相关人员签章等。

(三) 科目是否正确

审核记账凭证科目是否正确主要是审查编制的会计分录中应借、应贷科目是否正确;对应关系是否清楚无误;核算内容是否符合会计准则的规定等。

(四) 金额是否正确

审核记账凭证金额是否正确主要是审查记账凭证的金额计算和填写是否正确,借方合计金额和贷方合计金额是否相等,与原始凭证的金额是否一致等。

(五) 书写是否规范

审核记账凭证书写是否规范主要是审查记账凭证中的记录是否文字工整、数字清晰、是否按规定进行填写和编号等。

(六) 手续是否完备

审核记账凭证手续是否完备主要是当发现记账凭证有记录不全或错误时,审查其是否查明原因,重新填制记账凭证或按规定办理更正手续;出纳人员在办理收款或付款业务后,是否在原始凭证上加盖“收讫”或“付讫”戳记等。

任务四　会计凭证的传递与保管

一、会计凭证的传递★

会计凭证的传递是指会计凭证从填制或取得之日起至归档保管过程中,在单位内部有关部门和人员之间按规定的时间、路线传递和处理的过程。会计凭证在传递过程中首先应当满足企业内部控制制度的要求，其次应该尽量节省凭证传递时间，在减少凭证传递工作量的同时，使凭证的传递真正做到合理有效，从而合理组织企业的经济活动，提高企业处理和登记经济业务的效率。

会计凭证的传递具体包括传递程序和传递时间。不同渠道取得或填制的会计凭证反映不同的经济业务，凭证的经办部门自然不同，办理业务的程序和时间也随之不同。因此，单位在规定会计凭证的传递程序和传递时间时，应结合每个单位经济业务的特点、内部职能部门设置、人员分工和经营管理的要求，合理规定会计凭证的传递程序和时间。既要使会计凭证在各个必要的环节得到审核和处理，又要避免在不必要的环节中浪费时间造成工作延缓，降低工作效率。

二、会计凭证的保管★

会计凭证的保管是指会计凭证登账后的整理、装订和归档保存工作。会计凭证作为记账的依据，是重要的经济资料和会计档案。任何单位在完成经济业务手续和记账后，必须按规定立卷归档，形成会计档案，妥善保管，以备日后随时查阅。会计凭证的保管方法和要求如下：

(1) 会计凭证应定期装订成册，防止散失。记账以后，会计部门应定期(每天、每旬或每月)对各种会计凭证加以分类整理，将各种记账凭证按照编号顺序折叠整齐，加上封面封底装订成册，并在装订线上加贴封签，由装订人员在装订线封签处签名或盖章，最后在封面上写明单位名称、年度、月份、记账凭证的种类、起讫日期、起讫号数以及记账凭证张数。

从外单位取得的原始凭证遗失时，应取得原签发单位盖有公章的证明，并注明原始凭证的号码、金额、内容等，由单位负责人和会计机构负责人(会计主管人员)批准后，才能代作原始凭证。若确实无法取得证明的，则应由当事人写明详细情况，由单位负责人和会计机构负责人(会计主管人员)批准后，代作原始凭证。

(2) 原始凭证较多时，可单独装订，但应在封面上注明所属记账凭证日期、编号、种类，同时在有关记账凭证上注明“附件另订”字样，以便查阅。比如收料单、领料单等。对各种重要的原始凭证或需要随时查阅的单据，应另编目录，单独登记保管，并在有关记账凭证和原始凭证上分别注明日期和编号。

(3) 原始凭证不得外借，其他单位如有特殊原因确实需要借阅时，经单位负责人、会计机构负责人(会计主管人员)批准，可以复制。向外单位提供的原始凭证复印件，应在专设的登记簿上登记，再由提供人员和借阅人员共同签名盖章。

(4) 每年装订成册的会计凭证，在年度终了时可暂由单位会计机构保管一年，期满后应移交会计档案管理机构登记归档，统一保管。如果单位未设立档案管理机构，应当在会计机构内部指定专人保管。出纳人员不得兼管会计档案。

(5) 会计凭证的保管和销毁，必须严格执行会计档案保管的规定，任何人不得随意销毁。按规定销毁会计凭证时，必须开列清单，报请批准后由档案部门和财会部门共同派人监销。

项目小结

1. 填制和审核会计凭证是基本的会计核算方法之一。本项目主要阐述与会计凭证有关的知识,包括会计凭证的概念及分类、会计凭证的基本内容、会计凭证的填制与审核、会计凭证的传递与保管等内容。

2. 会计凭证是记录经济业务发生或完成情况的书面证明,也是登记会计账簿的依据。会计凭证按照填制程序与用途不同可以分为原始凭证和记账凭证两类。其中,原始凭证按照来源可以分为外来原始凭证和自制原始凭证;按照填制手续不同分为一次凭证、累计凭证和汇总原始凭证;记账凭证按照用途不同分为通用记账凭证和专用记账凭证,专用记账凭证包括收款凭证、付款凭证和转账凭证三种。

3. 原始凭证与记账凭证应按照凭证填制要求进行填制。原始凭证的审核应从真实性、合法性、合理性、完整性、正确性、及时性六方面来进行;记账凭证的审核应从内容是否真实、项目是否齐全、科目是否正确、金额是否正确、书写是否规范、手续是否完备入手。会计凭证应按照规定进行传递与保管。

练习题

一、单项选择题

1. 下列不属于填制和审核会计凭证的作用是(　　)。★

A. 记录经济业务,提供记账依据　　B. 增加企业盈利,提高企业竞争力

C. 建立原始档案,保障会计检查　　D. 明确经济责任,强化内部控制

2. 下列不属于原始凭证基本内容的是(　　)。★

A. 经济业务基本内容　　B. 相关人员签章

C. 填制日期　　D. 应借应贷科目名称和记账方向

3. 关于原始凭证和记账凭证,以下说法正确的是(　　)。★

A. 原始凭证不可以作为登记账簿的依据

B. 记账凭证是编制原始凭证的依据

C. 原始凭证是编制记账凭证的依据

D. 记账凭证是记录和证明经济业务发生或完成情况的文字凭据

4. 转账支票属于(　　)。★★

A. 原始凭证　　B. 转账凭证　　C. 收款凭证　　D. 付款凭证

5. 下列属于外来原始凭证的是(　　)。★★

A. 领料单　　B. 工资计算表　　C. 火车票　　D. 借款单

6. 成本计算单属于(　　)。★

A. 收款凭证　　B. 转账凭证　　C. 自制原始凭证　　D. 付款凭证

7. 汇总原始凭证与累计原始凭证的主要区别点是(　　)。★

A. 登记的经济业务内容不同　　B. 填制时期不同

C. 会计核算工作繁简不同　　D. 填制手续和内容不同

8. 下列属于通用凭证的是(　　)。★

A. 领料单　　B. 成本计算单　　C. 入库单　　D. 增值税专用发票

9. 根据连续反映某一时期不断重复发生而分次进行的特定业务编制的原始凭证为(　　)。★

A. 一次凭证　　B. 累计凭证　　C. 记账凭证　　D. 汇总原始凭证

10. 下列业务中应该编制银行存款付款凭证的是(　　)。★★★

A. 销售商品,收到商业汇票一张　　B. 采购员预借差旅费,出纳以现金支付

C. 购买固定资产,款项尚未支付　　D. 购买原材料,开出转账支票支付

11. 下列情况下可以不附原始凭证的记账凭证是(　　)。★★

A. 以现金采购办公用品的记账凭证　　B. 收到购货方欠款的记账凭证

C. 更正错误的记账凭证　　D. 职工预借差旅费的记账凭证

12. 下列说法不符合原始凭证基本要求的是(　　)。★★

A. 从外单位取得的原始凭证,必须加盖填制单位公章

B. 原始凭证不得涂改、刮擦、挖补

C. 上级批准的经济合同,应作为原始凭证

D. 原始凭证大写和小写金额必须相等

13. 下列表示方法正确的是(　　)。★

A. ￥780.00　　B. ￥　781.00

C. 人民币壹拾陆元捌角捌分整　　D. 人民币　柒拾陆元整

14. 在审核原始凭证时,对于不真实、不合法的原始凭证,会计人员应该(　　)。★

A. 予以退回,要求更正、补充,或者重新填制

B. 予以抵制,对经办人员进行批评

C. 由会计人员重新填制或予以更正

D. 拒绝办理,并向本单位负责人报告

15. 发现原始凭证金额错误,下列各项中,正确的处理方法是(　　)。★

A. 由本单位经办人更正,并由单位财务负责人签名盖章

B. 由出具单位重开

C. 由出具单位更正,更正处应当加盖出具单位印章

D. 由本单位会计人员按划线更正法更正,并在更正处签章

16. 为保证会计账簿的正确性,会计人员编制记账凭证时应根据(　　)。★

A. 项目填写齐全的原始凭证　　B. 金额填写正确的原始凭证

C. 审核无误的原始凭证　　D. 盖有填制单位公章的原始凭证

17. 企业从银行提取现金以备发工资应编制(　　)。★★

A. 现金收款凭证　　B. 现金付款凭证

C. 银行存款收款凭证　　D. 银行存款付款凭证

18. 企业销售商品货款尚未收到,此业务编制转账凭证的填制日期应当是(　　)。★★

A. 原始凭证注明的日期　　B. 编制转账凭证的日期
C. 收取货款的日期　　D. 登记总账的日期

19. 关于记账凭证的审核，下列表述不正确的是(　　)。★
A. 如果在填制记账凭证时发生错误，应当重新填制
B. 发现以前年度记账凭证有错误的，应当用红字填制一张更正的记账凭证
C. 必须审核会计科目是否正确
D. 必须审核记账凭证项目是否齐全

20. 企业销售产品一批，一部分货款收回存入银行，一部分货款对方暂欠时，应编制的记账凭证是(　　)。★★★
A. 收款凭证和付款凭证　　B. 收款凭证和转账凭证
C. 两种转账凭证　　D. 付款凭证和转账凭证

二、多项选择题

1. 原始凭证按照填制手续和内容不同可分为(　　　)。★
A. 累计凭证　　B. 专用凭证　　C. 一次凭证　　D. 汇总凭证

2. 原始凭证审核的内容包括(　　　)。★
A. 真实性　　B. 合法性　　C. 完整性　　D. 正确性

3. 以下属于汇总原始凭证的有(　　　)。★★
A. 差旅费报销单　　B. 收料凭证汇总表
C. 限额领料单　　D. 发料凭证汇总表

4. 以下属于自制原始凭证的有(　　　)。★
A. 火车票　　B. 领料单
C. 发料凭证汇总表　　D. 产品入库单

5. 下列经济业务中，应填制银行存款付款凭证的有(　　　)。★★
A. 提取现金备用　　B. 购买材料，货款开出支票进行结算
C. 购买材料未付款　　D. 以银行存款支付前欠单位货款

6. 下列关于会计凭证传递和保管的说法中正确的有(　　　)。★
A. 原始凭证较多时可以单独装订
B. 装订成册的会计凭证要加具封面，并逐项填写封面内容
C. 通过会计凭证的传递可以加强会计监督
D. 单位应根据具体情况制定每一种凭证的传递程序和方法

7. 下列属于一次凭证的原始凭证有(　　　)。★★
A. 收据　　B. 发货票　　C. 工资结算单　　D. 工资汇总表

8. 付款凭证的贷方科目可能有(　　　)。★
A. 应收账款　　B. 库存现金　　C. 银行存款　　D. 应付账款

9. 关于记账凭证下列说法中，正确的有(　　　)。★
A. 收款凭证是指用于记录现金和银行存款收款业务的会计凭证
B. 收款凭证分为现金收款凭证和银行存款收款凭证两种
C. 从银行提取库存现金的业务应该编制现金收款凭证
D. 从银行提取库存现金的业务应该编制银行存款付款凭证

10. 记账凭证的填制必须做到记录真实、内容完整、填制及时、书写清楚外，还必须符合(　　)要求。★

A. 如有空行，应当在空行处划线注销

B. 发生错误应该按规定的方法更正

C. 必须连续编号

D. 除另有规定外，应该有附件并注明附件张数

11. 采购员李明出差回来，报销差旅费 2 000 元，原预借 1 800 元，出纳以现金 200 元补付李明，这笔业务应该编制的记账凭证有(　　)。★★

A. 付款凭证　　B. 收款凭证　　C. 转账凭证　　D. 原始凭证

12. 下列属于外来原始凭证的有(　　)。★

A. 销售商品由本单位开具的销售发票　　B. 购买商品收到供货单位开具的发票

C. 职工出差取得的飞机票和火车票　　D. 银行收付款通知单

13. 在原始凭证上书写阿拉伯数字，正确的有(　　)。★

A. 有角无分的，分位不得用“—”代替

B. 无角分的，角位和分位可以写“00”或者符号“—”

C. 有角无分的，分位应当写“0”

D. 有角无分的，分位也可以用符号“—”代替

14. 下列各项中，属于记账凭证的基本内容有(　　)。★

A. 填制凭证的日期和凭证的编号

B. 会计科目的名称、记账方向和金额

C. 所附原始凭证的张数

D. 制单、复核、会计主管等有关人员的签章

15. 在填制记账凭证时，下列做法错误的有(　　)。★★

A. 一个月内的记账凭证连续编号

B. 更正错账的记账凭证可以不附原始凭证

C. 从银行提取现金的业务编制现金收款凭证

D. 将不同类型业务的原始凭证合并编制一张记账凭证

三、判断题

1. 所有的记账凭证都应附有原始凭证。(　　)★

2. 将现金送存银行的业务既可编制现金付款凭证，又可编制银行存款收款凭证。(　　)★

3. 自制原始凭证都是一次凭证，外来原始凭证绝大多数是一次凭证。(　　)★

4. 为了简化工作手续，可以将不同内容和类别的原始凭证汇总，填制在一张记账凭证上。(　　)★

5. 一张原始凭证所列的支出需要由几个单位共同负担时，应当由保存该原始凭证的单位将该原始的复印件交给其他应负担的单位。(　　)★★

6. 限额领料单属于累计凭证。(　　)★

7. 原始凭证是会计核算的原始资料和重要依据，是登记会计账簿的直接依据。(　　)★

8. 在签发支票时，6 430.05 元的汉字大写金额应写成“陆仟肆佰叁拾元伍分整”。(　　)★

9. 记账凭证是登记总账的依据，原始凭证是登记明细账的原始依据。 （ ）★

10. 对于真实、合法、合理但内容不够完善、填写有错误的原始凭证，会计机构和会计人员应退回给有关经办人员，由其负责将有关凭证补充完整、更正错误或重开后，再办理正式会计手续。 （ ）★

四、项目实训题

项目实训题（一）★★

1. 实训目的：练习原始凭证大小写金额的规范书写及票据日期的书写。

2. 实训要求：按照原始凭证书写规范填写表4-9中大小写金额及票据日期。

表 4-9

大写	小写
人民币陆仟伍佰元整	
人民币叁仟壹佰伍拾元零伍角整	
人民币壹拾万零伍仟元整	
	￥60 036 000.00
	￥35 000.96
	￥150 001.00
	2017年10月30日
	2016年2月15日

项目实训题（二）★★★

1. 实训目的：练习原始凭证的填制。

2. 实训资料：华利公司发生下列经济业务。

（1）2018年6月5日，收到员工黄俊交来的罚款1 000元，出纳李红填写收款收据（表4-10）。

表 4-10

收 款 收 据

年 月 日

今收到：
交来：
金额（大写）
￥

单位盖章： 会计： 出纳： 经办人：

（2）2018年6月12日，出纳李红开出现金支票（图4-1），提取现金5 000元备用，公司开户行为中国工商银行南湖支行，账户123-456789。

（3）2018年6月20日，车间生产A产品领用甲材料200公斤，单位成本为20元，领料人王伟，发料人张青，领料单如表4-11所示。

现金支票存根

附加信息

出票日期 年 月 日

收款人：

金 额：

用 途：

单位主管 会计

现金支票

付款期限自出票之日起十天

出票日期（大写） 年 月 日 付款行名称：

收款人： 出票人账号：

人民币（大写） 亿 千 百 十 万 千 百 十 元 角 分

用途 密码

上列款项请从

我账户内支付

出票人签章 复核 记账

图 4-1 现金支票

表 4-11 领料单

领料部门 凭证编号

用 途 年 月 日 发料仓库

材料名称	计量单位	数量		价格(元)	
		请领	实领	单价	金额
合 计					

记账 发料 审批 领料

3. 实训要求：按经济业务内容填写原始凭证。

项目实训题(三)★★★

1. 实训目的：练习记账凭证的编制。

2. 实训要求：对项目实训题(二)填制的原始凭证进行审核，并据以编制记账凭证。

(1) 2018 年 6 月 5 日，收到员工黄俊交来的罚款 1 000 元，出纳李红填写收据，会计张倩填制收款凭证(表 4-12)。

表 4-12 收款凭证

借方科目： 年 月 日 字第 号

摘 要	贷方科目		金额										√
	总账科目	明细科目	千	百	十	万	千	百	十	元	角	分	
附单据 张	合计												

会计主管 记账 复核 出纳 制证

(2) 2018 年 6 月 12 日，出纳李红开出现金支票，提取现金 5 000 元备用，会计张倩填制付款凭证(表 4-13)。

表 4-13 **付款凭证**

贷方科目： 年 月 日 字第 号

摘要	借方科目		金额										√
	总账科目	明细科目	千	百	十	万	千	百	十	元	角	分	
附单据 张	合计												

会计主管 记账 复核 出纳 制证

(3) 2018 年 6 月 20 日，车间生产 A 产品领用甲材料 200 公斤，单位成本为 20 元，会计张倩填写转账凭证(表 4-14)。

表 4-14 **转账凭证**

年 月 日 字第 号

摘要	总账科目	明细科目	记账√	借方金额										记账√	贷方金额									
				千	百	十	万	千	百	十	元	角	分		千	百	十	万	千	百	十	元	角	分
附单据 张	合计																							

会计主管 记账 复核 制证

项目五　工业企业主要经济业务的核算

☞ **学习目标**

1. 了解制造业的含义；
2. 熟悉工业企业经营过程中的主要经济业务内容；
3. 掌握工业企业主要经济业务的账户设置和会计核算。

☞ **能力目标**

1. 掌握运用借贷记账法对工业企业资金筹集业务、供应业务、生产业务、销售业务、财务成果形成与分配业务进行会计核算；
2. 掌握会计凭证编制方法的应用。

任务一　工业企业生产经营活动概述

制造业(通常称为工业企业)是从事产品生产经营活动的经济实体,其主要任务是为社会提供合格产品,满足各方面需要。为了独立地进行生产经营活动,每个企业都必须拥有一定数量的经营资金,作为从事生产经营活动的物质基础。这些资金都是从一定的渠道取得的,并在经营活动中被具体运用,表现为不同的占用形态,一般可以分为货币资金、固定资金、储备资金、生产资金、成品资金等形态,而且随着生产经营过程的不断进行,这些资金形态不断转化,形成经营资金的循环与周转。企业要从各种渠道筹集生产经营所需要的资金,其筹资的渠道主要包括接受投资者的投资和向债权人借入各种款项。企业完成筹资任务,就可以运用筹集到的资金开展正常的经营业务,进入供、产、销过程。

企业筹集到的资金最初一般表现为货币资金形态,也可以说,货币资金形态是资金运动的起点。企业筹集到的资金可以进入供应过程。供应过程是企业产品生产的准备过程,在这个过程中,企业用货币资金购买机器设备等劳动资料形成固定资金,购买原材料等劳动对象形成储备资金,为生产产品做好物资上的准备,货币资金分别转化为固定资金形态和储备资金形态。由于劳动资料大多是固定资产,一旦购买完成将长期供企业使用,因而供应过程的主要核算内容是用货币资金(或形成结算债务)购买原材料的业务,包括支付材料价款和税款、发生采购费用、计算采购成本、材料验收入库结转成本等。完成了供应过程的核算内容,为生产产品做好了各项准备,企业就可以进入生产过程。

生产过程是工业企业经营过程的中心环节。在生产过程中,劳动者借助劳动资料对劳动对象进行加工，生产出各种各样适销对路的产品，以满足社会的需要。生产过程既是产品的制造过程，又是物化劳动和活劳动的耗费过程，即费用、成本的发生过程。从消耗或加工对象的实物形态及其变化过程来看，原材料等劳动对象通过加工形成在产品，随着生产过程的不断进行，在产品终究要转化为产成品；从价值形态来看，生产过程中发生的各种耗费形成企业的生产费用，具体而言，为生产产品耗费材料从而形成材料费用，耗费活劳动形成工资及福利等人工费用，使用厂房、机器设备等劳动资料形成折旧费用等。生产过程中发生的这些生产费用总和构成产品的生产成本（亦称制造成本）。其资金形态从固定资金、储备资金和一部分货币资金形态转化为生产资金形态，随着生产过程的不断进行，产成品生产出来并验收入库之后，其资金形态又转化为成品资金形态。生产费用的发生、归集和分配，以及完工产品生产成本的计算等构成了生产过程核算的基本内容。

销售过程是产品价值的实现过程。在销售过程中，企业通过销售产品，并按照销售价格与购买单位办理各种款项的结算，收回货款，从而使得成品资金形态转化为货币资金形态，回到了资金运动的起点状态，完成了一次资金的循环。另外，销售过程中还要发生各种诸如包装费、广告费等销售费用，需要计算并及时缴纳各种销售税金，结转销售成本，这些都属于销售过程的核算内容。

对于企业而言，生产并销售产品是其主要的经营业务，即主营业务。在主营业务之外，企业还要发生一些诸如销售材料、出租固定资产等附营业务，以及进行对外投资以获得收益的投资业务。主营业务、其他业务以及投资业务构成了企业的全部经营业务。在营业活动之外，企业还会经常发生非营业业务，从而获得营业外的收入或发生营业外的支出。企业在生产经营过程中所获得的各项收入遵循配比的要求抵偿了各项成本、费用之后的差额，形成企业的所得，即利润。企业实现的利润，一部分要以所得税的形式上缴国家，形成国家的财政收入，另一部分即税后利润，要按照规定的程序在各有关方面进行合理的分配，如果是发生了亏损，还要按照规定的程序进行弥补。通过利润分配，一部分资金会退出企业，一部分资金会以公积金等形式继续参加企业的资金周转。

综合上述内容可以看出，企业在经营过程中发生的主要经济业务内容包括：①资金筹集业务；②供应过程业务；③生产过程业务；④销售过程业务；⑤财务成果形成与分配业务。为了连续、系统、全面地反映和监督由上述企业主要经济业务所形成的生产经营活动的过程和结果，也就是企业再生产过程中的资金运动，企业必须根据各项经济业务的具体内容和管理要求，相应地设置不同的账户，并运用借贷记账法，对各项经济业务的发生进行账务处理，以提供管理上所需要的各种会计信息。

任务二　资金筹集业务的核算

一个企业的生存和发展，离不开资产要素，资产是企业进行生产经营活动的物质基础。对于任何一个企业而言，形成其资产的资金来源主要有两条渠道：一是投资者的投资及其增值，形成投资者的权益，该部分业务可以称为所有者权益资金筹集业务；二是向债权人借入的资金，形成债权人的权益，该部分业务可以称为负债资金筹集业务。投资者将资金投入企业进而对企业资产所形成的要求权为企业的所有者权益，债权人将资金借给企业进而对企业资产所形成的要求权为企业的负债。所谓所有者权益是指企业资产扣除负债后由所有者享有的剩余权益。公司的所有者权益又称为股东权益。在会计上，虽然将债权人的要求权和投资者的要求权统称为权益，但由于两者存在着本质上的区别，所以这两种权益的会计处理也必然有着显著的差异。

一、所有者权益资金筹集业务的核算★★★

企业从投资者处筹集到的资金形成企业所有者权益的重要组成部分，企业的所有者权益的来源包括所有者投入的资本、直接计入所有者权益的利得和损失、留存收益等。所有者投入的资本包括实收资本（或股本）和资本公积。直接计入所有者权益的利得和损失，是指不应计入当期损益的、会导致所有者权益发生增减变动的、与所有者投入资本或者与向所有者分配利润无关的利得或损失。留存收益是指企业在经营过程中所实现的利润留存于企业的部分，包括盈余公积和未分配利润。本任务将着重介绍所有者权益中的实收资本和资本公积的核算，至于留存收益的内容将在财务成果形成与分配业务的核算（任务六）中进行阐述。

（一）实收资本

1. 实收资本的定义

实收资本是指企业的投资者按照企业章程或合同、协议的约定，实际投入企业的资本金以及按照有关规定由资本公积、盈余公积转为资本的资金。实收资本代表着一个企业的实力，是创办企业的“本钱”，也是一个企业维持正常的经营活动、以本求利、以本负亏最基本的条件和保障，是企业独立承担民事责任的资金保证。实收资本是所有者权益的主要组成部分，它反映了企业的不同所有者通过投资而投入企业的外部资金来源，这部分资金是企业进行经营活动的原动力，正是有了这部分资金的投入，才有了企业的存在和发展。

这里需要注意的是，注册资本和实收资本是两个不同的概念。注册资本是公司的法定资本，应与股本总额相等；实收资本是指公司已收缴入账的股本，只有足额缴入后，实收资本才能等于注册资本。如果法律规定注册资本可以分次缴足，则注册资本在缴足前就不等于实收资本。

2. 实收资本的分类

所有者向企业投入资本，即形成企业的资本金。企业的资本金按照投资主体的不同可以分为：国家资本金，即企业接受国家投资而形成的资本金；法人资本金，即企业接受其他企业或单位的投资而形成的资本金；个人资本金，即企业接受个人包括企业内部职工的投资而形成的资本金；外商资本金，即企业接受外国及中国香港、澳门、台湾地区企业的投资而形成的资本金。企业的资本金按照投资者投入资本的不同物质形态又分为货币资金出资，以及实物、知识产权、土地使用权等可以用货币估价并可以依法转让的非货币财产作价出资等。我国目前实行的是注册资本制度，要求企业的实收资本应与注册资本相一致。企业接受各方投资者投入的资本金应遵守资本保全（或称资本维持）制度的要求，除法律、法规另有规定者外，不得随意抽回。企业在经营过程中实现的收入、发生的费用，以及在财产清查中发现的盘盈、盘亏等都不得直接增减投入资本。

(二) 资本公积

1. 资本公积的定义

资本公积是投资者或者其他人投入到企业、所有权归属投资者并且金额上超过法定资本部分的资本，是企业所有者权益的重要组成部分。由此可见，资本公积从本质上讲属于投入资本的范畴，其形成的主要原因是由于我国采用注册资本制度，限于法律的规定而无法将资本公积直接以实收资本（或股本）的名义入账。所以，资本公积从其实质上看是一种准资本，它是资本的一种储备形式。但是，资本公积与实收资本（或股本）又有一定的区别，实收资本（或股本）是公司所有者（股东）为谋求价值增值而对公司的一种原始投入，从法律上讲属于公司的法定资本，而资本公积可以来源于投资者的额外投入，也可以来源于除投资者之外的其他企业或个人的投入。可以说，实收资本无论是在来源上还是在金额上，都有着比较严格的限制，而不同来源形成的资本公积归所有的投资者共同享有。

2. 资本公积的来源

资本公积是所有者权益的重要组成部分，而且它通常会直接导致企业净资产的增加，因此，资本公积信息对于投资者、债权人等会计信息使用者作出正确的决策十分重要。企业的资本公积的主要来源是所有者投入资本中的超过法定资本份额的部分和直接计入资本公积的各种利得或损失等。

3. 资本公积的用途

公司在经营过程中出于种种考虑，诸如增加资本的流动性，改变公司所有者投入资本的结构，体现公司稳健、持续发展的潜力等，对于形成的资本公积可以按照规定的用途予以使用。资本公积的主要用途就在于转增资本，即在办理增资手续后用资本公积转增实收资本，按所有者原有投资比例增加投资者的实收资本。

二、负债资金筹集业务的核算★★

企业从债权人那里筹集到的资金形成企业的负债，它表示企业的债权人对企业资产的要求权，即债权人权益。当企业为了取得生产经营所需的资金、商品或劳务等向银行借款或向其他单位赊购材料、商品时，就形成了企业同其他经济实体之间的债务关系。所谓负债是指企业过去的交易或者事项形成的、预期会导致经济利益流出企业的现时义务。负债按其偿还期限的长短可以分为流动负债和非流动负债。流动负债是指将在 1 年内（含 1 年）或超过 1 年的一个营业周期内偿还的债务；非流动负债是指偿还期在 1 年以上或超过 1 年的一个营业周期以上的债务。作为一项负债必须要有确切的债权人、到期日和确切的金额。到期必须还本付息是负债不同于所有者权益的一个明显特征。根据负债的定义及扩展内容我们可以看出，负债的形成和偿还与某些资产、所有者权益、收入、费用或利润等要素都有着密切的关系，因而正确地确认与计量负债是会计核算过程中非常重要的一部分内容。将负债分为流动负债和非流动负债，便于会计信息使用者分析企业的财务状况，判断企业的偿债能力和近、远期支付能力，进而作出有关的决策。我们这里仅以流动负债中的短期借款和非流动负债中的长期借款为例介绍负债资金筹集业务的核算内容。

(一) 短期借款

1. 短期借款的定义

短期借款是指企业为了满足其生产经营活动对资金的临时需要而向银行或其他金融机

构等借入的偿还期限在 1 年以内(含 1 年)的各种借款。一般情况下企业取得短期借款是为了维持正常的生产经营活动或者是为了抵偿某项债务。企业取得各种短期借款时,应遵守银行或其他金融机构的有关规定,根据企业的借款计划及确定的担保形式,经贷款单位审核批准并订立借款合同后方可取得借款。每笔借款在取得时可根据借款合同上的金额来确认和计量。

2. 短期借款的确认和计量

短期借款必须按期归还本金并按时支付利息。短期借款的利息支出属于企业在理财活动过程中为筹集资金而发生的各项耗费,在会计核算中,企业应将其作为期间费用(财务费用)加以确认。由于短期借款利息的支付方式和支付时间不同,会计处理的方法也有一定的区别。如果银行对企业的短期借款按月计收利息,或者虽在借款到期收回本金时一并收回利息,但利息数额不大,企业可以在收到银行的计息通知或在实际支付利息时,直接将发生的利息费用计入当期损益(财务费用);如果银行对企业的短期借款采取按季或半年等较长期间计收利息,或者是在借款到期收回本金时一并计收利息且利息数额较大,为了正确地计算各期损益额,保持各个期间损益额的均衡性,企业通常按权责发生制核算基础的要求,采取预提的方法按月预提借款利息,计入预提期间损益(财务费用),待季度或半年等结息期终了或到期支付利息时,再冲销应付利息这项负债。短期借款利息的计算公式为:

$$短期借款利息=借款本金\times利率\times时间 \tag{5-1}$$

由于按照权责发生制核算基础的要求,应于每月末确认当月的利息费用,因而这里的“时间”是一个月,而利率往往都是年利率,所以应将其转化为月利率,方可计算出一个月的利息额,年利率除以 12 即为月利率。如果在月内的某一天取得借款,则该日作为计息的起点时间,对于借款月和还款月则应按实际经历天数计算(不足整月),此时应将月利率转化为日利率。在将月利率转化为日利率时,为简化起见,一个月一般按 30 天计算,一年按 360 天计算。

(二) 长期借款

长期借款是企业向银行及其他金融机构借入的偿还期限在 1 年以上或超过 1 年的一个营业周期以上的各种借款。一般来说,企业举借长期借款,主要是为了增添大型固定资产、购置地产、增添或补充厂房等,也就是为了扩充经营规模而增加各种长期耐用的固定资产的需要。在会计核算中,应当区分长期借款的性质按照申请获得贷款时实际收到的贷款数额进行确认和计量,并按照规定的利率和使用期限定期计息并确认为长期借款入账(注意此处与短期借款的区别)。贷款到期,企业应当按照借款合同的规定按期清偿借款本息。

关于长期借款利息费用的处理,按照会计制度的规定,长期借款的利息费用,应按照权责发生制核算基础的要求,按期计算提取计入资产的成本(即予以资本化)或直接计入当期损益(财务费用)。具体而言,在长期借款所进行的长期工程项目完工之前发生的利息,应将其资本化,计入该工程成本;在工程完工达到预定可使用状态之后产生的利息支出应停止借款费用资本化而予以费用化,在利息费用发生的当期直接计入当期损益(财务费用)。

三、资金筹集业务核算的账户设置★★★

（一）“库存现金”账户

“库存现金”账户用来核算企业库存现金的增减变动和结存情况。本账户是资产类账户，借方登记企业增加的库存现金；贷方登记减少的库存现金，期末借方余额，反映企业持有的库存现金。企业应当设置“库存现金日记账”，采用专用的账页格式，一般为“三栏式”，根据收付款记账凭证，按照业务发生顺序逐日逐笔登记。

（二）“银行存款”账户

“银行存款”账户用来核算企业存入银行或其他金融机构的各种款项，本账户是资产类账户，借方登记增加的银行存款；贷方登记减少的银行存款；期末借方余额，反映企业存在银行或其他金融机构的各种款项的结存数。企业应当设置“银行存款日记账”，账页格式一般为“三栏式”，根据收付款记账凭证，按照业务发生顺序逐日逐笔登记。

（三）“实收资本”账户

“实收资本”账户用来核算企业实收资本的增减变动情况及其结果，股份有限公司应将本账户改为“股本”。本账户是所有者权益类账户，贷方登记企业实际收到投资者投入的资本数；借方登记企业按法定程序报经批准减少的注册资本数；期末贷方余额，表示企业实收资本或股本总额。本账户应按投资者设置明细账，进行明细分类核算，适合采用“三栏式”明细账。

（四）“资本公积”账户

企业的资本公积都有其特定的来源。不同来源形成的资本公积，其核算的方法不同。为了反映和监督资本公积的增减变动及结余情况，会计上应设置“资本公积”账户，并设置“资本（股本）溢价”“其他资本公积”等明细账户。“资本公积”属于所有者权益类账户，其贷方登记从不同渠道取得的资本公积，即资本公积的增加数；借方登记用资本公积转增资本等资本公积的减少数，期末余额在贷方，表示资本公积的期末结余数。

（五）“固定资产”账户

“固定资产”账户用来核算企业持有的固定资产原价。本账户是资产类账户，借方登记企业增加（包括购进、接受投资、盘盈等原因增加）的固定资产原始价值；贷方登记企业减少（包括处置、投资转出、盘亏等原因减少）的固定资产原始价值；期末借方余额，表示企业实际持有的固定资产原始价值。本账户应按固定资产的类别和项目设置明细账，进行明细分类核算，适合采用专用的“固定资产及折旧明细账”。

（六）“无形资产”账户

“无形资产”账户用来核算企业持有的无形资产成本，包括专利权、非专利技术、商标权、著作权、土地使用权等。本账户是资产类账户，借方登记取得无形资产的实际成本；贷方登记减少无形资产的实际成本；期末借方余额，表示企业实际持有的无形资产成本。本账户应按无形资产的项目设置明细账，进行明细分类核算，适合采用“三栏式”明细账。

（七）“短期借款”账户

“短期借款”账户用来核算企业向银行或其他金融机构等借入的期限在 1 年以内（含 1 年）的各种借款。本账户是负债类账户，贷方登记企业借入的各种短期借款数额；借方登记归还的借款数额；期末贷方余额，表示期末尚未偿还的短期借款。本账户应按借款种类、贷款人、币种设置明细账，进行明细分类核算，适合采用“三栏式”明细账。

(八) “长期借款”账户

“长期借款”账户用来核算企业向银行或其他金融机构借入的期限在 1 年以上(不含 1 年)的各种借款。本账户是负债类账户，贷方登记企业借入的各种长期借款数额(包括本金和利息)；借方登记各种长期借款归还数额(包括本金和利息)；期末贷方余额，表示企业尚未归还的长期借款本金和利息数额。本账户通常按债权人设置明细账，分别通过“本金”“利息调整”等科目进行明细分类核算，适合采用“贷方多栏式”明细账。

四、资金筹集业务核算的会计处理举例★★★

宏大有限责任公司是一家自行车产品生产、销售企业。

(一) 该公司的具体资料

1. 企业基本资料

企业名称：宏大有限责任公司

企业性质：一般纳税人企业

开户银行：中国工商银行海南省分行龙华支行，账号：529945123

纳税人税务登记号：46120567078900001A

企业注册地址：海南省海口市解放路 38 号，电话：85817639

经营范围：自行车产品生产、销售

企业法人：董事长，吴辉，负责企业全面工作；总经理，李华，负责企业生产经营。会计科共 5 人。

2. 企业基本信息

宏大有限责任公司是一般纳税人，增值税税率 13%，企业所得税税率 25%，2×19 年 12 月初，注册资本 300 万元，其中，吴辉投资 200 万元，李华投资 30 万元，海南顺德公司投资 70 万元。

3. 生产情况

该公司主要生产销售折叠自行车、山地车两种产品，在同一综合车间进行加工制造，原材料为钢管、钢板、套件三种。

4. 财务核算方法

(1) 财务处理程序：科目汇总表账务处理程序。

(2) 记账凭证：收款凭证、付款凭证、转账凭证。

(3) 物质采购运杂费用按材料重量分配，月底制造费用按工人工资比例进行分配。

(4) 实际成本计价法。

(5) 不考虑纳税调整因素。

5. 财务部岗位设置(5 人)

(1) 会计主管：张帅，负责财务部门全面工作。

(2) 会计 1：陈红，负责编制记账凭证、登记总账及编制报表等工作。

(3) 会计 2：李小燕，负责登记全部明细账。

(4) 会计 3：吴明，负责审核凭证、内部审计，装订并保管会计凭证等工作。

(5) 出纳：李田田，负责办理日常现金及银行存款收付业务，登记现金及银行存款日记账。

（二）宏大有限责任公司2×19年12月期初有关账户余额（表5-1）

表5-1 期初余额 单位：元

总账科目	明细科目	期初余额	
		借方	贷方
库存现金		12 400.00	
银行存款		746 000.00	
交易性金融资产		88 447.50	
应收账款		83 500.00	
	广华公司	80 000.00	
	光明公司	3 500.00	
应收票据	儋州达成公司	20 000.00	
其他应收款	王华	2 000.00	
坏账准备			500.00
原材料		310 000.00	
	钢管（单价17.5元/千克，10 000千克）	175 000.00	
	钢板（单价10.5元/千克，10 000千克）	105 000.00	
	套件（单价100元/套，300套）	30 000.00	
库存商品		369 000.00	
	折叠自行车产品（单位成本270元/辆，600辆）	162 000.00	
	山地车产品（单位成本345元/辆，600辆）	207 000.00	
固定资产		3 840 000.00	
累计折旧			160 000.00
短期借款			50 000.00
应付票据			64 500.00
应付账款			22 000.00
	华天公司		6 000.00
	南岛公司		16 000.00
应付职工薪酬			130 000.00
应交税费			51 000.00
	未交增值税		45 000.00

（续表）

总账科目	明细科目	期初余额	
		借方	贷方
	应交所得税		6 000.00
应付利息	借款利息		400.00
实收资本			3 000 000.00
	吴辉		2 000 000.00
	李华		300 000.00
	海南顺德公司		700 000.00
资本公积			390 600.00
盈余公积			927 140.00
本年利润			675 207.50
合　计		5 471 347.50	5 471 347.50

（三）2×19 年 12 月份发生的主要经济业务

［会计工作 1］　12 月 1 日，本单位收到海南顺德公司投资款 400 000 元，出纳李田田收到对方转账支票（正联），开具收款收据交给对方企业。出纳李田田填写银行进账单，连同支票送交开户银行，银行收下转账支票，并将银行进账单第三联（收账通知）盖章后交给出纳李田田带回财务科。

［原始凭证］　（1）投资协议书（图 5-1）；（2）进账单（表 5-2）。

海南顺德公司是宏大有限责任公司的原投资者之一。2×19 年 11 月本企业与海南顺德公司达成增补投资协议如下：

投资协议书（摘要）

投出单位：海南顺德公司

投入单位：宏大有限责任公司

第一，海南顺德公司向宏大有限责任公司投资 600 000 元，其中人民币 400 000 元，机器设备 50 000 元，专利权 150 000 元。

第二，海南顺德公司增加投资后，占宏大有限责任公司股份的 36.11%。

第三，海南顺德公司在 2019 年 12 月 4 日前向宏大有限责任公司出资。

……

图 5-1　投资协议书（摘要）

表 5-2

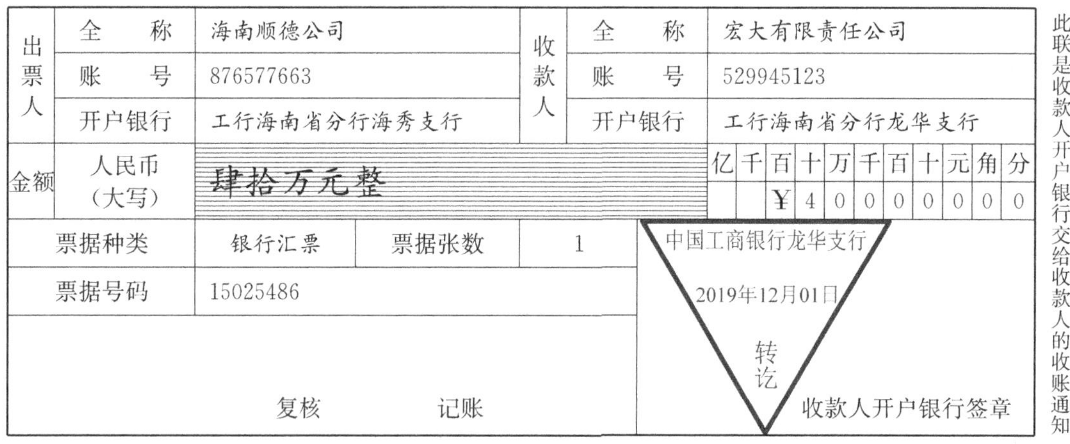

ICBC 中国工商银行 **进账单** （收账通知）

2×19 年 12 月 01 日

出票人	全称	海南顺德公司	收款人	全称	宏大有限责任公司
	账号	876577663		账号	529945123
	开户银行	工行海南省分行海秀支行		开户银行	工行海南省分行龙华支行

金额	人民币（大写）	亿	千	百	十	万	千	百	十	元	角	分
	肆拾万元整			¥	4	0	0	0	0	0	0	0

票据种类	银行汇票	票据张数	1
票据号码	15025486		

复核　　记账

中国工商银行龙华支行 2019年12月01日 转讫

收款人开户银行签章

此联是收款人开户银行交给收款人的收账通知

［**工作过程**］ 该笔经济业务，引起资产要素和所有者权益要素同时发生变化。审核银行进账单：银行存款增加了 400 000 元，应该记在本企业资产要素中“银行存款”账户的借方，表示银行存款的增加。审核收款收据：收款事由是海南顺德公对本企业的投资增加了 400 000 元，应该记在企业所有者权益要素中“实收资本”账户的贷方，表示实收资本的增加。根据上述分析的结果，财会人员应根据“投资协议书(副本)”“银行进账单”和“收款收据”，填制一张收款记账凭证(表 5-3)。

表 5-3　　**收款凭证**

借方科目：银行存款　　2×19 年 12 月 1 日　　银收字第 1 号

摘要	贷方科目		金额										√
	总账科目	明细科目	千	百	十	万	千	百	十	元	角	分	
收到投资款	实收资本	海南顺德公司			4	0	0	0	0	0	0	0	
附单据贰张	合计			¥	4	0	0	0	0	0	0	0	

会计主管：张帅　　记账：李小燕　　复核：吴明　　出纳：李田田　　制证：陈红

其表示的会计分录为：

借：银行存款　　400 000

　贷：实收资本——海南顺德公司　　400 000

［**会计工作 2**］ 12 月 4 日，收到海南顺德公司按投资协议向企业投入的新设备一台，价值 50 000 元，投入专利权一项，双方协议约定的价格为 150 000 元。

［原始凭证］　(1)产权转移书(图 5-2)；(2)资产评估报告表(表 5-4)；(3)固定资产验收单(表 5-5)。

产权转移书

海南顺德公司将价值 50 000 元的全新刨床以投资形式转让给宏大有限责任公司，从即日起，该刨床的所有权由海南顺德公司转移给了宏大有限责任公司，特此说明。

投资方	**被投资方**
单位名称：海南顺德公司	单位名称：宏大有限责任公司
法人代表：陈星	法人代表：吴辉
单位地址：海南省海口市龙华路 60 号	单位地址：海南省海口市解放路 38 号
联系电话：85816688	联系电话：85817639
开户银行：工行海口支行海秀路分理处	开户银行：工行海南省分行营业部
账号：876577663	账号：529945123
邮政编码：570203	邮政编码：570203
签字日期：2×19 年 12 月 4 日	签字日期：2×19 年 12 月 4 日

图 5-2　产权转移书

表 5-4　**资产评估报告表**

2×19 年 12 月 4 日　单位：元

资产名称	产地	计量单位	数量	评估价值				差异		备注
				重置价值	折旧年限	折旧额	净值	净值增减额	净值增减率	
刨床	武汉	台	1	50 000			50 000			全新
专利权		项	1	150 000			150 000			发明
合　计				200 000			200 000			

会计主管：张帅　复核：吴明　制证：陈红

表 5-5　**固定资产验收单**

2×19 年 12 月 4 日　单位：元

固定资产名称	单位	数量	预计使用年限	尚可使用年限	投出单位账面价值			评估价值	备注
					原值	已提折旧	净值		
刨床	台	1	10	10	50 000	0	50 000	50 000	全新
使用单位	宏大有限责任公司生产车间								

设备科：王小兰　负责人：于刚　经办人：张明

［工作过程］　该笔经济业务发生后，同样引起资产要素和所有者权益要素发生变化。由于接受投资的项目，企业资产要素中的固定资产和无形资产分别增加 50 000 元和 150 000 元，应分别记在“固定资产”“无形资产”账户的借方，表示增加。同时，企业所有者权益要素中的投入资本项目增加，应记在“实收资本”账户的贷方 200 000 元。填制一张转账

凭证(表 5-6)。

表 5-6

转账凭证

2×19 年 12 月 4 日　　　　转字 1 号

摘要	总账科目	明细科目	记账√	借方金额 千	百	十	万	千	百	十	元	角	分	记账√	贷方金额 千	百	十	万	千	百	十	元	角	分
接受投资	固定资产	刨床					5	0	0	0	0	0	0											
	无形资产	专利权				1	5	0	0	0	0	0	0											
	实收资本																2	0	0	0	0	0	0	0
附单据叁张	合计				¥	2	0	0	0	0	0	0	0			¥	2	0	0	0	0	0	0	0

会计主管:张帅　　记账:李小燕　　复核:吴明　　制证:陈红

其表示的会计分录为:

借:固定资产——刨床　　50 000

　　无形资产——专利权　　150 000

　　贷:实收资本——海南顺德公司　　200 000

[会计工作 3] 12 月 4 日,企业向建设银行申请流动资金贷款 500 000 元,已存入银行(还款期限为半年)。

[原始凭证] (1)借款借据(表 5-7);(2)贷款合同(副本)(图 5-3)。

表 5-7

中国建设银行 借款借据 (收账通知)

2×19 年 12 月 4 日　　　　借据编号:201849

存款人	全　称	宏大有限责任公司	付款人	全　称	宏大有限责任公司
	账　号	666712368		账　号	529945123
	开户银行	建行海南省分行金贸支行		开户银行	建行海南省分行龙华支行

借款金额	人民币(大写) 伍拾万元整	千	百	十	万	千	百	十	元	角	分
			¥	5	0	0	0	0	0	0	0

借款原因及用途	流动资金借款	借款期限	2019.12.04—2020.06.04

根据签订的借款合同和你单位的借款用途,上列借款已转入你单位结算账户内。

此致

中国建设银行龙华支行 2×19年12月4日 转讫

银行签章

此联是收款人开户银行交给收款人的收账通知

中国建设银行贷款合同(副本)

立合同单位:中国建设银行海南省分行(贷款方)

宏大有限责任公司(借款方)

海南顺德公司(保证方)

为了明确责任,恪守合同,特签订本合同,共同信守。

一、贷款种类:短期流动资金借款

二、借款金额:人民币伍拾万元整

三、借款用途:进口原材料

四、借款利率:年利率6%,利随本清。如遇国家调整利率,按调整后的规定计算。

五、借款期限:借款时间自2×19年12月4日至2×20年6月4日止。

六、还款资金来源:产品销售收入

七、还款方式:转账

图5-3　贷款合同(副本)

[工作过程]　该笔经济业务,引起资产要素和负债要素发生变动。一方面,贷款转存凭证第四联是收款通知,表明企业资产要素中银行存款项目增加500 000元,应借记“银行存款”账户;另一方面,“贷款转存凭证”本身就说明款项来源是贷款,引起负债要素中的短期借款项目增加500 000元,应贷记“短期借款”账户。做一张收款凭证(表5-8)。

表5-8　**收款凭证**

借方科目:银行存款　2×19年12月4日　银收字第2号

摘　要	贷方科目		金额										√
	总账科目	明细科目	千	百	十	万	千	百	十	元	角	分	
借款	短期借款	建行			5	0	0	0	0	0	0	0	
附单据贰张	合　计			¥	5	0	0	0	0	0	0	0	

会计主管:张帅　记账:李小燕　复核:吴明　出纳:李田田　制证:陈红

其表示的会计分录为:

借:银行存款　500 000

　贷:短期借款——建行　500 000

[会计工作4]　12月6日,接银行通知,企业从工商银行申请借款5 000 000元(借款期限为3年)已到账。由于“贷款合同”和“贷款转存凭证”样式与前相同,故此处省略。(不用附原始凭证)

[工作过程]　一方面,银行存款增加,应记在“银行存款”账户的借方;另一方面,款项来源是贷款,还款期限为3年,应该记在“长期借款”账户的贷方,表示负债增加。填制一张收款凭证(表5-9)。

表 5-9 收款凭证

借方科目:银行存款 2×19 年 12 月 6 日 银收字第 3 号

摘 要	贷方科目		金额										√
	总账科目	明细科目	千	百	十	万	千	百	十	元	角	分	
借款	长期借款	建行		5	0	0	0	0	0	0	0	0	
附单据贰张	合 计		¥	5	0	0	0	0	0	0	0	0	

会计主管:张帅 记账:李小燕 复核:吴明 出纳:李田田 制证:陈红

其表示的会计分录为:

借:银行存款 5 000 000

贷:长期借款——建行 5 000 000

任务三 供应过程的核算

为了进行产品生产,企业必须利用筹集的资金准备劳动资料,其中劳动手段和劳动对象的准备比较重要。劳动手段的准备主要是指购建厂房建筑物和机器设备等固定资产;劳动对象的准备主要是指采购材料。

一、固定资产购置业务的核算★★★

(一) 固定资产的定义

固定资产是企业经营过程中使用的长期资产,包括房屋建筑物、机器设备、运输车辆以及工具、器具等。我国《企业会计准则第 4 号——固定资产》指出,固定资产是指同时具有下列两个特征的有形资产:为生产商品、提供劳务、出租或经营管理而持有的;使用寿命超过一个会计年度的。这里的使用寿命是指企业使用固定资产的预计期间,或者该固定资产所能生产产品或提供劳务的数量。

从固定资产的定义可以看出,固定资产具有以下三个特征:第一,固定资产是为生产商品、提供劳务、出租或经营管理而持有;第二,固定资产的使用寿命超过一个会计年度;第三,固定资产为有形资产。固定资产是企业资产中比较重要的一部分内容,从一定程度上说它代表着企业的生产能力和生产规模,因此对其正确地加以确认与计量就成为会计核算过程中一个非常重要的内容。固定资产的确认应考虑以下两个因素:一是该固定资产包含的经济利益很可能流入企业;二是该固定资产的成本能够可靠地计量。

固定资产是企业的劳动资料,从其经济用途来看,固定资产是用于生产经营活动的而不是为了出售,这一种特征是区别固定资产与商品、产品等流动资产的重要标志。由于固定资产要长期地参加企业的生产经营活动,因而其价值周转与其实物补偿并不同步,固定资产的这一特点显然也不同于流动资产。固定资产的价值一部分随其磨损，脱离其实物形态，而另一部分仍束缚在使用价值形态。鉴于该特点，使得固定资产的计价可以按取得时的实际成本和经磨损之后的净值同时表现。

（二）固定资产入账价值的确定

《企业会计准则第 4 号——固定资产》规定，固定资产应当按照成本进行初始计量。固定资产取得时的实际成本是指企业购建固定资产达到预定可使用状态前所发生的一切合理的、必要的支出，它反映的是固定资产处于预定可使用状态时的实际成本。对于所建造的固定资产已达到预定可使用状态，但尚未办理竣工决算的，会计准则规定应自固定资产达到预定可使用状态之日起，根据工程决算、造价或工程实际成本等相关资料，按估计的价值转入固定资产，并计提折旧。这就意味着是否达到“预定可使用状态”是衡量可否作为固定资产进行核算和管理的标志，而不再拘泥于“竣工决算”这个标准，这也是实质重于形式原则的一个具体应用。

企业的固定资产在达到预定可使用状态前发生的一切合理的、必要的支出中既有直接发生的，如支付的固定资产的买价、包装费、运杂费、安装费等，也有间接发生的，如固定资产建造过程中应予以资本化的借款利息等，这些直接的和间接的支出对形成固定资产的生产能力都有一定的作用，理应计入固定资产的价值。一般来说，构成固定资产取得时实际成本的具体内容包括买价、运输费、保险费、包装费、安装成本等。

由于企业可以从各种渠道取得固定资产，不同的渠道形成的固定资产，其价值构成的具体内容可能不同，因而固定资产取得时的入账价值应根据具体情况和涉及的具体内容分别确定。其中，外购固定资产的成本，包括购买价款、进口关税和其他税费（购买机器设备涉及的符合抵扣条件的增值税应作为进项税额记入“应交税费”账户），使固定资产达到预定可使用状态前所发生的可归属于该项资产的场地整理费、运输费、装卸费、安装费和专业人员服务费等（以一笔款项购入多项没有单独标价的固定资产，应当按照各项固定资产公允价值比例对总成本进行分配，分别确定各项固定资产的成本）。

购买固定资产的价款超过正常信用条件而延期支付，实质上具有融资性质的，固定资产的成本以购买价款的现值为基础确定，实际支付的价款与购买价款之间的差额除应资本化的以外，应当在信用期间内计入当期损益。自行建造完成的固定资产，按照建造该项固定资产达到预定可使用状态前所发生的一切合理的、必要的支出作为其入账价值。至于其他途径诸如接受投资取得固定资产、接受抵债取得固定资产等的入账价值的确定将在其他有关专业课程中介绍。

二、材料采购业务的核算★★★

（一）原材料成本的确定

按照《企业会计准则第 1 号——存货》中的规定，存货应当按照成本进行初始计量，存货的成本包括采购成本、加工成本和其他成本。其中存货的采购成本是指在采购过程中所发生的支出，包括购买价款、相关税费、运输费、装卸费、保险费以及其他可归属于存货采购成本的费用。对于企业原材料的核算，其中一个非常重要的问题就是原材料成本的确定，包括取得原材料成本的确定和发出原材料成本的确定。

关于取得原材料成本的确定，不同方式取得的原材料，其成本确定的方法不同，成本构成的内容也不同。其中购入的原材料,其实际采购成本由以下几项内容组成:①购买价款,是指购货发票所注明的货款金额;②采购过程中发生的运杂费,包括运输费、包装费、装卸费、保险费、仓储费等,不含按规定可抵扣的运输费用增值税税额;③材料在运输途中发生的合理损耗中;④材料入库之前发生的整理挑选费用,包括整理挑选中发生的人工费支出和必要的损耗,并减去回收的下脚废料价值;⑤按规定应计入材料采购成本中的各种税金,如从国外进口材料支付的关税、购买材料发生的消费税以及不能从增值税销项税额中抵扣的进项税额等;⑥其他费用,如大宗物资的市内运杂费,但这里需要注意的是市内零星运杂费、采购人员的差旅费以及采购机构的经费等不构成材料的采购成本,而是计入期间费用。以上第①项应当直接计入所购材料的采购成本,第②③④⑤⑥项,凡能分清是某种材料直接负担的,可以直接计入材料的采购成本;不能分清的,应按材料的重量等标准分配计入材料采购成本。

对于材料采购过程中发生的物资毁损、短缺等,合理损耗部分应当作为材料采购费用计入材料的采购成本,其他损耗不能计入材料采购成本,如从供应单位、外部运输机构等收回的物资短缺、毁损赔款,则应冲减材料采购成本。

(二) 原材料按实际成本计价的核算

当企业的经营规模较小,原材料的种类不是很多,而且原材料的收、发业务不是很频繁的情况下,企业可以按照实际成本计价方法组织原材料的收、发核算。原材料按照实际成本计价方法进行日常的收、发核算,其特点是从材料的收、发凭证到材料明细分类账和总分类账全部按实际成本计价。

$$\text{购入材料的实际采购成本} = \text{实际买价} + \text{采购费用} \tag{5-2}$$

(三) 原材料按计划成本计价的核算

材料按照实际成本进行计价核算,能够比较全面、完整地反映材料资金的实际占用情况,可以准确地计算出生产过程所生产产品成本的材料费用金额。但在企业材料的种类比较多、收发次数又比较频繁的情况下,其核算的工作量比较大,而且也不便于考核材料采购业务成果、分析材料采购计划的完成情况,所以在我国一些大中型企业里,材料就可以按照计划成本计价组织收、发核算。

材料按计划成本计价进行核算,就是材料的收、发凭证按计划成本计价,材料总账及明细账均按计划成本登记,通过设置"材料成本差异"账户来核算材料实际成本与计划成本之间的差异额,并在会计期末应对计划成本进行调整,以确定库存材料的实际成本和发出材料应负担的差异额,进而确定发出材料的实际成本。

具体来说,材料按计划成本组织收、发核算的基本程序如下:首先,企业应结合各种原材料的特点、实际采购成本等资料确定原材料的计划单位成本,计划单位成本一经确定,在年度内一般不进行调整。其次,平时购入或通过其他方式取得的原材料,按其计划成本和计划成本与实际成本之间的差异额分别在有关账户中进行分类登记。最后,平时发出的材料按计划成本核算,月末再将本月发出材料应负担的差异额进行分摊,随同本月发出材料的计划成本记入有关账户,其目的就在于将不同用途消耗的原材料的计划成本调整为实际成本。

发出材料应负担的差异额必须按月进行分摊,不得在季末或年末一次分摊。另外,企业会计准则规定，对于发出材料应负担的成本差异，除委托外部加工物资而发出的材料可按上月（即月初）差异率计算外，其余都应使用当月的差异率，除非当月差异率与上月差异率相差不大。计算方法一经确定，不得随意变更。

三、供应过程核算的账户设置★★★

（一）“原材料”账户

“原材料”账户用来核算企业各种库存材料的增减变动及结存情况。本账户是资产类账户，借方登记已验收入库材料的实际成本，贷方登记发出材料的实际成本，期末借方余额，表示库存各种材料的实际成本。“原材料”账户应按材料的类别、品种及规格设置明细账，进行明细分类核算，适合采用“数量金额式”明细账。

（二）“在途物资”账户

“在途物资”账户用来核算企业已经付款、但尚未验收入库的外购材料的实际采购成本。本账户属于资产类，借方登记外购材料采购成本的增加数额，贷方登记到货验收后转入“原材料”账户的采购成本数额。期末借方余额，表示在途材料的实际成本。“在途物资”账户应按材料品种设置明细账，进行明细分类核算。适合采用专用的“横线登记式”明细账。

（三）“材料采购”账户

“材料采购”账户的性质是资产类，用来核算企业购入材料的实际成本和结转入库材料的计划成本，并据以计算、确定购入材料成本差异额。其借方登记购入材料的实际成本和结转入库材料实际成本小于计划成本的节约差异，贷方登记入库材料的计划成本和结转入库材料的实际成本大于计划成本的超支差异。期末余额在借方，表示在途材料的实际成本。该账户应按照供应单位和材料的种类设置明细账户，进行明细分类核算。

（四）“材料成本差异”账户

“材料成本差异”账户的性质是资产类，用来核算企业库存材料实际成本与计划成本之间的超支或节约差异额的增减变动及结余情况。其借方登记结转入库材料的超支差异额（实际成本大于计划成本的差异额）和结转发出材料应负担的节约差异额（实际成本小于计划成本的差异），贷方登记结转入库材料的节约差异额和发出材料应负担的超支差异额。期末余额如果在借方，表示库存材料实际成本大于计划成本的超支差异额，如果在贷方，表示库存材料实际成本小于计划成本的节约差异额。

（五）“在建工程”账户

“在建工程”账户的性质属于资产类，用来核算企业为进行固定资产基建、安装、技术改造以及大修理等工程而发生的全部支出（包括安装设备的支出），并据以计算确定各该工程成本的账户。该账户的借方登记工程成本支出的增加，贷方登记结转完工工程的成本。期末余额在借方，表示未完工工程的成本。“在建工程”账户应按工程内容，如建筑工程、安装工程、在安装设备、待摊支出以及单项工程等设置明细账户，进行明细核算。企业购置的固定资产，对于其中需要安装的部分，在交付使用之前，也就是达到预定可使用状态之前，由于没有形成完整的取得成本（原始价值），因而必须通过“在建工程”账户进行核算。在建设安装过程中所发生的全部支出，都应归集在“在建工程”账户，待工程达到预定可使用状态形成固定资产之后，方可将该工程成本从“在建工程”账户转入“固定资产”账户。

（六）“应交税费”账户

“应交税费”账户用来核算企业按照税法规定计算应缴纳的各种税费，包括增值税、消费税、城市维护建设税、教育费附加、企业所得税、个人所得税等。本账户是负债类账户，贷方登记按规定计算的各种应交税费，借方登记已缴纳的各种税费。期末如为贷方余额，则表示应交而未交的税费；期末如为借方余额，则表示多交的税费。本账户应按税费的种类设置明细账，进行明细分类核算。

“应交增值税”是应交税费所属的明细账之一，是用来核算和监督企业应交和实交增值税结算情况的账户，企业购买材料物资时缴纳的增值税进项税额记入本账户的借方，企业销售产品时向购买单位代收的增值税销项税额记入本账户的贷方。期末如为贷方余额，表示应交而未交的增值税，转入“应交税费——未交增值税”的贷方，余额为零；如为借方余额，则表示尚未抵扣的增值税，转入“应交税费——未交增值税”的借方，结转后应交增值税余额为零。明细账适合采用专用的“应交增值税”明细账，属于“借贷双方多栏式”。

（七）“预付账款”账户

“预付账款”账户用来核算企业按照合同规定预付的款项。本账户属于资产类。企业因购货等业务而预付的款项、补付预付不足款项，登记在本账户的借方，结算时登记在本账户的贷方。本账户期末借方余额，反映企业预付的款项；期末如为贷方余额，反映企业尚未补付的款项，账户的性质转变成“负债”。本账户可按供货单位进行明细核算，适合采用“三栏式”明细账。企业如果预付款项情况不多，可以不设置本账户，将预付的款项直接记入“应付账款”账户的借方，结算时记在“应付账款”账户的贷方。

（八）“应付票据”账户

“应付票据”账户用来核算企业因购买材料、商品和接受劳务供应等而开出、承兑的商业汇票，包括银行承兑汇票和商业承兑汇票。本账户属于负债类。企业开出、承兑商业汇票，或以承兑商业汇票抵付货款、应付账款，登记在本账户的贷方，到期支付时记在本账户的借方，期末贷方余额，反映企业尚未到期的商业汇票票面金额。本账户可按债权人进行明细核算，适合采用“三栏式”明细账。企业应当设置“应付票据备查簿”详细登记商业汇票的种类、号数和出票日期、到期日、票面金额、交易合同号和收款人姓名或单位名称以及付款日期和金额等资料。应付票据到期结清时，在备查簿中应予以注销。

（九）“应付账款”账户

“应付账款”账户用来核算企业因购买材料、商品或者接受劳务供应等而应付给供应单位的款项。本账户是负债类账户，贷方登记购买材料、商品或接受劳务供应等业务而发生的应付未付款项，借方登记已经支付或已开出商业承兑汇票抵付的应付款项。期末贷方余额，表示尚未偿还的款项。“应付账款”账户应按供应单位（债权人）设置明细账，进行明细分类核算，适用采用“三栏式”明细账。

四、供应过程核算的会计处理举例★★★

[会计工作5] 12月7日，因订购钢管材料而开出转账支票预付给海南绿城公司5 000元，转账支票正联交给海南绿城公司，收到对方开具的专用收款收据一张。

[原始凭证] (1)转账支票存根（图5-4）；(2)专用收款收据（表5-10）。

中国工商银行　转账支票存根

支票号码 **006754321**

附加信息

出票日期：2×19 年 12 月 7 日

收款人：海南绿城公司
金　额：¥5 000.00
用　途：预付购买材料定金

单位主管：张帅　会计：吴明

图 5-4　转账支票存根

表 5-10　　**收　款　收　据**　　No 000555

2×19 年 12 月 1 日

今收到：宏大有限责任公司
交来：订购钢管材料定金
金额(大写)伍仟圆整
¥5 000

单位盖章：　　会计：　　出纳：　　经办人：

［工作过程］　该笔经济业务发生后，引起企业资产要素中两个项目一增一减发生变化。一方面，海南绿城公司开具的“专用收款收据”表明企业因预付定金而使本企业索取货物或定金的权利增加，即资产要素中的预付账款项目增加了 5 000 元，应借记“预付账款”账户；另一方面，“转账支票存根”表明企业通过转账付款，银行存款少了 5 000 元，应贷记“银行存款”账户。填制一张付款凭证(表 5-11)。

表 5-11　　**付款凭证**

贷方科目：银行存款　　2×19 年 12 月 7 日　　银付字第 1 号

摘　要	借方科目		金额									√
	总账科目	明细科目	千	百	十	万	千	百	十	元	角	分	
订购钢管材料定金	预付账款	海南绿城公司					5	0	0	0	0	0	
附单据贰张	合　计					¥	5	0	0	0	0	0	

会计主管：张帅　　记账：李小燕　　复核：吴明　　出纳：李田田　　制证：陈红

其表示的会计分录为：

借：预付账款——海南绿城 5 000

　　贷：银行存款 5 000

[会计工作6] 12月9日，收到从海南绿城公司预订钢管材料的增值税专用发票，单价17.5元，数量1 000千克，金额17 500元，增值税2 275元，已预付定金，尚欠部分款项，约定次日付款，材料运达企业并验收入库。

[工作过程] 材料入库业务发生后，引起企业资产要素中两个项目一增一减发生变化。一方面，因为原材料入库，应借记“原材料”账户17 500元；同时，应交增值税2 275元，应记在“应交税费”账户的借方；另一方面，约定次日付款，导致企业债权减少20 300元，应贷记“预付账款”账户。填制一张转账凭证（表5-12）。

表5-12 　　**转账凭证**

2×19年12月9日　　转字2号

摘要	总账科目	明细科目	记账√	借方金额										记账√	贷方金额									
				千	百	十	万	千	百	十	元	角	分		千	百	十	万	千	百	十	元	角	分
材料已入库	原材料	钢管					1	7	5	0	0	0	0											
	应交税费	应交增值税（进项税额）						2	2	7	5	0	0											
	预付账款	海南绿城公司																1	9	7	7	5	0	0
附单据贰张	合计					¥	1	9	7	7	5	0	0				¥	1	9	7	7	5	0	0

会计主管：张帅　　记账：李小燕　　复核：吴明　　制证：陈红

其表示的会计分录为：

借：原材料——钢管 17 500

　　应交税费——应交增值税（进项税额） 2 275

　　贷：预付账款——海南绿城公司 19 775

[会计工作7] 12月10日，开出转账支票，补付海南绿城公司预付不足款项14 775元，收到对方开具的专用收款收据。原始凭证中“转账支票存根”“收款收据”样式同前，此处省略。（不用附原始凭证。）

[工作过程] 该笔经济业务发生后，引起企业资产要素中两个项目发生变化。一方面，因为补付预付不足款14 775元，应借记“预付账款”，这样预付账款账户余额为零；同时，银行存款减少14 775元，应贷记“银行存款”账户。填制一张付款凭证（表5-13）。

表 5-13　**付款凭证**

贷方科目：银行存款　　2×19 年 12 月 10 日　　银付字第 2 号

摘　要	借方科目		金额										√
	总账科目	明细科目	千	百	十	万	千	百	十	元	角	分	
补付预付不足款	预付账款	海南绿城公司				1	4	7	7	5	0	0	
附单据贰张	合　计				¥	1	4	7	7	5	0	0	

会计主管：张帅　　记账：李小燕　　复核：吴明　　出纳：李田田　　制证：陈红

其表示的会计分录为：

借：预付账款——海南绿城公司　　14 775

　贷：银行存款　　14 775

［**会计工作 8**］　12 月 11 日，从湖南兴隆公司采购钢板材料 2 000 千克，单价 10.5 元/千克，购买钢管 1 000 千克，单价 17.5 元/千克，增值税税率 13%，企业开出银行承兑汇票一张，票面金额 43 505 元，约定于 2×20 年 5 月 8 日付款，原材料尚未验收入库。原始凭证中“增值税专用发票”发票联及抵扣联样式与前相同，此处省略；附原始凭证“银行承兑汇票”和“业务委托书”。

［**工作过程**］　该项经济业务发生后，引起企业资产和负债要素发生变化。一方面，根据增值税专用发票，钢管买价 17 500 元，构成资产要素中的原材料成本增加 17 500 元，钢板买价 21 000 元，构成资产要素中的原材料成本增加 21 000 元，但由于材料正在运输途中，尚未验收入库，应借记“在途物资”账户；同时，应交增值税 5 005 元由卖方代收代缴，应借记“应交税费——应交增值税”账户；另一方面，根据业务委托书和银行承兑汇票，约定三个月以后付款，本企业负债增加，应贷记“应付票据”43 505 元。填制一张转账凭证(表 5-14)。

表 5-14　**转账凭证**

2×19 年 12 月 11 日　　转字 3 号

摘　要	总账科目	明细科目	记账√	借方金额										记账√	贷方金额									
				千	百	十	万	千	百	十	元	角	分		千	百	十	万	千	百	十	元	角	分
购买材料尚未入库	在途物资	钢板					2	1	0	0	0	0	0											
	在途物资	钢管					1	7	5	0	0	0	0											
	应交税费	应交增值税（进项税额）						5	0	0	5	0	0											
	应付票据	湖南兴隆																4	3	5	0	5	0	0
附单据叁张	合　计					¥	4	3	5	0	5	0	0				¥	4	3	5	0	5	0	0

会计主管：张帅　　记账：李小燕　　复核：吴明　　制证：陈红

其表示的会计分录为：

借：在途物资——钢板 21 000

在途物资——钢管 17 500

应交税费——应交增值税(进项税额) 5 005

贷：应付票据——湖南兴隆公司 43 505

［**会计工作9**］ 12月11日，用电汇方式支付从湖南兴隆公司采购材料运杂费3 000元，原材料验收入库，企业开出“业务委托书”委托银行电汇，样式同前，此处省略，“运杂费收据”和“原材料入库单”。

［**原始凭证**］ 材料成本计算表(表5-15)。

表5-15 **材料成本计算表**

2×19年12月11日 金额单位：元

材料名称	成本项目				成本金额	
	买价			采购费用	总成本	单位成本
	数量(千克)	单价	金额	金额		
钢板	2 000	10.50	21 000.00	2 000.00	23 000.00	11.50
钢管	1 000	17.50	17 500.00	1 000.00	18 500.00	18.50
合　计			38 500.00	3 000.00	41 500.00	

［**工作过程**］ 根据运杂费收据判断，因为运输材料而支付运杂费3 000元，使材料成本除买价外又增加3 000元，应该记在“在途物资”账户的借方，同时，通过银行电汇3 000元，使银行存款减少，应记入“银行存款”账户的贷方。另外，在材料采购过程中，购买一种材料发生的买价和采购费用，构成了该种材料的实际采购成本；当购买两种或两种以上材料，共同支付一笔采购费用时，则需要将这笔采购费用按照一定的标准分配，分别计入所购材料的实际成本。共同费用的分配标准，可以选择运输材料的重量、体积或买价等。公式：

$$采购费用分配率=共同发生的采购费用/运输材料重量(或体积、买价)之和 \quad (5-3)$$

$$某种材料应负担的采购费用=某种材料重量(或体积、买价)\times 分配率 \quad (5-4)$$

本例采购费用分配的计算过程如下：

$$采购费用分配率=3\ 000/(2\ 000+1\ 000)=1(元/千克)$$

$$钢板应负担的运杂费=1\times 2\ 000=2\ 000(元)$$

$$钢管应负担的运杂费=3\ 000-2\ 000=1\ 000(元)$$

做一张付款凭证(表5-16)。

表 5-16　**付款凭证**

贷方科目：银行存款　　2×19 年 12 月 11 日　　银付字第 3 号

摘　要	借方科目		金额										√
	总账科目	明细科目	千	百	十	万	千	百	十	元	角	分	
支付运杂费	在途物资	钢板					2	0	0	0	0	0	
	在途物资	钢管					1	0	0	0	0	0	
附单据贰张	合　计					¥	3	0	0	0	0	0	

会计主管：张帅　　记账：李小燕　　复核：吴明　　出纳：李田田　　制证：陈红

其表示的会计分录为：

借：在途物资——钢板　　2 000

　　　　　　——钢管　　1 000

　贷：银行存款　　3 000

[工作过程]　根据原材料入库单分析，由于原材料验收入库，在途材料的核算任务已经完成，引起企业资产要素中两个项目发生此增彼减的变化。一方面，资产要素中库存材料的增加，应借记“原材料”账户；另一方面，随着原材料的验收入库，资产要素中的在途材料减少，应贷记“在途物资”账户。填制一张转账凭证(表 5-17)。

表 5-17　**转账凭证**

2×19 年 12 月 11 日　　转字 4 号

摘　要	总账科目	明细科目	记账√	借方金额										记账√	贷方金额									
				千	百	十	万	千	百	十	元	角	分		千	百	十	万	千	百	十	元	角	分
原材料入库	原材料	钢板					2	3	0	0	0	0	0											
	原材料	钢管					1	8	5	0	0	0	0											
	在途物资	钢板																2	3	0	0	0	0	0
	在途物资	钢管																1	8	5	0	0	0	0
附单据贰张	合　计					¥	4	1	5	0	0	0	0				¥	4	1	5	0	0	0	0

会计主管：张帅　　记账：李小燕　　复核：吴明　　制证：陈红

其表示的会计分录为：

借：原材料——钢板　　23 000

　　　　　——钢管　　18 500

　贷：在途物资——钢板　　23 000

　　　　　　　——钢管　　18 500

[会计工作 10]　12 月 11 日，应付海南橙光公司银行承兑汇票 8 000 元，到期支付。原始凭证中“托收凭证”第五联按期付款通知单。

［**工作过程**］ 该笔经济业务发生后，引起企业资产和负债要素发生变化。一方面，因为应付票据到期支付 8 000 元，使负债减少，应借记"应付票据"账户，这样应付票据账户余额为零；同时，银行存款减少 8 000 元，应贷记"银行存款"账户。填制一张付款凭证（表 5-18）。

表 5-18

付款凭证

贷方科目：银行存款　　2×19 年 12 月 11 日　　银付字第 4 号

摘　要	借方科目		金额										√
	总账科目	明细科目	千	百	十	万	千	百	十	元	角	分	
支付应付票据款	应付票据	海南橙光					8	0	0	0	0	0	
附单据壹张	合　计					¥	8	0	0	0	0	0	

会计主管：张帅　　记账：李小燕　　复核：吴明　　出纳：李田田　　制证：陈红

其表示的会计分录为：

借：应付票据——海南橙光公司　　8 000

　贷：银行存款　　8 000

［**会计工作 11**］ 12 月 12 日，向长沙新飞贸易公司购进钢管材料 1 500 千克，单价 17.5 元/千克；购进钢板材料 2 000 千克，单价 10.5 元/千克；套件 300 套，单价 100 元/套，材料未入库。增值税共计 10 042.50 元，价税款全部用银行存款支付。

［**原始凭证**］ （1）电汇凭证回单（表 5-19）；（2）增值税发票（表 5-20）。

表 5-19

ICBC 中国工商银行　电子转账凭证

币种：人民币　　委托日期 2×19 年 12 月 12 日　　凭证编号：00278561

付款人	全　称	宏大有限责任公司	收款人	全　称	长沙新飞贸易公司										
	账　号	529945123		账　号	877576775										
	汇出地点	海南省海口市/县		地　址	湖南省长沙市/县										
汇出行名称		工行海南省分行龙华支行	汇入行名称		工行长沙分行湘潭支行										
金额	人民币（大写）	捌万柒仟贰佰玖拾贰元伍角			亿	千	百	十	万	千	百	十	元	角	分
								¥	8	7	2	9	2	5	0
附加信息及用途 职工工资 银行盖章		中国工商银行龙华支行 2×19年12月12日 转讫	支付密码												
			附加信息及用途：货款 客户经办人：1562　复核：　记账：												

第一联 客户回单

表 5-20

4300133130　　　　湖南增值税专用发票　　　　№ 00005611

发　票　联　　　　　　开票日期：2×19 年 12 月 12 日

购买方	名　　　　称：宏大有限责任公司 纳税人识别号：461205670789000011 地 址、电 话：海口市解放路 38 号 0898-85817569 开户行及账号：中国工商银行海南省分行龙华支行 529945123							密码区	
货物或应税劳务、服务名称		规格型号	单位	数量	单价	金额	税率	税额	
钢管材料			千克	1 500	17.5	26 250.00	13%	3 412.50	
钢板材料			千克	2 000	10.5	21 000.00	13%	2 730.00	
套件			套	300	100	30 000.00	13%	3 900.00	
合　计						¥77 250.00		¥10 042.50	
价税合计（大写）		⊗捌万柒仟贰佰玖拾贰圆伍角				（小写）87 292.50			
销售方	名　　　　称：长沙新飞贸易公司 纳税人识别号：444566778899900123 地 址、电 话：长沙市湘潭路 2 号 0731-2344455 开户行及账号：工行长沙支行湘潭分理处 877576775							备注	长沙新飞贸易公司 444566778899900123 发票专用章

第三联：发票联　购买方记账凭证

［工作过程］　该项经济业务发生后，引起资产要素中两个项目一增一减发生变化。一方面，根据增值税专用发票，钢管买价 26 250 元，构成资产要素中的原材料成本增加 26 250元；钢板买价 21 000 元，构成资产要素中的原材料成本增加 21 000 元；套件买价 30 000元，构成资产要素中的原材料成本增加 30 000 元；但由于材料正在运输途中，尚未验收入库，应借记“在途物资”账户；同时，应交增值税 10 042.50 元由卖方代收代缴，应借记“应交税费——应交增值税（进项税额）”账户；另一方面，价税款全部用银行存款支付，应贷记“银行存款”87 292.50 元。填制一张付款凭证（表 5-21）。

表 5-21　　　　　　　　　　**付款凭证**

贷方科目：银行存款　　　　　　2×19 年 12 月 12 日　　　　　　银付字第 5 号

摘　要	借方科目		金额										√
	总账科目	明细科目	千	百	十	万	千	百	十	元	角	分	
购买材料尚未入库	在途物资	钢板				2	6	2	5	0	0	0	
	在途物资	钢管				2	1	0	0	0	0	0	
	在途物资	套件				3	0	0	0	0	0	0	
	应交税费	应交增值税（进项税额）				1	0	0	4	2	5	0	
附单据贰张	合　计				¥	8	7	2	9	2	5	0	

会计主管：张帅　　记账：李小燕　　复核：吴明　　出纳：李田田　　制证：陈红

其表示的会计分录为：

借：在途物资——钢管　　26 250
　　　　　　——钢板　　21 000
　　　　　　——套件　　30 000
　　应交税费——应交增值税(进项税额)　　10 042.50
　　贷：银行存款　　87 292.50

[会计工作 12] 12 月 13 日，向长沙新飞贸易公司购入钢管、钢板、套件的材料验收入库，结转其实际采购成本。

[原始凭证] 收料单(表 5-22)。

表 5-22 　**收料单(记账联)**

供货单位：长沙新飞贸易公司　　No.433220

发票号码：00075916　　2×19 年 12 月 13 日　　收货仓库：材料仓库

材料名称	材料规格	计量单位	数量		单价	金额
			应收	实收		
钢管		千克	1 500	1 500	17.50	26 250.00
钢板		千克	2 000	2 000	10.50	21 000.00
套件		套	300	300	100.00	30 000.00
合　计						77 250.00

采购：王华　　质量检验：叶枚　　收料：李亦　　制单：胡海

[工作过程] 根据原材料入库单分析，由于原材料验收入库，在途材料的核算任务已经完成，引起企业资产要素中两个项目发生此增彼减的变化。一方面，资产要素中库存材料的增加，应借记"原材料"账户；另一方面，随着原材料的验收入库，资产要素中的在途材料减少，应贷记"在途物资"账户。填制一张转账凭证(表 5-23)。

表 5-23 　**转账凭证**

2×19 年 12 月 13 日　　转字 5 号

摘　要	总账科目	明细科目	记账√	借方金额										记账√	贷方金额									
				千	百	十	万	千	百	十	元	角	分		千	百	十	万	千	百	十	元	角	分
原材料入库	原材料	钢管					2	6	2	5	0	0	0											
	原材料	钢板					2	1	0	0	0	0	0											
	原材料	套件					3	0	0	0	0	0	0											
	在途物资	钢管																2	6	2	5	0	0	0
	在途物资	钢板																2	1	0	0	0	0	0
	在途物资	套件																3	0	0	0	0	0	0
附单据壹张	合　计					¥	7	7	2	5	0	0	0				¥	7	7	2	5	0	0	0

会计主管：张帅　　记账：李小燕　　复核：吴明　　制证：陈红

其表示的会计分录为：

借：原材料——钢管 26 250
——钢板 21 000
——套件 30 000
贷：在途物资——钢管 26 250
——钢板 21 000
——套件 30 000

任务四 生产过程的核算

一、生产过程的概述★

工业企业在供应阶段完成生产准备工作之后，就开始组织产品生产。产品生产业务是工业企业核心经济活动，产品生产过程也就是各项生产要素的耗费过程。生产要素耗费是指企业在生产过程中发生的，用货币形式表现的生产耗费。它包括生产资料中劳动手段、劳动对象和劳动力等方面的耗费。这些费用最终都要归集、分配到一定种类的产品，从而形成各种产品的成本。

生产费用按计入产品成本的方式不同，可以分为直接费用和间接费用。直接费用是指企业生产产品过程中实际消耗的直接材料和直接人工。间接费用是指企业为生产产品和提供劳务而发生的各项间接支出，也称为制造费用。直接材料是指企业在生产产品和提供劳务过程中所消耗的，直接用于产品生产，构成产品实体的各种原材料及主要材料、外购半成品以及有助于产品形成的辅助材料等。直接人工是指企业在生产产品和提供劳务过程中，直接从事产品生产的工人工资、津贴、补贴和福利费等。制造费用是指企业在生产产品和提供劳务中所发生的各项间接生产费用，其构成内容比较复杂，包括间接的职工薪酬、折旧费、修理费、办公费、水电费、机物料消耗、季节性停工损失等。

企业生产过程中发生的各项生产费用，在核算时必须按照支出带来的收益是否仅仅涉及本年度会计期间划分为收益性支出和资本性支出，历史成本和权责发生制核算基础要求对各项费用在其应归属的期间加以确认与计量，并按照各项费用的构成内容和经济用途正确地进行反映。企业生产过程业务核算的主要内容包括材料费用的归集与分配、人工费用的归集与分配、制造费用的归集与分配、完工产品成本的计算与结转。

二、生产费用的归集和分配★★★

（一）材料费用的归集和分配

材料是构成产品实体的一个重要组成部分，对材料费用的归集与分配的核算是生产过程核算非常重要的一部分内容。工业企业领用各种原材料用于生产产品及其他方面时就形成了材料费用。工业企业在确定材料费用时，应根据领料凭证区分车间、部门和用途，将发出材料的成本分别记入“生产成本”“制造费用”“管理费用”等账户和产品生产成本明细账。对于直接用于某种产品生产的材料费，应直接计入该产品生产成本明细账中的直接材料项目；对于由几种产品共同耗用、应由这些产品共同负担的材料费用，应选择适当的标准在各种产品之间进行分配之后，计入各有关成本计算对象；对于为创造生产条件等需要而间接消耗的各种材料费用，应先在“制造费用”账户中进行归集，然后再同其他间接费用一起分配计入有关产品成本中。

(二) 人工费用的归集和分配

职工薪酬是企业为获得职工提供的服务或解除劳动关系而给予各种形式的报酬或补偿。职工薪酬包括短期薪酬、离职后福利、辞退福利和其他长期职工福利。

1. 短期薪酬

短期薪酬是指企业预期在职工提供相关服务的年度报告期间结束后，在 12 个月内将全部予以支付的职工薪酬，因解除与职工的劳动关系给予的补偿除外。短期薪酬具体包括：

(1) 职工工资、奖金、津贴和补贴。职工工资、奖金、津贴和补贴是指企业支付给职工的计时工资或计件工资，支付给职工的超额劳动报酬和增收节支的劳动报酬，为补偿职工特殊或额外的劳动消耗和因其他特殊原因支付给职工的津贴，以及为保证职工工资不受物价影响支付给职工的物价补贴等。应当注意：企业按照短期奖金计划向职工发放的奖金属于短期薪酬，按中长期奖金计划向职工发放的奖金属于其他长期职工福利。

(2) 职工福利费。职工福利费是指企业向职工提供的生活困难补助、丧葬补助费、抚恤费、职工异地安家费、防暑降温费等职工福利支出。

(3) 社会保险费。社会保险费是指企业按照国家规定的基准和比例计算，向社会保险经办机构缴纳的医疗保险费、工伤保险费和生育保险费等。

(4) 住房公积金。住房公积金是指企业按照国家规定的基准和比例计算，向住房公积金管理机构缴存的住房公积金。

(5) 工会经费和职工教育经费。工会经费和职工教育经费是指企业为了改善职工的文化生活和让职工学习先进技术，开展工会活动和职工职业技能培训等发生的相关支出。

(6) 短期带薪缺勤。短期带薪缺勤是指职工虽然缺勤但企业仍向其支付报酬的安排，包括年休假、病假、婚假、产假、丧假、探亲假等。

(7) 短期利润分享计划。短期利润分享计划是指因职工提供服务而与职工达成的基于利润或其他经营成果提供薪酬的协议。

(8) 其他短期薪酬。其他短期薪酬是指除上述薪酬以外的其他为获得职工提供的服务而给予的短期薪酬。

2. 离职后福利

离职后福利是指企业为获得职工提供的服务而在职工退休或与企业解除劳动关系后，提供的各种形式的报酬和福利。短期薪酬和辞退福利除外。

3. 辞退福利

辞退福利是指企业在职工劳动合同到期之前解除与职工的劳动关系，或者为鼓励职工自愿接受裁减而给予职工的补偿。辞退福利包括：

(1) 在职工劳动合同到期前，不论职工本人是否愿意，企业决定解除与职工的劳动关系而给予的补偿。

(2) 在职工劳动合同尚未到期前，为鼓励职工自愿接受裁减而给予的补偿，职工有权利选择继续在职或接受补偿离职。

(3) 职工虽然没有与企业解除劳动合同，但未来不再为企业提供服务，不能为企业带来经济利益,企业承诺提供实质上具有辞退福利性质的经济补偿。例如职工发生“内退”情况,在其正式退休日期之前应当比照辞退福利处理,在其正式退休日期之后应当按照离职后福利处理。

4. 其他长期职工福利

其他长期职工福利是指除短期薪酬、离职后福利、辞退福利之外所有职工的薪酬,包括长期带薪缺勤、长期残疾福利、长期利润分配计划等。总之,职工薪酬包括企业提供给在职和离职后职工的所有货币性和非货币性薪酬;能够量化给职工本人和提供给职工集体享有的福利;以商业保险形式提供给职工的保险待遇等。

企业发生职工薪酬的用途是不同的,有的直接用于产品生产,有的用于管理活动等,所以在确定本月应负担的职工薪酬时,应该按其用途分别在有关账户中进行核算。职工薪酬在实际发生时应根据职工提供服务的受益对象的不同,分别计入有关成本费用或计入有关资产的成本:应由生产产品、提供劳务负担的职工薪酬,计入产品成本或劳务成本;应由在建工程、无形资产负担的职工薪酬,计入在建工程或无形资产成本;其他的职工薪酬计入当期损益。对于生产多种产品的企业,共同性的职工薪酬应在各种产品之间按照一定的标准进行分配。企业应根据工资结算汇总表或按月编制的“职工薪酬分配表”的内容进行相关的账务处理,登记有关的总分类账户和明细分类账户。

(三) 制造费用的归集和分配

制造费用是工业企业为了生产产品和提供劳务而发生的各种间接费用。其主要内容是企业的生产部门(包括基本生产车间和辅助生产车间)为组织和管理生产活动以及为生产活动服务而发生的费用。制造费用的具体内容包括三个部分:

(1) 间接用于产品生产的费用。例如,机物料消耗费用,车间生产用固定资产的折旧费、修理费、保险费,车间生产用的照明费、劳动保护费等。

(2) 车间用于组织和管理生产的费用。例如,车间管理人员的工资及福利费,车间管理用的固定资产折旧费、修理费,车间管理用具的摊销费,车间管理用的水电费、办公费、差旅费。

(3) 直接用于产品生产,但管理上不要求或不便于单独核算,因而没有单独设置成本项目进行核算的某些费用。例如,生产工具的摊销费、设计制图费、试验费以及生产工艺用的动力费等。

在生产多种产品的企业里,制造费用在发生时一般无法直接判定其应归属的成本核算对象,因而不能直接计入所生产的产品成本中,必须将上述各种费用按照发生的不同空间范围在“制造费用”账户中予以归集、汇总,然后采用一定的标准在各种产品之间进行分配。制造费用可以采用的分配标准有:按生产工人工资比例分配、按生产工人工时比例分配、按机器设备运转台时分配、按耗用原材料的数量或成本分配、按产品产量分配等。企业可以根据自身管理的需要、产品的特点等选择分配标准。分配标准一经确定,企业应遵循可比性的要求,不得随意变更。

(四) 完工产品生产成本的计算与结转

在将制造费用分配计入各种产品的成本之后,“生产成本”账户的借方归集了各种产品所发生的直接材料、直接人工、其他直接支出和制造费用的全部内容。以此为基础进行产品成本核算。产品成本核算是指将企业生产过程中为生产产品所发生的各种费用按照生产产品的品种、类别等(成本核算对象)进行归集和分配,以便计算各种产品的总成本和单位成本。产品成本核算既为入库产成品提供了计价的依据,又满足了确定各会计期间盈亏的需要。

在以产品品种为成本核算对象的车间,如果只生产一种产品,计算产品成本时,只需为这种产品开设一本明细账,账内按成本项目设立专栏或专行。在这种情况下发生的生产费用全部都是直接计入的费用,可以直接计入产品成本明细账,而不存在各成本计算对象之间费用分配的问题。如果生产的产品不止一种,就应按照产品品种分别开设产品生产成本明细账。生产过程中发生的费用凡能分得清被哪种产品所消耗的在,应根据有关凭证直接计入该种产品成本明细账;凡分不清的,如制造费用或几种产品共同耗用的某种原材料费等,则应采取适当的分配方法在各成本计算对象之间进行分配,再计入各产品成本明细账。

产品生产成本的计算应在生产成本明细账中进行。如果月末某种产品全部完工,该种产品生产成本明细账所归集的费用总额,就是该种完工产品的总成本,用完工产品总成本除以该种产品的完工总产量即可以计算出该种产品的单位成本。如果月末某种产品全部未完工,该种产品生产成本明细账所归集的费用总额就是该种产品在产品的总成本。如果月末某种产品一部分完工,另一部分未完工,这时归集在产品成本明细中的费用总额还要采取适当的分配方法在完工产品和在产品之间进行分配,然后才能计算出完工产品的总成本和单位成本。生产费用如何在完工产品和在产品之间进行分配,是成本计算中的一个重要内容。完工产品成本的简化计算公式为:

$$\text{完工产品生产成本}=\text{期初在产品成本}+\text{本期发生的生产费用}-\text{期末在产品成本} \tag{5-5}$$

三、生产过程核算的账户设置★★★

与生产过程业务紧密相关的账户主要包括“生产成本”“制造费用”“应付职工薪酬”“累计折旧”“库存商品”等账户,但由于分配工资、计提折旧等业务都会牵涉其他部门,因此在此一并介绍“管理费用”“销售费用”“财务费用”等账户。

(一)“生产成本”账户

“生产成本”账户用来归集和分配产品生产过程中所发生的各项费用,包括生产各种产品(产成品、自制半成品等)、自制材料、自制工具、自制设备等。本账户是成本类账户,借方登记应计入产品生产成本的各项直接费用和月末分配转入的制造费用;贷方登记完工入库产品的生产成本;期末借方余额,表示企业尚未加工完成的在产品成本。在小型企业中,本账户可按产品品种设置明细账,选择“借方多栏式”明细账。在大中型企业中,本账户可按基本生产成本和辅助生产成本设置明细账,适合采用专用的“生产成本明细账”(多栏式),进行明细分类核算。

(二)“制造费用”账户

“制造费用”账户用来核算其生产车间为生产产品和提供劳务而发生的各项间接费用,包括生产车间管理人员的工资等职工薪酬、生产车间计提的固定资产折旧、办公费、水电费、修理费、机物料消耗等。本账户是成本类账户,借方登记实际发生的各项制造费用,贷方登记分配转入产品生产成本的制造费用;期末结转后,本账户一般没有余额。本账户应按不同车间设置明细账(小型企业可按费用项目设置明细账),进行明细分类核算,适合采用“借方多栏式”明细账，也有专用的明细账。

(三)“应付职工薪酬”账户

“应付职工薪酬”账户用来核算企业根据有关规定应付给职工的各种薪酬，包括：①职工工资、奖金、津贴和补贴；②职工福利；③各项保险待遇（医疗、养老、失业、工伤、生育保险费等社会保险以及企业为职工购买的各种商业保险）和住房公积金；④工会经费和职工教育经费等项目。本账户是负债类账户，贷方登记应由本月负担但尚未支付的职工薪酬；借方登记本月实际支付的职工薪酬；期末通常有贷方余额，表示企业应付未付的职工薪酬。本账户可按“工资”“职工福利”“社会保险费”“住房公积金”“工会经费”等设置明细账，进行明细分类核算，适合采用“贷方多栏式”明细账，也有专用的明细账。

(四)“累计折旧”账户

在会计核算中，为了反映企业固定资产的增减变动及结果，提供管理需要的有用会计信息，除了核算固定资产原始价值的增减变动情况与结存情况，还应核算固定资产在其使用期限内其价值随着固定资产的损耗而逐渐减少的金额。固定资产由于损耗而减少的价值即为固定资产的折旧，将每月计提的折旧加起来，就是累计折旧。固定资产的折旧应该作为折旧费用计入产品的成本和期间费用，通过销售产品得到补偿。该种处理不仅仅是为了使企业在将来有能力重置固定资产，更主要是为了实现会计期间收入与费用的正确配比。为了不影响“固定资产”账户按固定资产的原始价值反映增减变动和结存情况，同时又能核算固定资产因损耗而减少的价值，需要专门设置账户，即“累计折旧”账户。“累计折旧”账户用来核算企业固定资产的累计折旧。本账户是资产类账户，每月计提的固定资产折旧，记入本账户的贷方，表示固定资产因损耗增加而减少的价值；对于固定资产因出售、报废等原因引起的价值减少，在注销固定资产的原始价值（即，贷记“固定资产”账户）的同时，应借记“累计折旧”账户，注销其已提取的折旧额；期末贷方余额，表示现有固定资产已提取的累计折旧数额。本账户可按固定资产的类别或项目进行明细分类核算，适合采用专用的“固定资产及折旧明细账”。

(五)“库存商品”账户

“库在商品”账户用来核算企业库存的各种商品的实际成本。本账户是资产类账户，借方登记已验收入库商品的实际成本；贷方登记发出商品的实际成本；期末借方余额，表示库存商品的实际成本。本账户应按商品的种类、品种和规格设置明细账，进行明细分类核算，适合采用“数量金额式”明细账。

(六)“管理费用”账户

“管理费用”账户用来核算企业行政管理部门为组织和管理生产经营活动而发生的费用，包括企业在筹建期间内发生的开办费、董事会和行政管理部门在企业的经营管理中发生的或者应由企业统一负担的公司经费（包括行政管理部门职工工资及福利费、办公费和差旅费等）、工会经费、董事会费、聘请中介机构费、咨询费（含顾问费）、诉讼费、业务招待费、技术转让费以及企业行政管理部门发生的固定资产修理费等。本账户是损益类账户，借方登记发生的各种费用；贷方登记期末转入“本年利润”账户的费用；期末结转后，本账户无余额。本账户应按费用项目设置明细账，进行明细分类核算，适合采用“借方多栏式”明细账，也有专用明细账。

(七)“销售费用”账户

“销售费用”账户用来核算企业在销售商品过程中发生的各种费用，包括保险费、包装费、展览费和广告费、运输费、装卸费，以及为销售本企业商品而专设销售机构（含销售网点、售后服务网点等）的职工薪酬，业务费、折旧费等经营费用。本账户是损益类账户，借方登记发生的各种销售费用；贷方登记转入“本年利润”账户的销售费用；期末结转后无余额。本账户应按照费用项目设置明细账，进行明细分类核算，适合采用“借方多栏式”明细账。

（八）“财务费用”账户

“财务费用”账户用来核算企业为筹集生产经营资金而发生的各项费用。包括利息支出（减利息收入）、汇兑损益以及相关的手续费等。本账户是损益类账户，借方登记发生的各项财务费用；贷方登记发生的应冲减财务费用的利息收入、汇兑收益和结转到“本年利润”账户的财务费用；期末结转后，本账户无余额。本账户按照费用项目设置明细账，进行明细分类核算，适合采用“借方多栏式”明细账。

四、生产过程核算的会计处理举例★★★

［会计工作 13］ 12 月 14 日，各部门领用原材料。

［原始凭证］ (1)发料凭证汇总表（表 5-24）；(2)领料单（表 5-25—表 5-28）。

表 5-24 **发料凭证汇总表**

2×19 年 12 月 14 日 附单据 4 张

材料名称	领用部门及用途				合计
	折叠自行车	山地自行车	车间耗费	管理部门	
钢管	21 000	49 000	875	437.5	71 312.5
钢板	12 600	29 400	630	315	42 945
套件	30 000	40 000			70 000
金额合计	63 600	118 400	1 505	752.5	184 257.5

财务主管：张帅 审核：吴明 制表：陈红

表 5-25 **领料单**

领料单位：基本车间 2×19 年 12 月 14 日 第 1 号

类别	名称	规格	单位	数量		单价	金额
				请领	实发		
原材料	钢管		千克	1 200	1 200	17.5	21 000
	钢板		千克	1 200	1 200	10.5	12 600
	套件		套	300	300	100	30 000
合　计							63 600
用　途	折叠自行车产品生产			领料部门		发料部门	
				负责人	领料人	核准人	发料人
				王洪	程飞	胡海	李亦

表 5-26　　**领料单**

领料单位:基本车间　　2×19 年 12 月 14 日　　第 2 号

类别	名称	规格	单位	数量		单价	金额
				请领	实发		
原材料	钢管		千克	2 800	2 800	17.5	49 000
	钢板		千克	2 800	2 800	10.5	29 400
	套件		套	400	400	100	40 000
合　计							118 400
用　途	山地自行车产品生产			领料部门		发料部门	
				负责人	领料人	核准人	发料人
				王洪	程飞	胡海	李亦

表 5-27　　**领料单**

领料单位:基本车间　　2×19 年 12 月 14 日　　第 3 号

类别	名称	规格	单位	数量		单价	金额
				请领	实发		
原材料	钢管		千克	50	50	17.5	875
	钢板		千克	60	60	10.5	630
合　计							1 505
用　途	车间一般耗用			领料部门		发料部门	
				负责人	领料人	核准人	发料人
				王洪	程飞	胡海	李亦

表 5-28　　**领料单**

领料单位:总经理办公室　　2×19 年 12 月 14 号　　第 4 号

类别	名称	规格	单位	数量		单价	金额
				请领	实发		
原材料	钢管		千克	25	25	17.5	437.5
	钢板		千克	30	30	10.5	315
合　计							752.5
用　途	管理部门耗用			领料部门		发料部门	
				负责人	领料人	核准人	发料人
				林宁	马亚	胡海	李亦

［工作过程］ 该笔经济业务发生后，引起企业资产要素、费用要素发生变化。一方面，因为生产折叠自行车产品领用各种原材料，使生产成本增加 63 600 元，生产山地自行车产品领用各种原材料，使生产成本增加 118 400 元，应该记在“生产成本”账户借方；车间耗用原材料，使制造费用增加 1 505 元，应记在“制造费用”账户的借方，厂部耗用材料，使管理费用增加 752.5 元，应该记在“管理费用”账户的借方；同时，各种原材料因为被领用而减少 184 257.5 元，应贷记“原材料”账户。填制一张转账凭证(表 5-29)。

表 5-29 **转账凭证**

2×19 年 12 月 14 日 转字 6 号

摘要	总账科目	明细科目	记账√	借方金额										记账√	贷方金额									
				千	百	十	万	千	百	十	元	角	分		千	百	十	万	千	百	十	元	角	分
分配材料	生产成本	折叠自行车					6	3	6	0	0	0	0											
	生产成本	山地自行车				1	1	8	4	0	0	0	0											
	制造费用	材料费						1	5	0	5	0	0											
	管理费用	材料费							7	5	2	5	0											
	原材料																1	8	4	2	5	7	5	0
附单据伍张	合计				¥	1	8	4	2	5	7	5	0			¥	1	8	4	2	5	7	5	0

会计主管：张帅 记账：李小燕 复核：吴明 制证：陈红

其表示的会计分录为：

借：生产成本——折叠自行车 63 600
　　　　　　——山地自行车 118 400
　　制造费用——材料费 1 505
　　管理费用——材料费 752.5
　　贷：原材料 184 257.5

［会计工作 14］ 12 月 14 日，计算应发工资总额为 66 000 元，其中制造折叠自行车产品工人工资 12 000 元，生产山地自行车产品工人工资 14 000 元，车间管理人员工资 5 000 元，厂部管理人员工资 20 000 元，销售部门人员工资 15 000 元。

［原始凭证］ 工资费用分配表(表 5-30)。

表 5-30 **工资费用分配表**

2×19 年 12 月 14 日

车间、部门		应分配金额	应借账户
车间	折叠自行车产品生产工人工资	12 000	生产成本
	山地自行车产品生产工人工资	14 000	生产成本
	车间生产工人工资合计	26 000	
	车间管理人员工资	5 000	制造费用
管理部门	厂部管理人员工资	20 000	管理费用
销售部门	销售部门人员工资	15 000	销售费用
总计		66 000	

财务主管：张帅 审核：吴明 制表：陈红

［工作过程］ 根据上述原始凭证进行分析，该笔经济业务发生后，引起企业费用要素和负债要素发生变化。一方面，费用要素中的生产成本、制造费用、管理费用、销售费用项目分别增加，应按受益单位分别借记“生产成本”“制造费用”“管理费用”和“销售费用”账户，表示成本费用的增加；另一方面，引起负债要素中的应付职工薪酬项目增加，应贷记“应付职工薪酬”账户。填制一张转账凭证(表 5-31)。

表 5-31 **转账凭证**

2×19 年 12 月 14 日 转字 7 号

摘 要	总账科目	明细科目	记账√	借方金额										记账√	贷方金额									
				千	百	十	万	千	百	十	元	角	分		千	百	十	万	千	百	十	元	角	分
分配工资	生产成本	折叠自行车					1	2	0	0	0	0	0											
	生产成本	山地自行车					1	4	0	0	0	0	0											
	制造费用	职工薪酬						5	0	0	0	0	0											
	管理费用	职工薪酬					2	0	0	0	0	0	0											
	销售费用	职工薪酬					1	5	0	0	0	0	0											
	应付职工薪酬	职工薪酬																6	6	0	0	0	0	0
附单据壹张	合 计						¥	6	6	0	0	0	0	0			¥	6	6	0	0	0	0	0

会计主管：张帅 记账：李小燕 复核：吴明 制证：陈红

其表示的会计分录为：

借：生产成本——折叠自行车 12 000
　　　　　　——山地自行车 14 000
　　制造费用——职工薪酬 5 000
　　管理费用——职工薪酬 20 000
　　销售费用——职工薪酬 15 000
　　贷：应付职工薪酬——职工工资 66 000

［会计工作 15］ 12 月 15 日，出纳员开出现金支票，从银行提取现金 66 000 元备发职工工资。出纳当日发放本月职工工资。

［原始凭证］ (1)工资结算汇总表(表 5-32)；(2)现金支票存根(图 5-5)。

表 5-32 **工资结算汇总表**

2×19 年 12 月 15 日

车间、部门	实发工资	领款人
折叠自行车工人工资	12 000	谢灵
山地自行车工人工资	14 000	胡虎
车间管理人员工资	5 000	雷鸣
厂部管理人员工资	20 000	叶好
销售部门人员工资	15 000	林新
合 计	66 000	

财务主管：张帅 审核：吴明 制表：陈红

中国工商银行 现金支票存根

支票号码 006754350

附加信息

出票日期：2×19 年 12 月 15 日

收款人：宏大有限责任公司
金 额：¥66 000.00
用 途：发放工资

单位主管：张帅 会计：吴明

图 5-5 现金支票存根

［工作过程］ 从银行提取现金备发职工工资，首先引起资产要素中两个项目一增一减发生变化。银行存款减少 66 000 元，库存现金增加 66 000 元。其次出纳当日发放本月职工工资，引起企业负债要素和资产要素发生变化。一方面，应付职工薪酬已经支付，引起负债要素中的应付职工薪酬项目的减少，应记在“应付职工薪酬”账户的借方；另一方面，用现金发放，引起资产要素中库存现金减少，应记在“库存现金”账户的贷方。填制一张银行存款付款凭证（表 5-33）和一张库存现金付款凭证（表 5-34）。

表 5-33 付款凭证

贷方科目：银行存款 2×19 年 12 月 15 日 银付字第 6 号

摘 要	借方科目		金额										√
	总账科目	明细科目	千	百	十	万	千	百	十	元	角	分	
从银行提取现金	库存现金					6	6	0	0	0	0	0	
附单据壹张	合 计				¥	6	6	0	0	0	0	0	

会计主管：张帅 记账：李小燕 复核：吴明 出纳：李田田 制证：陈红

表 5-34　　**付款凭证**

贷方科目：库存现金　　2×19 年 12 月 15 日　　现付字第 1 号

摘　要	借方科目		金额										√
	总账科目	明细科目	千	百	十	万	千	百	十	元	角	分	
支付职工工资	应付职工薪酬	职工工资				6	6	0	0	0	0	0	
附单据壹张	合　计				¥	6	6	0	0	0	0	0	

会计主管：张帅　　记账：李小燕　　复核：吴明　　出纳：李田田　　制证：陈红

其表示的会计分录为：

借：库存现金　　66 000

　　贷：银行存款　　66 000

借：应付职工薪酬——职工工资　　66 000

　　贷：库存现金　　66 000

[会计工作 16]　12 月 16 日，计提本月固定资产折旧，财会人员应编制"固定资产折旧计算表"。

[原始凭证]　固定资产折旧计算表（表 5-35）。

表 5-35　　**固定资产折旧计算表**

2×19 年 12 月 16 日

使用单位部门	上月固定资产折旧额	上月增加固定资产应计提折旧额	上月减少固定资产应计提折旧额	本月应计提的折旧额
生产车间	3 000	500	300	3200
厂部	2 000	1 000	500	2 500
合　计	5 000	1 500	800	5 700

[工作过程]　计提固定资产折旧费，引起资产要素和费用要素之间发生变化。一方面，引起费用要素中的生产费用项目增加，按固定资产使用部门不同，应分别借记"制造费用"和"管理费用"两个账户；另一方面，计提折旧费引起资产要素中的固定资产价值减少，本应记入"固定资产"账户的贷方，但为了反映固定资产的原始价值指标，满足管理特点需要，不直接记入"固定资产"账户的贷方，而是专门设置了一个调整账户——"累计折旧"账户，用来反映固定资产因发生磨损而减少的价值。累计折旧的增加，就意味着固定资产价值的减少，所以，对因计提折旧而减少的固定资产价值，应贷记"累计折旧"账户。因此，上述计提固定资产折旧的业务，填制一张转账凭证（表 5-36）。

表 5-36 **转账凭证**

2×19 年 12 月 16 日 转字 8 号

摘要	总账科目	明细科目	记账√	借方金额										记账√	贷方金额									
				千	百	十	万	千	百	十	元	角	分		千	百	十	万	千	百	十	元	角	分
计提折旧	制造费用	折旧费						3	2	0	0	0	0											
	管理费用	折旧费						2	5	0	0	0	0											
	累计折旧																		5	7	0	0	0	0
附单据壹张	合计						¥	5	7	0	0	0	0					¥	5	7	0	0	0	0

会计主管:张帅 记账:李小燕 复核:吴明 制证:陈红

其表示的会计分录为:

借:制造费用——折旧费 3 200

　管理费用——折旧费 2 500

　贷:累计折旧 5 700

[会计工作 17] 12 月 17 日,企业开出转账支票一张,支付管理部门办公用品费 2 000 元,收到"增值税专用发票"一张,样式同前,此处省略。

[工作过程] 根据上述原始凭证进行分析,该笔经济业务发生后,引起企业费用和资产要素发生变化。一方面,管理部门办公费增加 2 000 元,使企业费用要素中的管理费用增加,应借记"管理费用"账户;另一方面,付款引起资产要素中的银行存款项目减少 2 000 元,应贷记"银行存款"账户。填制一张付款凭证(表 5-37)。

表 5-37 **付款凭证**

贷方科目:银行存款 2×19 年 12 月 17 日 银付字第 7 号

摘要	借方科目		金额										√
	总账科目	明细科目	千	百	十	万	千	百	十	元	角	分	
支付管理部门办公费	管理费用	办公费					2	0	0	0	0	0	
附单据壹张	合计					¥	2	0	0	0	0	0	

会计主管:张帅 记账:李小燕 复核:吴明 出纳:李田田 制证:陈红

其表示的会计分录为:

借:管理费用——办公费 2 000

　贷:银行存款 2 000

[会计工作 18] 12 月 18 日,企业以银行存款支付下一年度报刊费 14 400 元。原始凭

证“转账支票存根”与前相同，此处省略。

［工作过程］　企业预订下一年度的报纸杂志，该项费用虽在本期支付，但按权责发生制要求，不属于本期的费用支出，即使支付也不应作本期费用处理，故应作为预付费用。根据上述原始凭证进行分析，该项经济业务发生后，引起资产要素内部发生此增彼减的变化。一方面，企业资产要素中的预付款项增加了 14 400 元，应借记“预付账款”账户，另一方面，资产要素中的银行存款减少 14 400 元，应贷记“银行存款”账户。填制一张付款凭证（表 5-38）。

表 5-38　　**付款凭证**

贷方科目：银行存款　　2×19 年 12 月 18 日　　银付字第 8 号

摘　要	借方科目		金额										√
	总账科目	明细科目	千	百	十	万	千	百	十	元	角	分	
支付下一年度报刊费	预付账款	报刊费				1	4	4	0	0	0	0	
附单据壹张	合　计				¥	1	4	4	0	0	0	0	

会计主管：张帅　　记账：李小燕　　复核：吴明　　出纳：李田田　　制证：陈红

其表示的会计分录为：

借：预付账款——报刊费　　14 400

　贷：银行存款　　14 400

［会计工作 19］　12 月 18 日，将年初预付的报刊费分配计入本期成本、费用。原始凭证“预付费用摊销表”。

［原始凭证］　预付费用分摊表（表 5-39）。

表 5-39　　**预付费用分摊表**

2×19 年 12 月 18 日

部门	报刊费
生产车间	200.00
企业管理部门	1 000.00
合　计	1 200.00

［工作过程］　根据上述原始凭证进行分析，该项经济业务发生后，引起费用要素和资产要素发生变化。一方面，报刊费应由本期车间和厂部分别负担，费用要素中的制造费用与管理费用分别增加了 200 元和 1 000 元，应借记“制造费用”和“管理费用”账户；另一方面，该款项已经预先支付，使资产要素中的预付账款减少了 1 200 元，应贷记“预付款项”账户。填制一张转账凭证（表 5-40）。

表 5-40

转账凭证

2×19 年 12 月 18 日　　　　转字 9 号

摘要	总账科目	明细科目	记账√	借方金额										记账√	贷方金额									
				千	百	十	万	千	百	十	元	角	分		千	百	十	万	千	百	十	元	角	分
摊销预付费用	制造费用	办公费							2	0	0	0	0											
	管理费用	办公费						1	0	0	0	0	0											
	预付账款	报刊费																	1	2	0	0	0	0
附单据壹张	合计						¥	1	2	0	0	0	0					¥	1	2	0	0	0	0

会计主管:张帅　　记账:李小燕　　复核:吴明　　制证:陈红

其表示的会计分录为:

借:制造费用——办公费　　200

　　管理费用——办公费　　1 000

　　贷:预付账款——报刊费　　1 200

[**会计工作 20**] 12 月 18 日,支付本月电费 1 655 元。

[**原始凭证**] (1)转账支票存根(图 5-6);(2)电费分配表(表 5-41)。

中国工商银行　转账支票存根

支票号码 78965793

附加信息

出票日期:2×19 年 12 月 18 日

收款人:海口市电力公司
金　额:¥1 655.00
用　途:电费

单位主管:张帅　会计:吴明

图 5-6　转账支票存根

表 5-41

电费分配表

2×19 年 12 月 18 号　　　　金额单位:元

部门	用电数量(度)	单价	分配金额
车间	1 095	1	1 095.00
管理部门	560	1	560.00
合　计	1 655		1 655.00

财务主管:张帅　　审核:吴明　　制表:陈红

[工作过程]　根据上述原始凭证进行分析，该项经济业务发生后，引起费用要素和资产要素发生变化。一方面，生产部门和管理部门耗电，制造费用与管理费用分别增加了1 095元和560元，应借记“制造费用”和“管理费用”账户；另一方面，银行存款减少1 655元，贷记“银行存款”账户。填制一张付款凭证(表5-42)。

表5-42　　**付款凭证**

贷方科目：银行存款　　2×19年12月18日　　银付字第9号

摘　要	借方科目		金额										√
	总账科目	明细科目	千	百	十	万	千	百	十	元	角	分	
支付电费	制造费用	水电费					1	0	9	5	0	0	
	管理费用	水电费						5	6	0	0	0	
附单据贰张	合　计					¥	1	6	5	5	0	0	

会计主管：张帅　　记账：李小燕　　复核：吴明　　出纳：李田田　　制证：陈红

其表示的会计分录为：

借：制造费用——水电费　　1 095

　　管理费用——水电费　　560

　　贷：银行存款　　1 655

[会计工作21]　12月31日，结转本月发生制造费用(按工人工时比例分配)。

[原始凭证]　制造费用分配表(表5-43)。

表5-43　　**制造费用分配表**

2×19年12月31日

应借账户	生产工人工时	分配率	分配金额
生产成本——折叠自行车	5 400		5 400
生产成本——山地自行车	5 600		5 600
合　计	11 000	1	11 000

财务主管：张帅　　审核：吴明　　制表：陈红

[工作过程]　制造费用是企业的生产部门(车间或分厂)为组织和管理生产所发生的间接费用。制造费用是产品生产成本的组成部分，平时发生的制造费用无法分清应由哪一种产品负担，因此在发生各项间接费用时，记在“制造费用”账户的借方，月末根据本月“制造费用”账户借方所记录的制造费用总额，按照一定的标准(如生产工人工资比例、生产工人工时比例或机器工时比例)，采用一定的分配方法，在各种产品之间进行分配，计算出应由每一产品应负担的制造费用，再从“制造费用”账户的贷方转入“生产成本”账户的借方。根据“制造费用分配表”，本月共发生制造费用总额为11 000元，经分配后，折叠自行车应负担5 400元，山地自行车应负担5 600元。这项经济业务发生后，引起企业费用

要素内部两个项目发生此增彼减的变化。一方面，分配制造费用使生产成本项目增加 11 000 元(其中折叠自行车应负担 5 400 元，山地自行车应负担 5 600 元)，应借记“生产成本”账户；另一方面，制造费用转出，应贷记“制造费用”账户，该账户余额为零。填制一张转账凭证(表 5-44)。

表 5-44 **转账凭证**

2×19 年 12 月 31 日 转字 16 号

摘 要	总账科目	明细科目	记账√	借方金额										记账√	贷方金额									
				千	百	十	万	千	百	十	元	角	分		千	百	十	万	千	百	十	元	角	分
结转制造费用	生产成本	折叠自行车						5	4	0	0	0	0											
	生产成本	山地自行车						5	6	0	0	0	0											
	制造费用																	1	1	0	0	0	0	0
附单据壹张	合 计					¥	1	1	0	0	0	0	0				¥	1	1	0	0	0	0	0

会计主管：张帅 记账：李小燕 复核：吴明 制证：陈红

制造费用总额＝1 505＋5 000＋3 200＋200＋1 095＝11 000(元)

制造费用分配率＝制造费用总额÷分配标准＝11 000÷11 000＝1(元/工时)

折叠自行车分配的制造费用＝5 400×1＝5 400(元)

山地自行车分配的制造费用＝5 600×1＝5 600(元)

其表示的会计分录为：

借：生产成本——折叠自行车 5 400

——山地自行车 5 600

贷：制造费用 11 000

[会计工作 22] 12 月 31 日，本月投产的折叠自行车产品 300 辆，山地自行车产品 400 辆，已全部完工，结转入库。

[原始凭证] (1)入库单(表 5-45)；(2)产品生产成本计算表(表 5-46)。

表 5-45 **入库单(记账联)**

生产部门：生产车间 2×19 年 12 月 31 日 No 34563

编号	产品	名称规格	计量单位	检验结果		数量		单位成本(元)	总成本(元)
				合格	不合格	应收	实收		
01	折叠自行车		件	合格		300	300	270	81 000
02	山地自行车		件	合格		400	400	345	138 000
合 计						700	700		219 000

财务主管：张帅 记账：陈红 保管：李平 质检：周见

表 5-46 **产品生产成本计算表**

2×19 年 12 月 31 日 单位:元

成本项目＼产品名称	折叠自行车(300 辆)		山地自行车(400 辆)	
	总成本(元)	单位成本(元)	总成本(元)	单位成本(元)
直接材料	63 600	212	118 400	296
直接人工	12 000	40	14 000	35
制造费用	5 400	18	5 600	14
合 计	81 000	270	138 000	345

财务主管:张帅 记账:陈红 复核:吴明 制表:陈红

[工作过程] 该笔经济业务发生后,引起资产和费用两个要素发生变化。一方面,引起资产要素中的库存商品项目增加了 219 000 元(其中折叠自行车 81 000 元,山地自行车 138 000 元),应借记“库存商品”账户;另一方面,伴随着产品完工入库,引起费用要素中的生产成本项目减少了 219 000 元(其中折叠自行车 81 000 元,山地自行车 138 000 元),应贷记“生产成本”账户。填制一张转账凭证(表 5-47)。

表 5-47 **转账凭证**

2×19 年 12 月 31 日 转字 17 号

摘 要	总账科目	明细科目	记账√	借方金额										记账√	贷方金额									
				千	百	十	万	千	百	十	元	角	分		千	百	十	万	千	百	十	元	角	分
产品完工入库	库存商品	折叠自行车					8	1	0	0	0	0	0											
	库存商品	山地自行车				1	3	8	0	0	0	0	0											
	生产成本	折叠自行车																8	1	0	0	0	0	0
	生产成本	山地自行车															1	3	8	0	0	0	0	0
附单据贰张	合 计				¥	2	1	9	0	0	0	0	0			¥	2	1	9	0	0	0	0	0

会计主管:张帅 记账:李小燕 复核:吴明 制证:陈红

其表示的会计分录为:

借:库存商品——折叠自行车 81 000

——山地自行车 138 000

贷:生产成本——折叠自行车 81 000

——山地自行车 138 000

任务五 销售过程的核算

企业经过了产品生产过程,生产出符合要求、可供对外销售的产品,形成了商品存货,接下来就要进入销售过程。通过销售过程,将生产出来的产品转移到客户手中,实现它们的价值。销售过程是企业经营过程的最后一个阶段。工业企业在销售过程中,通过销售产品,按照销售价格收取产品价款,形成商品销售收入,在销售过程中结转的商品销售成本,以及发生的运输、包装、广告等销售费用,按照国家税法的规定计算缴纳的各种销售税金等,均应从销售收入中获得补偿,补偿之后的差额即为企业销售商品的业务成果即利润或亏损。企业在销售过程中除了发生销售商品、自制半成品以及提供工业性劳务等业务,即主营业务外,还可能发生一些其他业务,如销售材料、出租包装物、出租固定资产,所以我们在这一节中主要介绍企业主营业务收支和其他业务收支的核算内容。

一、主营业务收支的核算★★★

企业的主营业务范围包括销售商品、自制半成品、代制品、代修品以及提供工业性劳务等。主营业务核算的主要内容就是主营业务收入的确认与计量、主营业务成本的计算与结转、销售费用的发生与归集、税金的计算与缴纳以及货款的收回等。在本任务中主要介绍主营业务中商品销售业务的核算内容,包括商品销售收入的确认与计量、商品销售成本的计算与结转以及销售税金的计算和缴纳等内容。

(一) 主营业务收入的核算

主营业务收入是企业销售产品和提供工业性劳务等主要经营业务所实现的收入。不同行业的企业具有不同的主营业务。例如,工业企业的主营业务是销售产成品、半成品和提供工业性劳务,商业企业的主营业务是销售商品,商业银行的主营业务是存贷款和办理结算业务,保险公司的主营业务是签发保单业务,安装公司的主营业务是提供安装服务,咨询公司的主营业务是提供咨询服务。本节内容主要介绍工业企业销售商品业务的核算。

在权责发生制下,各会计期间是以收款权利的取得作为确认收入的标准,即不论现金是否收到,只要能够确定企业已经取得了收取现金的权利,就可确认为企业的收入。在配比原则下各个会计期间确认的收入必须与其相关的成本、费用相对应,以便合理计算本期损益。按照《企业会计准则第 14 号——收入(2006)》的要求,企业销售商品收入的确认,必须同时符合以下条件:①企业已将商品所有权上的主要风险和报酬转移给购买方;②企业既没有保留通常与所有权相联系的继续管理权,也没有对已售出的商品实施有效控制;③收入的金额能够可靠计量;④与交易相关的经济利益很可能流入企业;⑤相关的已发生或将发生的成本能够可靠计量。

销售商品的收入按照上述的条件和原则予以确认之后,就要对其金额进行计量。《企业会计准则第 14 号——收入(2006)》规定,企业应当按照从购货方已收或应收的合同或协议价款确定销售商品收入金额,但已收或应收的合同或协议价款不公允的除外。应收的合同或协议价款与其公允价值相差较大的,应当按照应收的合同或协议价款的公允价值确定销售商品收入金额。应收的合同或协议价款与其公允价值之间的差额,应当在合同或协议期间内采用实际利率法进行摊销,计入当期损益。在计量销售商品的收入时,要注意在销售过程中发生的销售退回、销售折让、商业折扣和现金折扣等内容。

(1) 商品销售退回,是指企业售出的商品,由于质量、品种等不符合要求而发生的退货。销售退回如果发生在收入确认之前,其处理非常简单,只需转回库存商品即可。如果发生在收入确认之后,应区分情况处理:本年度或以前年度销售的商品,在年度终了前(12 月 31

日）退回，应冲减商品退回月份的收入，同时转回相关的成本、税金；报告年度或以前年度销售的商品，在年度财务报告批准报出前退回的，冲减报告年度的收入，以及相关的成本、税金。

（2）销售折让，是指企业因售出的商品质量不合格等原因而在售价上给予的价格减让。销售折让可能发生在销货方确认收入之前，也可能发生在销货方确认收入之后。如果销售折让发生在销货方确认收入之前，销货方应直接从原定的销售价格中扣除给予购买方的销售折让作为实际销售价格，并据以确认收入；如果销售折让发生在确认收入之后，销货方应按给予购买方的销售折让冲减当期销售收入。

（3）商业折扣，是指企业为促进商品销售而在商品标价上给予的价格扣除。企业销售商品如果涉及商业折扣，应当按照扣除商业折扣后的金额确定销售商品收入，也就是商品标价扣除商业折扣后的金额为双方的实际交易价格，即发票价格。由于会计记录是以实际交易价格为基础的，而商业折扣是在交易成立之前予以扣除的折扣，它只是购销双方确定交易价格的一种方式，因此不影响销售的会计处理。

（4）现金折扣，是指债权人为鼓励债务人在规定的期限内付款，而向债务人提供的债务扣除。企业会计准则要求企业采用总价法对现金折扣进行处理，即在确定销售商品收入时，不考虑各种预计可能发生的现金折扣，而在实际发生现金折扣时，将其计入当期损益（财务费用）。

由此可见，在计量销售商品收入的金额时，应将销售退回、销售折让和商业折扣等作为销售收入的抵减项目记账，即：

商品销售收入＝不含税单价×销售数量－销售退回－销售折让　　（5-6）

（二）主营业务成本的核算

主营业务成本是指企业生产和销售的与主营业务有关的产品或服务所发生的直接成本，如制造业销售的产成品成本和商品流通企业销售的商品成本。企业在销售商品过程中，为取得销售收入必然要付出一定数量的商品。在确认和计量销售收入的同时，也必须要对所销售产品的生产成本进行确认和计量。所销售产品生产成本的确认和计量应遵循配比要求。主营业务成本的结转不仅应与主营业务收入在同一会计期间加以确认，而且应与主营业务收入在数量上保持一致。主营业务成本的计算确定公式如下：

本期应结转的主营业务成本＝本期销售商品的数量×单位商品的生产成本　（5-7）

上式中单位商品生产成本的确定，应考虑期初库存的商品成本和本期入库的商品成本情况，可以分别采用先进先出法、一次加权平均法、移动加权平均法和个别计价法等方法来确定，方法一经确定，不得随意变动。

（三）税金及附加的核算

税金及附加是指企业经营活动应负担的相关税费，包括企业经营活动发生的消费税、城市维护建设税、教育费附加、资源税、房产税、土地使用税、车船税、印花税等相关税费。企业在销售商品过程中，实现了商品的销售额，就应该向国家税务机关缴纳各种销售税金及附加。这些税金及附加一般是根据当月销售额或实际缴纳的税额，按照规定的税率计算的。这里主要介绍消费税、城市维护建设税、教育费附加和资源税。

1. 消费税

消费税是对在中华人民共和国境内从事生产、委托加工和进口应税消费品(烟、酒、化妆品、高档次及高能耗的消费品)的单位和个人征收的一种税。消费税应纳税额的计算主要分为从价计征、从量计征和从价从量复合计征三种方法,公式如下:

从价计征:

应交消费税=应税消费品的销售额×消费税税率 (5-8)

从量计征:

应交消费税=应税消费品的销售数量×单位税额 (5-9)

复合计征:

应交消费税=应税消费品的销售额×消费税税率+应税消费品的销售数量×单位税额 (5-10)

2. 城市维护建设税

城市维护建设税是对从事生产经营,对缴纳增值税、消费税的单位和个人征收的一种税。城市维护建设税的计算公式如下:

应交城建税=(当期纳税人实际缴纳的消费税+增值税)×城建税税率 (5-11)

3. 教育费附加

教育费附加是国家为了发展地方教育事业、扩大地方教育经费的资金而征收的一项专用基金。对缴纳增值税、消费税的单位和个人就其实际缴纳的税额为计算依据征收的一种附加费。教育费附加的计算公式如下:

应交教育费附加=(当期纳税人实际缴纳的消费税+增值税)×征收比率 (5-12)

4. 资源税

资源税根据不同的应税产品,分别采用从价计征和从量计征两种方法计算应纳税额。第一种方法以应税产品的销售额为计税依据,按照适用税率计税;第二种方法以应税产品的销售数量为计税依据,按照适用税额标准计税。

从价计征:

应纳税额=应税产品销售额×适用税率 (5-13)

从量计征:

应纳税额=应税销售数量×定额税率 (5-14)

二、其他业务收支的核算★★

(一) 其他业务收入的核算

其他业务收入是指企业主营业务收入以外的所有通过销售材料、提供劳务及让渡资产使用权等日常生活中所形成的经济利益的流入。其他业务收入具有不经常发生、每笔业务金额一般较小、占收入的比重较低等特点。

（二）其他业务成本的核算

企业在实现其他业务收入的同时，往往还要发生一些与其他业务有关的成本和费用。其他业务成本包括销售材料的成本、出租固定资产的折旧费、出租无形资产的摊销费、出租包装物的成本或摊销额等。

三、销售过程核算的账户设置★★★

（一）“主营业务收入”账户

“主营业务收入”账户用来核算企业在销售商品、提供劳务及让渡资产使用权等日常活动中所发生的收入。本账户是损益类账户，贷方登记企业销售产品（包括产成品，自制半成品等）、提供劳务或让渡资产使用权所实现的收入；借方登记发生的销售退回或销售折让和期末转入“本年利润”账户的收入；期末将本账户的余额结转到“本年利润“账户后，本账户应无余额。“主营业务收入”账户应按主营业务的种类设置明细账，进行明细分类核算，适合采用“贷方多栏式”明细账。

（二）“主营业务成本”账户

“主营业务成本”账户用来核算企业确认销售商品、提供劳务等主营业务收入时应结转的成本。本账户是损益类账户，借方登记本期（月）销售各种商品、提供各种劳务应结转的实际成本；本期（月）发生销售退回，如果已结转销售成本，应记在本账户的贷方；期末将本账户的余额转入“本年利润”账户，本账户无余额。本账户应按照主营业务的种类设置明细账，进行明细分类核算，适合采用“借方多栏式”明细账。

（三）“税金及附加”账户

“税金及附加”账户用来核算企业经营活动应发生的消费税、城市维护建设税、资源税和教育费附加等相关税费。本账户是损益类账户，借方登记按照规定计算的与经营活动相关的税费；贷方登记期末转入“本年利润”账户的税金及附加；期末结转后，本账户无余额。本账户适合采用“三栏式”明细账。

（四）“应收账款”账户

“应收账款”账户用来核算企业因销售商品、提供劳务等经营活动应收取的款项。本账户是资产类账户，借方登记因销售商品、提供劳务等经营活动应收取的货款、增值税以及代购货单位垫付的包装费、运杂费等款项；贷方登记实际收回的应收款项；期末余额通常在借方，表示应收而未收回的款项，如果出现贷方余额，表示企业预收的款项。本账户应按照债务人（购货单位或接受劳务单位）设置明细账，进行明细分类核算，适合采用“三栏式”明细账。

（五）“应收票据”账户

“应收票据”账户用来核算企业因销售商品、提供劳务而收到的商业汇票，包括银行承兑汇票和商业承兑汇票。本账户是资产类账户，借方登记企业因销售商品、提供劳务等而收到的商业汇票的票面金额；贷方登记商业汇票到期收到的金额；期末贷方余额，表示企业持有的商业汇票的票面价值。本账户应当按照开出、承兑商业汇票的单位进行明细核算，适合采用“三栏式”明细账。

企业应当设置“应收票据备查簿”，逐笔登记每一商业汇票的种类、号数和出票日、票面金额、交易合同号和付款人、承兑人、背书人的姓名或单位名称、到期日、背书转让日、贴现

日、贴现率和贴现净额以及收款日和收回金额、退票情况等资料，商业汇票到期结清票款或退票后，应当在备查簿内逐笔注销。

(六)“预收账款”账户

“预收账款”账户用来核算企业按照合同规定向购货单位预收的款项。本账户是负债类账户，贷方登记企业向购货单位预收的款项；借方登记企业销售实现的收入和应交的增值税销项税额。当购货单位补付的款项时，贷记本账户；当退回多付的款项时，借记本账户。本账户期末如果是贷方余额，表示企业向购货单位预收的款项(尚未结算或结算后应退还部分)；如果是借方余额，表示应由购货单位补付的款项。本账户应按购货单位进行明细核算，适合采用“三栏式”明细账。

预收账款情况不多的，也可将预收的款项直接记入“应收账款”账户的贷方，结算时登记在“应收账款”账户的借方。

(七)“其他业务收入”账户

“其他业务收入”账户用来核算企业根据收入准则确认的除主营业务活动以外的其他经营活动实现的收入，包括出租固定资产、出租无形资产、出租包装物和商品、销售材料、用材料进行非货币性资产交换或债务重组等实现的收入。本账户是损益类账户，贷方登记企业确认的其他业务收入；借方登记期末结转到“本年利润”账户的已实现的其他业务收入；期末结转以后，本账户无余额。本账户应按其他业务收入的种类设置明细账，进行明细分类核算，适合采用“贷方多栏式”明细账。

(八)“其他业务成本”账户

“其他业务成本”账户用来核算企业确认的除主营业务活动以外的其他经营活动所发生的成本，包括销售材料的成本、出租固定资产的折旧费、出租无形资产的摊销额、出租包装物的成本或摊销额等。本账户是损益类账户，借方登记企业发生的其他业务成本；贷方登记期末结转到“本年利润”账户的数额；期末结转以后，本账户无余额。本账户应按其他业务成本的种类设置明细账，进行明细分类核算，适合采用“借方多栏式”明细账。

四、销售过程核算的会计处理举例★★★

[**会计工作23**] 12月9日，销售给广开股份有限公司折叠自行车产品100辆，单价500元，共计50 000元，增值税计6 500元，款已收到。

[**原始凭证**] (1)增值税发票(表5-48)；(2)进账单(表5-49)。

[**工作过程**] 该笔经济业务引起资产和收入及负债三个要素发生变动。一方面，使企业资产要素中的银行存款项目增加了56 500元，应借记“银行存款”账户；另一方面，使企业收入要素中的主营业务收入项目增加了50 000元，应贷记“主营业务收入”账户，同时，因代收增值税尚未缴纳使负债要素中的“应交税费——应交增值税(销项税额)”项目增加了6 500元，应贷记“应交税费——应交增值税(销项税额)”账户。填制一张收款凭证(表5-50)。

其表示的会计分录为：

借：银行存款　　56 500

　　贷：主营业务收入——折叠自行车　　50 000

　　　　应交税费——应交增值税(销项税额)　　6 500

表 5-48

0400165130  № 00634901

海南增值税专用发票

此联不作报销、扣税凭证使用 开票日期：2×19 年 12 月 09 日

购买方	名称：广开股份有限公司 纳税人识别号：464332223455566614 地址、电话：6634222 开户行及账号：工行海口支行城西分理处 457788999	密码区	略				
货物或应税劳务、服务名称	规格型号	单位	数量	单价	金额	税率	税额
折叠自行车		辆	100	500.00	50 000.00	13%	6 500.00
合计			100		50 000.00		6 500.00
价税合计(大写)	⊗伍万陆仟伍佰圆整				(小写)￥56 500.00		
销售方	名称：宏大有限责任公司 纳税人识别号：461205670789000011 地址、电话：海口市解放路 38 号 85817659 开户行及账号：工行海南省分行龙华支行 529945123	备注	宏大有限责任公司 461205670789000011 发票专用章				

第一联：记账联 销售方记账凭证

表 5-49

ICBC 中国工商银行 进账单 （收账通知）

2×19 年 12 月 9 日

出票人	全称	广开股份有限公司	收款人	全称	宏大有限责任公司
	账号	457788999		账号	529945123
	开户银行	工行海南省分行城西支行		开户银行	工行海南省分行龙华支行
金额	人民币(大写)	伍万陆仟伍佰元整		亿千百十万千百十元角分	￥5650000
票据种类	银行汇票	票据张数	1	中国工商银行龙华支行 2×19年12月9日 转讫	
票据号码	15025486				
	复核	记账		收款人开户银行签章	

此联是收款人开户银行交给收款人的收账通知

表 5-50 **收款凭证**

借方科目：银行存款　　2×19 年 12 月 9 日　　银收字第 4 号

摘要	贷方科目		金额										√
	总账科目	明细科目	千	百	十	万	千	百	十	元	角	分	
销售产品	主营业务收入	折叠自行车				5	0	0	0	0	0	0	
	应交税费	应交增值税（销项税额）					6	5	0	0	0	0	
附单据贰张	合计				¥	5	6	5	0	0	0	0	

会计主管：张帅　记账：李小燕　复核：吴明　出纳：李田田　制证：陈红

［会计工作 24］ 12 月 9 日，销售给蓝天贸易公司山地自行车 180 辆，单价 650 元，总计 117 000 元，增值税销项税额 15 210 元，款未收到。销售款业务员与购货方签订购货协议，约定本月 26 日收款，财务科开具增值税专用发票，并办理委托收款手续，银行受理。

［原始凭证］ 增值税发票（表 5-51）。

表 5-51

0400165130　　**海南增值税专用发票**　　№ 00634902

此联不作报销、扣税凭证使用　　开票日期：2×19 年 12 月 09 日

购买方	名称：蓝天贸易公司 纳税人识别号：469876543211234005 地址、电话：0898-6689063 开户行及账号：工行海口支行海秀路分理处 876533263				密码区	略	
货物或应税劳务、服务名称	规格型号	单位	数量	单价	金额	税率	税额
山地自行车		辆	180	650.00	117 000.00	13%	15 210.00
合计			180		117 000.00		15 210.00
价税合计（大写）	⊗壹拾叁万贰仟贰佰壹拾圆整				（小写）¥132 210.00		
销售方	名称：宏大有限责任公司 纳税人识别号：461205670789000011 地址、电话：海口市解放路 38 号 85817659 开户行及账号：工行海南省分行龙华支行 529945123				备注	宏大有限责任公司 461205670789000011 发票专用章	

第一联：记账联　销售方记账凭证

［工作过程］ 该笔经济业务发生后引起资产、收入及负债三个要素发生变动。一方面，企业资产要素中的应收账款项目增加了 132 210 元，应借记“应收账款”账户；另一方面，企业收入要素中的主营业务收入项目增加了 117 000 元，应贷记“主营业务收入”账户，同时，负债要素中的应交税费——应交增值税（销项税额）项目增加了 15 210 元，应贷记“应交税

费——应交增值税(销项税额)”账户。填制一张转账凭证(表 5-52)。

表 5-52　　**转账凭证**

2×19 年 12 月 9 日　　转字 10 号

摘　要	总账科目	明细科目	记账√	借方金额										记账√	贷方金额									
				千	百	十	万	千	百	十	元	角	分		千	百	十	万	千	百	十	元	角	分
销售产品	应收账款	蓝天贸易公司				1	3	2	2	1	0	0	0											
	主营业务收入	山地自行车															1	1	7	0	0	0	0	0
	应交税费	应交增值税																1	5	2	1	0	0	0
附单据壹张	合　计				¥	1	3	2	2	1	0	0	0			¥	1	3	2	2	1	0	0	0

会计主管:张帅　　记账:李小燕　　复核:吴明　　制证:陈红

其表示的会计分录为:

借:应收账款——蓝天贸易公司　　132 210

　贷:主营业务收入——山地自行车　　117 000

　　应交税费——应交增值税(销项税额)　　15 210

[会计工作 25]　12 月 21 日,企业预收奋飞公司购买 200 辆山地自行车定金 10 000 元,支票可在全国通用。销售科业务员与购货方签订购货协议,约定本月 23 日发货,财务科开具“收款收据”。“进账单”和“收款收据”格式同前,此处省略。

[工作过程]　根据上述原始凭证分析,该笔经济业务发生后引起资产和负债两个要素发生变动。一方面,使企业资产要素中的银行存款项目增加了 10 000 元,应借记“银行存款”账户;另一方面,使企业负债要素中的预收账款项目增加了 10 000 元,应贷记“预收账款”账户。填制一张收款凭证(表 5-53)。

表 5-53　　**收款凭证**

借方科目:银行存款　　2×19 年 12 月 21 日　　银收字第 5 号

摘　要	贷方科目		金额										√
	总账科目	明细科目	千	百	十	万	千	百	十	元	角	分	
预收货款	预收账款	奋飞公司				1	0	0	0	0	0	0	
附单据贰张	合　计				¥	1	0	0	0	0	0	0	

会计主管:张帅　　记账:李小燕　　复核:吴明　　出纳:李田田　　制证:陈红

其表示的会计分录为:

借:银行存款　　10 000

　贷:预收账款——奋飞公司　　10 000

［会计工作 26］ 12 月 22 日，企业向三亚恒星公司销售折叠自行车产品 200 辆，单价 500 元，共计 100 000 元，增值税税率 13%，收到对方签发并承兑的银行承兑汇票一张，约定次年 5 月 22 日收款，票面金额为 113 000 元，财务科开具增值税专用发票。发票记账联与前相同，此处省略。原始凭证还包括银行承兑汇票(复印件)。

［工作过程］ 该笔经济业务发生后引起资产和收入及负债三个要素发生变动。一方面，使企业资产要素中的应收票据项目增加了 113 000 元，应借记“应收票据”账户；另一方面，使企业收入要素中的主营业务收入项目增加了 100 000 元，应贷记“主营业务收入”账户，同时，使负债要素中的应交税费——应交增值税(销项税额)项目增加了 13 000 元，应贷记“应交税费——应交增值税(销项税额)”账户。填制一张转账凭证(表 5-54)。

表 5-54 **转账凭证**

2×19 年 12 月 22 日 转字 11 号

摘要	总账科目	明细科目	记账√	借方金额										记账√	贷方金额									
				千	百	十	万	千	百	十	元	角	分		千	百	十	万	千	百	十	元	角	分
销售产品	应收票据	三亚恒星公司				1	1	3	0	0	0	0	0											
	主营业务收入	折叠自行车															1	0	0	0	0	0	0	0
	应交税费	应交增值税(销项税额)																1	3	0	0	0	0	0
附单据贰张	合　计				¥	1	1	3	0	0	0	0	0			¥	1	1	3	0	0	0	0	0

会计主管：张帅　　记账：李小燕　　复核：吴明　　制证：陈红

其表示的会计分录为：

借：应收票据——三亚恒星公司　　113 000

　贷：主营业务收入——折叠自行车　　100 000

　　应交税费——应交增值税(销项税额)　　13 000

［会计工作 27］ 12 月 23 日，企业向奋飞公司发货 200 辆山地自行车，产品单价 650 元，总计 130 000 元，增值税销项税额 16 900 元。12 月 25 日，收回不足款。财务科开具增值税专用发票。发票记账联与前相同，此处省略。

［工作过程］ 根据上述原始凭证分析，该笔经济业务发生后引起收入和负债两个要素发生变动。一方面，发出购货方预订的货物，使企业负债要素中的预收账款项目处于结算状态，应该将全部金额 146 900 元记在“预收账款”账户的借方；另一方面，使企业收入要素中的主营业务收入项目增加了 130 000 元，应贷记“主营业务收入”账户，同时使负债要素中的应交税费——应交增值税(销项税额)项目增加了 16 900 元，应贷记“应交税费——应交增值税(销项税额)”账户。填制一张转账凭证(表 5-55)。

其表示的会计分录为：

借：预收账款——奋飞公司　　146 900

　贷：主营业务收入——山地自行车　　130 000

　　应交税费——应交增值税(销项税额)　　16 900

表 5-55　　　　　　　　　　　　**转账凭证**

2×19 年 12 月 23 日　　　　　　　　转字 12 号

摘　要	总账科目	明细科目	记账√	借方金额										记账√	贷方金额									
				千	百	十	万	千	百	十	元	角	分		千	百	十	万	千	百	十	元	角	分
销售产品	预收账款	奋飞公司				1	4	6	9	0	0	0	0											
	主营业务收入	山地自行车															1	3	0	0	0	0	0	0
	应交税费	应交增值税（销项税额）																1	6	9	0	0	0	0
附单据壹张	合　计				¥	1	4	6	9	0	0	0	0			¥	1	4	6	9	0	0	0	0

会计主管：张帅　　　　记账：李小燕　　　　复核：吴明　　　　制证：陈红

［**会计工作 28**］　12 月 24 日，企业收到银行转来的“托收凭证”（收账通知），光明公司支付上月所欠货款 3 500 元。（附原始凭证“托收凭证”第四联——收账通知）

［**工作过程**］　该笔经济业务发生后引起资产要素两个账户发生变动。一方面，使企业资产要素中的银行存款增加 3 500 元，应该记在“银行存款”账户的借方；另一方面，使企业资产要素中的应收账款账户减少了 3 500 元，应贷记“应收账款”账户。填制一张收款凭证（表 5-56）。

表 5-56　　　　　　　　　　　　**收款凭证**

借方科目：银行存款　　　　2×19 年 12 月 24 日　　　　银收字第 6 号

摘　要	贷方科目		金额										√
	总账科目	明细科目	千	百	十	万	千	百	十	元	角	分	
收到前欠货款	应收账款	光明公司					3	5	0	0	0	0	
附单据壹张	合　计					¥	3	5	0	0	0	0	

会计主管：张帅　　　记账：李小燕　　　复核：吴明　　　出纳：李田田　　　制证：陈红

其表示的会计分录为：

借：银行存款　　　　　　　　　　　　　　3 500

　　贷：应收账款——光明公司　　　　　　　　3 500

［**会计工作 29**］　12 月 25 日，企业应收儋州达成公司期限 5 个月的银行承兑汇票到期，办理收款手续，收到款项 20 000 元，“银行承兑汇票”和“托收凭证”收账通知联，与前相同，此处省略。

［**工作过程**］　根据上述原始凭证分析，该笔经济业务发生后引起资产要素两个账户发

生变动。一方面，使企业资产要素中的银行存款增加 20 000 元，应该借记“银行存款”账户的借方；另一方面，使企业资产要素中的应收票据账户减少 20 000 元，应该贷记“应收票据”账户。填制一张收款凭证（表 5-57）。

表 5-57 **收款凭证**

借方科目：银行存款 2×19 年 12 月 25 日 银收字第 7 号

摘 要	贷方科目		金额										√
	总账科目	明细科目	千	百	十	万	千	百	十	元	角	分	
银行承兑汇票到期	应收票据	儋州达成公司				2	0	0	0	0	0	0	
附单据贰张	合 计				¥	2	0	0	0	0	0	0	

会计主管：张帅 记账：李小燕 复核：吴明 出纳：李田田 制证：陈红

其表示的会计分录为：

借：银行存款 20 000

贷：应收票据——儋州达成公司 20 000

［会计工作 30］ 12 月 25 日，企业补收奋飞公司预付不足款项 136 900 元，“托收凭证”第四联收账通知单样式与前相同，此处省略。

［工作过程］ 该笔经济业务发生后引起资产和负债两个要素发生变动。一方面，补收货款，使企业资产要素中的银行存款增加 136 900 元，应该记在“银行存款”账户的借方；另一方面，补收货款 136 900 元，应记在“预收账款”账户的贷方。填制一张收款凭证（表 5-58）。

表 5-58 **收款凭证**

借方科目：银行存款 2×19 年 12 月 25 日 银收字第 8 号

摘 要	贷方科目		金额										√
	总账科目	明细科目	千	百	十	万	千	百	十	元	角	分	
补收预收不足款	预收账款	奋飞公司			1	3	6	9	0	0	0	0	
附单据壹张	合 计			¥	1	3	6	9	0	0	0	0	

会计主管：张帅 记账：李小燕 复核：吴明 出纳：李田田 制证：陈红

其表示的会计分录为：

借：银行存款 136 900

贷：预收账款——奋飞公司 136 900

［会计工作 31］　12 月 25 日，支付光阳公司广告费 3 000 元。

［原始凭证］　转账支票存根(图 5-7)。

中国工商银行　转账支票存根

支票号码 78965790

附加信息

出票日期：2×19 年 12 月 25 日

收款人：光阳广告公司
金　额：¥3 000.00
用　途：广告费

单位主管：张帅　会计：吴明

图 5-7　转账支票存根

［工作过程］　该项经济业务发生后，引起企业费用要素和资产要素发生变化。一方面，引起企业费用要素中的销售费用增加了 3 000 元，应借记“销售费用”账户；另一方面，引起企业资产要素中的银行存款项目减少了 3 000 元，应贷记“银行存款”账户。填制一张付款凭证(表 5-59)。

表 5-59　付款凭证

贷方科目：银行存款　　2×19 年 12 月 25 日　　银付字第 10 号

摘　要	借方科目		金额										√
	总账科目	明细科目	千	百	十	万	千	百	十	元	角	分	
支付广告费	销售费用	广告费					3	0	0	0	0	0	
附单据壹张	合　计					¥	3	0	0	0	0	0	

会计主管：张帅　　记账：李小燕　　复核：吴明　　出纳：李田田　　制证：陈红

其表示的会计分录为：

借：销售费用——广告费　　3 000

　　贷：银行存款　　3 000

［会计工作 32］　12 月 26 日，收到银行收账通知，蓝天贸易公司支付前欠货款 132 210 元。

［原始凭证］　银行进账单(表 5-60)。

表 5-60

ICBC 中国工商银行　进账单　(收账通知)

2×19 年 12 月 26 日

<table>
<tr><td rowspan="3">出票人</td><td>全　　称</td><td>蓝天贸易公司</td><td rowspan="3">收款人</td><td>全　　称</td><td colspan="11">宏大有限责任公司</td></tr>
<tr><td>账　　号</td><td>876533263</td><td>账　　号</td><td colspan="11">529945123</td></tr>
<tr><td>开户银行</td><td>工行海南省分行海秀支行</td><td>开户银行</td><td colspan="11">工行海南省分行龙华支行</td></tr>
<tr><td rowspan="2">金额</td><td rowspan="2">人民币(大写)</td><td colspan="3" rowspan="2">壹拾叁万贰仟贰佰壹拾元整</td><td>亿</td><td>千</td><td>百</td><td>十</td><td>万</td><td>千</td><td>百</td><td>十</td><td>元</td><td>角</td><td>分</td></tr>
<tr><td></td><td></td><td>¥</td><td>1</td><td>3</td><td>2</td><td>2</td><td>1</td><td>0</td><td>0</td><td>0</td></tr>
<tr><td colspan="2">票据种类</td><td>银行汇票　　票据张数</td><td colspan="2">1</td><td colspan="11" rowspan="3">中国工商银行龙华支行
2×19年12月26日
转讫
收款人开户银行签章</td></tr>
<tr><td colspan="2">票据号码</td><td colspan="3">15025486</td></tr>
<tr><td colspan="5">复核　　　　记账</td></tr>
</table>

此联是收款人开户银行交给收款人的收账通知

［工作过程］　该笔经济业务发生后引起资产要素两个账户发生变动。一方面，使企业资产要素中的银行存款增加 132 210 元，应该记在“银行存款”账户的借方；另一方面，使企业资产要素中的应收账款账户减少了 132 210 元，应贷记“应收账款”账户。填制一张收款凭证(表 5-61)。

表 5-61　　　　　　　　　**收款凭证**

借方科目：银行存款　　　　　　2×19 年 12 月 26 日　　　　　　银收字第 9 号

<table>
<tr><td rowspan="2">摘　要</td><td colspan="2">贷方科目</td><td colspan="10">金额</td><td rowspan="2">√</td></tr>
<tr><td>总账科目</td><td>明细科目</td><td>千</td><td>百</td><td>十</td><td>万</td><td>千</td><td>百</td><td>十</td><td>元</td><td>角</td><td>分</td></tr>
<tr><td>收到前欠货款</td><td>应收账款</td><td>蓝天贸易公司</td><td></td><td></td><td>1</td><td>3</td><td>2</td><td>2</td><td>1</td><td>0</td><td>0</td><td>0</td><td></td></tr>
<tr><td></td><td></td><td></td><td></td><td></td><td></td><td></td><td></td><td></td><td></td><td></td><td></td><td></td><td></td></tr>
<tr><td></td><td></td><td></td><td></td><td></td><td></td><td></td><td></td><td></td><td></td><td></td><td></td><td></td><td></td></tr>
<tr><td></td><td></td><td></td><td></td><td></td><td></td><td></td><td></td><td></td><td></td><td></td><td></td><td></td><td></td></tr>
<tr><td></td><td></td><td></td><td></td><td></td><td></td><td></td><td></td><td></td><td></td><td></td><td></td><td></td><td></td></tr>
<tr><td>附单据壹张</td><td colspan="2">合　计</td><td></td><td>¥</td><td>1</td><td>3</td><td>2</td><td>2</td><td>1</td><td>0</td><td>0</td><td>0</td><td></td></tr>
</table>

会计主管：张帅　　记账：李小燕　　复核：吴明　　出纳：李田田　　制证：陈红

其表示的会计分录为：

借：银行存款　　　　132 210

　贷：应收账款——蓝天贸易公司　　　　132 210

［会计工作 33］　12 月 26 日，出售给金海贸易公司钢板材料 1 000 千克，每千克售价 12 元，总计 12 000 元，应交增值税 1 560 元，对方以转账支票付款，收到银行到账通知。

［原始凭证］　(1)进账单(表 5-62)；(2)增值税发票(表 5-63)。

表 5-62

ICBC 中国工商银行　**进账单**　（收账通知）

2×19 年 12 月 26 日

出票人	全　称	金海贸易公司	收款人	全　称	宏大有限责任公司
	账　号	876543290		账　号	529945123
	开户银行	工行海南省分行海甸支行		开户银行	工行海南省分行龙华支行
金额	人民币（大写）	壹万叁仟伍佰陆拾元整			亿 千 百 十 万 千 百 十 元 角 分 ￥ 1 3 5 6 0 0 0
票据种类	银行汇票	票据张数	1		中国工商银行龙华支行 2×19年12月26日 转讫
票据号码	15025486				
	复核　记账				收款人开户银行签章

此联是收款人开户银行交给收款人的收账通知

表 5-63

0400165130　海南增值税专用发票　№ 00634903

此联不作报销、扣税凭证使用　开票日期：2×19 年 12 月 26 日

购买方	名　　称：金海贸易公司 纳税人识别号：469876543211234006 地 址、电 话：0898-6634777 开户行及账号：工行海口支行海甸分理处 876543290					密码区	略
货物或应税劳务、服务名称	规格型号	单位	数量	单价	金额	税率	税额
钢板		千克	1 000	12.00	12 000.00	13%	1 560.00
合　计			1 000		12 000.00		1 560.00
价税合计（大写）	⊗壹万叁仟伍佰陆拾圆整				（小写）13 560.00		
销售方	名　　称：宏大有限责任公司 纳税人识别号：461205670789000011 地 址、电 话：海口市解放路 38 号 85817659 开户行及账号：工行海南省分行龙华支行 529945123					备注	宏大有限责任公司 461205670789000011 发票专用章

收款人：李田田　复核：吴明　开票人：陈红　销售方：（章）

第一联：记账联　销售方记账凭证

［**工作过程**］　该笔经济业务发生后，引起了企业资产、收入和负债要素发生变化。使资产要素中的银行存款增加了 13 560 元，应借记“银行存款”账户；使企业收入要素中的其他业务收入增加了 12 000 元，负债要素中的“应交税费——应交增值税（销项税额）”项目增加了 1 560 元，应贷记“应交税费——应交增值税（销项税额）”账户。填制一张收款凭证（表 5-64）。

表 5-64 **收款凭证**

借方科目:银行存款 2×19 年 12 月 26 日 银收字第 10 号

摘 要	贷方科目		金额										√
	总账科目	明细科目	千	百	十	万	千	百	十	元	角	分	
销售材料	其他业务收入	销售材料				1	2	0	0	0	0	0	
	应交税费	应交增值税(进项税额)					1	5	6	0	0	0	
附单据贰张	合 计				¥	1	3	5	6	0	0	0	

会计主管:张帅 记账:李小燕 复核:吴明 出纳:李田田 制证:陈红

其表示的会计分录为:

借:银行存款 13 560

贷:其他业务收入——销售材料 12 000

应交税费——应交增值税(销项税额) 1 560

[会计工作 34] 12 月 31 日,结转已销折叠自行车产品 300 辆、山地自行车产品 380 辆的实际生产成本,折叠自行车单位成本 270 元/辆,山地自行车单位成本 345 元/辆。

[原始凭证] 产品销售成本计算表(表 5-65 至表 5-69)。

表 5-65 **库存商品出库单汇总表**

用途:销售 2×19 年 12 月 31 日 金额单位:元

产品名称	销售数量	单位成本	总成本
折叠自行车	300 辆	270	81 000
山地自行车	380 辆	345	131 100
合 计	680 辆		212 100

财务主管:张帅 记账:陈红 复核:吴明 制表:陈红

表 5-66 **库存商品出库单(记账联)**

仓库名称:成品仓库 2×19 年 12 月 9 日 出库编号:533324

产品去向	产品名称	产品规格	计量单位	数量	单位成本	总成本
广开股份有限公司	折叠自行车		辆	100	270	27 000
合 计				100		27 000

财务主管:张帅 保管:李平 制表:周见

表 5-67　　　　**库存商品出库单(记账联)**

仓库名称:成品仓库　　　　2×19 年 12 月 9 日　　　　出库编号:533325

产品去向	产品名称	产品规格	计量单位	数量	单位成本	总成本
蓝天贸易公司	山地自行车		辆	180	345	62 100
合　计				180		62 100

财务主管:张帅　　记账:陈红　　保管:李平　　制表:周见

表 5-68　　　　**库存商品出库单(记账联)**

仓库名称:成品仓库　　　　2×19 年 12 月 22 日　　　　出库编号:533326

产品去向	产品名称	产品规格	计量单位	数量	单位成本	总成本
三亚恒星公司	折叠自行车		辆	200	270	54 000
合　计				200		54 000

财务主管:张帅　　保管:李平　　制表:周见

表 5-69　　　　**库存商品出库单(记账联)**

仓库名称:成品仓库　　　　2×19 年 12 月 23 日　　　　出库编号:533327

产品去向	产品名称	产品规格	计量单位	数量	单位成本	总成本
奋飞公司	山地自行车		辆	200	345	69 000
合　计				200		69 000

财务主管:张帅　　记账:陈红　　保管:李平　　制表:周见

[工作过程]　该笔经济业务发生后引起费用和资产两个要素发生变化。一方面,因为销售商品,引起费用要素中的主营业务成本项目增加了 212 100 元(其中折叠自行车 81 000 元,山地自行车 131 100 元),应借记"主营业务成本"账户;另一方面,引起资产要素中的库存商品项目减少,212 100 元(其中折叠自行车 81 000 元,山地自行车 131 100 元),应贷记"库存商品"账户。填制一张转账凭证(表 5-70)。

表 5-70　　　　**转账凭证**

2×19 年 12 月 31 日　　　　转字 18 号

摘　要	总账科目	明细科目	记账√	借方金额										记账√	贷方金额									
				千	百	十	万	千	百	十	元	角	分		千	百	十	万	千	百	十	元	角	分
结转已售产品成本	主营业务成本	折叠自行车					8	1	0	0	0	0	0											
	主营业务成本	山地自行车				1	3	1	1	0	0	0	0											
	库存商品	折叠自行车																8	1	0	0	0	0	0
	库存商品	山地自行车															1	3	1	1	0	0	0	0
附单据伍张	合　计				¥	2	1	2	1	0	0	0	0			¥	2	1	2	1	0	0	0	0

会计主管:张帅　　记账:李小燕　　复核:吴明　　制证:陈红

其表示的会计分录为:

借：主营业务成本——折叠自行车　　81 000
　　　　　　　　——山地自行车　　131 100
　贷：库存商品——折叠自行车　　81 000
　　　　　　　——山地自行车　　131 100

［会计工作 35］ 12 月 31 日，结转已销 1 000 千克钢板材料的实际成本，钢板材料单位成本为 10.5 元/千克，总成本 10 500 元。

［原始凭证］ 原材料出库单(表 5-71)。

表 5-71　原材料出库单(记账联)

仓库名称：材料仓库　　2×19 年 12 月 26 日　　出库编号：522226

材料去向	材料名称	材料规格	计量单位	数量	单价	金额
金海贸易公司	钢板		千克	1 000	10.50	10 500
合　计				1 000		10 500

财务主管：张帅　　记账：陈红　　复核：吴海　　制表：李亦

［工作过程］ 此项业务，引起了企业资产、费用要素发生变化。一方面，使企业费用要素中的其他业务成本增加了 10 500 元，应借记“其他业务成本”账户；另一方面，使资产要素中的原材料减少了 10 500 元，应贷记“原材料”账户。填制一张转账凭证(表 5-72)。

表 5-72　转账凭证

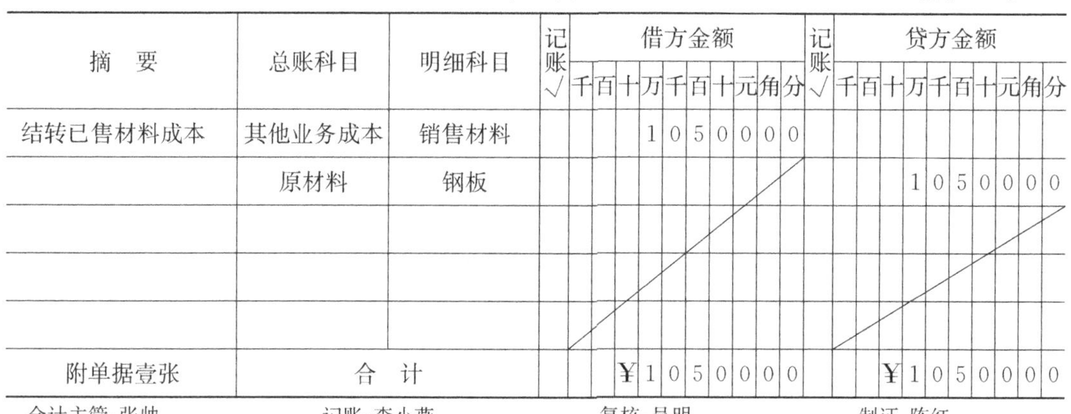

2×19 年 12 月 31 日　　转字 19 号

摘　要	总账科目	明细科目	记账√	借方金额	记账√	贷方金额
结转已售材料成本	其他业务成本	销售材料		1050000		
	原材料	钢板				1050000
附单据壹张	合　计			¥1050000		¥1050000

会计主管：张帅　　记账：李小燕　　复核：吴明　　制证：陈红

其表示的会计分录为：

借：其他业务成本——销售材料　　10 500
　贷：原材料——钢板　　10 500

［会计工作 36］ 12 月 31 日，计算应交城市维护建设税和教育费附加。

应交增值税＝53 170－17 322.50＝35 847.50(元)

应交城市维护建设税＝35 847.50×7%＝2 509.33(元)

应交教育费附加＝35 847.50×3%＝1 075.43(元)

［工作过程］ 该笔经济业务发生后，引起企业费用要素和负债要素发生变化。一方面，

引起企业费用要素中的税金及附加项目增加了 4 412 元，应借记“税金及附加”账户；另一方面，引起企业负债要素中应交税费项目中的城建税、教育费附加分别增加 3 088.4 元和 1 323.6 元，应贷记“应交税费”账户。填制一张转账凭证(表 5-73)。

表 5-73　　**转账凭证**

2×19 年 12 月 31 日　　转字 20 号

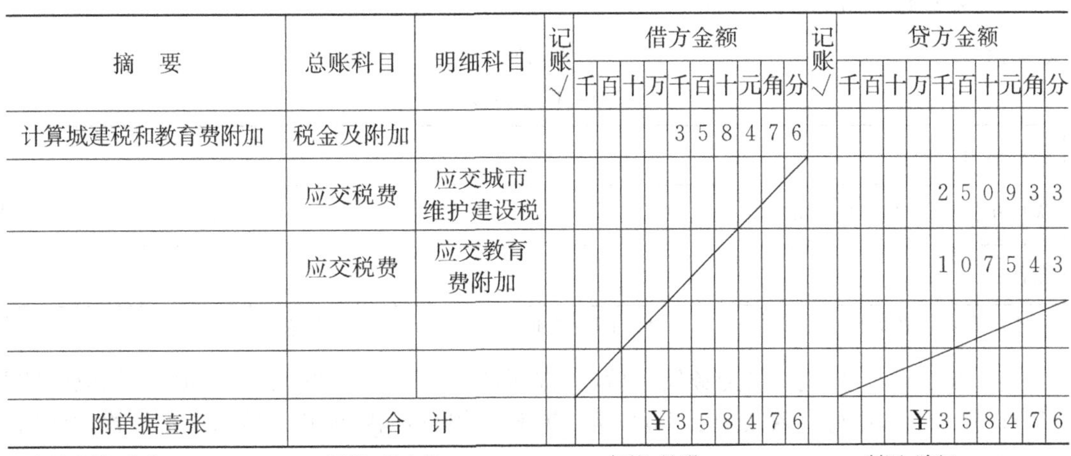

摘　要	总账科目	明细科目	记账√	借方金额 千	百	十	万	千	百	十	元	角	分	记账√	贷方金额 千	百	十	万	千	百	十	元	角	分
计算城建税和教育费附加	税金及附加							3	5	8	4	7	6											
	应交税费	应交城市维护建设税																	2	5	0	9	3	3
	应交税费	应交教育费附加																	1	0	7	5	4	3
附单据壹张	合　计						¥	3	5	8	4	7	6					¥	3	5	8	4	7	6

会计主管:张帅　　记账:李小燕　　复核:吴明　　制证:陈红

其表示的会计分录为：

借：税金及附加　　3 584.76

　贷：应交税费——应交城市维护建设税　　2 509.33

　　　应交税费——应交教育费附加　　1 075.43

[会计工作 37]　12 月 26 日，缴纳上月增值税 45 000 元、企业所得税 6 000 元。

[工作过程]　该项业务发生后，一方面，企业应交税费已经缴纳，使负债项目中“应交税费”减少了 51 000 元(其中增值税 45 000 元，所得税 6 000 元)，借记“应交税费”账户；另一方面，银行存款减少了 51 000 元，导致企业资产减少，贷记“银行存款”账户。填制一张付款凭证(表 5-74)。

表 5-74　　**付款凭证**

贷方科目:银行存款　　2×19 年 12 月 26 日　　银付字第 11 号

摘　要	借方科目 总账科目	明细科目	金额 千	百	十	万	千	百	十	元	角	分	√
缴纳增值税和企业所得税	应交税费	未交增值税				4	5	0	0	0	0	0	
		应交所得税					6	0	0	0	0	0	
附单据壹张	合　计				¥	5	1	0	0	0	0	0	

会计主管:张帅　　记账:李小燕　　复核:吴明　　出纳:李田田　　制证:陈红

其表示的会计分录为：

借：应交税费——未交增值税　　45 000

　　　　——应交所得税　　6 000

　贷：银行存款　　51 000

[会计工作 38] 12 月 26 日，采购员邓凯预借差旅费 5 500 元，以现金支票付讫。

[原始凭证] 借款单(表 5-75)。

表 5-75　　**借款单**

2×19 年 12 月 26 号

借款事由：出差	
人民币(大写)：伍仟伍佰元整	￥5 500.00
备注：	

单位负责人：任德明　　财务主管：张帅　　借款人：邓凯

[工作过程] 该笔经济业务发生后，一方面，职工借款 5 500 元，应借记“其他应收款”账户；另一方面，银行存款减少了 5 500 元，应贷记“银行存款”账户。填制一张付款凭证(表 5-76)。

表 5-76　　**付款凭证**

贷方科目：银行存款　　2×19 年 12 月 26 日　　银付字第 12 号

摘　要	借方科目		金额										√
	总账科目	明细科目	千	百	十	万	千	百	十	元	角	分	
邓凯借款	其他应收款	邓凯					5	5	0	0	0	0	
附单据壹张	合　计					￥	5	5	0	0	0	0	

会计主管：张帅　　记账：李小燕　　复核：吴明　　出纳：李田田　　制证：陈红

其表示的会计分录为：

借：其他应收款——邓凯　　5 500

　贷：银行存款　　5 500

[会计工作 39] 12 月 26 日，缴纳上月城建税 4 900 元、教育费附加 2 400 元，代替职工缴纳上月个人所得税 600 元。原始凭证“电子缴费付款凭证”与前相同，此处省略。

[工作过程] 该项业务发生后，一方面，企业应交税费已经缴纳，使负债项目中“应交税费”减少 7 900 元，借记“应交税费”账户借方；另一方面，银行存款减少 7 900 元，导致企业资产减少，贷记“银行存款”账户。填制一张付款凭证(表 5-77)。

表 5-77 **付款凭证**

贷方科目:银行存款 2×19 年 12 月 26 日 银付字第 13 号

摘 要	借方科目		金额										√
	总账科目	明细科目	千	百	十	万	千	百	十	元	角	分	
缴纳城建税、教育费附加	应交税费	应交城建税					4	9	0	0	0	0	
个人所得税	应交税费	应交教育费附加					2	4	0	0	0	0	
	应交税费	应交个人所得税						6	0	0	0	0	
附单据壹张	合 计					¥	7	9	0	0	0	0	

会计主管:张帅 记账:李小燕 复核:吴明 出纳:李田田 制证:陈红

其表示的会计分录为:

借:应交税费——应交城市维护建设税 4 900

——应交教育费附加 2 400

——应交个人所得税 600

贷:银行存款 7 900

[会计工作 40] 12 月 23 日,计提应由本月负担的短期借款利息 1 500 元。财会人员根据有关应付利息归还计划,编制“应付利息计算表”。

[原始凭证] 应付利息计算表(表 5-78)。

表 5-78 **应付利息计算表**

2×19 年 12 月 23 日 金额单位:元

借款银行	借款金额	借款时间	偿还期限	利息支付方式	年利率	应付利息
工行海南省分行营业部	300 000.00	2×19/11/21	6 个月	到期一次还本付息	6%	1 500.00

财务主管:张帅 审核:吴明 制表:陈红

[工作过程] 银行存款利息属于财务费用,一般按季结算,根据权责发生制原则,在本季度内每个月企业都要负担这笔利息费用,这样一方面引起本期费用要素中的财务费用增加 1 500 元,应借记“财务费用”账户;另一方面引起负债要素中的应付利息也增加 1 500 元,应贷记“应付利息”账户。填制一张转账凭证(表 5-79)。

表 5-79 转账凭证

2×19 年 12 月 23 日 转字 13 号

摘 要	总账科目	明细科目	记账√	借方金额										记账√	贷方金额									
				千	百	十	万	千	百	十	元	角	分		千	百	十	万	千	百	十	元	角	分
计提利息	财务费用	利息支出						1	5	0	0	0	0											
	应付利息	短期借款利息																	1	5	0	0	0	0
附单据壹张	合 计						¥	1	5	0	0	0	0					¥	1	5	0	0	0	0

会计主管：张帅 记账：李小燕 复核：吴明 制证：陈红

借：财务费用——利息支出 1 500

贷：应付利息——短期借款利息 1 500

[会计工作 41] 12 月 29 日，采购员邓凯出差归来报销差旅费，原借款 5 500 元，报销 5 200 元，余额退回现金 300 元。

[原始凭证] (1)差旅费报销单(表 5-80)；(2)现金"收款收据"(样式与前相同，略)。

表 5-80 差旅费报销单

附单据 30 张 2×19 年 12 月 29 日 第 1 页

姓名				邓凯	职别	男	工作部门		采购部	出差事由		采购材料	
起止日期				摘要	机车船费	市内交通	途中、住勤补助		住宿费			其他	金额合计
月	日	月	日				天数	金额	天数	标准费用	实际费用		
12	26	12	28	海口—文昌	500	300	3	900	3		1 500	900	4 100
12	29	12	29	文昌—海口	500	300	1	300					1 100
核准报销金额总计人民币(大写)：伍仟贰佰零拾零元零角零分 ¥5 200.00													
预借金额：5 500.00					退回金额：300.00				应补金额：				

单位负责人：任德明 财务主管：张帅 会计：陈红 出差人：邓凯

[工作过程] 根据上述原始凭证进行分析，该笔经济业务发生后，引起费用要素和资产要素之间以及资产要素内部发生变动。一方面，企业费用要素中的管理费用增加了5 200 元，应借记"管理费用"账户，同时收回现金 300 元，资产要素中的库存现金项目增加了 300 元，应借记"库存现金"账户；另一方面原采购员邓凯借支的差旅费 5 500 元应予以核销，使资产要素中的其他应收款项目减少 5 500 元，应贷记"其他应收款"账户。填制一张转账凭证(表 5-81)和一张收款凭证(表 5-82)。

表 5-81　　转账凭证

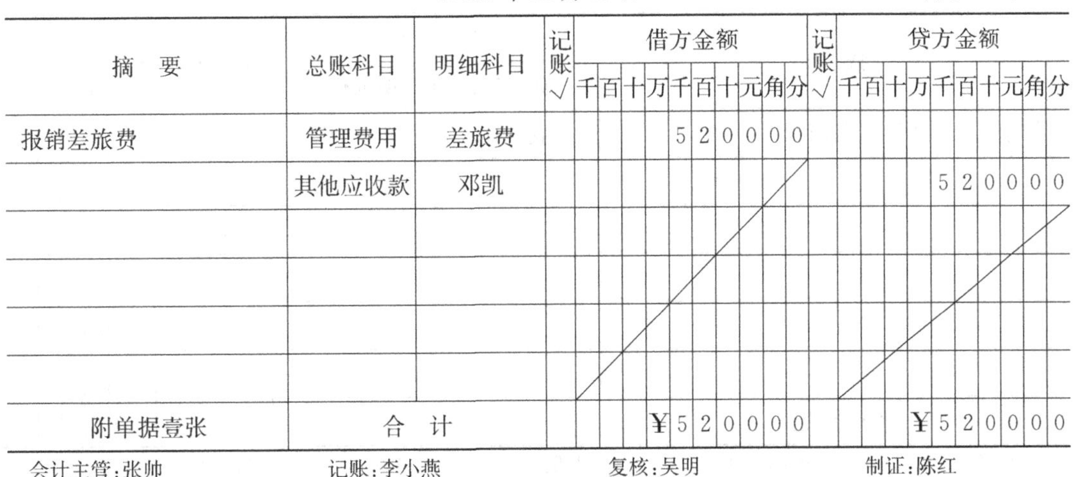

2×19 年 12 月 29 日　　转字 14 号

摘要	总账科目	明细科目	记账√	借方金额										记账√	贷方金额									
				千	百	十	万	千	百	十	元	角	分		千	百	十	万	千	百	十	元	角	分
报销差旅费	管理费用	差旅费						5	2	0	0	0	0											
	其他应收款	邓凯																	5	2	0	0	0	0
附单据壹张	合计						¥	5	2	0	0	0	0					¥	5	2	0	0	0	0

会计主管：张帅　　记账：李小燕　　复核：吴明　　制证：陈红

表 5-82　　收款凭证

借方科目：库存现金　　2×19 年 12 月 29 日　　现收字第 2 号

摘要	贷方科目		金额										√
	总账科目	明细科目	千	百	十	万	千	百	十	元	角	分	
邓凯退回现金	其他应收款	邓凯						3	0	0	0	0	
附单据壹张	合计						¥	3	0	0	0	0	

会计主管：张帅　　记账：李小燕　　复核：吴明　　出纳：李田田　　制证：陈红

其表示的会计分录为：

借：管理费用——差旅费　　5 200

　　库存现金　　300

　贷：其他应收款——邓凯　　5 500

[会计工作 42] 12 月 28 日，厂办决定对王元违规操作造成断电引起的停产罚款 400 元，收到现金。填制“收款收据”，样式同前，此处省略。厂办公室的处罚文件省略。

[工作过程] 该笔经济业务发生后，引起了企业资产要素和收入要素发生变化。一方面，使资产要素中的库存现金项目增加了 400 元，应借记“库存现金”账户；另一方面，引起收入要素中的营业外收入项目也增加了 400 元，应贷记“营业外收入”账户。填制一张收款凭证（表 5-83）。

表 5-83 **收款凭证**

借方科目:库存现金　　2×19 年 12 月 28 日　　现收字第 1 号

摘　要	贷方科目		金额										
	总账科目	明细科目	千	百	十	万	千	百	十	元	角	分	√
收到王元违规操作罚没利得	营业外收入	罚没利得						4	0	0	0	0	
附单据壹张	合　计						¥	4	0	0	0	0	

会计主管:张帅　　记账:李小燕　　复核:吴明　　出纳:李田田　　制证:陈红

借:库存现金　　400

　贷:营业外收入——罚没利得　　400

[**会计工作 43**] 12 月 29 日,归还工行海南省分行的短期借款及利息 50 750 元,其中,短期借款本金 50 000 元,利息 750 元。

[**原始凭证**] (1)贷款还款凭证回单(表 5-84);(2)应付利息计算表(表 5-85)。

表 5-84

ICBC 中国工商银行　**还款凭证**

2×19 年 12 月 29 日

客户填写	贷款账号	0765397		借款人名称	宏大有限责任公司	
	还款账号	529945123		还款账户名称	宏大有限责任公司	
	还款方式	到期一次还本付息		借款期限	3 月	
	借据本金	50 000.00	年利率	6%	借据利息	750.00
	还款金额	人民币(大写) 伍万零柒佰伍拾元整			千百十万千百十元角分	¥ 5 0 7 5 0 0 0
	放款日期	2×19 年 9 月 29 日		原约定还款日期	2×19 年 12 月 29 日	
银行打印	借款人名称:宏大有限责任公司 还款账号:529945123 还款账户名称:宏大有限责任公司 借据金额:50 000.00 货币代码:01　交易代码:2024 机构号:0144　交易柜员:000142 交易机构:　授权:　经办人:			贷款借据号:38520074 贷款账号:0765397 归还日期:2019.12.29 借据利息:750.00 交易日期:2019.12.29 柜员流水号:0014202 信贷:	现申请从还款账户中支取上述款项,用于归还该项贷款本息。 还款人预留银行印鉴	

(印章:中国工商银行龙华支行 2×19年12月29日 转讫)

银行盖章

第二联　回执联

表 5-85　**应付利息计算表**

2×19 年 12 月 29 日　单位：元

借款银行	借款金额	借款时间	偿还期限	利息支付方式	年利率	应付利息
工行海南省分行营业部	50 000.00	2×19/09/29	3 个月	到期一次还本付息	6%	750.00

财务主管：张帅　审核：吴明　制表：陈红

[工作过程] 该笔经济业务发生后，引起负债要素和资产要素发生变化。一方面，因为还本付息，使负债要素中短期借款减少 50 000 元，应付利息减少 750 元，应分别借记“短期借款”账户和“应付利息”账户；另一方面，资产要素中的银行存款减少 50 750 元，应贷记“银行存款”账户。填制一张付款凭证（表 5-86）。

表 5-86　**付款凭证**

贷方科目：银行存款　2×19 年 12 月 29 日　银付字第 14 号

摘　要	借方科目		金额										√
	总账科目	明细科目	千	百	十	万	千	百	十	元	角	分	
归还短期借款及利息	短期借款	工行				5	0	0	0	0	0	0	
	应付利息	短期借款利息						7	5	0	0	0	
附单据贰张	合　计				¥	5	0	7	5	0	0	0	

会计主管：张帅　记账：李小燕　复核：吴明　出纳：李田田　制证：陈红

其表示的会计分录为：

借：短期借款——工行　50 000

　　应付利息——短期借款利息　750

　　贷：银行存款　50 750

[会计工作 44] 12 月 29 日，宏大有限责任公司开出转账支票一张，捐赠给市福利院 3 000 元。收到福利院开具的“收款收据”。“收款收据”和“转账支票存根”样式同前，此处省略。

[工作过程] 该笔经济业务发生后，引起费用要素和资产要素发生变化。一方面，因为被罚款使费用要素中的营业外支出增加 3 000 元，借记“营业外支出”账户；另一方面，资产要素中的银行存款减少 3 000 元，贷记“银行存款”账户。填制一张付款凭证（表 5-87）。

表 5-87

付款凭证

贷方科目:银行存款　　2×19 年 12 月 29 日　　银付字第 15 号

摘要	借方科目		金额										√
	总账科目	明细科目	千	百	十	万	千	百	十	元	角	分	
向福利院捐款	营业外支出	公益性捐赠支出					3	0	0	0	0	0	
附单据贰张	合计					¥	3	0	0	0	0	0	

会计主管:张帅　记账:李小燕　复核:吴明　出纳:李田田　制证:陈红

其表示的会计分录为:

借:营业外支出——公益性捐赠支出　　3 000

　　贷:银行存款　　3 000

[会计工作 45] 12 月 29 日,摊销无形资产 7 500 元,其中专利权摊销 2 500 元,非专利技术摊销 5 000 元。原始凭证"累计摊销计算表"。

[工作过程] 该笔经济业务发生后,引起费用要素和资产要素发生变化。一方面,费用要素中的管理费用增加 7 500 元,应借记"管理费用"账户;另一方面,资产要素中的累计摊销增加 7 500 元,应贷记"累计摊销"账户。填制一张转账凭证(表 5-88)。

表 5-88

转账凭证

2×19 年 12 月 29 日　　转字 15 号

摘要	总账科目	明细科目	记账√	借方金额										记账√	贷方金额									
				千	百	十	万	千	百	十	元	角	分		千	百	十	万	千	百	十	元	角	分
摊销无形资产	管理费用	摊销费						7	5	0	0	0	0											
	累计摊销	专利权摊销																	2	5	0	0	0	0
	累计摊销	非专利技术摊销																	5	0	0	0	0	0
附单据壹张	合计						¥	7	5	0	0	0	0					¥	7	5	0	0	0	0

会计主管:张帅　记账:李小燕　复核:吴明　制证:陈红

其表示的会计分录为:

借:管理费用——摊销费　　7 500

　　贷:累计摊销——专利权摊销　　2 500

　　　　　　——非专利技术摊销　　5 000

任务六　财务成果形成和分配业务的核算

一、财务成果的含义

财务成果是指企业在一定会计期间所实现的最终经营成果，也就是企业所实现的利润或亏损总额。利润是按照配比的要求，将一定时期内的收入与费用进行配比而产生的结果，收入大于费用支出的差额部分为利润，反之则为亏损。利润是综合反映企业在一定时期生产经营成果的重要指标。企业各方面的情况，诸如劳动生产率的高低、产品是否适销对路、产品成本和期间费用的节约与否，都会通过利润指标得到综合反映。因此，获取利润就成为企业生产经营的主要目的之一。一个企业的获利与否，不仅关系到企业的稳定发展和职工生活水平的提高问题，而且也会影响到社会的积累与发展，所以企业必须采取一切措施，增收节支，增强企业的盈利能力，提高经济效益。

二、利润的构成和计算★★★

利润是衡量一个企业资本运营能力高低的综合指标。利润的确认与计量，是以企业生产经营过程中所实现的收入和发生的费用的确认与计量为基础的，同时还要包括通过投资活动而获得的投资收益，以及与生产经营活动没有直接关系的营业外收支等。利润的构成和计算涉及营业利润、利润总额和净利润三个方面。

（一）营业利润

营业利润是指企业在某一会计期间的营业收入和为实现这些营业收入所发生的费用、成本比较的结果。营业利润的具体构成，可用下列公式表示：

营业利润＝营业收入－营业成本－税金及附加－销售费用－管理费用－研发费用－财务费用－资产减值损失－信用损失＋其他收益＋投资收益＋公允价值变动收益＋资产处置收益　　(5-15)

其中，营业收入包括主营业务收入和其他业务收入，营业成本包括主营业务成本和其他业务成本，税金及附加包括主营业务和其他业务应负担的消费税、城市维护建设税等。

（二）利润总额

利润总额是指企业在一定时期内销售商品和提供其他业务实现的利润总和。按照我国企业会计准则的规定，工业企业的利润总额一般包括营业利润和营业外收支净额等内容。可用下列公式表示：

利润（或亏损）总额＝营业利润＋营业外收入－营业外支出　　(5-16)

（三）净利润

净利润是在利润总额中扣除按规定计算的所得税费用后公司的留存利润，一般也称为税后利润。净利润是一个企业经营的最终成果，净利润越多，企业的经营效益越好；净利润越少，企业的经营效益越差，它是衡量一个企业经营效益的主要指标。可用下列公式表示：

$$净利润=利润总额-所得税费用 \tag{5-17}$$

三、利润形成的核算★★

（一）期间费用的核算

期间费用是指不能直接归属于某个特定的产品成本，而应直接计入当期损益的各种费用。它是企业在经营过程中随着时间的推移而不断发生的，与产品生产活动的管理和销售具有一定关系，但与产品的制造过程没有直接关系的各种费用。一般来说，我们能够很容易地确定期间费用应归属的会计期间，但难以确定其应归属的产品。简言之，难以确定其直接的负担者，所以期间费用不计入产品制造成本，而是从当期损益中予以扣除。

期间费用包括为管理企业的生产经营活动而发生的管理费用，为筹集资金而发生的财务费用，为销售商品而发生的销售费用等。这些费用的发生对企业取得收入具有很大的作用，但很难与各类收入直接配比，所以将其视为与某一期间的营业收入相关的期间费用，通常按其实际发生额予以确认。有关期间费用中财务费用的具体内容在本项目任务二资金筹集业务中已经作了详细的阐述，这里只对期间费用中的管理费用和销售费用的内容进行介绍。

（1）管理费用是指企业行政管理部门为组织和管理企业的生产经营活动而发生的各种费用，包括企业在筹建期间内发生的开办费、董事会和行政管理部门在企业的经营管理过程中发生的或者应由企业统一负担的公司经费（包括行政管理部门的职工薪酬、物料消耗、低值易耗品摊销、办公费和差旅费等）、工会经费、董事会费（包括董事会成员津贴、会议费和差旅费等）、聘请中介机构费、咨询费（含顾问费）、诉讼费、业务招待费、技术转让费、研究费用、排污费等。

（2）销售费用是指企业在销售商品和材料、提供劳务等日常经营过程中发生的各项费用，包括保险费、包装费、展览费和广告费、商品维修费、预计产品质量保证损失、运输费、装卸费以及为销售本企业的商品而专设的销售机构（含销售网点、售后服务网点等）的职工薪酬、业务费、折旧费等经营费用。

（二）投资收益的核算

企业为了合理有效地使用资金以获取更多的经济利益，除了进行正常的生产经营活动外，还可以将资金投放于债券、股票或其他财产等，形成企业的对外投资。投资收益的实现或投资损失的发生都会影响企业当期的经营成果。

（三）营业外收支的核算

企业的营业外收支是指与企业正常的生产经营业务没有直接关系的各项收入和支出，包括营业外收入和营业外支出。营业外收入，是指与企业正常的生产经营活动没有直接关系的各项收入，包括债务重组利得、与企业日常活动无关的政府补助、盘盈利得、捐赠利得。营业外收入不是由企业经营资金耗费所产生的，一般不需要企业付出代价，因而无法与有关的费用支出相配比。企业发生营业外收入时，应按其净额进行核算，并直接增加企业的利润总额。营业外支出，是指与企业正常生产经营活动没有直接关系的各项支出，包括债务重组损失、公益性捐赠支出、非常损失。营业外支出并非是为取得营业外收入而发生的，两者应分别进行核算。

营业外收支虽然与企业正常的生产经营活动没有直接关系，但从企业主体考虑，营业外收支同样能够增加或减少企业的利润，对利润或亏损总额乃至净利润会产生一定的影响。在会计核算过程中，一般按照营业外收支具体项目发生的时间，按其实际数额在当期作为利润的加项或减项分别予以确认和计量。

(四) 所得税费用的核算

所得税费用是企业按照国家税法的有关规定，对企业某一经营年度实现的经营所得和其他所得，按照规定的所得税税率计算缴纳的一种税款。所得税费用是企业使用政府所提供的各种服务而向政府应尽的义务。

所得税费用从本质上说是以在分配领域内产生的各项收益额为课征对象的一个通行税种，也就是说，不论是企业还是个人，只要有收益就应该缴纳所得税。由于税收具有自动改变和累进的功能，它随着课征客体的收益的大小而随时作出调整，所以这种累进的所得税(其他税种也是如此)对国家经济起着自动调节的作用，是国家经济的稳定器。从另外一个角度来考察，对于一个经营实体而言，向国家缴纳了所得税，意味着其资源的流出、经济利益的减少，而且税收又具有强制性和无偿性，所以应将所得税作为经营实体的一种费用看待，这不仅符合费用要素的定义，也符合配比原则的要求。

所得税是根据企业的所得额征收的，而企业的所得额又可以依据不同的标准分别计算确定，即所谓的会计所得和纳税所得。会计所得是由企业根据会计准则、制度等要求确认的收入与费用进行配比后计算得到的税前会计利润。纳税所得是根据税收法规规定的收入和准予扣除的费用后计算得到的企业纳税所得，即应税利润。由于会计法规和税收法规是两个不同的经济范畴，两者的适度分离被认为是允许的，实际上它们分别遵循着不同的原则和方法，规范着不同的对象。会计的最终目标是提供财务报告，全面、真实、完整地反映企业的财务状况和经营成果，为会计信息的使用者提供有用的会计信息；税法的目的是确保税收收入。两者目标上的不同导致了收益确定上的差异。因此，按照会计法规计算确定的会计利润与按照税收法规计算确定的应税利润对同一家企业的同一个会计期间来说，其计算的结果往往不一致，在计算口径和确认时间方面存在一定的差异，即计税差异，我们一般将这个差异称为纳税调整项目。

企业所得税通常是按年计算、分期预交、年末汇算清缴，其计算公式为：

$$\text{应交所得税}=\text{应纳税所得额}\times\text{所得税税率} \tag{5-18}$$

$$\text{应纳税所得额}=\text{利润总额}+\text{所得税前利润中予以调整的项目} \tag{5-19}$$

公式中的所得税前利润中的调整项目包括纳税调整增加项目和纳税调整减少项目两部分。纳税调整增加项目主要包括税法规定不允许扣除的项目，企业已计入当期费用但超过税法规定扣除标准的金额，如超过税法规定标准的工资支出、业务招待费支出，税收罚款滞纳金、非公益性捐赠支出；纳税调整减少项目主要包括按税法规定允许弥补的亏损和准予免税的项目，如 5 年内未弥补完的亏损、国债的利息收入。由于纳税调整项目的内容比较复杂，在本教材中，为了简化核算，一般假设纳税调整项目为零，因而就可以以会计上的利润总额为基础计算所得税税额。企业的所得税税率通常为 25%，各期预交所得税的计算公式为：

当期累计应交所得税＝当期累计应纳税所得额×所得税税率 (5-20)

当期应交所得税＝当期累计应交所得税－上期累计已交所得税 (5-21)

(五) 净利润形成的核算

企业在经营过程中实现了各项收入，同时也发生了各项支出，对于该类收入和支出均已在各有关的损益类账户中进行了相应的反映。根据前面介绍的内容可知，企业的利润总额、净利润是由企业的收益与其相关的支出进行配比、抵减后确定的，因而会涉及何时配比、抵减和怎样配比、抵减的问题。企业计算确定本期利润总额、净利润和本年累计利润总额、累计净利润的具体方法有“账结法”和“表结法”两种。

四、利润分配的核算★★★

利润分配就是企业经过股东大会或类似权力机构的批准，对企业可供分配的利润指定其特定用途和分配给投资者的行为。根据《公司法》等有关法规的规定，企业当年实现的净利润，首先应弥补以前年度尚未弥补的亏损，但不得超过税法规定的弥补期限。对于剩余部分，应按照下列顺序进行分配。

(一) 提取法定盈余公积

根据我国《公司法》的规定，公司制企业应按照净利润的10%提取法定盈余公积，当公司提取的法定盈余公积累计额为公司注册资本50%以上时可以不再提取。

(二) 向投资者分配利润或股利

企业实现的净利润在扣除上述项目后，再加上年初未分配利润和其他转入数(公积金弥补的亏损等)，形成可供投资者分配的利润。可供投资者分配的利润，应按下列顺序进行分配：

(1) 支付优先股股利。优先股股利是指企业按照利润分配方案分配给优先股股东的现金股利，优先股股利是按照约定的股利率计算支付的。

(2) 提取任意盈余公积。一般情况下，任意盈余公积按照股东会或股东大会决议，从公司净利润中提取。

(3) 支付普通股现金股利。普通股现金股利是指企业按照利润分配方案分配给普通股东的现金股利，普通股现金股利一般按各股东持有股份的比例进行分配。如果是非股份制企业则为分配给投资人的利润。

(4) 转作资本(或股本)的普通股股利。转作资本(或股本)的普通股股利是指企业按照利润分配方案以分派股票股利的形式转作的资本(或股本)。

可供投资者分配的利润经过上述分配之后，剩余部分为企业的未分配利润(或未弥补亏损)。未分配利润是企业留待以后年度进行分配的利润或等待分配的利润，它是所有者权益的一个重要组成部分。相对于所有者权益的其他部分来说，企业对于未分配利润的使用拥有较大的自主权。

五、财务成果形成和分配业务核算的账户设置★★★

(一)“其他应收款”账户

“其他应收款”账户用来核算企业除应收票据、应收账款、预付账款、应收股利等经营活动以外的其他各种应收、暂付的款项。本账户是资产类账户，借方登记企业发生的其他各种应收、暂付款项，贷方登记收回或转销的各种应收、暂付款项；期末借方余额，反映企业尚未收回的其他应收款。本账户应当按照其他应收款的项目和对方单位（或个人）设置明细账，进行明细分类核算，适合采用“三栏式”明细账。

（二）“其他应付款”账户

“其他应付款”账户用来核算企业除应付票据、应付账款、预收账款、应付职工薪酬、应付利息、应交税费等经营活动以外的其他各项应付、暂收的款项。本账户是负债类账户，贷方登记企业发生的其他各种应付、暂收款项；借方登记支付的其他各种应付、暂收款项；期末贷方余额，反映企业尚未支付的其他应付款项。本账户应当按照其他应付款的项目和对方单位（或个人）设置明细账，进行明细核算，适合采用“三栏式”明细账。

（三）“营业外收入”账户

“营业外收入”账户用来核算企业发生的与日常生产经营活动无直接关系的各项营业外支出，主要包括债务重组利得、与日常活动无关的政府补助、盘盈利得、捐赠利得等。本账户是损益类账户，贷方登记企业发生的各种营业外收入；借方登记期末转入“本年利润”账户的营业外收入；期末结转后，本账户应无余额。本账户应按照营业外收入的项目设置明细账，进行明细核算，适合采用“贷方多栏式”明细账。

（四）“营业外支出”账户

“营业外支出”账户用来核算企业发生的与日常生产经营活动无直接关系的各项营业外支出，包括债务重组损失、公益性捐赠支出、非常损失、盘亏损失等。本账户是损益类账户，借方登记企业发生的各种营业外支出；贷方登记期末转入“本年利润”账户的营业外支出；期末结转后，本账户无余额。本账户应按照营业外支出的项目设置明细账，进行明细分类核算，适合采用“借方多栏式”明细账。

（五）“投资收益”账户

“投资收益”账户用来核算企业确认的对外投资收益或投资损失。本账户是损益类账户，贷方登记取得的投资收益或期末投资净损失的转出数；借方登记发生的投资损失和期末投资净收益的转出数；无论发生投资收益还是投资损失，都要结转到“本年利润”账户，期末结转后，本账户无余额。本账户应按照投资项目设置明细账，进行明细分类核算，适合采用“三栏式”明细账，也可以采用“借贷双方多栏式”明细账。

（六）“累计摊销”账户

“累计摊销”账户用来核算企业对使用寿命有限的无形资产计提的累计摊销。本账户是资产类账户，贷方登记企业按月计提的无形资产摊销，借方登记处置无形资产时结转的累计摊销；本账户期末贷方余额，反映企业无形资产的累计摊销额。本账户应按无形资产项目设置明细账，进行明细分类核算，适合采用“三栏式”明细账。

（七）“应付利息”账户

“应付利息”账户用来核算企业按照合同约定应支付的利息，包括吸收存款、分期付息到期还本的长期借款、企业债券等应支付的利息。本账户是负债类账户。贷方登记按规定利率计算的应付利息数额，借方登记实际支付的利息数额；期末贷方余额，反映企业应付未付的利息数额。本账户可按存款人或债权人设置明细账，进行明细分类核算，适合采用“三栏式”明细账。

(八)“本年利润”账户

“本年利润”账户用来核算企业实现的净利润(或发生的净亏损)。本账户是所有者权益类账户,贷方登记期末从“主营业务收入”“其他业务收入”“资产处理损益”“营业外收入”以及“投资收益”(投资净收益)等账户转入的数额;借方登记期末从“主营业务成本”“税金及附加”“其他业务成本”“销售费用”“管理费用”“财务费用”“营业外支出”“所得税费用”以及“投资收益”(投资净损失)等账户转入的数额。年度终了,应将本年收入和支出相抵后结出本年实现的净利润(即贷方余额),转入“利润分配——未分配利润”账户的贷方;如为净亏损(即借方余额),转入“利润分配——未分配利润”账户的借方;结转后,本账户应无余额。本账户明细账是专用的“借贷双方多栏式”明细账。

(九)“所得税费用”账户

“所得税费用”账户用来核算企业确认的应从当期利润总额中扣除的所得税费用。本账户是损益类账户,借方登记企业按税法规定的应纳税所得额计算得到的应纳所得税额;贷方登记企业会计期末转入“本年利润”账户的所得税额;结转后本账户应无余额。本账户可按“当期所得税费用”“递延所得税费用”设置明细账,进行明细核算,适合采用“三栏式”明细账。

(十)“利润分配”账户

“利润分配”账户用来核算企业利润的分配(或亏损的弥补)和历年分配(或弥补)后的结存余额。本账户是所有者权益类账户,借方登记按规定实际分配的利润数,或年终时从“本年利润”账户的贷方转来的全年亏损总额;贷方登记年终时从“本年利润”账户借方转来的全年实现的净利润总额;年终贷方余额表示历年结存的未分配利润,如为借方余额,则表示历年结存的未弥补亏损。同时,将“利润分配”账户所属其他明细科目的余额转入本账户的“未分配利润”明细科目。结转后,本账户除“未分配利润”明细科目外,其他明细账户无余额。本账户应当分别按“提取法定盈余公积”“提取任意盈余公积”“应付股利”“转作股本的股利”“盈余公积补亏”和“未分配利润”等设置明细账,进行明细核算,适合采用“三栏式”明细账。

(十一)“应付股利”账户

“应付股利”账户用来核算企业根据股东大会或类似机构审议确定分配的现金股利或利润。本账户是负债类账户,贷方登记根据通过的股利或利润分配方案计算的应支付的现金股利或利润;借方登记实际支付的金额。期末贷方余额,反映企业应付未付的现金股利或利润。本账户应按投资者设置明细账,进行明细分类核算,适合采用“三栏式”明细账。

(十二)“盈余公积”账户

“盈余公积”账户用来核算企业从净利润中提取的盈余公积。本账户是所有者权益类账户,贷方登记从净利润中提取的法定盈余公积和任意盈余公积;借方登记盈余公积的使用,如转增资本、弥补亏损;期末贷方余额,表示企业按照规定提取的盈余公积余额。本账户应当分别按“法定盈余公积”“任意盈余公积”设置明细账,进行明细分类核算,适合采用“三栏式”明细账。

六、财务成果形成和分配业务核算的会计处理举例★★★

[会计工作46] 12月31日,将本月实现的主营业务收入397 000元、其他业务收入

12 000 元和营业外收入 400 元转入“本年利润”账户。该公司根据各账簿有关记录编制公司内部转账单。

［工作过程］ 该笔经济业务发生后，引起了企业收入要素和所有者权益要素发生变化。一方面，使收入要素中的主营业务收入减少 397 000 元、其他业务收入减少 12 000 元、营业外收入减少 400 元，应分别借记“主营业务收入”“其他业务收入”“营业外收入”账户；另一方面，转入收入使所有者权益要素中的本年利润项目增加了 409 400 元，应贷记“本年利润”账户。填制一张转账凭证（表 5-89）。

表 5-89　　**转账凭证**

2×19 年 12 月 31 日　　转字 21 号

摘　要	总账科目	明细科目	记账√	借方金额										记账√	贷方金额									
				千	百	十	万	千	百	十	元	角	分		千	百	十	万	千	百	十	元	角	分
结转损益类账户	主营业务收入					3	9	7	0	0	0	0	0											
	其他业务收入						1	2	0	0	0	0	0											
	营业外收入								4	0	0	0	0											
	本年利润																4	0	9	4	0	0	0	0
附单据壹张	合　计				¥	4	0	9	4	0	0	0	0			¥	4	0	9	4	0	0	0	0

会计主管：张帅　　记账：李小燕　　复核：吴明　　制证：陈红

其表示的会计分录为：

借：主营业务收入　　397 000

　　其他业务收入　　12 000

　　营业外收入　　400

　　贷：本年利润　　409 400

［会计工作 47］ 12 月 31 日，月末将主营业务成本 212 100 元、其他业务成本 10 500 元、税金及附加 3 584.76 元、管理费用 39 512.5 元、财务费用 1 500 元、销售费用 18 000 元和营业外支出 3 000 元转入“本年利润”账户。该公司根据各账簿的有关资料编制公司内部转账单。

［工作过程］ 该笔经济业务发生后，引起了企业费用要素和所有者权益要素发生变化。一方面，使所有者权益要素中的“本年利润”项目减少 288 197.26 元，应借记“本年利润”账户；另一方面，引起费用要素中的主营业务成本减少 212 100 元、其他业务成本减少 10 500 元、税金及附加减少 3 584.76 元、管理费用减少 39 512.5 元、财务费用减少 1 500 元、销售费用减少 18 000 元、营业外支出减少 3 000 元，应分别贷记“主营业务成本”“其他业务成本”“税金及附加”“管理费用”“财务费用”“销售费用”“营业外支出”。填制一张转账凭证（表 5-90）。

表 5-90 **转账凭证**

2×19 年 12 月 31 日 转字 22 号

摘 要	总账科目	明细科目	记账√	借方金额										记账√	贷方金额								
				千	百	十	万	千	百	十	元	角	分		千	百	十	万	千	百	十	元	角	分
结转损益类账户	本年利润					2	8	8	1	9	7	2	6											
	主营业务成本																2	1	2	1	0	0	0	0
	其他业务成本																	1	0	5	0	0	0	0
	税金及附加																		3	5	8	4	7	6
	管理费用																	3	9	5	1	2	5	0
	财务费用																		1	5	0	0	0	0
	销售费用																	1	8	0	0	0	0	0
	营业外支出																	3	0	0	0	0	0	
附单据壹张	合 计				¥	2	8	8	1	9	7	2	6			¥	2	8	8	1	9	7	2	6

会计主管:张帅 记账:李小燕 复核:吴明 制证:陈红

其表示的会计分录为:

借:本年利润 288 197.26

　贷:主营业务成本 212 100

　　其他业务成本 10 500

　　税金及附加 3 584.76

　　管理费用 39 512.5

　　财务费用 1 500

　　销售费用 18 000

　　营业外支出 3 000

[会计工作 48] 12 月 31 日,按本年实现利润的 25%计算本月应交所得税。

[原始凭证] 所得税费用计算表(表 5-91)。

表 5-91 **所得税费用计算表**

2×19 年 12 月 31 日 单位:元

应纳税所得额	税率	应纳税额
121 202.74	25%	30 300.69

财务主管:张帅 审核:吴明 制表:陈红

[工作过程] 该笔经济业务发生后,引起了企业费用要素和负债要素发生变化。一方面,使费用要素中的所得税费用项目增加了 30 300.69 元,应借记"所得税费用"账户;另一方面,只计算而尚未缴纳,引起负债要素中的"应交税费——应交所得税"项目也增加了 30 300.69 元,应贷记"应交税费——应交所得税"账户。填制一张转账凭证(表 5-92)。

表 5-92　　**转账凭证**

2×19 年 12 月 31 日　　转字 23 号

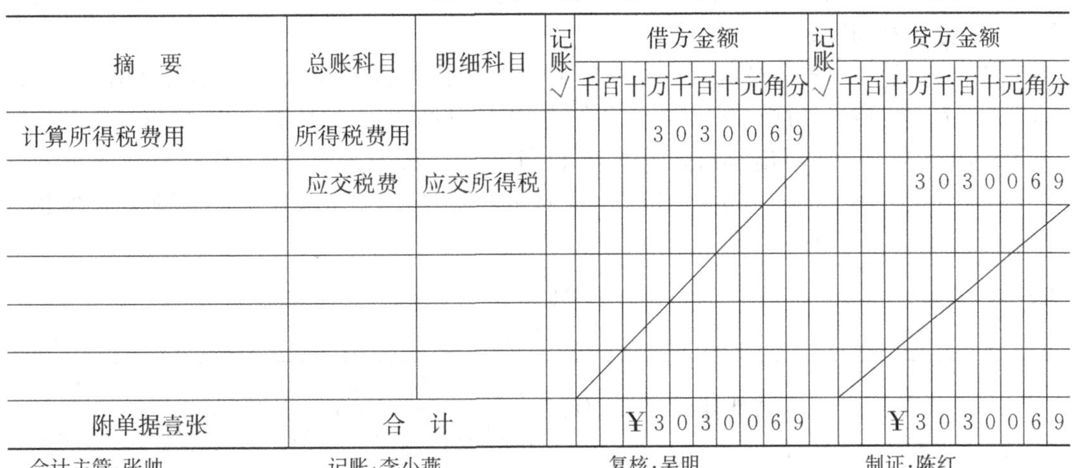

摘　要	总账科目	明细科目	记账√	借方金额										记账√	贷方金额								
				千	百	十	万	千	百	十	元	角	分		千	百	十	万	千	百	十	元	角	分
计算所得税费用	所得税费用						3	0	3	0	0	6	9										
	应交税费	应交所得税																3	0	3	0	0	6	9
附单据壹张	合　计					¥	3	0	3	0	0	6	9				¥	3	0	3	0	0	6	9

会计主管：张帅　　记账：李小燕　　复核：吴明　　制证：陈红

其表示的会计分录为：

借：所得税费用　　30 300.69

　贷：应交税费——应交所得税　　30 300.69

［**会计工作 49**］　12 月 31 日，月末将“所得税费用”转入“本年利润”账户。该公司根据各账簿的有关资料编制公司内部转账单。（附原始凭证：内部转账单）

［**工作过程**］　该笔经济业务发生后，引起了企业费用要素和所有者权益要素发生变化。一方面，使所有者权益要素中的“本年利润”项目减少了 30 300.69 元，应借记“本年利润”账户；另一方面，引起费用要素中的所得税费用也减少了 30 300.69 元，应贷记“所得税费用”账户。填制一张转账凭证（表 5-93）。

表 5-93　　**转账凭证**

2×19 年 12 月 31 日　　转字 24 号

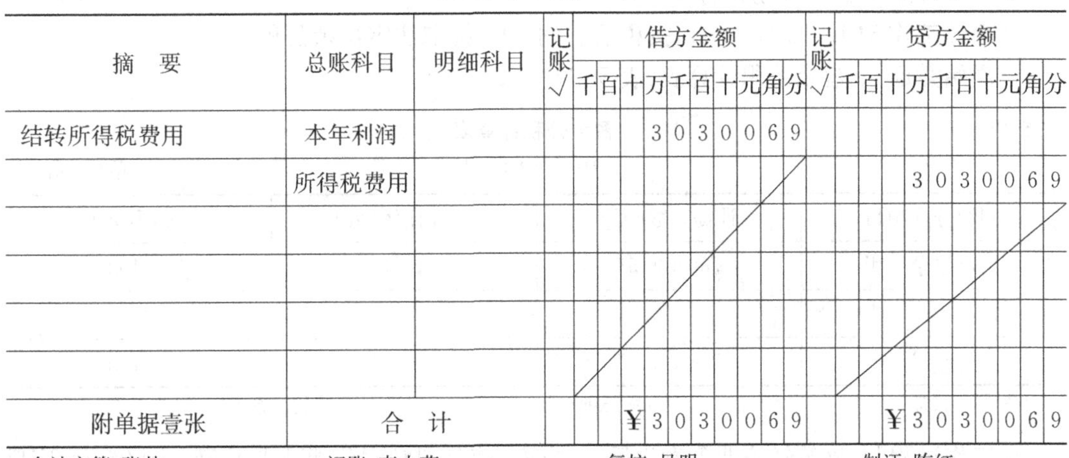

摘　要	总账科目	明细科目	记账√	借方金额										记账√	贷方金额								
				千	百	十	万	千	百	十	元	角	分		千	百	十	万	千	百	十	元	角	分
结转所得税费用	本年利润						3	0	3	0	0	6	9										
	所得税费用																	3	0	3	0	0	6	9
附单据壹张	合　计					¥	3	0	3	0	0	6	9				¥	3	0	3	0	0	6	9

会计主管：张帅　　记账：李小燕　　复核：吴明　　制证：陈红

其表示的会计分录为：

借：本年利润　　30 300.69

　贷：所得税费用　　30 300.69

［会计工作 50］ 12 月 31 日，将本年净利润 766 109.55 元(1—11 月份累计实现净利润 675 207.5 元，12 月份实现净利润是 90 902.05 元(121 202.74－30 300.69)转入“利润分配——未分配利润”账户。

［工作过程］ 财务人员应该根据本年利润贷方余额，编制原始凭证，根据上述分析，该笔经济业务发生后，一方面，到年末，为了结束“本年利润”账户的核算工作，应将本年利润账户余额 766 109.55 元转出，应借记“本年利润”账户；另一方面，转入利润分配使利润分配——未分配利润增加了 766 109.55 元，应贷记“利润分配——未分配利润”账户。填制一张转账凭证(表 5-94)。

表 5-94 转账凭证

2×19 年 12 月 31 日 转字 25 号

<table>
<tr><th rowspan="2">摘　要</th><th rowspan="2">总账科目</th><th rowspan="2">明细科目</th><th rowspan="2">记账√</th><th colspan="10">借方金额</th><th rowspan="2">记账√</th><th colspan="10">贷方金额</th></tr>
<tr><th>千</th><th>百</th><th>十</th><th>万</th><th>千</th><th>百</th><th>十</th><th>元</th><th>角</th><th>分</th><th>千</th><th>百</th><th>十</th><th>万</th><th>千</th><th>百</th><th>十</th><th>元</th><th>角</th><th>分</th></tr>
<tr><td>结转净利润</td><td>本年利润</td><td></td><td></td><td></td><td></td><td>7</td><td>6</td><td>6</td><td>1</td><td>0</td><td>9</td><td>5</td><td>5</td><td></td><td></td><td></td><td></td><td></td><td></td><td></td><td></td><td></td><td></td><td></td></tr>
<tr><td></td><td>利润分配</td><td>未分配利润</td><td></td><td></td><td></td><td></td><td></td><td></td><td></td><td></td><td></td><td></td><td></td><td></td><td></td><td></td><td>7</td><td>6</td><td>6</td><td>1</td><td>0</td><td>9</td><td>5</td><td>5</td></tr>
<tr><td></td><td></td><td></td><td></td><td></td><td></td><td></td><td></td><td></td><td></td><td></td><td></td><td></td><td></td><td></td><td></td><td></td><td></td><td></td><td></td><td></td><td></td><td></td><td></td><td></td></tr>
<tr><td></td><td></td><td></td><td></td><td></td><td></td><td></td><td></td><td></td><td></td><td></td><td></td><td></td><td></td><td></td><td></td><td></td><td></td><td></td><td></td><td></td><td></td><td></td><td></td><td></td></tr>
<tr><td></td><td></td><td></td><td></td><td></td><td></td><td></td><td></td><td></td><td></td><td></td><td></td><td></td><td></td><td></td><td></td><td></td><td></td><td></td><td></td><td></td><td></td><td></td><td></td><td></td></tr>
<tr><td></td><td></td><td></td><td></td><td></td><td></td><td></td><td></td><td></td><td></td><td></td><td></td><td></td><td></td><td></td><td></td><td></td><td></td><td></td><td></td><td></td><td></td><td></td><td></td><td></td></tr>
<tr><td>附单据壹张</td><td colspan="2">合　计</td><td></td><td></td><td>¥</td><td>7</td><td>6</td><td>6</td><td>1</td><td>0</td><td>9</td><td>5</td><td>5</td><td></td><td></td><td>¥</td><td>7</td><td>6</td><td>6</td><td>1</td><td>0</td><td>9</td><td>5</td><td>5</td></tr>
</table>

会计主管:张帅　　记账:李小燕　　复核:吴明　　制证:陈红

其表示的会计分录为:

借:本年利润　　766 109.55

　贷:利润分配——未分配利润　　766 109.55

［会计工作 51］ 12 月 31 日，按税后利润 10%提取法定盈余公积。

［原始凭证］ 盈余公积计算表(表 5-95)。

表 5-95 盈余公积计算表

2×19 年 12 月 31 日 单位:元

利润分配项目	计提基数(元)	计提比例(%)	金额(元)
法定盈余公积	766 109.55	10%	76 610.96
合　计	766 109.55		76 610.96

财务主管:张帅　　审核:吴明　　制表:陈红

［工作过程］ 该笔经济业务发生后，一方面，使公司利润分配减少了 76 610.96 元，应借记“利润分配”账户；另一方面，使公司法定盈余公积增加了 76 610.96 元，应贷记“盈余公积”账户。填制一张转账凭证(表 5-96)。

表 5-96

转账凭证

2×19 年 12 月 31 日　　　　　　　　　　转字 26 号

摘　要	总账科目	明细科目	记账√	借方金额										记账√	贷方金额									
				千	百	十	万	千	百	十	元	角	分		千	百	十	万	千	百	十	元	角	分
提取法定盈余公积	利润分配	提取法定盈余公积					7	6	6	1	0	9	6											
	盈余公积	法定盈余公积																7	6	6	1	0	9	6
附单据壹张	合　计					¥	7	6	6	1	0	9	6				¥	7	6	6	1	0	9	6

会计主管：张帅　　　　记账：李小燕　　　　复核：吴明　　　　制证：陈红

其表示的会计分录为：

借：利润分配——提取法定盈余公积　　　　76 610.96

　贷：盈余公积——法定盈余公积　　　　76 610.96

［会计工作 52］　12 月 31 日，根据董事会决议，按税后利润 30%向股东发放现金股利，尚未支付。

［原始凭证］　应付股利计算表(表 5-97)。

表 5-97

应付股利计算表

2×19 年 12 月 31 日　　　　　　　　　　单位：元

利润分配项目	分配基数(元)	分配比例(%)	金额(元)
应付现金股利	766 109.55	30%	229 832.87
合　计	766 109.55		229 832.87

财务主管：张帅　　　　审核：吴明　　　　制表：陈红

［工作过程］　该笔经济业务发生后，一方面，使公司利润分配减少了 229 832.87 元，应借记“利润分配”账户；另一方面，使公司应付股利增加了 229 832.87 元，应贷记“应付股利”账户。填制一张转账凭证(表 5-98)。

表 5-98

转账凭证

2×19 年 12 月 31 日　　　　　　　　　　转字 27 号

摘　要	总账科目	明细科目	记账√	借方金额										记账√	贷方金额									
				千	百	十	万	千	百	十	元	角	分		千	百	十	万	千	百	十	元	角	分
利润分配	利润分配	应付现金股利				2	2	9	8	3	2	8	7											
	应付股利	吴辉															1	2	7	6	9	5	1	4
	应付股利	李华																1	9	1	4	5	0	8
	应付股利	海南顺德公司																8	2	9	9	2	6	5
附单据壹张	合　计				¥	2	2	9	8	3	2	8	7			¥	2	2	9	8	3	2	8	7

会计主管：张帅　　　　记账：李小燕　　　　复核：吴明　　　　制证：陈红

吴辉、李华和海南顺德公司投资者分别持股比例为55.56%、8.33%、36.11%，因此，按持股比例，三个投资者应分配的利润分别为127 695.14元、19 145.08元、82 992.65元。

借：利润分配——应付现金股利　　229 832.87

　　贷：应付股利——吴辉　　127 695.14

　　　　　　　——李华　　19 145.08

　　　　　　　——海南顺德公司　　82 992.65

［会计工作53］ 12月31日，将利润分配各明细账户余额，转入“利润分配——未分配利润”明细账户。

［工作过程］ 该笔经济业务发生后，一方面，将“利润分配——提取法定盈余公积”“利润分配——应付现金股利”的余额从贷方转入“利润分配——未分配利润”，使“利润分配——未分配利润”减少了306 443.83元，应借记“利润分配——未分配利润”账户；另一方面，将已分配利润明细账余额转出，应分别记在“利润分配——提取法定盈余公积”“利润分配——应付现金股利”的贷方。填制一张转账凭证（表5-99）。

表5-99　　**转账凭证**

2×19年12月31日　　转字28号

摘　要	总账科目	明细科目	记账√	借方金额										记账√	贷方金额									
				千	百	十	万	千	百	十	元	角	分		千	百	十	万	千	百	十	元	角	分
结转利润分配明细账	利润分配	未分配利润				3	0	6	4	4	3	8	3											
	利润分配	提取法定盈余公积																7	6	6	1	0	9	6
	利润分配	应付现金股利															2	2	9	8	3	2	8	7
附单据壹张	合　计				¥	3	0	6	4	4	3	8	3			¥	3	0	6	4	4	3	8	3

会计主管：张帅　　记账：李小燕　　复核：吴明　　制证：陈红

其表示的会计分录为：

借：利润分配——未分配利润　　306 443.83

　　贷：利润分配——提取法定盈余公积　　76 610.96

　　　　　　　——应付现金股利　　229 832.87

项目小结

1. 本项目主要利用企业一个月的业务阐述了如何运用借贷记账法对工业企业的资金筹集业务、供应业务、生产业务、销售业务和财务成果形成与分配业务进行会计核算。

2. 资金筹集业务主要包括所有者权益资金筹集业务和负债资金筹集业务。所有者权益资金筹集业务部分着重介绍了实收资本和资本公积业务的核算。负债资金筹集业务部分主要介绍了短期借款和长期借款业务的核算。

3. 供应过程业务主要介绍了固定资产购置业务和原材料采购业务两部分内容。对材料采购业务，主要介绍了原材料按实际成本法计价的具体会计核算。原材料按实际成本法核算需要设置“在途物资”“原材料”账户，核算原材料的采购和入库业务。

4. 生产过程业务主要包括材料费用的归集与分配、人工费用的归集与分配、制造费用的归集与分配、完工产品成本的计算与结转等。完工产品成本核算是生产过程业务会计核算的难点。

5. 销售业务主要包括主营业务收支和其他业务收支业务核算。主营业务收支的主要内容包括主营业务收入、主营业务成本、税金及附加的会计核算。其他业务收支的主要内容包括其他业务收入、其他业务成本的会计核算。

6. 财务成果形成与分配业务主要包括利润的构成与计算、利润形成的核算和利润分配的核算三部分内容。利润的构成与计算主要利用企业业务介绍营业利润、利润总额、净利润三个指标的计算。利润形成的核算是将各损益类账户的余额在期末结转到“本年利润”账户。利润分配的核算主要包括三个内容：首先，将“本年利润”账户的余额结转到“利润分配——未分配利润”账户；然后，按利润分配的顺序进行分配利润；最后，将利润分配其他明细账户的余额结转到“利润分配——未分配利润”账户。

练习题

一、单项选择题

1. 我们一般将企业所有者权益中的盈余公积和未分配利润称为（　　）。★

A. 实收资本　　B. 资本公积　　C. 留存收益　　D. 所有者权益

2. 企业从税后利润中提取法定盈余公积金时，应贷记的账户是（　　）。★

A.“营业外收入”　　B.“实收资本”　　C.“资本公积”　　D.“盈余公积”

3. 有限责任公司增资扩股时，如果有新的投资者加入，则新加入的投资者缴纳的出资额大于按约定比例计算的其在注册资本中所占份额部分，应记入的贷方账户是（　　）。★

A.“实收资本”　　B.“股本”　　C.“资本公积”　　D.“盈余公积”

4. 企业为维持正常的生产经营所需资金而向银行等金融机构临时借入的款项称为（　　）。★

A. 长期借款　　B. 短期借款　　C. 长期负债　　D. 流动负债

5. 企业计提短期借款的利息支出时应借记的账户是（　　）。★

A.“财务费用”　　B.“短期借款”　　C.“应付利息”　　D.“在建工程”

6. 某企业 8 月末负债总额为 1 200 万元，9 月份收回欠款 150 万元，用银行存款归还借款 100 万元，用银行存款预付购货款 125 万元，则 9 月末的负债总额为（　　）万元。★

A. 1 100　　B. 1 050　　C. 1 125　　D. 1 350

7. 按权责发生制会计处理基础的要求，下列货款应确认为本月主营业务收入的是（　　）。★

A. 本月销售产品款项未收到
B. 上月销货款本月收存银行
C. 本月预收下月货款存入银行
D. 收到本月仓库租金存入银行

8. 下列内容不属于企业营业外支出的是(　　)。★
A. 非常损失
B. 坏账损失
C. 报废固定资产净损失
D. 固定资产盘亏损失

9. 由生产产品、提供劳务负担的职工薪酬,应当计入(　　)。★
A. 管理费用
B. 存货成本或劳务成本
C. 期间费用
D. 销售费用

10. 企业购买材料时发生的途中合理损耗应当(　　)。★
A. 由供应单位赔偿
B. 计入材料采购成本
C. 由保险公司赔偿
D. 计入管理费用

二、多项选择题

1. 企业购入材料的采购成本的构成内容包括(　　)。★
A. 材料买价
B. 增值税进项税额
C. 采购费用
D. 采购人员差旅费
E. 销售机构经费

2. 下列项目应在"管理费用"账户中核算的有(　　)。★
A. 工会经费
B. 董事会经费
C. 业务招待费
D. 车间管理人员的工资
E. 采购人员差旅费

3. 企业的资本金按其投资主体不同可以分为(　　)。
A. 货币投资
B. 国家投资
C. 个人投资
D. 法人投资
E. 外商投资

4. 关于"本年利润"账户,下列说法中正确的有(　　)。★
A. 借方登记期末转入的各项支出额
B. 贷方登记期末转入的各项收入额
C. 贷方余额为实现的累计净利润额
D. 借方余额为发生的累计亏损额
E. 年末经结转后该账户没有余额

5. 在下列业务所产生的收入中,属于制造业企业的"其他业务收入"的有(　　)。★
A. 出售固定资产收入
B. 出售材料收入
C. 出售无形资产收入
D. 提供产品修理服务收入
E. 罚款收入

6. 下列各项收入中,可能属于制造业企业其他业务收入的有(　　)。★
A. 销售材料的收入
B. 提供运输劳务获得的收入
C. 出租固定资产的租金收入
D. 出售固定资产的净收入
E. 出售无形资产所有权获得的收入

7. 下列各项内容中,应作为应付职工薪酬核算的有(　　)。★
A. 工会经费
B. 职工教育经费
C. 住房公积金
D. 医疗保险费

E. 职工福利费

8. 下列项目中，构成一般纳税人企业存货实际成本的有(　　　　)。★

A. 支付的买价　　B. 存货入库后发生的仓储费用

C. 运输途中的合理损耗　　D. 支付的增值税

E. 支付的外地运杂费

9. 按照我国现行会计准则的规定，应通过“应付票据”“应收票据”账户核算的票据包括(　　　　)。★

A. 银行汇票　　B. 银行本票

C. 支票　　D. 银行承兑汇票

E. 商业承兑汇票

10. 下列各项中，属于收入特征的有(　　　　)。★

A. 收入从日常活动中产生　　B. 收入可以从偶发的交易或事项中产生

C. 收入可能表现为资产的增加　　D. 收入可能表现为负债的减少

E. 收入包括代收的增值税

三、判断题

1. 企业用支票支付购货款时，应通过“应付票据”账户进行核算。(　　)★

2. 不论是“加权平均法”还是“先进先出法”，都是为了确定发出材料物资的单价而采用的计价方法，这些方法仅适用于实行实际成本计价的企业单位。(　　)★

3. 我国《公司法》规定，企业应按照税后利润的5%提取法定盈余公积金。(　　)★

4. 企业对于确实无法支付的应付账款，应在确认时增加企业的资本公积金。(　　)★

5. 对于预收货款业务不多的企业，可以不单独设置“预收账款”账户，其发生的预收货款通过“应收账款”账户核算。(　　)★

6. 已提足折旧继续使用的固定资产仍然需要计提折旧。(　　)★

7. 企业从税后利润中提取盈余公积金不属于利润分配的内容。(　　)★

8. 企业在购入材料过程中发生的采购人员的差旅费以及市内零星运杂费等不计入材料的采购成本，而是作为管理费用列支。(　　)★

9. 管理费用、财务费用、销售费用和制造费用均属于企业的期间费用。(　　)★

10. 年度终了，只有在企业盈利的情况下，才需要将“本年利润”账户的累计余额转入“利润分配——未分配利润”账户。(　　)★

四、业务题

2×19年蓝海公司发生以下业务，要求编制会计分录：

1. 蓝海公司接受某单位的投资3 000 000元，款项通过银行划转。

2. 蓝海公司收到某单位投入的一台全新设备，取得对方提供的增值税专用发票，注明价款为20 000元，增值税额为2 600元，设备已投入使用。

3. 蓝海公司收到一项专利技术投资，经投资双方评估确认的价值为200 000元，已办完各种手续。

4. 蓝海公司接受某企业以拥有的土地使用权作为出资，双方约定的价值为3 200 000元。该土地使用权在注册资本中占的份额为3 000 000元，另200 000元作为资本公积金，已办妥相关手续。

5. 蓝海公司于当年1月1日发行普通股15 000股,每股面值1元,每股发行价格4元,假设无相关手续费,款项已结算。

6. 蓝海公司经股东大会批准,将公司的资本公积金200 000元转增资本。

7. 蓝海公司于当年4月15日从银行借入期限为6个月的临时周转借款100 000元,存入银行。

8. 承上题,蓝海公司取得的借款年利率为6%,利息按季度结算,经计算其4月份应负担的利息为250元。

9. 蓝海公司为购建一条新的生产线(工期2年),于当年1月1日向中国银行取得期限为3年的人民币借款5 000 000元,存入银行。蓝海公司当即将该借款投入到生产线的建造工程中。

10. 蓝海公司于当年7月1日购入一台不需要安装的设备,该设备的买价为100 000元,增值税为13 000元,运费1 000元,运费的增值税为90元,全部款项通过银行支付,设备当即投入使用。

11. 蓝海公司于当年7月1日用银行存款购入一台需要安装的设备,有关发票等凭证显示其买价为200 000元,增值税为26 000元,运费为5 000元,运输的增值税450元,设备投入安装。

12. 承上题,蓝海公司的上述设备在安装过程中发生的安装费如下:领用本企业原材料4 000元,应付本企业安装工人的薪酬5 000元。

13. 承11—12题,上述设备安装完毕,达到预定可使用状态,并经验收合格办理竣工决算手续,现已交付使用,结转工程成本214 000元。

14. 蓝海公司从金星工厂购入下列材料,甲材料5吨,每吨价格为2 500元;乙材料2吨,每吨价格为4 000元,增值税税率为13%。材料尚未到达,账单、发票已到,但材料价款、税金尚未支付。

15. 蓝海公司按照合同规定用银行存款预付给大华工厂订购丙材料的货款20 000元。

16. 蓝海公司收到大华工厂发运来的、前已预付货款的丙材料。随货物附来的发票注明该批丙材料的价款为20 000元,增值税进项税额为2 600元,另发生运费1 600元,运费增值税为144元,除冲销原预付款20 000元外,不足款项立即用银行存款支付。

17. 蓝海公司本月购入的甲、乙、丙材料已经验收入库,结转各种材料的实际采购成本,其中甲材料16 500元;乙材料9 600元;丙材料21 600元。

18. 蓝海公司7月30日,根据本月发料凭证汇总表,共耗用甲材料100 000元,其中,A产品耗用60 000元,B产品耗用40 000元;共耗用乙材料150 000元,其中,A产品耗用50 000元,B产品耗用80 000元,车间一般耗用20 000元。

19. 蓝海公司根据当月的考勤记录和产量记录等,计算确定本月职工的工资如下:生产A产品工人工资50 000元,生产B产品工人工资60 000元,生产车间管理人员工资25 000元;厂部管理人员工资25 000元。

20. 蓝海公司从银行提取现金160 000元,准备发放工资。

21. 蓝海公司用现金160 000元发放工资。

22. 蓝海公司计算确定本月职工的福利费如下:生产工人的福利费15 400元(A产品生产工人福利费7 000元,B产品生产工人福利费8 400元),车间管理人员的福利费3 500元,厂部管理人员的福利费 3 500 元。

23. 蓝海公司本月以银行存款支付职工福利费 22 400 元。

24. 蓝海公司用银行存款支付本月生产车间水电费 3 800 元(不考虑增值税)。

25. 蓝海公司于月末计提本月固定资产折旧,其中车间固定资产折旧额 500 元,厂部固定资产折旧额 2 500 元。

26. 蓝海公司在月末将本月发生的制造费用 52 800 元按照生产工人工资比例分配计入 A、B 产品成本(其中 A 产品生产工人工资为 50 000 元,B 产品生产工人工资为 60 000 元)。

27. 蓝海公司生产车间本月生产完工 A、B 两种产品,其中 A 产品完工总成本为 216 000 元,B 产品完工总成本为 233 400 元。A、B 产品现已验收入库,结转成本。

28. 蓝海公司销售给北宁公司 A 产品 200 件,价款为 160 000 元,增值税销项税额为 20 800 元。收到北宁公司开具的转账支票一张,支票已存入银行。

29. 蓝海公司赊销给北宁公司 B 产品 400 件,价款为 300 000 元,增值税销项税额为 39 000 元。根据双方协议,款项于发货后 30 日内结算。另外,蓝海公司用银行存款为北宁公司垫付 B 产品运费 1 500 元。

30. 蓝海公司向通达公司销售 A 产品 50 件,发票注明该批 A 产品的价款为 40 000 元,增值税销项税额为 5 200 元,收到一张已承诺的含全部款项的商业汇票。

31. 蓝海公司按照合同规定预收天途公司订购 B 产品的货款 100 000 元,存入银行。

32. 承上题,蓝海公司本月预收天途公司货款的 B 产品 120 件,现已发货,发票注明的价款为 90 000 元,增值税销项税额为 11 700 元。原预收款不足,其差额部分当即收到存入银行。

33. 蓝海公司在月末结转本月已销售的 A、B、C、D 产品的销售产品。其中 A 产品的成本为 112 500 元,B 产品的成本为 129 000 元,C 产品的成本为 15 000 元,D 产品的成本为25 000 元。

34. 蓝海公司经计算,本月销售 A 产品应缴纳的消费税为 10 000 元(假设 A 产品为应税消费品),另外假定 A 产品应缴纳的城市维护建设税 3 000 元,教育费附加 2 000 元。B 产品应缴纳的城市维护建设税 2 700 元,教育费附加 1 400 元。C 产品应缴纳的城市维护建设税 300 元,教育费附加 200 元。D 产品应缴纳的城市维护建设税 500 元,教育费附加 300 元。

35. 蓝海公司销售积压材料一批,价款为 6 000 元,应交增值税销项税额为 780 元。款项已收到并存入银行。

36. 蓝海公司将本企业的包装箱出租给某货运公司,获得租金收入 5 000 元,应交增值税销项税额 650 元,款项已存入银行。

37. 蓝海公司月末结转本月销售材料的成本 4 000 元。

38. 蓝海公司结转本月出租包装物的成本 4 000 元。

39. 蓝海公司用现金支付董事会成员津贴及咨询费 60 000 元(咨询费不考虑增值税)。

40. 蓝海公司本月计提企业管理部门使用的固定资产折旧费 5 000 元。

41. 蓝海公司经计算,本月应缴纳的车船税 3 600 元,房产税 4 000 元。另外用银行存款支付本月的印花税 1 400 元。

42. 蓝海公司的厂办人员李东出差归来报销差旅费 1 300 元,原借款 1 600 元,余额退回现金。

43. 蓝海公司用银行存款支付销售产品的运输费 3 000 元,运输费增值税 270 元。

44. 蓝海公司下设一个销售网点,经计算确定该网点销售人员的工资 4 000 元。

45. 蓝海公司收到某单位的违约罚款收入 40 000 元,存入银行。

46. 蓝海公司用银行存款 20 000 元支付一项公益性捐赠。

47. 蓝海公司本期实现的利润总额为 299 950 元,按照 25%的税率计算本期的所得税费用(假设没有纳税调整项目)。

48. 蓝海公司在会计期末将本期实现的各项收入包括主营业务收入 632 000 元、其他业务收入 36 000 元、投资净收益 56 000 元、营业外收入 40 000 元转入“本年利润”账户。

49. 蓝海公司在会计期末,将本期发生的各项费用包括主营业务成本 281 500 元、税金及附加 20 400 元、其他业务成本 28 000 元、管理费用 106 300 元、财务费用 250 元、销售费用 7 600 元、营业外支出 20 000 元以及所得税费用 74 987.5 元转入“本年利润”账户。

五、项目实训题

正大有限责任公司是一家电子产品生产、销售企业。

(一) 公司概论

1. 基本资料

企业名称:正大有限责任公司

企业性质:一般纳税人企业,增值税率 13%

开户银行:中国工商银行海南省分行龙华支行,账号:529945128

纳税人税务登记号:46120567078900008G

企业注册地址:海南省海口市解放路 58 号,电话:85817638

经营范围:电子产品生产、销售

法人代表:任德明

该公司的生产情况:

该公司主要生产销售 A、B 两种产品(其中 B 产品为应税消费品),产品生产工艺流程较简单,在同一综合车间进行加工制造,原材料为甲、乙、丙三种。

2. 财务核算方法

(1) 财务处理程序:科目汇总表账务处理程序。

(2) 记账凭证:收款凭证、付款凭证、转账凭证。

(3) 物资采购运杂费用按材料重量分配,月底制造费用按工人工资比例进行分配。

(4) 存货按实际成本计价。

(5) 所得税不考虑纳税调整因素。

3. 财务部岗位设置(4 人)

(1) 财务主管:张帅,负责财务部门全面工作。

(2) 会计 1:陈红,负责编制记账凭证、登记账簿及编制报表等工作。

(3) 会计 2:吴明,负责审核凭证等工作。

(4) 出纳:李田田,负责办理日常现金及银行存款收付业务,登记现金及银行存款日记账。

(二) 正大有限责任公司 2×19 年 12 月期初有关账户余额如表 5-100 所示。

表 5-100　　期初账户余额　　单位:元

总账科目	明细科目	期初余额	
		借方	贷方
库存现金		12 400	
银行存款		695 000	
交易性金融资产		88 447.50	
应收账款		103 500	
	广华公司	100 000	
	光明公司	3 500	
其他应收款	王华	2 000	
坏账准备			500
原材料		310 000	
	甲材料(单价 5 元 35 000 千克)	175 000	
	乙材料(单价 7 元 15 000 千克)	105 000	
	丙材料(单价 2 元 15 000 千克)	30 000	
库存商品		369 000	
	A 产品(单位成本 180 元 900 件)	162 000	
	B 产品(单位成本 138 元 1 500 件)	207 000	
固定资产		3 840 000	
累计折旧			160 000
短期借款			50 000
应付票据			64 500
应付账款			22 000
	华天公司		6 000
	南岛公司		16 000
应付职工薪酬			130 000
应付利息	借款利息		400
实收资本			3 000 000
	国家资本		1 500 000
	法人资本		1 500 000

（续表）

总账科目	明细科目	期初余额	
		借方	贷方
资本公积			390 600
盈余公积			927 140
本年利润			675 207.50
合　计		5 420 347.50	5 420 347.50

（三）2×19 年 12 月份发生的主要经济业务：

1. 12 月 1 日，收到光华有限责任公司的投资款 600 000 元。

［原始凭证］（1）进账单（表 5-101）；（2）收款收据（表 5-102）；（3）投资协议书（略）。

表 5-101

ICBC 中国工商银行　**进账单**　（收账通知）

2×19 年 12 月 01 日

出票人	全　称	光华有限责任公司	收款人	全　称	正大有限责任公司
	账　号	433224556		账　号	529945128
	开户银行	工行海南省分行龙华支行		开户银行	工行海南省分行龙华支行
金额	人民币（大写）	陆拾万元整		亿千百十万千百十元角分	￥60000000
票据种类		银行汇票	票据张数	1	中国工商银行龙华支行 2×19年12月01日 转讫
票据号码		15025486			
		复核　记账			收款人开户银行签章

此联是收款人开户银行交给收款人的收账通知

表 5-102　　**收　款　收　据**　　No.0312098

2×19 年 12 月 1 日

交款单位：光华有限责任公司
金额人民币（大写）：陆拾万元整　　￥600 000.00
款项用途：投资款

单位盖章　正大有限责任公司 财务专用　会计：陈红　开票人：吴明

第三联：记账联

2. 2×19 年 12 月 1 日，正大有限责任公司借入为期 1 年的短期借款 300 000 万元存入银行。

［原始凭证］（1）借款借据（表 5-103）；（2）贷款合同（略）。

表 5-103

ICBC 中国工商银行 借款借据 （收账通知）

2×19 年 12 月 01 日　　借据编号:201849

存款人	全　称	正大有限责任公司	付款人	全　称	中国工商银行海南省分行龙华支行
	账　号	529945128		账　号	98650049
	开户银行	中国工商银行海南省分行龙华支行		开户银行	中国工商银行海南省分行龙华支行
借款金额		人民币（大写） 叁拾万元整	千百十万千百十元角分		¥30000000
借款原因及用途		购材料	借款期限		2019.12.01—2020.12.01
根据签订的借款合同和你单位的借款用途，上列借款已转入你单位结算账户内。此致			中国工商银行龙华支行 2×19年12月01日 转讫 银行签章		

此联是收款人开户银行交给收款人的收账通知

3. 12 月 1 日，向长沙新飞贸易公司购进甲材料 35 000 千克，单价 4.984 元；购进乙材料 20 000 千克，单价 6.984 元；丙材料 20 000 千克，单价 1.984 元。增值税共计 45 994 元，价税款全部用银行存款支付。另用银行存款支付甲材料、乙材料和丙材料的采购费用分别为 560 元、320 元和 320 元。

[原始凭证] (1)电汇凭证回单(表 5-104)；(2)增值税发票(表 5-105)。

表 5-104

ICBC 中国工商银行 电子转账凭证

币种:人民币　　委托日期 2×19 年 12 月 01 日　　凭证编号:00278561

付款人	全　称	正大有限责任公司	收款人	全　称	长沙新飞贸易公司
	账　号	529945128		账　号	877576775
	汇出地点	海南省海口市/县		地　址	湖南省长沙市/县
汇出行名称		工行海南省分行龙华支行	汇入行名称		工行长沙分行湘潭支行
金额	人民币（大写）	叁拾玖万玖仟柒佰玖拾肆元整	亿千百十万千百十元角分		¥39979400
附加信息及用途 货款		中国工商银行龙华支行 2×19年12月01日 转讫 银行盖章	支付密码		
			根据中国工商银行正大有限责任公司客户 120930 号电子命令，上述款项已由本行支付。 客户经办人:1562　复核:　记账:		

第一联 客户回单

表 5-105

4300133130 湖南增值税专用发票 № 00005612

开票日期：2×19 年 12 月 01 日

购买方	名　　称：正大有限责任公司 纳税人识别号：46120567078900008G 地 址、电 话：海口市解放路 58 号 0898-85817638 开户行及账号：中国工商银行海南省分行营业部 529945128	密码区	

货物或应税劳务、服务名称	规格型号	单位	数量	单价	金额	税率	税额
甲材料		千克	35 000	4.984	174 440.00	13%	22 677.20
乙材料		千克	20 000	6.984	139 680.00	13%	18 158.40
丙材料		套	20 000	1.984	39 680.00	13%	5 158.40
合　计			75 000		353 800.00		45 994.00
价税合计(大写)	⊗叁拾玖万玖仟柒佰玖拾肆圆整				(小写)¥399 794.00		

销售方	名　　称：长沙新飞贸易公司 纳税人识别号：444566778899900123 地 址、电 话：长沙市湘潭路 2 号 0731-2344455 开户行及账号：工行长沙支行湘潭分理处 877576775	备注	长沙新飞贸易公司 444566778899900123 发票专用章

收款人：张芝　　复核：王桂花　　开票人：李鸣　　销售方：(章)

4. 12 月 3 日，向长沙新飞贸易公司购入的甲、乙、丙材料验收入库，结转其实际采购成本。

[原始凭证] (1)材料成本计算表(表 5-106)；(2)收料单(表 5-107)。

表 5-106

材料成本计算表

2×19 年 12 月 3 日　　单位：元

材料名称	成本项目				成本金额	
	买价			采购费用	总成本	单位成本
	数量(千克)	单价	金额	金额		
甲材料	35 000	4.984	174 440.00	560.00	175 000.00	5.00
乙材料	20 000	6.984	139 680.00	320.00	140 000.00	7.00
丙材料	20 000	1.984	39 680.00	320.00	40 000.00	2.00
合　计			353 800.00	1 200.00	355 000.00	

财务主管：张帅　　审核：吴明　　制表：陈红

表 5-107　　收料单(记账联)　　No.433220

供货单位:长沙新飞贸易公司

发票号码:0075916、89988942　　2×19 年 12 月 3 日　　收货仓库:材料—仓库

材料名称	材料规格	计量单位	数量		单价	金额
			应收	实收		
甲材料	3×2×1	千克	35 000	35 000	5.00	175 000.00
乙材料	2×2×1	千克	20 000	20 000	7.00	140 000.00
丙材料	2×2×2	千克	20 000	20 000	2.00	40 000.00
合　计						355 000.00

采购:王华　　质量检验:叶枚　　收料:李亦　　制单:胡海

5. 12 月 4 日,各部门领用原材料。

[原始凭证] (1)发料凭证汇总表(表 5-108);(2)领料单(表 5-109 至表 5-112)。

表 5-108　　发料凭证汇总表

2×19 年 12 月 4 日　　附单据 4 张

材料名称	领用部门及用途				合　计
	A 产品	B 产品	车间耗费	管理部门	
甲材料	95 000.00	95 000.00	17 500.00		207 500.00
乙材料		70 000.00			70 000.00
丙材料	22 000.00	18 000.00	4 000.00	2 000.00	46 000.00
金额合计	117 000.00	183 000.00	21 500.00	2 000.00	323 500.00

财务主管:张帅　　审核:吴明　　制表:陈红

表 5-109　　领料单

领料单位:基本车间　　2×19 年 12 月 4 日　　第 1 号

类别	名称	规格	单位	数量		单价	金额
				请领	实发		
原材料	甲材料	3×2×1	千克	19 000	19 000	5.00	95 000.00
	丙材料	2×2×2	千克	11 000	11 000	2.00	22 000.00
合　计							117 000.00
用　途	A 产品生产			领料部门		发料部门	
				负责人	领料人	核准人	发料人
				王洪	程飞	胡海	李亦

表 5-110 **领料单**

领料单位:基本车间 2×19 年 12 月 4 日 第 2 号

类别	名称	规格	单位	数量		单价	金额
				请领	实发		
原材料	甲材料	3×2×1	千克	19 000	19 000	5.00	95 000.00
	乙材料	2×2×1	千克	10 000	10 000	7.00	70 000.00
	丙材料	2×2×2	千克	9 000	9 000	2.00	18 000.00
合　计							183 000.00
用　途	B产品生产			领料部门		发料部门	
				负责人	领料人	核准人	发料人
				王洪	程飞	胡海	李亦

表 5-111 **领料单**

领料单位:基本车间 2×19 年 12 月 4 日 第 3 号

类别	名称	规格	单位	数量		单价	金额
				请领	实发		
原材料	甲材料	3×2×1	千克	3 500	3 500	5.00	17 500.00
	丙材料	2×2×2	千克	2 000	2 000	2.00	4 000.00
合　计							21 500.00
用　途	车间一般耗用			领料部门		发料部门	
				负责人	领料人	核准人	发料人
				王洪	程飞	胡海	李亦

表 5-112 **领料单**

领料单位:总经理办公室 2×19 年 12 月 4 号 第 4 号

类别	名称	规格	单位	数量		单价	金额
				请领	实发		
原材料	丙材料	2×2×2	千克	1 000	1 000	2.00	2 000.00
合　计							2 000.00
用　途	管理部门耗用			领料部门		发料部门	
				负责人	领料人	核准人	发料人
				林宁	马亚	胡海	李亦

6. 12 月 5 日，计算应发工资总额为 130 000 元，其中制造 A 产品工人工资 40 000 元，生产 B 产品工人工资 60 000 元，车间管理人员工资 15 000 元，厂部管理人员工资 15 000 元。

［原始凭证］ 工资费用分配表(表 5-113)。

表 5-113 **工资费用分配表**

2×19 年 12 月 5 日 单位:元

车间、部门		应分配金额	应借账户
车间人员工资	A 产品生产工人工资	40 000.00	生产成本
	B 产品生产工人工资	60 000.00	生产成本
	车间生产工人工资合计	100 000.00	
	车间管理人员工资	15 000.00	制造费用
管理部门人员工资	厂部管理人员工资	15 000.00	管理费用
总　计		130 000.00	

财务主管:张帅　　审核:吴明　　制表:陈红

7. 12 月 5 日，出纳员开出现金支票，从银行提取现金 130 000 元备发职工工资。出纳当日发放本月职工工资。

［原始凭证］ (1)现金支票存根(图 5-8)；(2)工资结算汇总表(表 5-114)。

中国工商银行　现金支票存根

支票号码 006754350

附加信息

出票日期：2×19 年 12 月 5 日

收款人:正大有限责任公司
金　额:¥130 000.00
用　途:发放工资

单位主管:张帅　会计:吴明

图 5-8　现金支票存根

表 5-114 **工资结算汇总表**

2×19 年 12 月 5 日 单位:元

车间、部门	实发工资	领款人
生产 A 产品工人工资	40 000.00	谢灵
生产 B 产品工人工资	60 000.00	胡虎
车间管理人员工资	15 000.00	雷鸣

（续表）

车间、部门	实发工资	领款人
厂部管理人员工资	15 000.00	叶好
合 计	130 000.00	

财务主管：张帅 审核：吴明 制表：陈红

8. 12月8日，支付本月电费4 940元。

［原始凭证］ (1)转账支票存根（图5-9）；(2)电费分配表（表5-115）。

中国工商银行 转账支票存根

支票号码 78965793

附加信息

出票日期：2×19年12月8日

收款人：海口市电力公司
金 额：¥4 940.00
用 途：电费

单位主管：张帅 会计：吴明

图5-9 转账支票存根

表5-115

电费分配表

2×19年12月8号 金额单位：元

部门	用电数量（度）	单价	分配金额
车间	3 080	1	3 080.00
管理部门	1 860	1	1 860.00
合 计	4 940		4 940.00

财务主管：张帅 审核：吴明 制表：陈红

9. 12月9日，采购员邓凯预借差旅费2 500元，以现金付讫。

［原始凭证］ 借款单（表5-116）。

表5-116

借款单

2×19年12月9号

借款事由：出差	
人民币（大写）：贰仟伍佰元整	¥2 500.00
备注：	

单位负责人：任德明 财务主管：张帅 借款人：邓凯

10. 12月9日，销售给广开股份有限公司A产品900件，单价280元，共计252 000元，增值税计32 760元，款已收到。

[原始凭证] (1)增值税发票(表5-117)；(2)进账单(表5-118)；(3)出库单(表5-119)。

表5-117

0400165130　　海南增值税专用发票　　№ 00634906

此联不作报销、扣税凭证使用　　开票日期：2×19年12月09日

购买方	名　称：广开股份有限公司 纳税人识别号：464332223455566614 地 址、电 话：6634222 开户行及账号：工行海口支行城西分理处 457788999					密码区	略
货物或应税劳务、服务名称	规格型号	单位	数量	单价	金额	税率	税额
A产品	2×3×4	件	900	280.00	252 000.00	13%	32 760.00
合　计			900		252 000.00		32 760.00
价税合计(大写)	⊗贰拾捌万肆仟柒佰陆拾圆整				(小写)¥284 760.00		
销售方	名　称：正大有限责任公司 纳税人识别号：46120567078900008G 地 址、电 话：海口市解放路58号 85817638 开户行及账号：中国工商银行海南省分行营业部 529945128					备注	正大有限责任公司 46120567078900008G 发票专用章

收款人：李田田　　复核：吴明　　开票人：陈红　　销售方：(章)

第一联：记账联　销售方记账凭证

表5-118

ICBC 中国工商银行　**进账单**　(收账通知)

2×19年12月9日

出票人	全　称	广开股份有限公司	收款人	全　称	正大有限责任公司
	账　号	457788999		账　号	529945128
	开户银行	工行海南省分行城西支行		开户银行	工行海南省分行龙华支行
金额	人民币(大写)	贰拾捌万肆仟柒佰陆拾元整		亿千百十万千百十元角分	¥28476000
票据种类	银行汇票	票据张数	1	中国工商银行龙华支行 2×19年12月9日 转讫	
票据号码	15025486				
	复核　记账			收款人开户银行签章	

此联是收款人开户银行交给收款人的收账通知

表 5-119 **出库单(记账联)**

仓库名称:成品仓库 2×19 年 12 月 9 日 出库编号:533325

产品去向	产品名称	产品规格	计量单位	数量	单价	金额
广开股份有限公司	A 产品	2×3×4	件	900	180.00	162 000.00
合 计				900		162 000.00

财务主管:张帅 保管:李平 制表:周见

11. 12 月 9 日,销售给蓝天贸易公司 B 产品 1 500 件,单价 200 元,计 300 000 元,增值税销项税额 39 000 元,款未收到。

[原始凭证] (1)增值税发票(表 5-120);(2)出库单(表 5-121)。

表 5-120

0400165130 海南增值税专用发票 No 00634907

此联不作报销、扣税凭证使用 开票日期:2×19 年 12 月 09 日

购买方	名称:蓝天贸易公司 纳税人识别号:469876543211234005 地址、电话:0898-6689063 开户行及账号:工行海口支行海秀路分理处 876533263	密码区	略

货物或应税劳务、服务名称	规格型号	单位	数量	单价	金额	税率	税额
B 产品	2×3×1	件	1 500	200.00	300 000.00	13%	39 000.00
合 计			1 500		300 000.00		39 000.00
价税合计(大写)	⊗叁拾叁万玖仟圆整				(小写)¥339 000.00		

销售方	名称:正大有限责任公司 纳税人识别号:46120567078900008G 地址、电话:海口市解放路 58 号 85817638 开户行及账号:工行海南省分行营业部 529945128	备注	正大有限责任公司 46120567078900008G 发票专用章

收款人:李田田 复核:吴明 开票人:陈红 销售方:(章)

第一联:记账联 销售方记账凭证

表 5-121 **出库单(记账联)**

仓库名称:成品仓库 2×19 年 12 月 9 日 出库编号:533324

产品去向	产品名称	产品规格	计量单位	数量	单价	金额
蓝天贸易公司	B 产品	2×3×1	件	1 500	138.00	207 000.00
合 计				1 500		207 000.00

财务主管:张帅 记账:陈红 保管:李平 制表:周见

12. 12 月 12 日,支付光阳公司广告费 3 000 元。

[原始凭证] 转账支票存根(图 5-10)

中国工商银行 转账支票存根

支票号码 78965790

附加信息

出票日期：2×19 年 12 月 12 日

收款人：光阳广告公司
金　额：¥3 000.00
用　途：广告费

单位主管：张帅　会计：吴明

图 5-10 转账支票存根

13. 12 月 13 日，收到银行收账通知，蓝天贸易公司支付前欠货款 100 000 元。

[原始凭证] 进账单(表 5-122)。

表 5-122

ICBC 中国工商银行 进账单 (收账通知)

2×19 年 12 月 13 日

出票人	全　称	蓝天贸易公司	收款人	全　称	正大有限责任公司
	账　号	876533263		账　号	529945128
	开户银行	工行海南省分行海秀支行		开户银行	工行海南省分行龙华支行

金额	人民币(大写)	壹拾万元整	亿	千	百	十	万	千	百	十	元	角	分
					¥	1	0	0	0	0	0	0	0

票据种类	银行汇票	票据张数	1
票据号码	15025486		

复核　记账

中国工商银行龙华支行 2×19年12月13日 转讫

收款人开户银行签章

此联是收款人开户银行交给收款人的收账通知

14. 12 月 15 日，出售给金海贸易公司丙材料 10 000 千克，每千克售价 3 元，计 30 000 元，应交增值税 3 900 元，对方以转账支票付款，收到银行到账通知。

[原始凭证] (1)进账单(表 5-123)；(2)增值税发票(表 5-124)；(3)出库单(表 5-125)。

表 5-123

ICBC 中国工商银行 **进账单** （收账通知）

2×19 年 12 月 15 日

出票人	全　称	金海贸易公司	收款人	全　称	正大有限责任公司
	账　号	876543290		账　号	529945128
	开户银行	工行海南省分行海甸支行		开户银行	工行海南省分行龙华支行
金额	人民币（大写）	叁万叁仟玖佰元整			亿 千 百 十 万 千 百 十 元 角 分 ¥ 3 3 9 0 0 0 0
票据种类	银行汇票	票据张数	1	中国工商银行龙华支行 2×19年12月15日 转讫	
票据号码	15025486				
	复核　　记账				收款人开户银行签章

此联是收款人开户银行交给收款人的收账通知

表 5-124

0400165130

海南增值税专用发票

№ 00634908

此联不作报销、扣税凭证使用　　开票日期：2×19 年 12 月 15 日

购买方	名　　称：金海贸易公司 纳税人识别号：469876543211234006 地 址、电 话：0898-6634777 开户行及账号：工行海口支行海甸分理处 876543290			密码区	略		
货物或应税劳务、服务名称	规格型号	单位	数量	单价	金额	税率	税额
丙材料	2×2×2	千克	10 000	3.00	30 000.00	13%	3 900.00
合　计			10 000		30 000.00		3 900.00
价税合计（大写）	⊗叁万叁仟玖佰圆整				（小写）¥33 900.00		
销售方	名　　称：正大有限责任公司 纳税人识别号：46120567078900008G 地 址、电 话：海口市解放路 58 号 85817638 开户行及账号：工行海南省分行营业部 529945128			备注	正大有限责任公司 46120567078900008G 发票专用章		

收款人：李田田　　复核：吴明　　开票人：陈红　　销售方：（章）

第一联：记账联　销售方记账凭证

表 5-125　　**出库单(记账联)**

仓库名称:材料仓库　　2×19年12月15日　　出库编号:533326

材料去向	材料名称	材料规格	计量单位	数量	单价	金额
金海贸易公司	丙材料	2×2×2	千克	10 000	2.00	20 000.00
合　计				10 000		20 000.00

财务主管:张帅　　记账:陈红　　复核:吴海　　制表:李亦

15. 12月15日,结转已销丙材料的实际成本,丙材料单价为2元/千克。

[原始凭证]　已销原材料成本计算表(表5-126)。

表 5-126　　**已销原材料成本计算表**

2×19年12月15日

材料名称	销售数量(千克)	单位成本	总成本	备注
丙材料	10 000	2	20 000	
合　计	10 000		20 000	

财务主管:张帅　　记账:陈红　　复核:吴海　　制表:陈红

16. 12月21日,向工行海南省分行借入的到期一次还本付息、期限为3个月、年利率为6%、金额为50 000元的短期借款到期,以银行存款还本付息。

[原始凭证]　(1)贷款还款凭证(表5-127);(2)应付利息计算表(表5-128)。

表 5-127

ICBC 中国工商银行　还款凭证

2×19年12月21日

客户填写	贷款账号	0765397		借款人名称		正大有限责任公司
	还款账号	529945123		还款账户名称		正大有限责任公司
	还款方式	到期一次还本付息		借款期限		3月
	借据本金	50 000.00	年利率	6%	借据利息	750.00
	还款金额	人民币(大写)	伍万零柒佰伍拾元整			千百十万千百十元角分: ¥5075000
	放款日期	2×19年9月21日		原约定还款日期		2×19年12月21日
银行打印	借款人名称:正大有限责任公司 还款账号:529945123 还款账户名称:正大有限责任公司 借据金额:50 000.00 货币代码:01　交易代码:2024 机构号:0144　交易柜员:000142 交易机构:　授权:	贷款借据号:38520074 贷款账号:0765397 归还日期:2019.12.21 借据利息:750.00 交易日期:2019.12.21 柜员流水号:0014202 经办人:　信贷:				现申请从还款账户中支取上述款项,用于归还该项贷款本息。 还款人预留银行印鉴

(中国工商银行龙华支行 2×19年12月21日 转讫)

银行盖章

第二联　回执联

表 5-128 **应付利息计算表**

2×19 年 12 月 21 日 金额单位:元

借款银行	借款金额	借款时间	偿还期限	利息支付方式	年利率	应付利息
工行海南省分行营业部	50 000.00	2×19/09/21	3 个月	到期一次还本付息	6%	750.00

财务主管:张帅 审核:吴明 制表:陈红

17. 12 月 13 日,采购员邓凯出差归来报销差旅费 2 800 元,企业补付现金 300 元,车票为出租车票。

[原始凭证] 差旅费报销单(表 5-129)。

表 5-129 **差旅费报销单**

附单据 30 张 2×19 年 12 月 13 日 第 1 页

姓名				邓凯	职别		工作部门		采购部		出差事由	会议	
起止日期				摘要	机车船费	市内交通	途中、住勤补助		住宿费			其他	金额合计
月	日	月	日				天数	金额	天数	标准费用	实际费用		
12	9	12	12	海口—上海	600	100	4	400	4		400	500	2 000
12	13	12	13	上海—海口	600	100	1	100					800
核准报销金额总计人民币(大写):贰仟捌佰零拾零元零角零分 ¥2 800.00													
预借金额:2 500.00 退回金额: 应补金额:300.00													

单位负责人:任德明 财务主管:张帅 会计:陈红 出差人:邓凯

18. 12 月 31 日,计提本月固定资产折旧费,其中生产车间固定资产应提 2 000 元,企业行政管理部门固定资产应提 1 200 元。

[原始凭证] 折旧费用分配表(表 5-130)。

表 5-130 **折旧费用分配表**

2×19 年 12 月 31 日 金额单位:元

使用部门	固定资产类别	固定资产原值	月折旧率	月折旧额
生产车间	房屋建筑物	900 000.00	0.1%	900.00
	机器设备	550 000.00	0.2%	1 100.00
	小计			2 000.00
管理部门	房屋建筑物	700 000.00	0.1%	700.00
	办公设备	250 000.00	0.2%	500.00
	小计			1 200.00
合 计				3 200.00

财务主管:张帅 审核:吴明 制表:陈红

19. 12月31日，结转本月发生制造费用(按工人工资比例分配)(表5-131)。

表5-131 制造费用分配表

2×19年12月31日 金额单位:元

应借账户	生产工人工资	分配率	分配金额
生产成本——A产品	40 000.00	0.415 8	16 632.00
生产成本——B产品	60 000.00	0.415 8	24 948.00
合　计	100 000.00	0.415 8	41 580.00

财务主管:张帅　　审核:吴明　　制表:陈红

20. 12月31日，本月投产的A产品1 000件，B产品2 000件，已全部完工，结转入库。

[原始凭证]　(1)入库单(表5-132);(2)产品成本计算表(表5-133)。

表5-132 入库单(记账联)

生产部门:生产车间　　2×19年12月31日　　No34563

编号	产品	名称规格	计量单位	检验结果		数量		单位成本(元)	总成本(元)
				合格	不合格	应收	实收		
01	A产品	2×3×4	件	合格		1 000	1 000	173.632	173 632
02	B产品	2×3×1	件	合格		2 000	2 000	133.974	267 948
合　计						3 000	3 000		441 580

财务主管:张帅　　记账:陈红　　保管:李平　　质检:周见

表5-133 产品成本计算表

2×19年12月1日 金额单位:元

产品名称 / 成本项目	A产品(1 000件)		B产品(2 000件)	
	总成本	单位成本	总成本	单位成本
直接材料	117 000	117	183 000	91.50
直接人工	40 000	40	60 000	30
制造费用	16 632	16.632	24 948	12.474
合　计	173 632	173.632	267 948	133.974

财务主管:张帅　　记账:陈红　　复核:吴明　　制表:陈红

21. 12月31日，结转已销A产品900件，B产品1 500件的实际生产成本，A产品单位成本180元/件，B产品单位成本138/件。

[原始凭证]　已销产品成本计算表(表5-134)。

表5-134 已销产品成本计算表

2×19年12月31日 金额单位:元

产品名称	销售数量	单位成本	总成本
A产品	900件	180	162 000
B产品	1 500件	138	207 000
合　计	2 400件		369 000

财务主管:张帅　　记账:陈红　　复核:吴明　　制表:陈红

22. 12 月 31 日，计算应交城市维护建设税和教育费附加，城市建设税税率 7%，教育费附加税率 3%。

23. 12 月 31 日，结转损益类账户，计算本月实现的利润总额。

24. 12 月 31 日，按本年利润总额 25%税率计算应交所得税。

[原始凭证] 所得税费用计算表（表 5-135）。

表 5-135 所得税费用计算表

2×19 年 12 月 31 日 金额单位：元

应纳税所得额	税率	应纳税额
164 173.4	25%	41 043.35

财务主管：张帅 审核：吴明 制表：陈红

25. 12 月 31 日，将“所得税费用”账户余额转入“本年利润”账户。

26. 12 月 31 日，将本年净利润 798 337.55 元（1—11 月份累计实现净利润 675 207.5 元，12 月份实现净利润是 164 173.4−41 043.35=123 130.05 元）转入“利润分配——未分配利润”账户。

27. 12 月 31 日，按税后利润 10%提取法定盈余公积。

[原始凭证] 盈余公积计算表（表 5-136）。

表 5-136 盈余公积计算表

2×19 年 12 月 31 日 金额单位：元

利润分配项目	计提基数	计提比例	金额
法定盈余公积	798 337.55	10%	79 833.76
合　计	798 337.55		79 833.76

财务主管：张帅 审核：吴明 制表：陈红

28. 12 月 31 日，按税后利润 30%向股东发放现金股利，尚未支付。

[原始凭证] 应付股利计算表（表 5-137）。

表 5-137 应付股利计算表

2×19 年 12 月 31 日 金额单位：元

利润分配项目	分配基数	分配比例	金额
应付现金股利	798 337.55	30%	239 501.27
合　计			239 501.27

财务主管：张帅 审核：吴明 制表：陈红

29. 12 月 31 日，将利润分配各明细账户余额，转入“利润分配——未分配利润”明细账户。

（四）实训要求：根据各项经济业务的原始凭证填制记账凭证。

项目六　会计账簿

☞ **学习目标**

1. 了解会计账簿的作用和分类；
2. 了解会计账簿的更换与保管；
3. 熟悉会计账簿的登记要求和方法；
4. 掌握对账与结账的方法；
5. 掌握错账更正的方法。

☞ **能力目标**

1. 掌握日记账登记方法的应用；
2. 掌握总账和所属明细账登记方法的应用。

任务一　会计账簿的作用与分类

一、会计账簿的作用★

会计账簿是指由一定格式并相互联系的账页组成，以审核无误的会计凭证为依据，序时、分类、连续、系统、全面地记录各项经济业务的簿籍。设置和登记账簿是一种专门的会计核算方法。

会计账簿和会计凭证都是会计信息的载体，但从两者的记录方式来看，存在明显的区别。企业在生产经营过程中发生的每一笔经济业务首先通过取得和填制的原始凭证来记载，再按照复式记账法的原理对原始凭证的内容进行初步加工后填制记账凭证。因此，记账凭证能够反映每一项经济业务的内容、发生时间、影响账户和金额，但它对经济业务的反映是零散的，不能全面、连续、系统地反映会计主体在一定时期内经济业务的发生和完成情况，不能提供系统的经济信息。而且会计凭证数量繁多，如果不将它们集合在一起，很容易散失。因此，为了全面记载和反映各会计要素在经营活动中的变化轨迹，取得经济管理所需的一系列财务数据和指标，有必要设置各种账簿，将会计凭证所反映的大量的、分散的经济信息进行加工整理，并全面、系统、连续地在账簿上加以登记，为经济管理提供各种会计资料。同时，设置和登记账簿是编制会计报表的基础。因为会计报表所填列的各个项目和所揭示的各项指标，需要依靠账簿记录并通过一定方法的计算后才能提供。

由此可见，在整个会计核算体系中，账簿不仅是储存会计资料的重要方法，还是连接会计凭证和会计报表的中间环节，起着承上启下的重要作用。它对于综合反映经济活动，加强经济核算，明确经济责任，提高经营管理水平具有重要意义。

（一）记载和存储会计信息

账簿要求按照会计凭证将发生的全部经济业务登记入账，可以全面反映发生的各项资金运动，存储各项会计信息。

（二）分类和汇总会计信息

账簿的设置通常会进行一定的分类，因此在账簿中能够对全部经济业务按不同的性质进行归类和汇总，一方面可以分门别类地反映各项会计信息，提供详细具体的核算资料；另一方面可以通过发生额、余额的计算，提供各方面所需要的总括会计信息。

（三）检查和校正会计信息

账簿记录是会计凭证信息的进一步整理，也是会计分析和会计检查的重要依据。例如，在永续盘存制下，对于财产物资的清查一般通过核对有关账户的余额与实际盘点或核查结果，确认财产物资是否存在盘盈、盘亏的情况，如果有，则根据实际结存数调整账簿记录，做到账实相符，提供可靠的会计信息。再如，在生产经营中，企业往往会制定一定的经营目标，根据账簿提供的核算资料，采用一定的方法，可以正确地计算企业的收入、费用，确定经营成果，为收入、费用的控制提供依据，同时也便于考核收入、费用和利润计划的完成情况。

（四）编报和输出会计信息

会计报表的数据来源主要是账簿。因此，账簿设置与登记的质量与会计报表提供的信息质量密切相关。正确设置与登记账簿，定期进行有关账户之间的核对并结账，有利于正确编制会计报表，向有关各方面提供全面准确的会计信息。

二、会计账簿的分类★★

在实际工作中，由于各种账簿记录的经济业务不同，提供不同的会计信息，满足不同的需要，账簿的格式也多种多样，为正确设置和运用账簿，可按不同的标准对账簿进行分类。

（一）账簿按用途分类

账簿按用途可分为序时账簿、分类账簿和备查账簿。

1. 序时账簿

序时账簿是按照经济业务发生时间的先后顺序，逐日、逐笔连续进行登记的账簿。序时账簿又称为日记账。序时账簿按其记录的内容不同，又分为普通日记账和特种日记账两种。

（1）普通日记账是对企业发生的全部经济业务，不论其性质全部按照发生或完成时间顺序登记的账簿。普通序时账簿亦称分录簿。普通日记账只能由一个人负责，登账工作量很大，且不利于提供分类信息，不便于日后查阅，不利于对重要经济业务进行管理。特别是随着企业规模的扩大，经济业务的增多及记账凭证的出现，其缺陷逐渐显露。因此，普通日记账目前已经较少使用。普通日记账的格式如表 6-1 所示。

表 6-1　　　　**普通日记账**　　　　第　页

年		凭证		摘要	会计科目	借方金额	贷方金额	过账
月	日	字	号					

(2) 特种日记账是对某一类经济业务按其发生时间的先后顺序逐日、逐笔登记的账簿。如专门登记现金收支业务的现金日记账，专门登记银行存款收支业务的银行存款日记账等。我国会计准则规定，对于发生频繁、要求严格管理和控制的业务，应设置特种日记账。因此，企业通常都必须设置库存现金和银行存款日记账，对库存现金和银行存款的收付及结存情况进行序时登记，其格式如表 6-2、表 6-3 所示。当然，企业还可以根据自身的业务特点和管理需要确定是否需要设置其他特种日记账。

表 6-2　　　　**库存现金日记账**　　　　第　页

年		凭证		摘要	对方科目	借方	贷方	余额
月	日	字	号					

表 6-3　　　　**银行存款日记账**　　　　第　页

年		凭证		摘要	对方科目	结算凭证		借方	贷方	余额
月	日	字	号			种类	号数			

2. 分类账簿

分类账簿是按照会计要素的具体类别分别设置，对全部经济业务进行分类登记的账簿。分类账簿按其反映内容的详细程度，又可分成总分类账簿和明细分类账簿。

(1) 总分类账簿,是根据总分类科目设置的账簿,用于反映某一大类经济业务的全部内容,简称总账。如应收账款总账,它用于反映企业全部应收账款增加、减少和结存情况。总分类账簿主要提供金额指标,为编制会计报表提供直接数据资料,账页格式通常采用三栏式,如表 6-4 所示。

表 6-4 **总分类账**

会计科目: 第 页

年		凭证		摘要	对方科目	借方	贷方	借或贷	余额
月	日	字	号						

(2) 明细分类账簿,是根据明细分类科目设置的,用于提供详细核算资料的账簿,简称明细账。明细账除了记录经济业务的金额变化外,往往还要记录债权债务结算、实物数量、费用和收入构成等具体情况。因此,明细账的账页根据不同经济业务的内容和不同的管理要求有不同的格式。常见的有"三栏式"(表 6-5)、"数量金额式"(表 6-6)、"多栏式"(表 6-7)等。

表 6-5 **明细账(三栏式)**

明细科目: 第 页

年		凭证		摘要	对方科目	借方	贷方	借或贷	余额
月	日	字	号						

表 6-6 **明细账(数量金额式)**

明细科目: 第 页

年		凭证		摘要	收入			发出			结存		
月	日	字	号		数量	单价	金额	数量	单价	金额	数量	单价	金额

表 6-7　　明细账(多栏式)

明细科目：　　　　　　　　　　　　　　　　第　页

年		凭证		摘要		(　　)金额分析							
月	日	字	号										

3. 备查账簿

备查账簿是对在序时账簿和分类账簿中未能记录或记录不全的事项进行补充登记的账簿,也称辅助登记簿。备查账簿主要用来记录一些供日后查考的有关经济事项。如反映为其他企业代管商品的"代销商品登记簿"、反映企业租入固定资产的"租入固定资产登记簿"。备查账簿只是对账簿记录的一种补充,与其他账簿之间不存在严密的依存、勾稽关系。因此,备查账簿没有固定的账页格式标准,也可以不依据记账凭证来进行登记。

(二) 账簿按外表形式分类

账簿按外表形式可分为订本式账簿、活页式账簿和卡片式账簿。

1. 订本式账簿

订本式账簿是指在账簿未启用前将编有顺序编号的若干张账页装订成册的账簿,简称订本账。采用订本式账簿可以避免账页的散失和防止随意抽换账页的行为。但是,订本账是装订成册的,不利于分工记账,同时对账簿中的每一账户采用预留账页的方式,不便于按需要增减账页,预留过多会造成账页浪费,预留过少,则会影响账户记录的连续性。因此,订本式账簿一般适用于重要的和具有统驭性作用的账簿。总分类账簿、库存现金日记账和银行存款日记账必须采用订本式账簿。

2. 活页式账簿

活页式账簿是指将一定数量的账页置于活页夹中,可随时增加和减少部分账页的账簿,简称活页账。活页式账簿并未装订成册,有利于分工记账,提高工作效率,而且可以根据实际需要随时增减账页。但是,活页账容易造成账页散失和人为抽换。因此,活页式账簿在使用时应加强对其管理,使用完毕不再继续登记时,应装订成册或封扎保管。活页式账簿一般适用于各类明细分类账。

3. 卡片式账簿

卡片式账簿是指将一定数量具有专门记账格式的卡片存放在卡片箱中可以随时存取的账簿,简称卡片账。卡片式账簿也未装订成册,因此可以看作特殊形式的活页账。卡片式账簿的优点和缺陷与活页式账簿一致。卡片式账簿一般适用于长期使用,资料较少变动的明细分类账。在我国,企业一般对固定资产明细账采用卡片式账簿。

(三) 账簿按账页格式分类

账簿按账页格式可分为两栏式账簿、三栏式账簿、数量金额式账簿和多栏式账簿。

1. 两栏式账簿

两栏式账簿是指账页中登记金额的只有借方和贷方两个栏目的账簿。普通日记账一般采用两栏式账簿(表6-1)。

2. 三栏式账簿

三栏式账簿是指账页中登记金额的分为借方、贷方和余额三个栏目的账簿。特种日记账、总账及债权债务、资本等明细账一般采用三栏式账簿(表6-2、表6-3、表6-4、表6-5)。

3. 数量金额式账簿

数量金额式账簿是指在账页中不仅设有借方、贷方和余额三个栏目,同时在每个栏目内再分设数量、单价和金额三个小栏,用以反映财产物资的实物数量及价值量的账簿。原材料明细账、库存商品明细账一般采用数量金额式账簿(表6-6)。

4. 多栏式账簿

多栏式账簿是指在账簿的借方金额和贷方金额按需要分设若干专栏的账簿,用以反映金额的组成。多栏式账簿可以按借方和贷方分别设置专栏,也可以只按借方金额或者贷方金额设置专栏。收入、成本、费用明细账一般采用多栏式账簿(表6-7)。

任务二 会计账簿的启用与登记要求

一、会计账簿的启用★★

启用会计账簿时,应当在账簿封面上写明单位名称和账簿名称,并在账簿扉页上附启用表。

启用订本式账簿应当从第一页到最后一页顺序编定页数,不得跳页、缺号。使用活页式账簿应当按账户顺序编号,并须定期装订成册,装订后再按实际使用的账页顺序编定页码,另加目录以便于记明每个账户的名称和页次。

调换记账人员时,应注明交接日期和接办人员姓名,并由接办人员签章,以明确经济责任。

二、会计账簿的登记要求★

为了保证账簿记录的正确性,必须根据审核无误的会计凭证登记会计账簿,并应符合有关法律、行政法规和国家统一的会计准则制度的规定,登记会计账簿主要有以下要求:

(一) 准确完整

登记会计账簿时,应当将日期、凭证编号、经济业务的摘要、金额等有关资料逐项进行登记,做到字迹工整、摘要清晰、数字准确、登记及时。既有总账又有明细账的业务进行登记时,应注意总账与明细账的平行登记,避免只登记总账漏登明细账的情况发生。

(二) 标明记账标记

负责记账的会计人员应根据审核无误的记账凭证在账簿中进行登记。为了防止经济业务重复登记或者漏记,会计人员登记账簿后,应在记账凭证中记账"√"处进行"√"登记,标明经济业务已登记入账。

(三) 书写留空

账簿中书写的文字和数字上面要留有适当空格,不要写满格,一般应占格距的1/2。这样,一旦发生登记错误,还备有改正错误的空间,能比较容易进行更正,同时也方便查账工作的进行。

（四）正常记账使用蓝黑墨水

会计账簿通常需要保管较长的时间，因此，为了保持账簿记录的持久性，同时防止对记录进行涂改，登记账簿必须使用蓝黑墨水或碳素墨水书写，不得使用圆珠笔（银行的复写账簿除外）或者铅笔书写。

（五）特殊记账使用红墨水

会计中红字记录通常具有特殊含义。可以使用红色墨水记账的情况主要包括以下几种：

(1) 按照红字冲账的记账凭证，冲销错误记录。

(2) 在不设借、贷等栏的多栏式账页中，登记减少数。

(3) 在三栏式账户的“余额”栏前，如未印明余额方向的，在“余额”栏内登记负数余额。

(4) 期末进行结账处理时，应使用红笔划线。

（六）顺序连续登记

各种账簿应按页次顺序连续登记，不得跳行、隔页。如发生跳行、隔页，应当将空行、空页划线注销，并注明“此行空白”或“此页空白”字样，由记账人员签名或者盖章以明确经济责任。

（七）结出余额

需要结出余额的账户，结出余额后，应在“借或贷”栏中注明“借”或“贷”字样。没有余额的账户，在“借或贷”栏内注明“平”字，并只在“余额”栏中的元位用“θ”表示，角分位不需要写“0”。由于现金日记账和银行存款日记账要求做到日清月结，故必须逐日结出余额。

（八）过次承前

每一账页登记完毕结转下页时，应当结出本页合计数及余额，写在本页最后一行和下页第一行有关栏内，并在本页最后一行摘要栏内注明“过次页”字样，下页第一行摘要栏注明“承前页”字样，也可以将本页合计数及金额只写在下页第一行有关栏内，并在摘要栏内注明“承前页”字样，以保证账簿的连续性，便于对账和结账。

对需要结计本月发生额的账户，结计“过次页”的本页合计数应当为自本月初起至本页末止的发生额合计数。对需要结计本年累计发生额的账户，结计“过次页”的本页合计数应当为自年初起至本页末时的累计数。对既不需要结计本月发生额，也不需要结计本年累计发生额的账户，可以只将每页末的余额结转次页。

（九）不得涂改、刮擦、挖补

如果账簿登记发生错误，不得涂改、刮擦、挖补，应根据不同的错账类型采用正确的更正方法进行更正。

任务三　会计账簿的设置与登记方法

一、日记账的设置和登记方法★★

（一）普通日记账的设置和登记方法

日记账可分为普通日记账和特种日记账。在普通日记账和特种日记账均设置的情况下，普通日记账只序时登记特种日记账以外的经济业务。在不设置特种日记账而采用普通日记账的情况下，则要序时登记全部经济业务。普通日记账一般采用两栏式账页。其登记方法如表6-8所示。

表6-8 普通日记账 第 页

2×19年		凭证		摘要	会计科目	借方金额	贷方金额	过账
月	日	字	号					
6	1	转	1	采购材料	在途物资	2 000		
					应交税费	260		
					应付账款		2 260	

(二) 特种日记账的设置和登记方法

1. 现金日记账的设置和登记方法

现金日记账是由出纳人员根据审核无误的现金收、付款凭证及银行存款付款凭证逐日逐笔登记的账簿。为避免经济业务重复登记，从银行提取现金的业务，只填制银行存款付款凭证，不填制现金收款凭证，因而现金的收入数，应根据银行存款付款凭证登记。每日收付款项逐笔登记完毕后，应分别计算现金收入和现金支出的合计数及账面的结存数，并将现金日记账的账面余额与库存现金实存数相核对，以检查每日现金收入、支出和结存情况。现金日记账必须采用订本式账簿，其账页格式一般采用借方、贷方、余额三栏式。其登记方法如表6-9所示。

表6-9 库存现金日记账 第 页

2×19年		凭证		摘要	对方科目	借方	贷方	余额
月	日	字	号					
6	1			上月结余				4 000
6	2	现付	1	预支差旅费	其他应收款		2 000	2 000
6	3	银付	1	提现备用	银行存款	3 000		5 000
6	4	现收	1	交回差旅费余额	其他应收款	500		5 500

2. 银行存款日记账的设置和登记方法

银行存款日记账是由出纳人员根据审核无误的银行存款收、付款凭证及现金付款凭证逐日逐笔登记的账簿。为避免经济业务重复登记，将现金存入银行的业务，只填制现金付款凭证，因而银行存款的收入数应根据现金付款凭证登记。每日结出银行存款的账面结存额，定期同银行送来的对账单进行核对。银行存款日记账必须采用订本式账簿，其账页格式一般采用借方、贷方、余额三栏式。其登记方法如表6-10所示。

表 6-10　　**银行存款日记账**　　第　页

2×19 年		凭证		摘要	对方科目	结算凭证		借方	贷方	余额
月	日	字	号			种类	号数			
6	1			上月结余						40 000
6	1	银收	1	收回货款	应收账款			60 000		100 000
6	2	现付	2	存入现金	库存现金			1 000		101 000
6	3	银付	1	提现备用	库存现金				3 000	98 000

如果企业收、付款凭证数量较多，需要通过现金日记账和银行存款日记账汇总登记总分类账时，现金日记账和银行存款日记账也可以采用多栏式的格式，即把收入栏和支出栏分别按照对应科目设置若干专栏。

二、分类账的设置和登记方法★★★

（一）总分类账的设置和登记方法

总分类账也称总账，是根据财政部统一设置的总分类会计科目设置的，它用于核算某一大类经济业务的全部内容。总分类账能全面、总括地反映和记录经济业务引起的资金运动和财务收支情况，并为编制会计报表提供数据。因此每个单位都必须设置总分类账。

总分类账是具有统驭性作用的账簿，因此总分类账必须采用订本式账簿。账页通常采用借方、贷方和余额的三栏式账页。总分类账的登记方法取决于企业采用的账务处理程序。业务量少、规模小的单位可以直接根据各种记账凭证逐笔登记总分类账；业务量多，规模大的单位可以根据汇总记账凭证或科目汇总表定期登记总分类账。如果企业采用记账凭证账务处理程序，其总分类账登记按照记账凭证逐笔登记，登记方法如表 6-11 所示。

表 6-11　　**总分类账**

会计科目：应收账款　　第　页

2×19 年		凭证		摘要	对方科目	借方	贷方	借或贷	余额
月	日	字	号						
6	1			上月结余				借	60 000
6	1	银收	1	收回货款	银行存款		60 000	平	0
6	5	转	2	销售商品	主营业务收入	113 000		借	113 000

（二）明细分类账的设置和登记方法

明细分类账简称明细账，是按明细分类账户进行分类登记的账簿。明细分类账能提供交易或事项比较详细、具体的核算资料，对总分类账进行补充说明，有利于加强财产物资的管理，监督往来款项的结算，也能为编制报表提供必要的资料。明细分类账一般采用活页式账簿，它的格式主要有三栏式明细分类账、数量金额式明细分类账和多栏式明细分类账等。

1. 三栏式明细分类账的设置和登记方法

三栏式明细分类账的账页格式同总分类账基本相同，只设借方、贷方和余额三个金额栏，不设数量栏，它适用于只需进行金额核算，不需进行数量核算的资本、债权、债务等账户的明细账，如“实收资本”“应收账款”“应付账款”等账户的明细账。三栏式明细分类账的格式和登记方法与采用记账凭证账务处理程序的总分类账相同。其登记方法如表6-12所示。

表6-12　　应收账款明细账(三栏式)

明细科目:红日集团　　第　页

2×19年		凭证		摘要	对方科目	借方	贷方	借或贷	余额
月	日	字	号						
6	1			上月结余				借	40 000
6	1	银收	1	收回货款	银行存款		40 000	平	0

2. 数量金额式明细分类账的设置和登记方法

数量金额式明细分类账的账页在收入、发出和结存三栏中分类设有数量、单价和金额栏，分别登记实物数量、单价和金额。它适用于既要进行金额核算，又要进行数量核算的各种财产物资类明细账户，如“原材料”“库存商品”等明细分类账。其登记方法如表6-13所示。

表6-13　　原材料明细账(数量金额式)

明细科目:甲材料　　计量单位:千克　　第　页

2×19年		凭证		摘要	收入			发出			结存		
月	日	字	号		数量	单价	金额	数量	单价	金额	数量	单价	金额
6	1			上月结余							200	20	4 000
6	6	转	3	购入甲材料	100	20	2 000				300	20	6 000

3. 多栏式明细分类账的设置和登记方法

多栏式明细分类账的账页格式是将同一个总账科目的各个明细科目合并在一张账页上进行登记，反映各有关明细项目的详细资料。它适用于成本、费用和收入、利润等项目的明细核算，如“生产成本”“管理费用”明细账。其登记方法如表6-14所示。

表6-14　　管理费用明细账(多栏式)　　第　页

2×19年		凭证		摘要	借方	(　借方　)金额分析							
月	日	字	号			办公费	水电费						
6	2	现付	2	购买办公用品	200	200							
6	4	银付	3	支付水电费	300		300						

任务四 错账更正的方法

在登记账簿的过程中，可能由于种种原因会使账簿记录发生错误。因此，为保证记录的正确、整洁、完整，防止舞弊现象的发生，应该采用专门的方法进行错误更正，不得涂改、刮擦、挖补或用药水消除字迹。常用的错账更正方法有：划线更正法、红字更正法和补充登记法三种。

一、划线更正法★★★

划线更正法适用于据以登账的记账凭证本身是正确的，但是在登记账簿过程中文字或数字记录有误的情况。运用划线更正法进行更正时，首先用红笔从错误的文字或数字中间划一条直线予以注销。需要注意的是，用红线注销必须保持原有的错误记录仍然清晰可见，以备查考；然后在所划红线的正上方空白处用蓝字或黑字将正确的文字或数字进行填写，并由更正人员在更正处盖章，以明确责任。采用划线更正法进行更正时，如果是文字书写有误，可只划去错误的文字部分。但对于数字书写有误，则不能只划去错误数字，而应将全部数字划去进行更正。

[例 6-1] 企业结算本月应付职工工资，其中生产工人工资为 20 000 元，车间管理人员工资为 5 000 元。原编记账凭证的会计分录如下：

借：生产成本 20 000
　　制造费用 5 000
　　贷：应付职工薪酬 25 000

记账人员在登记该转账凭证时，将“制造费用”账户借方金额误记为 3 000 元。

[分析] 在本例中，据以登账的记账凭证本身是正确的，会计人员在记账时将正确金额 5 000 错记为 3 000，因此应采用划线更正法进行更正，更正的步骤如下：

在“制造费用”账页中用红笔从错误的数字 3 000 中间划一条红线，然后在该数字上方空白处用蓝笔或黑笔写上正确的数字 5 000，并由记账人员在更正处签章。

二、红字更正法★★

红字更正法又称红字冲销法，适用于以下两种情况。

(一) 记账后发现记账凭证中应借、应贷会计科目有错误所引起的记账错误

这种情况的更正步骤为：先用红字金额填制一张与原错误凭证内容完全相同的记账凭证，在摘要栏内写明“注销某年某月某日某号凭证”，并据以用红字登记入账，冲销原有的错误记录，然后再用蓝字金额填制一张完全正确的记账凭证，在摘要栏内写明“更正某年某月某日某号凭证”，并据以用蓝字记账，更正原有的错误记录。

[例 6-2] 某企业计提生产车间设备折旧 3 000 元，在编制记账凭证时，原编记账凭证如下，并已登记入账。

借：管理费用 3 000
　　贷：累计折旧 3 000

[分析] 在本例中，车间设备折旧应计入“制造费用”科目而不是“管理费用”科目，会计

科目运用错误并根据错误凭证登记入账，因此应采用红字更正法进行更正，步骤如下：

首先编制红字记账凭证冲销原来的错误记录，并登记入账。

借：管理费用 3 000

贷：累计折旧 3 000

然后再用蓝字编制正确的记账凭证，并登记入账。

借：制造费用 3 000

贷：累计折旧 3 000

（二）记账后发现记账凭证应借、应贷会计科目正确无误，只是所记金额大于应记金额的记账错误

这种情况的更正步骤为：将多记的金额用红字编制一张与原记账凭证应借、应贷科目完全相同的记账凭证，在摘要栏内写明"冲销某年某月某日某号凭证多记金额"，并据以登记入账即可。

[例 6-3] 某企业收回购货单位前欠货款 5 000 元存入银行，原填制的记账凭证如下并已登记入账。

借：银行存款 50 000

贷：应收账款 50 000

[分析] 在本例中，记账凭证应借、应贷科目正确无误，编制记账凭证时将正确金额 5 000 误记为 5 0000，所记金额大于应记金额，属于红字更正法适用的第二种情况，因此应采用红字更正法进行更正。更正的步骤如下：

将多记的金额用红字编制一张与原错误记账凭证应借、应贷科目完全相同的记账凭证，并根据红字记账凭证登记入账。

借：银行存款 45 000

贷：应收账款 45 000

三、补充登记法★★★

补充登记法适用于记账凭证的应借、应贷会计科目正确，只是记账凭证上所记金额小于应记金额，并已登记入账的记账错误。更正时应将少记金额用蓝字填制一张与原记账凭证应借、应贷科目完全相同的记账凭证，在摘要栏内写明"补充某年某月某日某号凭证少记金额"，并据以蓝字登记入账。

[例 6-4] 某企业生产产品领用原材料 5 000 元，填制记账凭证如下并已登记入账。

借：生产成本 3 000

贷：原材料 3 000

[分析] 在本例中，记账凭证应借、应贷科目正确无误，正确金额为 5 000 元，编制记账凭证时将正确金额 5 000 误记为 3 000，所记金额小于应记金额，因此应采用补充登记法进行更正。更正的步骤如下：

将少记的 2 000 元用蓝字填制一张与原错误记账凭证应借、应贷科目完全相同的记账凭证，并根据蓝字记账凭证登记入账。

借：生产成本 2 000

贷：原材料 2 000

任务五 对账与结账

一、对账★★

在日常的会计工作中，难免会出现各种各样的记账错误或发生账实不符的情况。其中可能是人为原因造成，也可能是由于财产物资本身的自然属性和自然条件引起的升溢或损耗。因此，为了保证各种账簿记录的真实、正确和完整，必须在结账前进行对账工作。

（一）对账的概念

对账就是核对账目，是对账簿记录所进行的核对工作。具体来说是指在结账之前，将账簿记录中的有关数字与货币资金、财产物资、往来结算等进行的核对工作。

（二）对账的内容

对账一般包括账证核对、账账核对、账实核对。

1. 账证核对

实际工作中，虽然账簿是根据会计凭证进行登记的，但仍然有可能出现账证不相符合的情况。因此，账证核对是指采用逐笔核对或抽查核对的方法，将原始凭证、记账凭证与账簿中的各项经济业务核对，检查其会计科目内容、数量、金额、记账方向等是否相符。

2. 账账核对

会计账簿是一个有机的整体，既有分工，又有衔接。因此，各个账簿之间是具有勾稽关系的。账账核对就是指利用各种账簿之间的勾稽关系，通过账簿的相互核对发现记账工作是否有误。账账核对具体包括：

（1）总分类账中各账户借方期末余额合计数应与贷方期末余额合计数相等。

（2）总分类账中现金、银行存款账户的期末余额分别与现金日记账和银行存款日记账的期末余额核对相符。

（3）总分类账中各账户的期末余额应与其所属的明细分类账的期末余额合计数核对相符。

（4）会计部门的各种财产物资明细分类账期末余额应与财产保管和使用部门的有关财产物资明细分类账期末余额核对相符。

3. 账实核对

账实核对是指对各种财产物资、债权债务等账面余额与实有数额进行核对，检查其是否相符。具体包括：

（1）现金日记账账面余额与库存现金实有数逐日核对是否相符。

（2）银行存款日记账账面余额与银行对账单余额定期核对是否相符。

（3）各项财产物资明细分类账账面余额与财产物资的实有数额核对是否相符。

（4）有关债权、债务明细分类账的账面余额与对方单位债务、债权账面记录核对是否相符。

二、结账★★

为了总结某一会计期间（月度、季度、年度）的经济活动情况，考核财务成果，编制会计报表，必须在每个会计期间终了时进行结账。

（一）结账的概念

结账就是在会计期末时将各账户余额结清或结转至下期，将各账户记录结算清楚的过程。具体包括月结、季结和年结。

(二) 结账的内容

结账的内容通常包括两个方面：一是要结清各损益类账户，并据以计算确定本期利润；二是要结出各资产、负债和所有者权益账户的本期发生额合计和期末余额。

(1) 在结账前，必须将本期内发生的各项经济业务全部登记入账，尤其要注意检查有关收入和费用是否按照权责发生制的要求进行了账项调整。比如企业应在期末计提固定资产的折旧，结账前应检查本期负担的折旧费用是否在期末通过编制转账凭证记入有关成本(费用)类账户。如发现有遗漏的账目，应予以补记入账。

(2) 结转本期收入类和成本(费用)类账户的金额。比如期末，应将“制造费用”分配记入有关的成本核算对象，将其金额转入“生产成本”明细账。同时，“生产成本”账户的金额应在完工产品和在产品之间进行分摊，将完工产品的“生产成本”转入“库存商品”账户。另外，期末还需要将本期损益类账户的金额全部结转入“本年利润”账户，结平损益类账户的余额，为确定本期损益提供依据。

(3) 结出资产、负债和所有者权益账户的本期发生额和期末余额，并结转下期。

(三) 结账的方法

1. 账户的月结

月末在各账户的最后一笔数字下，结出本月借方发生额、贷方发生额和期末余额，在摘要栏内注明“本期发生额及期末余额”字样，并在数字的上端和下端各划一根红线。对需要逐月结转累计发生额的账户，在计算本期发生额及期末余额后，应在下一行增加“本年累计发生额”，然后再在数字下端划一条红线。

2. 账户的年结

年结时，应在12月份月结数字下，结算出全年合计数，并在摘要栏内注明“年度发生额及余额”或“本年合计”字样，并在数字下端划双红线，表示“封账”。年度结账后，根据各账户的期末余额，过入新账簿，结转下年度。

任务六 会计账簿的更换与保管

一、会计账簿的更换

按照会计制度规定，账簿应定期进行更换。账簿的更换通常在新会计年度建账时进行。账簿的更换应按照规定进行，并不是所有的账簿都要更换为新的。一般来讲，总分类账、现金日记账、银行存款日记账和绝大多数明细账应每年更换一次。但对于某些债权债务明细账、财产物资明细账，由于往来单位较多、财产物资数量、种类较多等原因，更换新账重抄一遍工作量较大，因此，可以考虑跨年度使用，不必每年更换。另外，各种备查账簿也可以连续使用，不需要更换。启用新账簿时，应将上年年末余额直接记入新账簿的有关账户中去，一般不需编制记账凭证。

二、会计账簿的保管

会计账簿、会计凭证、会计报表等会计资料都是企业重要的经济档案，必须妥善保管，不得丢失和任意销毁。年度终了，会计账簿暂由本单位财务会计部门保管1年，期满后，由本单位财务会计部门编造清册移交本单位档案部门保管。

各种账簿应当按年度分类归档，编造目录，妥善保管。既保证在需要时迅速查阅，又保证各种账簿的安全完整。保管期满后，还要按照规定的审批程序经过批准后才能销毁。

项目小结

1. 登记账簿是基本的会计核算方法之一。本项目主要阐述会计账簿的有关知识，包括会计账簿的作用及分类、账簿的启用和登记要求、账簿的登记方法、错账更正方法、账簿的保管及更换等内容。

2. 会计账簿是指由一定格式并相互联系的账页组成，以审核无误的会计凭证为依据，序时、分类、连续、系统、全面地记录各项经济业务的簿籍。会计账簿按照用途不同分为序时账簿、分类账簿和备查账簿；按照外表形式不同分为订本账簿、活页账簿和卡片账簿。

3. 会计账簿应按照规定方法启用并进行登记，如果发生错账，应按照错账更正方法进行更正。错账更正的方法包括划线更正法、红字更正法和补充登记法三种。

4. 期末，应按要求对账簿进行对账与结账。对账的内容包括账证核对、账账核对和账实核对；结账的方法包括月结与年结。同时，应按规定进行账簿的保管与更换。

练习题

一、单项选择题

1. 登记账簿的依据是(　　)。★

A. 经济合同　　B. 会计分录　　C. 记账凭证　　D. 有关文件

2. 下列账户的明细账采用数量金额式账页的是(　　)。★

A. 管理费用　　B. 销售费用　　C. 原材料　　D. 应收账款

3. 下列账簿中一般不需要根据记账凭证登记的账簿是(　　)。★

A. 总分类账簿　　B. 明细分类账簿　　C. 银行存款日记账　　D. 备查账簿

4. 将现金送存银行，登记银行存款日记账的依据是(　　)。★★

A. 银行存款收款凭证　　B. 银行存款付款凭证

C. 现金收款凭证　　D. 现金付款凭证

5. 生产成本明细账一般采用(　　)明细账。★

A. 三栏式　　B. 多栏式　　C. 数量金额式　　D. 两栏式

6. 应收应付款明细账一般采用(　　)明细账。★

A. 数量金额式　　B. 多栏式　　C. 三栏式　　D. 两栏式

7. 若记账凭证上的会计科目和应借应贷方向未错，但所记金额大于应记金额，并据以登记入账，应采用的更正方法是(　　)。★★

A. 划线更正法　　B. 红字更正法

C. 补充登记法　　　　　　　　　　　　D. 编制相反分录冲减

8. 会计人员在结账前发现，根据记账凭证登记入账时误将850元写成8 500元，而记账凭证无误，应采用的更正方法是(　　)。★★

A. 补充登记法　　B. 划线更正法　　C. 红字更正法　　D. 横线登记法

9. 我国企业设置的现金日记账和银行存款日记账属于(　　)。★

A. 普通日记账　　B. 特种日记账　　C. 分录日记账　　D. 转账日记账

10. 新年度开始启用新账时，可以继续使用不必更换新账的是(　　)。★

A. 总分类账　　B. 银行存款日记账　　C. 固定资产卡片　　D. 现金日记账

11. 在结账前发现账簿记录有文字或数字错误，而记账凭证没有错误，应当采用的更正方法是(　　)。★★

A. 划线更正法　　B. 红字更正法　　C. 补充登记法　　D. 平行登记法

12. 活页式账簿一般适用于(　　)的设置。★

A. 总分类账　　　　　　　　　　　　B. 现金日记账和银行存款日记账

C. 固定资产明细账　　　　　　　　　D. 明细分类账

13. 订本式账簿主要不适用于(　　)的设置。★

A. 特种日记账　　B. 普通日记账　　C. 总分类账　　D. 明细分类账

14. 固定资产明细账的外表形式可以采用(　　)。★

A. 订本式账簿　　　　　　　　　　　B. 卡片式账簿

C. 活页式账簿　　　　　　　　　　　D. 多栏式明细分类账

15. “实收资本”明细账的账页可以采用(　　)。★

A. 三栏式　　B. 活页式　　C. 数量金额式　　D. 卡片式

16. 现金和银行存款日记账，根据有关凭证(　　)。★

A. 逐日逐笔登记　　B. 逐日汇总登记　　C. 定期汇总登记　　D. 一次汇总登记

17. 多栏式明细账一般适用于(　　)。★

A. 收入费用类账户　　　　　　　　　B. 所有者权益类账户

C. 资产类账户　　　　　　　　　　　D. 负债类账户

18. 记账以后，如果发现记账凭证上应借、应贷的会计科目并无错误，只是金额有错误，且所错记的金额小于应记的正确金额，应采用的更正方法是(　　)。★★

A. 划线更正法　　B. 红字更正法　　C. 补充登记法　　D. 横线登记法

19. 管理费用明细账按照账簿的用途分类属于(　　)。★

A. 序时账簿　　B. 分类账簿　　C. 备查账簿　　D. 活页式账簿

20. 用于分类记录单位的全部交易或事项，提供总括性核算资料的账簿是(　　)。★

A. 序时账簿　　B. 总分类账簿　　C. 备查账簿　　D. 明细分类账簿

二、多项选择题

1. 下列属于序时账的有(　　　　)。★

A. 普通日记账　　　　　　　　　　　B. 银行存款日记账

C. 明细分类账　　　　　　　　　　　D. 库存现金日记账

2. 下列明细账中可以采用三栏式账页的有(　　　　)。★

A. 应收账款明细账　B. 原材料明细账　　C. 实收资本明细账　D. 现金日记账

3. 登记明细分类账的依据可以是(　　　　)。★★

A. 原始凭证　　B. 汇总原始凭证　　C. 记账凭证　　D. 经济合同

4. 登记银行存款日记账收入栏的依据有(　　)。

A. 银行存款收款凭证　　B. 现金收款凭证

C. 银行存款付款凭证　　D. 现金付款凭证

5. 订本账的缺点有(　　)。

A. 记账时不便于分工登记

B. 采用预留账页的方式,如果预留过多容易造成账页浪费

C. 不便于进行试算平衡

D. 采用预留账页的方式,如果预留过少影响记录的连续性

6. 登记现金日记账收入栏的依据有(　　)。

A. 银行存款收款凭证　　B. 现金收款凭证

C. 银行存款付款凭证　　D. 现金付款凭证

7. 下列应设置备查账簿登记的事项有(　　)。

A. 固定资产卡片　　B. 本单位已采购的材料

C. 临时租入的固定资产　　D. 本单位受托加工材料

8. 下列适用多栏式明细账的是(　　)。★

A. 生产成本　　B. 制造费用　　C. 库存商品　　D. 应付账款

9. 在账簿记录中,红笔只能用于(　　)。★

A. 错误更正　　B. 冲账　　C. 结账　　D. 登账

10. 登记银行存款日记账的依据为(　　)。★

A. 银行存款收款凭证　　B. 银行存款付款凭证

C. 库存现金收款凭证　　D. 库存现金付款凭证

11. 会计账簿按账页格式的不同,可以分为(　　)账簿。★

A. 两栏式　　B. 多栏式　　C. 三栏式　　D. 数量金额式

12. 在会计账簿扉页上填列的内容包括(　　)。

A. 账簿名称　　B. 单位名称　　C. 账户名称　　D. 起止页次

13. 必须采用订本式账簿的是(　　)。★

A. 现金日记账　　B. 固定资产总账

C. 银行存款日记账　　D. 固定资产明细账

14. 以下属于备查账簿的有(　　)。

A. 租入固定资产登记簿　　B. 代销商品登记簿

C. 受托加工材料登记簿　　D. 材料采购明细账

15. 总分类账一般采用(　　)。★

A. 订本式　　B. 活页式　　C. 三栏式　　D. 多栏式

16. 下列账簿中不能采用卡片式账簿的有(　　)。

A. 现金日记账　　B. 固定资产总账

C. 银行存款日记账　　D. 固定资产明细账

17. 会计账簿中,下列(　　)可以用红色墨水记账。★★

A. 按照红字冲账的记账凭证,冲销错误记录

B. 在不设借贷等栏的多栏式账页中,登记减少数

C. 在三栏式账户的余额栏前，如未印明余额方向的(如借或贷)，在余额栏内登记负数余额

D. 会计制度中规定可以用红字登记的其他会计记录

18. 可用于更正因记账凭证错误而导致账簿登记错误的错账更正方法有(　　　)。★

A. 划线更正法　　B. 红字更正法　　C. 补充登记法　　D. 顺查法

19. 收回货款 18 000 元存入银行，记账凭证中误将金额填为 15 000 元，并已入账，错账的更正方法不正确的是(　　　)。★

A. 用划线更正法更正

B. 用蓝字借记“银行存款”账户 3 000 元，贷记“应收账款”账户 3 000 元

C. 用红字借记“应收账款”账户 15 000 元，贷记“银行存款”账户 15 000 元

D. 用红字借记“银行存款”账户 3 000 元，贷记“应收账款”账户 3 000 元

20. 必须逐日结出余额的账簿是(　　　)。★

A. 现金总账　　B. 银行存款总账

C. 现金日记账　　D. 银行存款日记账

三、判断题

1. 现金日记账和银行存款日记账的外表形式必须采用订本式账簿。(　　)★

2. 记账以后，发现记账凭证中应借应贷科目错误，应采用红字更正法更正。(　　)★

3. 采用普通日记账时，可根据经济业务直接登记，然后再将普通日记账过入分类账。因此，设置普通日记账时一般可不再填制记账凭证。(　　)

4. 任何单位都必须设置总分类账。(　　)

5. 所有总分类账的外表形式都必须采用订本式。(　　)

6. 记账以后，发现记账凭证和账簿记录中应借应贷的会计科目无误，只是金额有错误，且所错记的金额小于应记的正确金额，可采用红字更正法更正。(　　)★

7. 为了保证现金日记账的安全和完整，现金日记账无论采用三栏式还是多栏式，外表形式都必须使用订本账。(　　)

8. 账簿按其用途不同，可分为订本式账簿、活页式账簿和卡片式账簿。(　　)★

9. 会计账簿是连接会计凭证与会计报表的中间环节，在会计核算中具有承前启后的作用，是编制会计报表的基础。(　　)

10. 我国企业都采用普通日记账登记每日库存现金和银行存款的收付。(　　)

11. 多栏式明细账一般适用于资产类账户。(　　)

12. 采用划线更正法时，如果是发生金额错误，只要将账页中个别错误数字划上红线，再填上正确数字即可。(　　)★

13. 记账凭证中会计账户、记账方向正确，但所记金额大于应记金额而导致账簿登记金额增加的情况，可采用补充登记法进行更正。(　　)★

14. 三栏式账簿是指具有日期、摘要、金额三个栏目格式的账簿。(　　)★

15. 明细账一般都使用活页账簿，以便于根据实际需要，随时添加空白账页。(　　)

16. 各账户在一张账页记满时，应在该账页最后一行结出余额，并在“摘要”栏注明“转次页”字样。(　　)

17. 登记账簿时，发生的空行、空页一定要补充书写，不得注销。(　　)

18. 账簿中书写的文字和数字上面要留有适当空距，一般应占格距的二分之一，以便于

发现错误时进行修改。 ( )★

19. 无论分类账簿还是序时账簿，都需要以记账凭证作为记账依据。 ( )★

20. 补充登记法就是把原来未登记完的业务登记完毕的方法。 ( )

四、业务题

1. 目的：练习错账更正的方法。

2. 资料：江南公司2×19年5月发生如下经济业务：

(1) 从银行提取库存现金26 000元，备发工资。

记账凭证为：借：库存现金 26 000
　　贷：银行存款 26 000

账簿误记录为2 600元。

(2) 预付红光公司购货款25 000元。

记账凭证误为：借：预收账款 25 000
　　贷：银行存款 25 000

已登记入账。

(3) 以银行存款支付公司行政部门用房屋的租金2 300元。

记账凭证误为：借：管理费用 3 200
　　贷：银行存款 3 200

已登记入账。

(4) 开出现金支票支付车间办公费540元。

记账凭证为：借：制造费用 450
　　贷：银行存款 450

已登记入账。

3. 要求：指出以上业务错账适用的更正方法并进行更正。

五、项目实训题

项目实训题(一)

1. 实训目的：练习现金日记账和银行存款日记账的登记。

2. 实训资料：华利公司2×19年5月发生如下经济业务(原始凭证略)。

(1) 1日，从银行提取现金6 000元备用，填制付款凭证(表6-15)。

表6-15 付款凭证

贷方科目： 年 月 日 字第 号

摘要	借方科目		金额										√
	总账科目	明细科目	千	百	十	万	千	百	十	元	角	分	
附单据 张	合计												

会计主管 记账 复核 出纳 制证

（2）3日，收到启明公司投资款100 000元，存入银行，填制收款凭证（表6-16）。

表6-16 **收款凭证**

借方科目：　　　　年　月　日　　　　字第　号

摘要	贷方科目		金额										√
	总账科目	明细科目	千	百	十	万	千	百	十	元	角	分	
附单据　张	合计												

会计主管　　记账　　复核　　出纳　　制证

（3）4日，采购员肖小月出差预借差旅费5 000元，出纳以现金支付，填制付款凭证（表6-17）。

表6-17 **付款凭证**

贷方科目：　　　　年　月　日　　　　字第　号

摘要	借方科目		金额										√
	总账科目	明细科目	千	百	十	万	千	百	十	元	角	分	
附单据　张	合计												

会计主管　　记账　　复核　　出纳　　制证

（4）6日，开出转账支票支付公司产品广告费4 000元，未收到增值税专用发票。填制付款凭证（表6-18）。

表6-18 **付款凭证**

贷方科目：　　　　年　月　日　　　　字第　号

摘要	借方科目		金额										√
	总账科目	明细科目	千	百	十	万	千	百	十	元	角	分	
附单据　张	合计												

会计主管　　记账　　复核　　出纳　　制证

(5) 8日，将现金2 000元存入银行，填制付款凭证(表6-19)。

表 6-19 付款凭证

贷方科目：　　　　年　　月　　日　　　　字第　　号

摘　要	借方科目		金额										√
	总账科目	明细科目	千	百	十	万	千	百	十	元	角	分	
附单据　　张	合计												

会计主管　　记账　　复核　　出纳　　制证

3. 实训要求：按照上述经济业务编制记账凭证并登记现金日记账(表6-20)和银行存款日记账(表6-21)。

表 6-20 现金日记账　　第　页

2×19年		凭证		摘要	对方科目	借方	贷方	余额
月	日	字	号					
5	1			上月结余				8 000

表 6-21 银行存款日记账　　第　页

2×19年		凭证		摘要	对方科目	结算凭证		借方	贷方	余额
月	日	字	号			种类	号数			
5	1			上月结余						240 000

项目实训题(二)

1. 实训目的：练习总账和明细分类账的登记。

2. 实训资料：红日公司2×19年5月发生如下经济业务：

(1) 1日，生产车间领用甲材料1 000公斤，单位成本20元，用于生产A产品；领用乙材料500公斤，单位成本12元，用于生产B产品，填制转账凭证(表6-22)。

表6-22

转账凭证

年 月 日 字第 号

摘要	总账科目	明细科目	记账√	借方金额										记账√	贷方金额									
				千	百	十	万	千	百	十	元	角	分		千	百	十	万	千	百	十	元	角	分
附单据 张	合计																							

会计主管 记账 复核 制证

(2) 5日，购进甲材料500公斤，单价20元，购入乙材料200公斤，单价12元，增值税税率为13%，材料已经验收入库，款项开出转账支票支付，填制付款凭证(表6-23)。

表6-23

付款凭证

贷方科目： 年 月 日 字第 号

摘要	借方科目		金额										√
	总账科目	明细科目	千	百	十	万	千	百	十	元	角	分	
附单据 张	合计												

会计主管 记账 复核 出纳 制证

3. 实训要求：按照以上经济业务编制记账凭证并登记总分类账(表6-24至表6-26)和明细分类账(表6-27至表6-30)。

表 6-24 **总分类账**

会计科目:原材料 第 页

2×19年		凭证		摘要	对方科目	借方	贷方	借或贷	余额
月	日	字	号						
5	1			上月结余				借	116 000

表 6-25 **总分类账**

会计科目:生产成本 第 页

2×19年		凭证		摘要	对方科目	借方	贷方	借或贷	余额
月	日	字	号						

表 6-26 **总分类账**

会计科目:银行存款 第 页

2×19年		凭证		摘要	对方科目	借方	贷方	借或贷	余额
月	日	字	号						
5	1							借	240 000

表 6-27 **原材料明细账**

明细科目:甲材料 计量单位:公斤 第 页

2×19年		凭证		摘要	收入			发出			结存		
月	日	字	号		数量	单价	金额	数量	单价	金额	数量	单价	金额
5	1			上月结余							4 000	20	80 000

表 6-28 原材料明细账

明细科目:乙材料 计量单位:公斤 第 页

2×19 年		凭证		摘要	收入			发出			结存		
月	日	字	号		数量	单价	金额	数量	单价	金额	数量	单价	金额
5	1			上月结余							3 000	12	36 000

表 6-29 生产成本明细账

明细科目:A 产品 第 页

2×19 年		凭证		摘要	借方	(借方)金额分析							
月	日	字	号										

表 6-30 生产成本明细账

明细科目:B 产品 第 页

2×19 年		凭证		摘要	借方	(借方)金额分析							
月	日	字	号										

项目七 财产清查

☞ **学习目标**

1. 了解财产清查的概念及作用；
2. 了解财产清查的种类；
3. 熟悉财产清查的方法；
4. 熟悉财产清查结果的处理原则；

☞ **能力目标**

1. 掌握财产清查的处理步骤；
2. 掌握财产清查结果的账务处理；
3. 掌握实物资产的清查方法；
4. 掌握财产清查结果的账务处理。

制造业企业在日常工作中，在考虑成本、效益的前提下，可进行范围大小适宜、时机恰当的财产清查。财产清查是内部控制制度有效实施的重要环节，财产清查是指对各项财产、物资进行实地盘点和核对，查明财产物资、货币资金和结算款项的实有数额，确定其账面结存数额和实际结存数额是否一致，以保证账实相符的一种会计专门方法。财产清查不仅包括实物的清点，还包括各种债权、债务等往来款项的查询核对。另外，财产清查实施的范围不仅包括存放于本企业的各项财产物资，也包括属于但未存放于本企业的财产物资（也可以包括存放于但不属于本企业的财产物资）。企业在进行财产清查时，可按照财产清查实施的范围、时间间隔等把财产清查适当地进行分类，并根据分类内容进行相应的账务处理，其目的在于定期或不定期确定内部控制制度的执行是否有效。

任务一 财产清查概述

一、财产清查的意义★

财产清查是通过对货币资金、实物资产和往来款项的盘点和核对，确定其实存数，并将一定时点的实存数与账面结存数核对，借以查明账实是否相符的一种专门方法。

准确反映货币资金、实物资产和债权债务的情况，是会计核算的基本原则，也是经济管理对会计核算的客观要求。一切企业和行政、事业等单位的各项财产、物资，都必须通过账簿记录来反映其增减变动和结存情况。为了保证账簿记录的正确和完整，应当加强会计凭证的日常审核，定期进行账证核对和账账核对。但是，账簿记录的正确性，还不能说明账簿记录的客观真实性，因为各种原因可能使各项实物资产的账面数额与实际结存数额发生差异。

《中华人民共和国会计法》第二十七条规定，财产清查的范围、期限和组织程序应当明确；对会计资料定期进行内部审计的办法和程序应当明确。

（一）账实不符的原因

造成账实不符的原因是多方面的，有工作上的差错，有外界的影响、有些是可以避免的，有些是不能完全避免的，一般来说，主要有以下几个方面：

（1）在收发财产物资时，由于计量、检验不准确而发生品种、数量、质量上的差错。

（2）在财产收发过程中没有填制凭证就登记入账。

（3）在凭证和账簿的记录中，出现漏记、错记或计算上的错误。

（4）在财产的保管过程中发生了自然损耗。

（5）由于管理不善或工作人员失职而发生的财产损坏、变质或短缺。

（6）由于贪污、盗窃、舞弊等造成的财产损失。

（7）发生自然灾害和意外损失。

（8）结算过程中账单未到达或拒付等原因造成企业与其他企业的结算往来账款上的不符。

因此，为了正确掌握各项财产的真实情况，保证会计资料的准确可靠，必须在账簿记录的基础上，运用财产清查这一专门方法、对各项财产进行定期或不定期的盘点和核对，使账簿所反映的各项财产的账面结存数额与其实存数额相一致，也就是做到账实相符。

（二）财产清查的作用

财产清查是会计核算的方法之一，它具有以下作用。

1. 财产清查是确保会计信息真实可靠的方法之一

会计以凭证形式提供初始信息，经过确认、计量、记录、整理和汇总，最后以财务报表为载体提供真实可靠的财务信息，以满足信息使用者的需求。在会计信息质量的要求中，可靠性最为重要。为避免信息在传递过程中受主客观因素干扰而失真，为了进一步核实日常核算信息（主要是账簿记录）是否能真实反映会计信息，在编制财务报表前还要进行财产清查。

通过财产清查，可查明各项财产物资的实际结存数，并与账簿记录相核对，以发现记账中的错误，确定账实是否相符。若不相符，要查明原因，分清责任，并按规定的手续及时调整账面数额，直至账实相符。只有这样，才能保证根据账簿信息编制的财务报表真实可靠，从而提高会计信息质量。

2. 财产清查是检查企业内部会计监督制度是否有效的控制措施

建立合适的内部会计监督制度，特别是其中的内部牵制制度的目的之一就是健全财产物资的管理制度，保护财产物资的安全与完整，提高经营效率。内部会计监督制度是否执行、有效与否，又可通过财产清查这一方法来检查。通过财产清查，可以查明各项财产物资的保管情况，如是否完整，有无毁损、变质、被非法挪用、贪污、盗窃等；还可以查明各项财产物资的储备和利用情况，如有无储备不足，有无超储、积压、呆滞等现象；以便及时采取措施，堵塞漏洞，加强管理，建立和健全有关内部牵制制度。

3. 财产清查可促进资金加速周转

通过财产清查，特别是对债权债务的清查，可以促进其及时结算，及时发现坏账并予以处理。同时，可以及时发现企业财产物资超储积压、占用不合理等情况，以尽早采取措施利用或处理，促进企业合理占用资金，加速资金周转。

4. 促进企业遵守财经法律和信贷结算制度

通过财产清查，可以查明各单位往来款项的结算是否符合财经纪律和国家财政制度的规定，有无不合法的债权债务，是否遵守结算制度，是否按市场和合同的规定组织物资供应。全面检查企业贯彻执行财经法规、制度的情况，促使企业业务人员遵守财经纪律，严格按制度办事，同时发现问题，以进一步建立健全各项财产物资的管理制度和核算制度。

二、财产清查的种类★

在企业日常工作中，在考虑成本、效益的前提下，可以根据企业实际清况实施财产清查、也就是说，可以按照财产清查实施的范围、时间间隔等把财产清查适当地进行分类。

(一) 按照财产清查的范围，财产清查可分为全面清查和局部清查

1. 全面清查

全面清查是指对全部财产进行盘点和核对。其特点是范围大、内容多、时间长、参与部门和人员较多。一般来说，在以下几种情况下需要进行全面清查。

(1) 年终决算前要进行一次全面清查，以确保年度会计报表的真实性。

(2) 单位撤销、合并或改变隶属关系前，要进行一次全面清查，以明确经济责任。

(3) 开展全面的资产评估、清产核资前，要进行全面清查，以摸清家底，准确核定资产，保证生产的正常资金需要。

(4) 单位主要领导调离工作前，要进行一次全面清查，以便分清责任。

2. 局部清查

局部清查，也叫重点清查，是根据需要对部分财产物资进行盘点与核对。其特点是范围小、内容少、时间短、参与部门和人员较少。主要是对货币资金、存货等流动性较大的财产的清查。局部清查一般包括下列清查内容：

(1) 库存现金，应由出纳每日清点一次。

(2) 银行存款，应由出纳每月至少同银行核对一次。

(3) 各项存货年内应有计划、有重点地抽查，贵重物品每月至少清查一次。

(4) 债权债务，每年至少核对一至两次。

(二) 按财产清查的时间，财产清查分为定期清查和不定期清查

1. 定期清查

定期清查是指根据计划安排的时间对财产物资进行的清查。一般在会计期末进行，如年末、半年末、季度末或月末结账时。它可以是全面清查，也可以是局部清查。

2. 不定期清查

不定期清查是指根据实际需要对财产物资进行的随机的、临时性的清查。不定期清查一般是局部清查，如出现以下情况需要进行不定期清查：

(1) 更换出纳员时对库存现金、银行存款所进行的清查。

(2) 更换财产物资保管人员对其所保管的有关财产物资所进行的清查。

(3) 发生自然灾害时，对受损的有关财产物资所进行的清查。

(4) 财政、税务或审计等部门对企业进行会计检查或进行临时性的清产核资工作时，应进行不定期清查等。

企业在编制年度财务会计报告前，应当全面清查财产、核实债务(全面、定期)。各单位应当定期将会计账簿记录与实物、款项及有关资料相互核对，保证会计账簿记录与实物及款项的实有数额相符。

三、财产清查的一般程序★

财产清查的一般程序如下。

(1) 建立财产清查组织；一般情况下，财产清查小组应由总会计师和单位主要负责人牵头，由财会、业务、仓库等有关部门人员参加，具体负责财产清查的事宜。

(2) 组织清查人员学习有关政策规定，掌握有关法律、法规和相关业务知识，以提高财产清查工作的质量。

(3) 确定清查对象、范围，明确清查任务。

(4) 制订清查方案，具体安排清查内容、时间、步骤、方法，以及必要的清查前准备工作。

(5) 清查时本着先清查数量、核对有关账簿记录等，后认定质量的原则进行。

(6) 填制盘存清单。

(7) 根据盘存清单填制实物、往来账项清查结果报告表。

任务二　财产清查的方法

为了实施财产清查工作，应组成由会计部门牵头的清查小组，制订好清查计划，准备好计量器具和各项登记表格等。会计人员要做好账簿登记工作，做到账账相符、账证相符，财产物资保管部门要做好财产物资的入账工作，整理、排放好各项财产物资，准备接受清查。不同的财产物资，其清查方法也有所不同。

一、货币资金的清查方法★★

货币资金是指停留在货币形态的资产，狭义的货币资金仅仅指库存现金，广义的货币资金包括库存现金、银行存款和其他货币资金。这里主要介绍库存现金和银行存款的清查方法。

(一) 库存现金的清查

库存现金清查的主要方法是通过实地盘点的方法来确定库存现金的实存数，然后再与现金日记账的账面余额核对，确定账存数与实存数是否相符以及盈亏情况。

库存现金清查主要包括两种情况：一是由出纳人员每日清点库存现金实有数，并与现金日记账余额相核对，这是出纳人员所做的经常性的现金清查工作。这种清查方法比较省时、省力，但只采用这种清查方法不够严密，容易出漏洞。因此，在实际工作中，除了由出纳人员对现金进行经常性清查以外，还应由清查小组对库存现金进行定期或不定期清查。

盘点前，出纳人员应先将现金收、付款凭证全部登记入账，并结出余额；盘点时，出纳人员必须在场，现金由出纳人员经手盘点，清查人员从旁监督。同时，清查人员还应认真审核现金收付凭证和有关账簿，检查账务处理是否合理合法，如有无以“白条”抵充现金，现金库存有否超过银行核定的限额，有无坐支现金等，检查账簿记录有无错误，来确定账存与实存是否相符等。

盘点结束后，应根据盘点结果，填制“库存现金盘点报告表”(表 7-1)，并由检查人员和出纳人员签名或盖章。此表具有双重性质，既是盘存单又是账存实存对比表，既是反映现金实存数调整账簿记录的重要原始凭证，也是分析账实发生差异的原因，明确经济责任的依据。其格式如表 7-1 所示。

表 7-1　　**库存现金盘点报告表**

单位名称：　　　　盘点日期：　年　月　日

实存金额	账存金额	对比结果		备　注
		盘盈(长款、溢余)	盘亏(短款、短缺)	

负责人签章：　　　　盘点人签章：　　　　出纳员签章：

国务院历来强调严禁各单位私设“小金库”。小金库，是指不在本单位财会部门列支列收，私自在单位库存之外保存的现金和银行存款。私设“小金库”是侵占、截留、隐瞒国家和单位收入的一种违法行为，不仅会搞乱各单位正常的现金收支业务，更严重的是，“小金库”还为各种违法乱纪活动提供了温床，危害极大。

(二) 银行存款的清查

银行存款的清查采用核对法，即将开户银行定期转来的对账单与本单位的银行存款日记账逐笔进行核对，以查明银行存款收、付款金额及余额是否正确相符。如果发现两者余额相符，一般说明记账没有错误；如果发现两者余额不相符，原因可能有两个：一是双方或一方记账有错误，清查时，要将企业的银行存款日记账与银行定期送来的对账单进行逐笔核对，以查明账实是否相符。如果在核对中发现属于企业方面的记账差错，经确定后企业应立即更正；属于银行方面的记账差错，则应通知银行更正。二是存在未达账项。即使双方均无记账错误，企业的银行存款日记账余额与银行对账单余额也会不一致，这种不一致一般是由于未达账项所造成的。所谓未达账项，是指企业与银行之间，由于凭证传递上的时间差，一方已登记入账，而另一方因尚未接到凭证因而尚未登记入账的款项。具体地说，未达账项大致有下列四种情况。

(1) 企业已收，银行未收：企业已收款入账，银行尚未收款入账。

(2) 企业已付，银行未付：企业已付款入账，银行尚未付款入账。

(3) 银行已收，企业未收：银行已收款入账，企业尚未收款入账。

(4) 银行已付，企业未付：银行已付款入账，企业尚未付款入账。

上述任何一种情况的发生，都会造成企业的银行存款日记账的余额与银行对账单的余额不相符合。其中在(1)、(4)两种情况下，会使企业银行存款日记账的余额大于银行对账单的余额；而在(2)、(3)两种情况下，又会使企业银行存款日记账的余额小于银行对账单的余额。因此，在清查银行存款时，如出现未达账项，则应通过编制银行存款余额调节表进行调整。

银行存款余额调节表的编制方法一般是在企业与银行双方的账面余额的基础上,各自加上对方已收而本单位未收的款项,减去对方已付而本单位未付的款项。经过调节后,如果双方记账都没有错误,双方的余额应相互一致,而且,调整后的银行存款余额是企业当时可以实际动用的银行存款的限额。以上关系可以用下列等式表示:

企业银行存款日记账余额+银行已收企业未收金额−银行已付企业未付金额
=银行对账单余额+企业已收银行未收金额−企业已付银行未付金额 (7-1)

下面举例说明银行存款余额调节表的格式和编制方法。

[例7-1] 某企业2×19年6月30日银行存款日记账(表7-2)和银行对账单(表7-3)如下:

表7-2 **银行存款日记账**

2×19年		凭证编号	摘要	对方科目	支票		借方	贷方	借或贷	余额
月	日				种类	号数				
6	1		期初余额						借	15 628
	6		购买办公用品					2 600	借	13 028
	15		提现					2 000	借	11 028
	28		购料					8 400	借	2 628
	30		销货				11 700		借	14 328

表7-3 **银行对账单**

2×19年		摘要	票号	存入	支出	余额
月	日					
6	1	期初余额				15 628
	6	现支			2 600	13 028
	12	代付电费			1 520	11 058
	15	现支			2 000	9 508
	20	代收货款		2 394		11 902
	30	划款			188	11 714

2×19年6月30日企业银行存款日记账余额为14 328元,银行对账单余额为11 714元,双方期末余额不一致,企业银行存款日记账和银行对账单经过逐笔核对,发现存在下列未达账项:

(1) 6月28日,企业购入原材料8 400元,开出转账支票,企业已经入账;收款单位尚未到银行办理业务。

(2) 6月30日,企业销售产品一批,收到对方开来的支票11 700元、企业已经入账,但支票尚未交存银行。

(3) 6月12日,银行代付水电费1 520元,企业尚未收到银行付款通知。

(4) 6 月 20 日,银行代收货款 2 394 元,企业尚未收到银行进账通知。

(5) 6 月 30 日,银行划付借款利息 188 元,企业尚未收到付款通知。

根据上述未达账项编制 2×19 年 6 月 30 日银行存款余额调节表(表 7-4)。

表 7-4　　银行存款余额调节表

2×19 年 6 月 30 日　　单位:元

项　目	金　额	项　目	金　额
银行存款日记账余额	14 328	银行对账单余额	11 714
加:银行已收、企业未收款项		加:企业已收、银行未收款项	
银行代收货款	2 394	企业收到销货款	11 700
减:银行已付、企业未付款项		减:企业已付、银行未付款项	
银行代付水电费	1 520	企业购料付款	8 400
银行划付借款利息	188		
调节后余额	15 014	调节后余额	15 014

经过编制银行存款余额调节表,双方调节后的余额均为 15 014 元,说明双方记账都没有错误,银行存款日记账和银行对账单余额不相等的原因是未达账项所导致的。

需要说明的是,银行存款双方余额调节相符后,对于未达账项一般暂不作账务处理,对银行已入账而企业未入账的各项经济业务,不能根据银行存款余额调节表来编制会计分录,作为记账依据,而必须在收到银行转来的有关原始凭证后(即由未达账项变成已达账项)方可入账。因此,银行存款余额调节表只是作为核对银行存款余额而编制的一个工作底稿,不能作为实际记账的原始凭证。它只是及时查明本企业和银行双方账目记录有无差错的一种清查方法。对长期存在的未达账项,应查明原因及时处理。

二、实物财产的清查方法★

实物财产的清查是指对原材料、库存商品、在产品、半成品、低值易耗品、包装物等存货以及固定资产的清查。清查时,既要从数量上核实,还要对质量进行鉴定。实物财产清查的目的,是确定其账存数和实存数是否相等。下面以存货的清查为例来详细说明。

(一) 确定存货的账面结存数

确定存货账面结存数的方法有两种,即永续盘存制和实地盘存制。

1. 永续盘存制

永续盘存制也称账面盘存制,是指通过设置存货明细账,对日常发生的存货增加或减少,根据会计凭证在账簿中逐笔连续登记,并随时在账面上结算各项存货的结存数的一种方法。除特殊情况外,企业一般采用永续盘存制。永续盘存制下,存货期末账面结存数计算公式如下:

存货账面期末结存数＝存货账面期初结存数＋本期存货增加数－本期存货减少数　(7-2)

采用永续盘存制,存货明细账要按每一品种、规格设置。存货的日常核算要随时反映某一存货在一定会计期间内收入、发出及结存的详细情况，存货收发手续严密，日常核算工作量较大，为了保证账实相符，要对存货定期或不定期地进行实地盘点，当发生存货溢余或短缺时，要查明原因，明确责任，及时修正，以保证财产物资的安全完整。此外，存货明细账的结存数，还可以随时与预定的最高和最低库存限额进行比较，取得库存积压或不足的资料，以便及时组织存货的购销或处理，加速资金周转。

2. 实地盘存制

实地盘存制又称定期盘存制、以存计销或以存计耗，是指在存货日常核算中，只登记存货收入数，不登记存货发出数，期末通过存货的实物盘点得到期末结存数，从而倒挤出存货本期发出数的一种方法。

实地盘存制下存货期末账面结存数计算公式如下：

本期存货减少数＝存货期初账面结存数＋本期存货增加数－期末存货盘点数 (7-3)

采用实地盘存制，日常核算工作较为简单。会计期末，其进行财产清查的目的得到存货账面结存数，以倒挤出存货发出数，这不符合财产清查的目的——保证账实相符。同时，其倒挤出发出数的前提是假设存货的发出全部用于耗用或销售，这必然将非正常发出(如非常损失、失窃)的存货价值记入耗用或销售成本之中，不仅不利于存货发出成本的确定，也不利于存货的监督和管理。因此，实地盘存制只适合数量大、价值低、收发频繁的存货。

(二) 确定存货的实际盘存数

由于存货的形态、体积、重量、码放方式等不同，采用的清查方法也不同。主要有以下两种：

1. 实地盘点法

实地盘点法是指在财产物资存放现场逐一清点数量或用计量仪器确定其实存数的一种方法。此方法数字准确可靠，但工作量较大。

2. 技术推算法

技术推算法是指利用技术方法推算财产物资实存数的方法。适用于煤炭、砂石等大宗物资的清查。此方法盘点数字不够准确，但工作量较小。

为了明确经济责任，在进行盘点时，实物保管人员必须在场并参加盘点工作。对盘点的结果，应逐一填制盘存单，并同账面余额记录核对，确认盘盈盘亏数，并由盘点人员和实物保管人员签章。盘存单格式如表 7-5 所示。“盘存单”既是记录实物盘点结果的书面证明，也是反映财产物资实有数的原始凭证。

表 7-5 **盘 存 单**

单位名称： 存放地点： 编号：

财产类别： 盘点时间：

序号	名称	规格	计量单位	盘点数量	单价	金额	备注

盘点人签章： 保管人签章：

为了进一步查明盘点结果与账面结余额是否一致，确定盘盈或盘亏情况，还根据“盘存单”和各有关账簿的记录，填制“实存账存对比表”（也称盘点盈亏报告表）。通过对比，确定各种实物的实存数与账存数之间的差异。该表既是用以调整账簿记录的重要原始凭证，也是分析产生差异原因、明确经济责任的依据。如表 7-6 所示。

表 7-6　　**实存账存对比表**

单位名称：　　年　月　日

序号	名称	规格	计量单位	单价	实存		账存		盘盈		盘亏		备注
					数量	金额	数量	金额	数量	金额	数量	金额	

盘点人签章：　　会计签章：

三、往来款项的清查方法★

往来款项主要包括应收款、应付款、暂收款等款项。往来款项的清查一般采用发函询证的方法进行核对。具体步骤为：

（1）将本单位的往来账款核对清楚，然后确认总分类账与明细分类账的余额相等，各明细分类账的余额相符。

（2）在保证往来账户记录完整正确的基础上，编制“往来款项对账单”，寄往各有关往来单位。“往来款项对账单”的格式一般为一式两联，其中，一联作为回单，对方单位核对后退回，盖章表示核对相符，如不相符由对方单位另外说明。如表 7-7 所示。

函证信

××单位：

本公司与贵单位的业务往来款项有下列各项目，为了对清账目，特函请查证，是否相符，请在回执联中注明后盖章寄回。此致敬礼。

表 7-7　　**往来款项对账单**

单位：　　地址：　　编号：

会计科目名称	截止日期	经济事项摘要	账面余额

（3）收到上述回单后，应据此编制“往来款项清查表”（表 7-8），注明核对相符与不相符

的款项，对不符的款项按有争议、未达账项、无法收回等情况归类合并，针对具体情况及时采取措施予以解决。

表 7-8 往来款项清查表

总分类账户名称： 年 月 日

明细分类账户		清查结果		核对不符原因分析			备注
名称	账面余额	核对相符金额	核对不符金额	未达账项金额	有争议款项金额	其他	

任务三 财产清查结果的处理

财产清查的目的是保证账实相符，如果发现有账存数与实存数不符，一般有两种情况：当实存数大于账存数时，称作盘盈；相反，当实存数小于账存数时，称作盘亏。无论是发生盘盈还是盘亏，都必须按照国家有关制度的规定，严肃认真地做好清查结果的处理工作。

一、财产清查结果处理的要求★

对财产清查的结果，应以国家的有关法规、制度为依据，严肃认真地处理。具体要求如下。

（一）分析账实不符的原因和性质，提出处理建议

对于财产清查所发现的盘盈、盘亏，应及时查明原因，明确经济责任，并依据有关规定进行处理。对于一些合理的物资损耗等，只要在规定的损耗标准和范围内，会计人员可按照规定及时作出处理；对于超出规定职权范围，会计人员无权自行处理，应及时报请单位负责人作出处理。一般来说，个人造成的损失，应由个人赔偿；因管理不善原因造成的损失，应作为企业管理费用入账；因自然灾害造成的非常损失，列入企业的营业外支出。

（二）积极处理多余积压财产，清理往来款项

对于财产清查中发现的多余、积压物资，应分别不同情况处理。属于盲目采购或者盲目生产等原因造成的积压，一方面积极利用或者改造出售，另一方面要停止采购或生产。

（三）总结经验教训，建立健全各项管理制度

财产清查后，要针对存在的问题和不足，总结经验教训，采取必要的措施，建立健全财产管理制度，进一步提高财产管理水平。

（四）及时调整账簿记录，保证账实相符

对于财产清查中发现的盘盈或盘亏，应及时调整账面记录，以保证账实相符。要根据清查中取得的原始凭证编制记账凭证，登记有关账簿，使各种财产物资的账存数与实存数相一致，同时反映待处理财产损溢的发生情况。

二、财产清查结果的处理的步骤★

对财产清查中所发现的财产盘盈或盘亏和毁损，应及时调整账面记录，以保证账实相符。具体处理应分为两步进行。

（一）审批之前的处理

对于财产清查中发现的盘盈、盘亏，在报经有关领导审批之前，应基于客观性原则，根据"清查结果报告表""盘点报告表"等已经查实的数据资料，编制记账凭证，记入有关账簿，使账簿记录与实际盘存数相符，同时根据企业的管理权限，将处理建议报股东大会或董事会，或经理（厂长）会议或类似机构批准。

（二）审批之后的处理

经批准后根据差异发生的原因和批准处理意见，将处理结果编制会计分录，并据以登记有关账簿，进行差异处理，调整账项。

为了反映和监督企业在财产清查中查明的各种财产盘盈、盘亏和毁损及处理情况，应设置"待处理财产损溢"账户，该账户属于资产类账户，用于核算财产物资盘盈、盘亏及处理情况。"待处理财产损溢"账户下设置"待处理流动资产损溢"和"待处理固定资产损溢"两个明细账户，分别核算流动资产和固定资产的待处理损溢，进行明细分类核算。

其借方登记发生的待处理财产盘亏、毁损数和结转已批准处理的财产盘盈数；贷方登记发生的待处理财产盘盈和转销已批准处理的财产盘亏及毁损数。平时，该账户的借方余额表示尚未批准处理的财产盘亏和毁损数；贷方余额表示尚待批准处理的财产盘盈数。企业的财产损溢，应查明原因，在期末结账前处理完毕，处理后该账户无余额，如果在期末结账前尚未经批准，应在对外提供财务报告时先按上述规定进行处理，并在财务报表附注中做出说明，如果其后处理的金额与已经处理的金额不一致，应按其差额调整会计报表相关项目的年初数。

"待处理财产损溢"账户的结构如图 7-1 所示。

借方　　　　　　待处理财产损溢	贷方
期初余额一般为零	
待处理资产盘亏、毁损数 根据批准的处理意见结转待处理资产盘盈数（盘盈的转销数）	待处理资产盘盈数 根据批准的处理意见结转待处理资产盘亏数（盘亏的转销数）
期末一般无余额	

图 7-1　"待处理财产损溢"账户结构

三、财产清查结果的账务处理★★★

（一）盘盈的账务处理

1. 流动资产盘盈的账务处理

根据企业会计制度的规定，企业盘盈的现金、各种材料、库存商品等，应借记"库存现金""原材料""库存商品"等账户，贷记"待处理财产损溢"账户。盘盈的财产，报经批准后处理时，借记"待处理财产损溢"账户，贷记"管理费用"（存货的盘盈）、"营业外收入"（现金的盘盈)等账户。

(1) 库存现金盘盈的账务处理。

发现现金盘盈(又叫现金长款)时,首先以现金实存数为依据,调增"库存现金"账户的账面记录,以保证现金账实相符;同时,借记"库存现金"账户,贷记"待处理财产损溢"账户,等待查明原因进行处理。查明原因后,在按管理权限报经批准后处理时,应借记"待处理财产损溢"账户,对于应付其他单位或个人的款项,应贷记"其他应付款"账户,对于无法查明原因的款项,应贷记"营业外收入"账户。

[例 7-2] 某企业在财产清查中,发现现金溢余 500 元,无法查明溢余原因。

① 在报经批准前,根据"现金盘点报告表"确定的现金盘盈数,编制会计分录如下:

借:库存现金　　500

　　贷:待处理财产损溢——待处理流动资产损溢　　500

② 在批准后,根据批准处理意见,转销现金盘盈的会计分录如下:

借:待处理财产损溢——待处理流动资产损溢　　500

　　贷:营业外收入　　500

(2) 存货盘盈的账务处理。

对于存货盘盈,首先根据存货的实存数,调增存货的账面记录,以保证账实相符。借记"原材料""库存商品"等账户,贷记"待处理财产损溢"账户;等待查明原因进行处理。在按管理权限报经批准后,借记"待处理财产损溢"账户,贷记"管理费用"账户。

[例 7-3] 某企业在财产清查中,盘盈某种材料一批,价值 7 000 元。

① 在报经批准前,根据"账存实存对比表"确定的材料盘盈数,编制会计分录如下:

借:原材料　　7 000

　　贷:待处理财产损溢——待处理流动资产损溢　　7 000

② 在批准后,根据批准处理意见,转销材料盘盈的会计分录如下:

借:待处理财产损溢——待处理流动资产损溢　　7 000

　　贷:管理费用　　7 000

2. 固定资产盘盈的账务处理

企业应定期或者至少每年年末对固定资产进行清查盘点,以保证固定资产核算的真实性,充分挖掘企业现有固定资产的潜力。在固定资产清查过程中,如果发现盘盈、盘亏的固定资产,应填制固定资产盘盈盘亏报告表。应及时查明原因,并按照固定程序报批处理。

在固定资产清查过程中,如果发现盘盈,作为前期差错处理,在按管理权限报经批准处理前,应先通过"以前年度损益调整"账户核算,调整账面记录,使固定资产账实相符。盘盈的固定资产,应按重置成本确定其入账价值,借记"固定资产"账户,贷记"以前年度损益调整"账户。

"以前年度损益调整"属于损益账户,用来核算企业本年度发生的调整以前年度损益的事项,以及本年度发现的重要前期差错更正涉及调整以前年度损益的事项。调整增加以前年度利润或减少以前年度亏损,以及由于以前年度损益调整减少的所得税费用,记入本账户贷方;调整减少以前年度利润或增加以前年度亏损,以及由于以前年度损益调整增加的所得税费用,记入本账户借方;经上述调整后,应将本账户的余额转入"利润分配"账户,结转后本账户应无余额。

(二) 盘亏的账务处理

1. 流动资产盘亏的账务处理

根据企业会计制度的规定，企业盘亏的现金、各种材料、库存商品等，在审批之前应借记“待处理财产损溢”账户，贷记“库存现金”“原材料”“库存商品”等账户。在按管理权限报经批准后处理时，借记有关账户，贷记“待处理财产损溢”账户。

(1) 库存现金盘亏的账务处理。

发现现金盘亏(又叫现金短款)时，以现金实存数为依据，调减“库存现金”账户的账面记录，以保证现金账实相符，同时，借记“待处理财产损溢”账户，贷记“库存现金”账户，等待查明原因进行处理。查明原因后，按管理权限报经批准后处理时，对于应收其他单位或个人的款项，应借记“其他应收款”账户；由于内部控制度不严，管理不善造成的短款，应借记“管理费用”账户，同时贷记“待处理财产损溢”账户。

[例 7-4] 某企业在财产清查中，盘亏现金 900 元，其中 500 元应由出纳员赔偿，另外 400 元现金无法查明原因。

① 在报经批准前，根据“现金盘点报告表”确定的现金盘亏数，编制会计分录如下：

借：待处理财产损溢——待处理流动资产损溢　　900
　　贷：库存现金　　900

② 在批准后，根据批准处理意见，转销现金盘亏的会计分录如下：

借：其他应收款　　500
　　管理费用　　400
　　贷：待处理财产损溢——待处理流动资产损溢　　900

(2) 存货盘亏的账务处理。

对于盘亏的存货，在审批之前应借记“待处理财产损溢”账户，贷记“原材料”“库存商品”“应交税费——应交增值税(进项税额转出)”等账户，如属于非常损失的进项税额则无需转出。在审批之后，应当先将其残料价值、预计可以收回的保险赔偿和过失人赔偿，记入“原材料”“其他应收款”等账户的借方；扣除残料价值和应由保险公司、过失人赔款后的净损失，属于非常损失部分，记入“营业外支出”账户的借方；属于一般经营损失部分，记入“管理费用”账户的借方，贷方记入“待处理财产损溢”账户。

[例 7-5] 某中型企业在财产清查中，查明 B 材料盘亏 10 千克，其实际成本为 1 600 元，其进项税额为 208 元。

① 报经审批前，根据“实物清查结果报告表”编制记账凭证，并据以登记入账，调整账面记录，使之账实相符。会计分录如下：

借：待处理财产损溢——待处理流动资产损溢　　1 856
　　贷：原材料——B 材料　　1 600
　　　　应交税费——应交增值税(进项税额转出)　　208

② 经查明，属于责任事故，应向保险公司收取赔偿款。报经审批后，根据批复意见，编制记账凭证，并据以登记入账。会计分录如下：

借：其他应收款　　1 872
　　贷：待处理财产损溢——待处理流动资产损溢　　1 872

[例 7-6] 甲公司在财产清查中发现毁损 A 材料 400 千克，实际单位成本为 100 元/千克，其进项税额为 5 200 元。经查属于材料管理员的过失造成的，按规定由其个人赔偿

30 000 元，残料已经办理入库手续，价值 3 000 元。甲公司应编制如下会计分录。

① 批准处理前，

借：待处理财产损溢——待处理流动资产损溢　　45 200
　　贷：原材料　　40 000
　　　　应交税费——应交增值税（进项税额转出）　　5 200

② 批准处理后，

a. 由过失人赔偿部分

借：其他应收款　　30 000
　　贷：待处理财产损溢——待处理流动资产损溢　　30 000

b. 残料入库

借：原材料　　3 000
　　贷：待处理财产损溢——待处理流动资产损溢　　3 000

c. 材料毁损净损失

借：管理费用　　12 200
　　贷：待处理财产损溢——待处理流动资产损溢　　12 200

2. 固定资产盘亏的账务处理

企业在财产清查中盘亏的固定资产，应按盘亏固定资产的账面价值，借记“待处理财产损溢”账户，按已提的累计折旧，借记“累计折旧”账户，按固定资产的原值，贷记“固定资产”账户。按管理权限批准后处理时，按可以收回的保险赔偿和过失人赔偿，借记“其他应收款”账户，按应计入营业外支出的金额，借记“营业外支出”账户，贷记“待处理财产损溢”账户。

[例 7-7] 某企业在财产清查中，查明盘亏设备一台，其账面原值为 55 000 元，已提折旧为 20 000 元。该公司应编制如下会计分录：

① 报经审批前，根据“实物清查结果报告表”编制记账凭证，并据以登记入账，调整账面记录，使之账实相符。会计分录如下：

借：待处理财产损溢——待处理非流动资产资产损溢　　35 000
　　累计折旧　　20 000
　　贷：固定资产　　55 000

② 报经审批后，根据批复意见，盘亏固定资产列作营业外支出，应根据批复意见编制记账凭证，并据以登记入账。会计分录如下：

借：营业外支出　　35 000
　　贷：待处理财产损溢——待处理非流动资产资产损溢　　35 000

四、往来款项清查结果的账务处理★★

企业在财产清查中，发现的确实无法收回的应收账款和无法支付的应付账款等往来款项，均不通过“待处理财产损溢”账户核算。对于无法收回的应收账款，应采用备抵法核算，发生坏账时，借记“坏账准备”账户，贷记“应收账款”账户；对于确实无法支付的应付账款，在批准转销后，借记“应付账款”账户，贷记“营业外收入”账户。

[例 7-8] 某企业采用备抵法核算坏账损失，期末，财产清查中确认应收取甲公司的款项 40 000 元无法收回，经批准转销。编制如下会计分录：

借：坏账准备　　40 000

　　贷：应收账款——甲公司　　40 000

[例 7-9]　某企业在财产清查中发现一笔长期无法支付的应付账款 21 000 元，经查对方单位已经解散，经批准转销。编制如下会计分录：

借：应付账款　　21 000

　　贷：营业外收入　　21 000

项目小结

1. 财产清查是企业内部控制的重要手段和方法。本项目主要阐财产清查的有关知识，包括财产清查的含义、分类；各种财产物资、货币资金及往来款项的清查方法和财产清查结果的会计处理。主要内容包括：财产清查的含义及分类；财产盘存制度；财产清查方法；财产清查结果的处理。

2. 财产清查是指通过对货币资金、实物资产和往来款项的盘点或核对，确定其实存数，查明账存数与实存数是否相符的一种专门方法。财产清查按清查范围可分为全面清查和局部清查，按清查时间可分为定期清查和不定期清查。

3. 企业财产物资的数量要依据盘存来确定，常用的盘存方法有实地盘存制和永续盘存制。实地盘存制，又称"定期盘存制"，是指企业期末通过实物盘点来确定财产物资的数量，并据以计算出结存成本和已销成本的一种方法。永续盘存制，又称"账面盘存制"，是指对各项财产物资的增加和减少，都必须根据会计凭证，逐笔、逐日在相关账簿中进行登记，并随时结出其结存数额的一种方法。

4. 企业财产清查的主要方法有：库存现金的清查一般采用实地盘点法。银行存款的清查采用对账单法。通过编制"银行存款余额调节表"，对企业和开户银行双方的银行存款账面余额进行调整，以消除未达账项对企业银行存款日记账账面余额和银行对账单余额的影响。实物资产的清查一般采用实地盘存法和技术推断法。往来款项的清查一般采用发函证法。

5. 财产清查中发现的盘亏、盘盈，在在审批前，依据"盘存单""账存实存对比表"等资料，设置"待处理财产损溢"账户，并在该账户下设"待处理固定资产损溢"和"待处理流动资产损溢"两个明细账户，编制相应的会计分录，在有关账簿中如实反映，同时查明盘盈或盘亏的原因，并按照有关部门审批意见，进行相关的账务处理，调整账项，据以登记有关账簿。

一、单项选择题

1. 对于盘盈的存货，应(　　)。★

A. 记入营业外支出　　B. 记入营业外收入

C. 冲减管理费用　　D. 记入管理费用

2. 一般来说，单位撤销、合并或改变隶属关系时，要进行(　　)。★

A. 全面清查　　B. 局部清查　　C. 实地盘点　　D. 定期清查

3. 对应收账款进行清查时，应采用的方法是(　　)。★

A. 与记账凭证核对　　B. 函证法　　C. 实地盘点法　　D. 技术推算法

4. 对库存现金的清查应采用的方法是(　　)。★

A. 实地盘点法　　B. 检查现金日记账

C. 倒挤法　　D. 抽查现金

5. 企业在遭受自然灾害后，对其受损的财产物资进行的清查，属于(　　)。★

A. 局部清查和定期清查　　B. 全面清查和定期清查

C. 局部清查和不定期清查　　D. 全面清查和不定期清查

6. 在企业进行财产清查时，发现库存商品盘亏，在报批前正确的账务处理方法为(　　)。★

A. 借：库存商品
　　贷：待处理财产损溢

B. 借：待处理财产溢
　　贷：管理费用

C. 借：管理费用
　　贷：待处理财产溢

D. 借：待处理财产溢
　　贷：库存商品

7. 存货毁损属于非常损失的部分，扣除保险公司赔款和残料价值之后，应(　　)。★

A. 记入营业外支出　　B. 记入营业外收入

C. 冲减管理费用　　D. 记入管理费用

8. 现金清查中，属于由责任人赔偿的部分，应记入(　　)账户核算。★

A. 其他应付款　　B. 其他应收款　　C. 管理费用　　D. 营业外收入

9. 在记账无误的情况下，造成银行对账单和银行存款日记账不一致的原因是(　　)。★

A. 应付账款　　B. 应收账款　　C. 未达账项　　D. 外埠存款

10. 对于盘盈的固定资产应(　　)。★

A. 记入营业外支出　　B. 记入以前年度损益调整

C. 冲减管理费用　　D. 记入管理费用

二、多项选择题

1. 使企业银行存款日记账余额大于银行对账单余额的未达账项是(　　)。★

A. 企业先收款记账而银行未收款未记的款项

B. 银行先收款记账而企业未收款未记的款项

C. 企业和银行同时收款的款项

D. 银行先付款记账而企业未付款未记账的款项

2. 财产清查按照清查的时间不同可分为(　　)。★

A. 全面清查　　B. 局部清查　　C. 定期清查　　D. 不定期清查

3. 常用的实物财产清查方法包括(　　)。★

A. 实地盘点法　　B. 技术推算法　　C. 函证核对法　　D. 永续盘存法

4. 下列项目中，属于不定期并且全面清查的是(　　)。★

A. 单位合并、撤消以及改变隶属关系　　B. 年终决算之前

C. 企业股份制改制前　　D. 单位主要领导调离时

5. 造成账实不符的原因主要有(　　)。★

A. 财产物资的自然损耗　　B. 财产物资收发计量错误

C. 财产物资的毁损、被盗　　D. 会计账簿漏记、重记、错记

6. 编制“银行存款余额调节表”时，应调整企业银行存款日记账余额的业务是(　　)。★

A. 企业已收，银行未收　　B. 企业已付，银行未付

C. 银行已收，企业未收　　D. 银行已付，企业未付

7. 对于盘亏的财产物资，经批准后进行账务处理，可能涉及的借方账户有(　　)。★

A. 管理费用　　B. 营业外支出

C. 营业外收入　　D. 其他应收款

8. 进行不定期清查的情况有(　　)。★

A. 更换财产和现金保管人员时　　B. 发生自然灾害和意外损失时

C. 会计主体发生改变或隶属关系变动时　　D. 财税部门对本单位进行会计检查时

9. 财产清查结果处理的要求有(　　)。★

A. 分析产生差异的原因和性质，提出处理意见

B. 积极处理多余积压财产，清理往来款

C. 总结经验教训，建立健全各项管理制度

D. 及时调整账簿记录，保证账实相符

10. “待处理财产损溢”账户借方核算的内容有(　　)。★

A. 待处理财产盘亏金额

B. 待处理财产盘盈金额

C. 根据批准的处理意见结转的待处理财产盘亏数

D. 根据批准的处理意见结转的待处理财产盘盈数

三、判断题

1. 未达账项是指在企业和银行之间，由于凭证的传递时间不同，而导致了记账时间不一致，即一方已接到有关结算凭证已经登记入账，而另一方由于尚未接到有关结算凭证尚未入账的款项。(　　)★

2. 财产清查是指通过对货币资金的盘点，确定其实存数，以查明账存数与实存数是否相符的一种专门方法。(　　)★

3. 在进行现金和存货清查时，出纳人员和实物保管人员不得在场。(　　)★

4. 盘盈存货报经批准后，应冲减管理费用账户。(　　)★

5. 无法查明原因造成的现金短款应记入营业外支出账户。(　　)★

6. 通过财产清查，可以挖掘财产物资的潜力，有效利用财产物资，加速资金周转。(　　)

7. 银行存款的清查应通过与开户银行核对账目的方法进行。(　　)

8. 企业的定期清查一般在年末、季末、月末每日结账前进行，可以是全面清查，也可以是局部清查。(　　)★

9. 局部清查的范围包括：现金应每周清点一次；银行存款每月至少同银行核对一次；贵重物品每天应盘点一次，其他实物资产应有计划、有重点地抽查；债权债务每年至少核对一至二次。 （ ）

10. 应收账款可以采用发函询证方法进行清查。 （ ）

四、业务题

1. 某企业2×19年7月31日的银行存款日记账账面余额为691 600元，而银行对账单上企业存款余额为681 600元，经逐笔核对，发现有以下未达账项：

(1) 7月26日企业开出转账支票3 000元支付货款，持票人尚未到银行办理转账，银行尚未登账。

(2) 7月28日企业委托银行代收款项4 000元，银行已收款入账，但企业未接到银行的收款通知，因而未登记入账。

(3) 7月29日，企业送存购货单位签发的转账支票15 000元，企业已登账，银行尚未登记入账。

(4) 7月30日，银行代企业支付水电费2 000元，企业尚未接到银行的付款通知，故未登记入账。

要求：根据以上有关内容，编制“银行存款余额调节表”。

2. 企业在财产清查中，发现盘盈A材料3 200吨。经查明是由于计量上的错误所造成的，按成本每吨2元入账。

要求：编制批准前和批准后的会计分录。

3. 企业在财产清查中，发现盘亏B材料100吨，每吨单价200元，其进项税额为2 600元。经查明，属于过失人造成的由责任人赔偿9 000元；属于合理损耗1 000元，属于自然灾害造成的损失为10 000元，但由保险公司赔偿6 000元。

要求：编制批准前和批准后的会计分录。

4. 在财产清查中，A企业现金日记账余额为2 000元，当场清点后的现金为1 800元，经查是属于出纳原因造成的短款，经批准由出纳赔偿。

要求：编制批准前和批准后的会计分录。

5. 企业清查人员在年底盘点时发现盘亏了一台设备，原值为200 000元，已提折旧50 000元，净值为150 000元。

要求：编制批准前和批准后的会计分录。

项目八　账务处理程序

☞ **学习目标**

1. 了解账务处理程序及分类；
2. 掌握记账凭证账务处理程序步骤及优缺点；
3. 了解汇总记账凭证账务处理程序；
4. 掌握科目汇总表账务处理程序步骤及优缺点。

☞ **能力目标**

1. 掌握记账凭证账务处理程序的应用；
2. 掌握科目汇总表账务处理程序的应用。

消费者如果想买一条裤子，既可以坐车—商场—讨价还价—试穿—购买付款—收货，也可以打开电脑—网上商场—聊天讨价—购买—等待收货—收货试穿—确认付款。这两种方式最终都可以买到想要的裤子，只是购买过程中的试穿与付款顺序略有不同。同样，会计核算最终的产品是会计账簿和报表信息，生成这些信息需要经历经济业务的发生（原始凭证的取得）、记账凭证的填制、日记账和明细账的登记、总账的登记、报表的生成等步骤，这些步骤和方法在登记总分类账时可以选择不同的登记方法，因此，产生了不同的账务处理程序。

任务一　账务处理程序概述

一、账务处理程序的概念

会计核算的最终产品是决策有用的会计信息，主要以财务报告为载体，在生产最终信息的过程中，也会产生凭证信息和账簿信息，一般来说，经济业务发生后我们会记录每笔业务的数据生成会计凭证，进而连续系统、分类汇总各种零散数据登记为会计账簿，最后根据会计账簿数据和信息生成财务报告信息。会计凭证和会计账簿已经在前面章节讲述，如何及时、准确、完整地将会计凭证的数据和信息载入到会计账簿，进而生成有用会计信息反映给使用者，这就涉及账务处理程序。

账务处理程序又称会计核算形式、会计核算组织程序，是指对会计数据从取得原始凭证到产生完整会计信息的步骤和方法。其主要内容包括整理和汇总原始记账凭证，填制记账凭证，登记各种账簿，编制会计报表这一过程的步骤和方法。

二、账务处理程序的意义和原则

在会计工作中，账务处理程序能够使会计的工作程序更加规范化，保证会计工作的有序进行，提高会计核算资料的质量和会计核算工作的效率，同时减少不必要的核算环节和手续，并且充分发挥会计的核算和监督职能。

科学、合理地组织账务处理程序是做好会计工作的重要前提之一，设计账务处理程序一般应遵循以下几个原则：

(1) 要与本单位的业务性质、规模大小、繁简程度、经营管理的要求和特点等相适应，有利于岗位责任制的建立和分工合作。

(2) 要能够准确、及时、完整地向会计信息使用者提供需要的信息。

(3) 要在保证会计核算工作质量的前提下，尽量简化核算手续，节约人力和物力，降低会计信息的成本，提高会计核算的工作效率。

三、账务处理程序的分类★

在会计工作的长期实践中，根据具体登记会计总分类账的依据和方式不同，形成了以下五种账务处理程序：

(1) 记账凭证账务处理程序。

(2) 汇总记账凭证账务处理程序。

(3) 科目汇总表账务处理程序。

(4) 多栏式日记账账务处理程序。

(5) 日记总账账务处理程序。

这几类账务处理程序的基本模式没有太大差别，主要区别在于登记总分类账的依据和方法不同。记账凭证账务处理程序是根据记账凭证登记总分类账；科目汇总表账务处理程序是根据科目汇总表登记总分类账；汇总记账凭证账务处理程序是根据汇总记账凭证登记总分类账；多栏式日记账账务处理程序是根据多栏式日记账登记总分类账；日记总账账务处理程序则是直接将总分类账当作日记账处理，即按照记账凭证逐日逐笔登记。

目前我国企业常用的账务处理程序主要为记账凭证账务处理程序、汇总记账凭证账务处理程序、科目汇总表账务处理程序，下面分别介绍这三种账务处理程序的主要内容。

任务二 记账凭证账务处理程序

一、记账凭证账务处理程序的含义★

记账凭证账务处理程序是指对发生的经济业务事项，都要根据原始凭证或汇总原始凭证编制记账凭证，然后直接根据记账凭证逐笔登记总分类账的一种账务处理程序。

二、记账凭证账务处理程序下的凭证与账簿设置

在记账凭证账务处理程序下，记账凭证可以设置为“收款凭证”“付款凭证”“转账凭证”三种格式，也可以不分类设置为通用格式“记账凭证”一种。会计账簿需要设置库存现金日

记账和银行存款日记账进行序时记录，设置总分类账进行总分类核算，设置一定的明细分类账进行明细分类核算。日记账和总分类账一般采用订本账，三栏式格式，明细分类账可以根据企业实际情况灵活设置活页账，主要可以采用三栏式、多栏式、数量金额式等。

三、记账凭证账务处理程序的步骤

第一步，经济业务发生后，根据有关原始凭证或汇总原始凭证编制记账凭证(收款凭证、付款凭证和转账凭证)。

第二步，根据收款凭证和付款凭证，逐日逐笔登记库存现金(银行存款)日记账。

第三步，根据原始凭证或汇总原始凭证、记账凭证，逐笔登记各种明细分类账。

第四步，根据各种记账凭证，逐笔登记总分类账。

第五步，期末，将日记账、明细账的余额和总分类账中相应账户余额进行核对。

第六步，期末，根据总分类账和明细分类账以及其他资料，编制会计报表。

记账凭证账务处理流程图如图 8-1 所示。

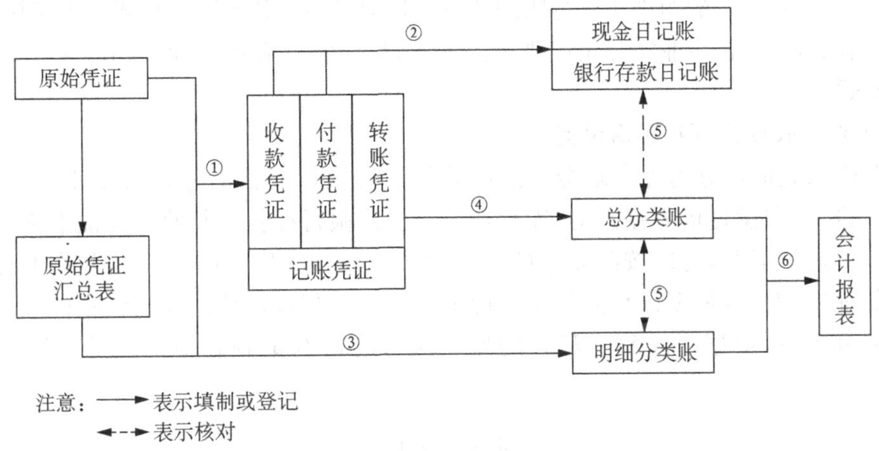

图 8-1　记账凭证账务处理流程图

四、记账凭证账务处理程序的优缺点和适用范围

记账凭证账务处理程序的优点是：手续简便，易于理解，总分类账比较详细的反映经济业务情况，来龙去脉清楚，便于了解经济业务的动态和核对账目。其缺点是：由于总分类账是直接根据记账凭证逐笔登记，如果企业规模大，经济业务繁多，会导致记账凭证数量较多，从而加大登记总分类账的工作量。

记账凭证账务处理程序适用于规模小、业务量少、记账凭证不多的企业。

任务三　汇总记账凭证账务处理程序

一、汇总记账凭证账务处理程序的含义

汇总记账凭证账务处理程序是根据原始凭证或原始凭证汇总表编制的记账凭证，定期

根据记账凭证分类编制汇总收款凭证、汇总付款凭证和汇总转账凭证，再根据汇总记账凭证登记总分类账的一种账务处理程序。汇总记账凭证账务处理程序是在记账凭证账务处理程序的基础上发展起来的，它与记账凭证账务处理程序的主要区别是在记账凭证和总分类账之间增加了汇总记账凭证。

二、汇总凭证和账簿设置

采用这一程序，企业除必须设置收款凭证、付款凭证和转账凭证外，还应设置汇总收款凭证、汇总付款凭证、汇总转账凭证，作为登记总分类账的依据。按“库存现金”和“银行存款”科目的借方分别设置汇总收款凭证，汇总一定时期内库存现金和银行存款的收款业务；按“库存现金”和“银行存款”的贷方科目分别设置汇总付款凭证，汇总一定时期内库存现金和银行存款的付款业务；汇总转账凭证则一般按转账凭证中每一贷方科目分别设置，以汇总一定时期内的转账业务。

会计账簿需要设置库存现金日记账和银行存款日记账进行序时记录，设置总分类账进行分类核算，设置一定的明细账进行明细核算。日记账和总分类账的格式一般采用订本式、三栏式，明细账则可按企业实际情况进行灵活设置，一般为活页账，可采用三栏式、多栏式、数量金额式等。

（一）汇总收款凭证和账簿设置

汇总收款凭证可分为库存现金汇总收款凭证和银行存款汇总收款凭证，按照收款凭证的样式设置，即设置借方账户为“库存现金”或者“银行存款”，将收款凭证中贷方账户的发生额定期进行汇总，可以按照业务量每 10 天或者每 15 天等汇总一次，并将汇总后的金额填在凭证中，期末，根据计算后的库存现金或者银行存款合计数登记到库存现金或者银行存款总分类账，根据对应贷方科目的发生额合计数登记到相应的总分类账中。如表 8-1 所示。

表 8-1 汇总收款凭证

借方科目：库存现金（或银行存款） 年 月 汇收第××号

贷方科目	金额				总账页数	
	1—10 收款凭证 第 号至第 号	11—20 收款凭证 第 号至第 号	21— 收款凭证 第 号至第 号	合计	借方	贷方
合计						

（二）汇总付款凭证和账簿设置

汇总付款凭证可分为库存现金汇总付款凭证和银行存款汇总付款凭证，按照付款凭证的样式设置，即设置贷方账户为“库存现金”或者“银行存款”，将付款凭证中借方账户的发生额定期进行汇总，可以按照业务量每 10 天或者每 15 天等汇总一次，并将汇总后的金额填在凭证中，期末，根据计算后的库存现金或者银行存款合计数登记到库存现金或者银行存款总分类账，根据对应借方科目的发生额合计数登记到相应的总分类账中。如表8-2所示。

表 8-2　　汇总付款凭证

贷方科目：库存现金（或银行存款）　　年　月　　汇付第××号

借方科目	金额				总账页数	
	1—10 付款凭证 第　号至第　号	11—20 付款凭证 第　号至第　号	21—　收款凭证 第　号至第　号	合计	借方	贷方
合计						

(三) 汇总转账凭证和账簿设置

在编制汇总转账凭证时，按照日常核算工作中所填制的转账凭证上会计分录的贷方科目设置汇总转账凭证，按照对应的借方账户定期（如每 10 天或 15 天等）进行汇总，每月编制一张，计算出每一个借方账户的发生额合计数，填入汇总转账凭证的对应合计栏。期末，根据合计栏，分别将各借方账户发生额合计数登记到对应的总分类账，同时将这一贷方账户的合计数登记到自身总分类账中。如表 8-3 所示。

表 8-3　　汇总转账凭证

贷方账户：　　年　月　　汇转第××号

借方科目	金额				总账页数	
	1—10 转账凭证 第　号至第　号	11—20 转账凭证 第　号至第　号	21—　转账凭证 第　号至第　号	合计	借方	贷方
合计						

上述分别对汇总收款凭证、汇总付款凭证及汇总转账凭证的填制方法和格式进行了说明，需要补充说明两点：

(1) 编制汇总收款凭证，会计分录最好的形式是一借一贷或者一借多贷，不宜多借一贷或者多借多贷，避免汇总过程中重复使用收款凭证造成汇总错误。编制汇总付款凭证，会计分录最好的形式是一借一贷或者多借一贷，不宜一借多贷或者多借多贷，避免汇总过程中重复使用付款凭证而造成汇总错误。编制汇总转账凭证时，由于按会计分录贷方科目设置，与编制汇总付款凭证一样，会计分录最好的形式是一借一贷或者多借一贷，不宜一借多贷或者多借多贷，避免汇总过程中重复使用付款凭证而造成汇总错误。

(2) 期末根据汇总凭证登记总分类账，一般只需要根据第 5 栏的合计数填列即可，在上述凭证中,第5栏为合计栏目,包含了会计分录所有借贷科目的合计数。

三、汇总记账凭证账务处理程序的基本步骤

第一步,经济业务发生后,根据审核无误的原始凭证或汇总原始凭证编制记账凭证(即收款凭证、付款凭证和转账凭证)。

第二步,根据收款凭证和付款凭证,逐日逐笔登记库存现金(银行存款)日记账。

第三步,根据原始凭证或汇总原始凭证、记账凭证,逐笔登记明细分类账。

第四步,根据收款凭证、付款凭证、转账凭证分别编制汇总收款记账凭证、汇总付款记账凭证、汇总转账记账凭证。

第五步,根据各种汇总记账凭证登记总分类账。

第六步,期末,将日记账、明细账的余额和总分类账中相应账户余额进行核对。

第七步,期末,根据总分类账和明细分类账的记录,编制会计报表。

汇总记账凭证账务处理流程图如图8-2所示。

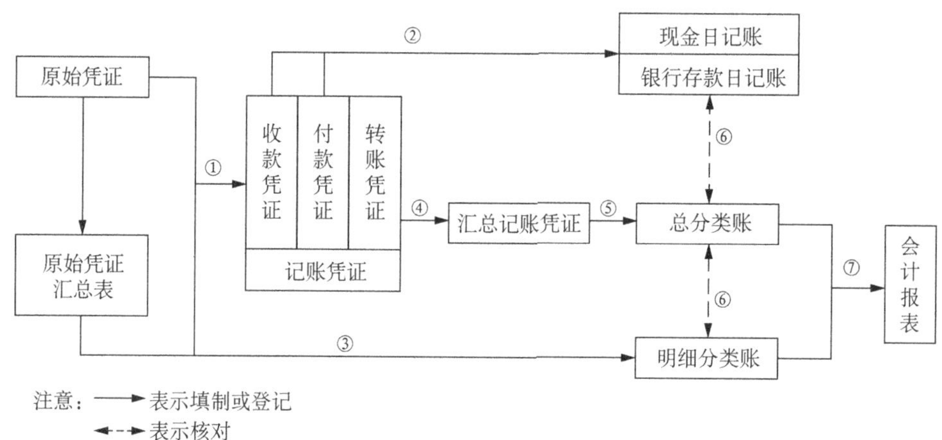

图8-2 汇总记账凭证账务处理流程图

四、汇总记账凭证账务处理程序的优缺点和适用范围

汇总记账凭证账务处理程序的优点是:根据汇总后的记账凭证登记总分类账,而不是直接根据大量的记账凭证登记总分类账,大大减轻了会计人员在会计核算期末的登账工作量,并可以促进会计分工,提高工作效率;同时,汇总记账凭证能够清晰地反映账户之间的对应关系。

但汇总记账凭证账务处理程序也存在一定的缺点:

(1) 汇总记账凭证账务处理程序要求按期编制一定数量的汇总记账凭证,这就在会计期间增加了会计人员的工作量。

(2) 汇总过程中可能出现重复汇总现象,有些错误难以发现。

汇总记账凭证账务处理程序适用于规模较大、收付款业务发生较多的企业。

任务四 科目汇总表账务处理程序

一、科目汇总表账务处理程序的含义

科目汇总表账务处理程序是定期根据各种记账凭证进行汇总，编制科目汇总表，然后再根据科目汇总表登记总分类账的一种账务处理程序。该账务处理程序和记账凭证账务处理程序相比，最大差别是需要设置"科目汇总表"。

二、科目汇总表的编制方法

科目汇总表是根据记账凭证汇总编制而成，基本编制方法为：根据一定会计期间编制的全部记账凭证，按照相同会计科目进行归类，定期（一般每 10 天、每 15 天或者每个月）分别汇总每一个账户的借贷方的发生额，并将其填列在科目汇总表的相应栏目内，用以反映本次汇总的全部账户的借、贷方发生额。根据科目汇总表登记总分类账时，只需要将科目汇总表各账户汇总起来的借贷方发生额合计数，分次（每 10 天汇总则分 3 次，每 15 天汇总则分 2 次，每月汇总则为 1 次）计入相应总分类账借方或者贷方即可。科目汇总表的格式如表 8-4 所示。

表 8-4 科目汇总表

年 月 日至 日 第××号

会计科目	记账凭证起讫号数	本期发生额		总账页数
		借方	贷方	
库存现金				
银行存款				
……				
合计				

三、科目汇总表账务处理程序的步骤

第一步，经济业务发生后，根据审核无误的原始凭证或汇总原始凭证编制记账凭证（可分类为收款凭证、付款凭证和转账凭证）。

第二步，根据收款凭证和付款凭证，逐日逐笔登记库存现金（银行存款）日记账。

第三步，根据原始凭证或汇总原始凭证、记账凭证，逐笔登记明细分类账。

第四步，根据一定时期内的全部记账凭证，定期汇总编制科目汇总表。

第五步，根据科目汇总表，登记总分类账。

第六步，期末，将日记账、明细账的余额和总分类账中相应账户余额进行核对。

第七步，期末，根据总分类账和明细分类账的记录，编制会计报表。

科目汇总表账务处理流程图如图 8-3 所示。

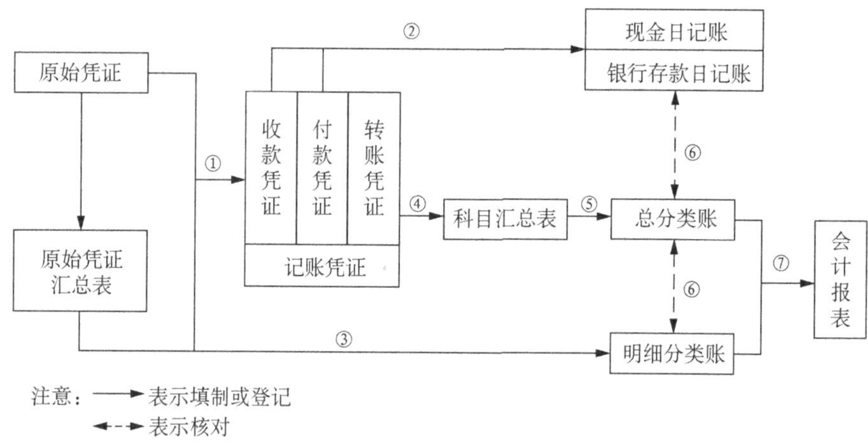

图 8-3 科目汇总表账务处理流程图

四、科目汇总表账务处理程序的优缺点和适应范围

科目汇总表账务处理程序的优点是：由于总分类账的登记日期是根据科目汇总表的编制时间而定的，采用了汇总登记总分类账的方法，明显减少了登记总分类账的工作量，并且编制科目汇总表的方法简单易学，能够起到试算平衡的作用。其缺点是：科目汇总表不考虑账户间的对应关系，不便于分析和检查经济业务的详细内容和核对账目。

科目汇总表账务处理程序能够进行账户发生额的试算平衡，可以体现减轻总分类账登记工作量的优点，因此，不论规模大小的企业均可采用，是适用性最广的一种账务处理程序。

五、科目汇总表账务处理程序的具体应用

根据项目五中宏大有限责任公司的记账凭证编制科目汇总表（表 8-5）。

表 8-5 科目汇总表 单位：元

会计科目	借方发生额	贷方发生额	总账页数
库存现金	6 272 670	66 000	
银行存款	6 285 030	323 272.5	
固定资产	50 000		
无形资产	150 000		
原材料	34 175	194 757.5	
预付账款	34 875	20 975	
应收账款	132 210	135 710	
应收票据	113 000	20 000	
累计折旧		5 700	

（续表）

会计科目	借方发生额	贷方发生额	总账页数
累计摊销		7 500	
库存商品	219 000	212 100	
短期借款	50 000	500 000	
长期借款		5 000 000	
应付票据	8 000	43 505	
预收账款	146 900	146 900	
其他应收款	5 500	5 500	
应付职工薪酬	66 000	66 000	
应交税费	76 222.5	87 055.45	
应付利息	750	1 500	
生产成本	219 000	219 000	
制造费用	11 000	11 000	
销售费用	18 000	18 000	
财务费用	1 500	1 500	
管理费用	39 512.5	39 512.5	
主营业务收入	397 000	397 000	
其他业务收入	12 000	12 000	
主营业务成本	212 100	212 100	
税金及附加	3 584.76	3 584.76	
营业外收入	400	400	
营业外支出	3 000	3 000	
本年利润	1 084 607.5	409 400	
其他业务成本	10 500	10 500	
所得税费用	30 300.69	30 300.69	
实收资本		600 000	
利润分配	612 887.66	1 072 553.38	
应付股利		229 832.87	
盈余公积		76 610.96	
合 计	10 182 770.61	10 182 770.61	

项目小结

1. 科学、合理地组织账务处理程序是做好会计工作的重要前提之一。本项目主要讲述了几种常用的账务处理程序的特点、凭证和账簿的组织、主要内容以及优缺点和适用范围。要求学生熟练掌握记账凭证账务处理程序、汇总记账凭证账务处理程序以及科目汇总表账务处理程序。

2. 记账凭证式账务处理程序的特点：根据记账凭证直接登记总分类账。适用规模小、业务量少、凭证不多的企业。

3. 科目汇总表账务处理程序的特点：先定期将所有记账凭证汇总编制成科目汇总表；然后根据科目汇总表登记总分类账。这种账务处理程序适用范围较广，规模较大，业务量较多的单位均可采用。

4. 汇总记账凭证账务处理程序特点：先定期将全部记账凭证按收款、付款和转账凭证分别归类编制成汇总记账凭证，再根据汇总记账凭证登记总账。适用于规模较大，业务较多的单位。

练习题

一、单项选择题

1. 直接根据记账凭证逐笔登记分类账，这种账务处理程序是(　　)。★

A. 记账凭证账务处理程序　　B. 汇总记账凭证账务处理程序

C. 科目汇总表账务处理程序　　D. 日记总账账务处理程序

2. 科目汇总表与汇总记账凭证的共同优点是(　　)。★★

A. 保持科目汇总之间的对应关系　　B. 包括反映同类经济业务

C. 进行发生额试算平衡　　D. 简化总分类账登记工作

3. 科目汇总表定期汇总的是(　　)。★★★

A. 每一账户的本期借方发生额　　B. 每一账户的本期贷方发生额

C. 每一账户的本期借、贷方发生额　　D. 每一账户的本期借、贷方余额

4. 编制汇总记账凭证时，正确的处理方法是(　　)。★★★

A. 汇总付款凭证按现金、银行存款账户的借方设置，并按其对应的贷方账户归类汇总

B. 汇总收款凭证按现金、银行存款账户的贷方设置，并按其对应的借方账户归类汇总

C. 汇总转账凭证按每一账户的借方设置，并按其对应的贷方账户归类汇总

D. 汇总转账凭证按每一账户的贷方设置，并按其对应的借方账户归类汇总

5. 以下属于汇总记账凭证账务处理程序的主要缺点是(　　)。★★

A. 登记总账的工作量较大　　B. 编制汇总转账凭证的工作量较大

C. 不便于体现账户间的对应关系　　D. 不便于进行账目的核对

6. 汇总记账凭证账务处理程序适用于(　　)。★★

A. 规模较大,业务较多的单位　　B. 规模较小,业务较多的单位

C. 规模较大,业务较小的单位　　D. 规模较小,业务较少的单位

7. 科目汇总表账务处理程序的主要缺点在于(　　)。★★

A. 不利于会计分工　　B. 不能考虑账户之间的对应关系

C. 不能节省会计工作时间　　D. 不能减少登记总账的工作量

8. 关于汇总记账凭证账务处理程序,下列说法中错误的是(　　)。★

A. 根据记账凭证定期编制汇总记账凭证

B. 根据原始凭证或汇总原始凭证登记总账

C. 根据汇总记账凭证登记总账

D. 汇总转账凭证应当按照每一账户的贷方分别设置,归类汇总

二、多项选择题

1. 记账凭证账务处理程序、汇总记账凭证账务处理程序和科目汇总表账务处理程序应共同遵循的程序有(　　　)。★

A. 根据原始凭证、汇总原始凭证和记账凭证登记各种明细分类账

B. 根据记账凭证逐笔登记总分类账

C. 期末,现金日记账、银行存款日记账和明细分类账的余额与有关总分类账的余额核对相符

D. 根据总分类账和明细分类账的记录,编制会计报表

2. 账务处理程序也叫会计核算形式,它是指(　　　)相结合的方式。★

A. 会计凭证　　B. 会计账簿

D. 会计科目　　D. 会计报表

3. 下列项目中,属于科学、合理地选择适用于本单位的账务处理程序的意义是(　　　)。★★

A. 有利于会计工作程序的规范化　　B. 有利于提高会计信息的质量

C. 有利于减少会计信息的错误　　D. 有利于会计核算工作的效率

4. 适用于生产经营规模较大、业务较多企业的账务处理程序是(　　　)。★★

A. 多栏式日记账账务处理程序　　B. 记账凭证账务处理程序

C. 汇总记账凭证账务处理程序　　D. 科目汇总表账务处理程序

5. 以下属于记账凭证会计核算程序优点的是(　　　)。★★

A. 手续简便、易于理解

B. 总分类账可较详细地记录经济业务发生情况

C. 便于提高会计信息的可靠性

D. 减轻了登记总分类账的工作量

6. 下列属于汇总记账凭证会计核算程序特点的是(　　　)。★★

A. 根据记账凭证定期编制科目汇总表

B. 根据原始凭证编制汇总原始凭证

C. 根据记账凭证定期编制汇总记账凭证

D. 根据汇总记账凭证登记总账

三、判断题

1. 各种账务处理程序的主要区别在于登记总账的依据不同。 ( )★

2. 汇总记账凭证账务处理程序适合规模小、业务量少的单位。 ( )★★

3. 科目汇总表账务处理程序能科学地反映账户的对应关系，且便于账目核对。 ( )★★

4. 汇总转账凭证按现金、银行存款账户的借方设置，并按其对应的贷方账户归类汇总。 ( )★★★

5. 汇总记账凭证账务处理程序既能保持账户的对应关系，又能减轻登记总账的工作。 ( )★★

6. 各个企业的业务性质、组织规模、管理上的要求不同，企业应根据自身的特点，制定出恰当的会计账务处理程序。 ( )★★

四、思考题

1. 什么是会计账务处理程序？账务处理程序有哪些种类？

2. 各种账务处理程序之间有什么主要区别？

3. 科目汇总表账务处理程序与汇总记账凭证账务处理程序有什么区别？

五、业务题

1. 某有限责任公司属一般纳税人，2×19 年 5 月份发生经济业务如下：

(1) 2 日，收到投资者投入资本 40 000 元，存入银行。

(2) 3 日，某企业以银行存款购入不需要安装的设备，增值税专用发票注明的价款 100 000 元，增值税 13 000 元，发生包装费用 1 400 元。

(3) 12 日，企业向乙公司购进 A 材料 1 000 千克，单价 50 元，价款 50 000 元，增值税进项税额 6 500 元，对方代垫运杂费 4 000 元，其款项以银行存款支付。材料尚未到达(按照实际成本法核算)。

(4) 15 日，结算本月份应付职工工资 100 000 元中，生产工人工资 80 000 元，企业管理部门人员工资 20 000 元。

(5) 21 日，用银行存款支付企业行政管理部门水电费 2 600 元。

(6) 22 日，企业行政管理部门因公出差预借差旅费 6 000 元，以现金支票支付。

(7) 25 日，把收到的现金 2 000 元存入开户银行。

(8) 31 日，本月生产的产品完工，结转成本 6 000 元。

(9) 31 日，企业向乙公司购进 A 材料 100 千克，单价 50 元，价款 5 000 元，增值税进项税额 650 元，原材料验收入库，款项尚未支付。

(10) 31 日，收到甲公司归还货款 10 000 元。

要求：

(1) 编制上述经济业务的会计分录；

(2) 编制科目汇总表。

2. 资料见上述业务题，假如该公司采用汇总记账凭证账务处理程序，每 10 天对各种记账凭证汇总一次，为简化起见，编制汇总收款凭证、汇总付款凭证。

六、案例分析题

甲公司刚刚成立，主要从事小工艺品进出口贸易，注册资本 20 万元，成立初期业务较少，为了开展业务，招聘了 2 个业务员进行网络和实地销售，发生的业务主要由其中一个业务员进行流水账登记，由于忽略了会计的作用，成立后 3 个月内没有进行合理系统的会计核算，没有设置完整的账簿报表，因此，没有及时进行纳税申报，被罚款 2 000 元，经理意识到了会计的重要性，决定招聘一名会计，主要负责建立会计核算体系，进行凭证、账簿、报表的编制，负责资金收付业务、负责纳税申报等所有企业的财务会计工作。小张刚毕业，应聘上了这个岗位，按照所学知识，他认为应当购买设置三种凭证：收款凭证、付款凭证和转账凭证，同时购买了订本式总分类账和日记账，也购买了三栏式明细分类账，由于商品种类较多，商品明细分类账购买了数量金额式，同时，小张认为科目汇总表适用于任何规模企业，因此，购买了科目汇总表，采用科目汇总表账务处理程序来组织会计核算。

案例要求：利用您所学的知识，分析一下：

1. 该公司聘请小张负责的工作职责合理吗？

2. 小张考虑设置的账务处理程序是否合理？为什么？

七、项目实训题

（一）资料

根据项目五工业企业主要经济业务的核算中项目实训题的正大有限责任公司相关资料及记账凭证。

（二）实训要求

1. 建账，包括总分类账和明细分类账，并登记各账户期初余额。
2. 根据收付款凭证登记现金日记账和银行存款日记账。
3. 登记明细分类账。
4. 10 天一次根据记账凭证汇总账户本期发生额（使用 T 形账），编制科目汇总表。
5. 根据科目汇总表的数据登记总分类账。
6. 对账，并编制总分类账试算平衡表。
7. 结账，包括总分类账和明细分类账。

项目九　会 计 报 表

☞ **学习目标**

1. 了解会计报表的概念，会计报表的分类，会计报表的编制要求；
2. 掌握资产负债表和利润表的结构与编制方法；
3. 初步了解现金流量表和所有者权益变动表的基本结构和编制方法。

☞ **能力目标**

1. 掌握资产负债表的编制过程。
2. 掌握利润表的编制过程。

会计报表的编制，是业务处理的总结，是会计要素的归属，是会计循环的终点，是会计核算的重要组成部分。通过本章学习，能初步掌握编制和阅读主要会计报表所必备的基础知识。

任务一　会计报表概述

一、会计报表的概念和作用★

会计报表是企业财务报告的主要组成部分，企业主要通过会计报表向外传递会计信息。会计报表的编制，是业务处理的总结，是会计要素的归属，是会计循环的终点，是会计核算的重要组成部分。

（一）会计报表的概念

会计报表是根据日常会计核算资料定期编制的，综合反映企业某一特定日期财务状况和某一会计期间经营成果、现金流量的总结性书面文件。

我国现行会计准则规定，企业向外提供的会计报表至少应当包括以下几个组成部分：①资产负债表；②利润表；③现金流量表；④所有者权益（或股东权益，下同）变动表；⑤附注。

企业在日常的会计核算过程中，通过填制凭证、登记账簿等一系列工作，对企业的各项经济活动进行正确、及时、完整地记录和反映，但是，凭证、账簿所提供的会计信息仍然比较分散，不足以集中、概括地反映企业整个经济活动的全貌，不便于会计信息使用者直接、方便地利用会计资料。因此，有必要把分散在账簿中的资料进行整理、汇总，定期编制各种会计报表。

（二）会计报表的作用

编制财务会计报表，对于提供综合的会计信息、检查企业内部各项计划的执行完成情况、总结和分析企业的经济运行效果，以及国家宏观经济管理，具有十分重要的作用。其具体表现在以下几个方面。

1. 便于企业自身加强内部经营管理

财务会计报表所提供的信息，有助于企业管理者了解企业自身一定时期的财务状况及变动状况，及时掌握企业的财务状况与经营成果和经营管理中存在的问题。对于企业经营管理者来说，通过会计报表所提供的系统和总结性的指标，可以理解和查明企业经营活动中的主要情况；对内部有关部门来说，也需要通过有关财务会计信息来考核企业计划完成程度，分析评价经营管理中的成绩和缺点，采取措施，增收节支，提高经济效益。

2. 为投资者、债权人等提供决策信息

在现代公司制度下，企业所有权和经营权相分离，企业的生存与发展离不开投资者、债权人的资金和信贷支持。企业投资者和债权人等，需要及时或者经常性地了解企业经营者保管、使用资产的情况，以便于评价企业经营者的业绩情况，分析企业的偿债能力和获利能力，预测企业的发展前景，据以做出正确的决策。因此，企业有必要及时向投资人、债权人以及关心企业的各个方面提供真实、可靠的会计信息，为他们做出正确的投资决策和信贷决策提供依据。

3. 便于国家财税部门加强对企业的宏观管理

国家财政部门税务部门通过企业会计报表，可以检查企业对国家财政税务制度的贯彻执行情况，可以检查企业的经济活动是否符合制度规定，可以检查企业是否按时、足额地完成各项应交税费、应交的投资利润及其他应交款项的上缴任务，以保证国家财政收入的及时、完整。

4. 便于银行和其他金融机构了解企业的信贷情况

银行和其他金融机构通过财务会计报表，了解企业的生产经营能力、借入资金的运用方向、运用效益、清债资金的来源途径，考核企业偿债纪律的执行情况，分析企业偿债资金的偿还能力，从而决定是否需要调整投资或者信贷政策。

5. 为上级主管部门及政府管理部门提供宏观管理资料

企业的上级主管部门通过企业上报的汇总会计报表资料，可以了解企业整体的经济运营情况，检查企业的各项指标完成情况，及时发现企业管理中存在的问题；政府部门利用上报的会计报表，理解企业资产的使用变动情况，理解各部门各地区经济发展情况，有利于其进行国民经济的宏观调整和制定科学的发展规划，促进整个国民经济的稳定、持续、协调发展。

二、会计报表的种类★

企业编制的会计报表，按照不同的分类标准具有不同的分类。

(一) 按照报表所反映的经济内容分类

会计报表按所反映经济内容的不同，企业会计报表主要包括资产负债表、利润表、现金流量表、所有者权益变动表以及附表。

(1) 资产负债表是反映企业在某一特定日期(如月末、季末、年末等)财务状况的报表。它是反映企业资金运动处于某一相对静止状态情况的会计报表，因此，它属于一种静态报表。

(2) 利润表是反映企业在一定期间的经营成果及其分配情况的报表。

(3) 现金流量表是以现金为基础所编制的企业在一定会计期间内现金流入和流出信息的综合性报表。

(4) 所有者权益变动表是指反映构成所有者权益各组成部分当期增减变动情况的报表。

利润表、现金流量表和所有者权益变动表都反映的是企业一定时期内的经营成果、资金流入与流出、所有者权益增减变动的会计报表,因此,它们都属于动态报表。

(5) 附表是财务报表不可缺少的组成部分,是对在资产负债表、利润表、现金流量表、所有者权益变动表等报表中列支项目的文字描述,以及对这些报表中的特定项目进行的详细说明等,如应交增值税明细表、利润分配表及主营业务收支明细表。

(二) 按照报表编制和报送的时间分类

企业所编制的会计报表按照编制的时间不同,可分为月报、季报、半年报和年报。

月报、季报和半年报统称为中期报表。中期报表至少应包括资产负债表、利润表、现金流量表和附注。

年度会计报表(简称年报)是总结全年经济活动和财务状况的报表,所以也称为年度决算报告。年报则包括全部会计报表,以便全面地考核全年财务收支执行情况和结果。

上述报表中,其中月报编报时要求简明扼要;年报编报时要求内容完整、全面;而季报在会计信息的详细程度方面,介于月报和年报之间。目前,我国股份有限公司,还需要编制中期财务报告,广义的中期财务报告包括月报和季报,狭义的中期财务报告仅指半年报。中期财务报告提供的会计信息比年报的资料略为简化,但其内容和格式应当与年度财务报表一致。为便于理解,现以工业企业和商品流通企业的主要会计报表的编报周期列示如表9-1所示。

表 9-1 **会计报表的编报周期**

制造业报表	编报期
资产负债表	月报
利润表	月报
现金流量表	年报
所有者权益变动表	年报
附表	
应缴增值税明细表	月报
利润分配表	年报
主营业务收支明细表	年报

(三) 按照报表编制的单位分类

企业所编制的报表按其编制的单位可分为基层报表、汇总报表和合并报表。

(1) 基层报表是由独立核算单位根据账簿和其他有关资料编制的,用来反映基层单位的经济活动情况的会计报表。

(2) 汇总报表是由上级单位根据所属单位上报的会计报表和汇总单位本身的会计报表进行综合汇总编制。汇总报表的编制，通常是按照隶属关系，逐级汇总，以便各级主管单位利用汇总报表，了解所属单位生产经营活动情况。

(3) 合并报表是指由母公司和子公司组成的企业集团为编报单位，以母公司和子公司的个别会计报表为基础，由母公司编报的综合反映企业集团财务状况和经营成果的会计报表。

(四) 按照服务的对象为标准划分

财务会计报表按照服务对象的不同，可以分为内部报表和外部报表。

(1) 内部报表，即对内财务会计报表，是指为适应企业内部经营管理需要而编制的报表。该类报表的格式与内容没有统一的规定，可以根据提供信息的详细情况自行决定，具有很强的灵活性。一般说，它由会计部门同其他有关部门统一编制，如工业企业编制的车间资产负债表、车间成本表。

(2) 外部报表，即对外财务会计报表，指为满足主管部门、投资者、财税部门、金融部门和其他部门的需要，根据国家有关规定编制而成的报表。该类财务会计报表通常有统一的格式和规定的指标体系，而且不得随意进行变更，同时必须按规定的时间及时编报，如资产负债表、利润表、现金流量表和所有者权益变动表等。

三、会计报表的编制程序和要求

(一) 会计报表的编制程序

为了保证会计报表所提供的会计信息资料及时、准确、完整，有助于报表的使用者利用信息进行正确决策，在编制会计报表时，应采用科学的、系统的编制程序。具体操作步骤如下。

(1) 检查账簿记录的完整性。即检查财务会计报表编报期间内发生的经济业务是否全部登记入账，保证会计账簿内容记录的完整性。

(2) 进行财产清查。在编报财务会计报表之前要进行资产清查，核对账簿记录，做到账实相符、账证相符、账账相符。

(3) 按时结账。在编报财务报表之前，结算出总分类账、各明细分类账的本期发生额和期末余额，编制结账工作底稿、进行试算平衡。

(4) 编制报表。根据工作底稿中试算平衡后的账户余额编制出会计报表。

(二) 财务会计报表的编制要求

1. 真实可靠

编制会计报表的基本原则是数据真实，这也是会计工作的基本要求。保证会计报表的真实可靠需做到账账核对、账实核对、清理账目、调整账项等工作，在此基础上编制会计报表。不得任意估计、编制数字，弄虚作假，以保证会计报表的真实可靠。

2. 全面完整

会计报表应当反映企业生产经营活动的全貌，全面反映企业的财务状况、经营成果和现金流量。企业应当按照规定的会计报表的种类、格式和内容编制会计报表。不得漏编、漏报会计报表，也不应漏填、漏列报表中的项目。对于国家要求填报的有关指标和项目，应按照有关规定填列齐全。报表主体部分难以反映的某些会计事项，应在报表附注中予以披露。

3. 前后一致

编制会计报表时,在会计计量和揭示方法的选择上要做到前后期应该遵循一致性原则,不能随意变更。如有更改,应在报表附注中说明。

4. 编报及时

企业应根据有关规定,按月、按季、按半年、按年及时对外报送会计报表,及时向报表使用者提供所需的经济信息。

任务二 资产负债表

一、资产负债表的概念及作用★

(一) 资产负债表的概念

资产负债表是反映企业某一特定日期(如月末、季末、年末)财务状况的报表。该报表按月编制,对外报送,每年年末还需要编制年度资产负债表。它是根据资产、负债和所有权益之间的相互关系,根据一定的分类标准和按照一定的顺序,把企业在一定日期的资产、负债、所有者权益各项目予以适当排列并对日常工作中形成的大量数据整理后编制而成的。资产负债表是一张时点、静态的会计报表,它表明企业在某一特定日期所拥有或者可以控制的、预期能为企业带来经济利益的资源、所承担的现时义务和所有者对净资产的要求权。

(二) 资产负债表的作用

资产负债表的重要作用主要表现在以下几个方面。

1. 向阅读者提供众多的会计信息

资产负债表可以反映、分析企业在某一时点上资产的构成及分布状况、权益的结构及其状况,有助于了解企业资产使用的合理性,评价资产使用效率的高低。

2. 反映所有者所拥有的权益

资产负债表可以反映负债与所有者权益间的结构比例(资本结构)情况,以及企业现有的投资在企业资产总额中所占的份额,有助于报表使用者分析和预测财务风险。

3. 反映流动资产和流动负债的对应关系

资者负债表可以帮助报表使用者全面了解企业未来需要用多少资产或劳务清偿到期的债务以及清偿时间,从而为未来的经济决策提供参考信息。

二、资产负债表的结构★

资产负债表主要包括表首、正表和补充资料三个部分。

(1) 表首部分由报表名称、编报单位、编报日期、货币单位和报表编号等组成,居于正表上方。

(2) 正表部分由资产、负债和所有者权益各项目、指标构成,是资产负债表的主体和核心部分。

(3) 补充资料部分是对正表中未能详尽表达的事项的直接补充说明,即会计报表附注,它是为了弥补基本内容部分提供资料的不足而对其所做的附带说明,居于正表的下方。

资产负债表是根据“资产＝负债＋所有者权益”这一会计等式设计而成的。目前，国际上通用的资产负债表有账户式和报告式两种格式。

1. 账户式结构

账户式资产负债表其基本结构分为左右两方，左方列示资产项目，右方列示负债项目和所有者权益项目。左方资产各项目数额总计与右方权益各项目数额总计保持平衡关系，故该结构的资产负债表亦称平衡式资产负债表。其中，左方的资产按其流动性的强弱，分为流动资产项目和非流动资产项目，即先流动资产而后非流动资产。流动资产各项目是按其流动性程度的高低进行排列；非流动资产又划分为若干大类，包括长期投资、固定资产、无形资产等。右方的负债及所有者权益项目，一般按负债偿还期的长短顺序排列，偿还期短的短期负债各项目排列在上，其次是非流动负债，流动负债与非流动负债等又进行分类并分项列示；所有者权益项目按投资者投入和企业税后利润积累次序排列，先是投资者投入的实收资本、资本公积，后是盈余公积、未分配利润项目分别列示。账户式资产负债表的简化格式如表 9-2 所示。

表 9-2 资产负债表(账户式) 单位:元

项目	年初数	年末数	项目	年初数	年末数
流动资产			流动负债		
长期资产			长期负债		
固定资产			负债合计		
无形资产			实收资本		
其他资产			资本公积		
			盈余公积		
			未分配利润		
			所有者权益合计		
资产总计			权益总计		

2. 报告式结构

报告式资产负债表的基本结构是自上而下垂直分为资产、负债和所有者权益三个部分，所以该结构的资产负债表亦称垂直式资产负债表。其中，最上方的资产项目按其流动性的强弱，先流动资产项目后非流动资产项目。中间是负债项目，负债项目按要求偿还期限的先后顺序排列短期负债在上，长期负债在下。最下方是所有者权益项目，自上而下顺序依次是实收资本、资本公积、盈余公积、未分配利润项目。报告式资产负值表的资产总计扣除负债后的差与所有者权益合计数相等。报告式资产负债表的简化格式如表 9-3 所示。

表 9-3 资产负债表(报告式) 单位:元

项目	年初数	年末数
一、资产		
流动资产		

（续表）

项目	年初数	年末数
长期投资		
固定资产		
无形资产		
其他资产		
资产合计		
二、负债		
流动负债		
长期负债		
负债合计		
三、所有者权益		
实收资本		
资本公积		
盈余公积		
未分配利润		
所有者权益合计		

目前，按照我国《企业会计准则》的规定，我国企业的资产负债表采用账户式结构，基本格式如表 9-4 所示。采用账户式结构的资产负债表与报告式结构相比具有以下特点：

（1）资产负债表的编制基础是"资产＝负债＋所有者权益"这一最基本的会计等式，而账户式结构的资产负债表左方列示资产、右方列示负债及所有者权益，反映会计基本等式更为直观；

（2）账户式结构的资产负债表与账户结构相同。通常，资产类账户的左方登记增加，权益类账户的右方登记增加，将其分别填入报表的相应方向，便于理解与操作；

（3）账户式结构的资产负债表将企业资产项目在左方单独列示，突出了企业在生产经营活动中资产的地位，而报告式结构的资产负债表是按照资产扣除负债等于所有者权益的关系列示各项目，在整个报表中突出的是最下方的所有者权益部分。

表 9-4　　资产负债表

会企 01 表

编制单位：　　　　年　　月　　日　　　　单位：元

资产	行次	期末余额	年初余额	负债及所有者权益（或股东权益）	行次	期末余额	年初余额
流动资产：	1			流动负债：	36		
货币资金	2			短期借款	37		
交易性金融资产	3			交易性金融负债	38		

(续表)

资产	行次	期末余额	年初余额	负债及所有者权益（或股东权益）	行次	期末余额	年初余额
衍生金融资产	4			衍生金融负债	39		
应收票据及应收账款	5			应付票据及应付账款	40		
预付款项	6			预收款项	41		
其他应收款	7			合同负债	42		
存货	8			应付职工薪酬	43		
合同资产	9			应交税费	44		
持有待售资产	10			其他应付款	45		
一年内到期的非流动资产	11			持有待售负债	46		
其他流动资产	12			一年内到期的非流动负债	47		
流动资产合计	13			其他流动负债	48		
非流动资产：	14			流动负债合计	49		
债权投资	15			非流动负债：	50		
其他债权投资	16			长期借款	51		
长期应收款	17			应付债券	52		
长期股权投资	18			其中：优先股	53		
其他权益工具投资	19			永续债	54		
其他非流动金融资产	20			长期应付款	55		
投资性房地产	21			预计负债	56		
固定资产	22			递延收益	57		
在建工程	23			递延所得税负债	58		
工程物资	24			其他非流动负债	59		
固定资产清理	25			非流动负债合计	60		
生产性生物资产	26			负债合计	61		
油气资产	27			所有者权益（或股东权益）：	62		
无形资产	28			实收资本（或股本）	63		
开发支出	29			其他权益工具	64		
商誉	30			其中：优先股	65		
长期待摊费用	31			永续债	66		
递延所得税资产	32			资本公积	67		
其他非流动资产	33			减：库存股	68		
非流动资产合计	34			其他综合收益	69		

（续表）

资产	行次	期末余额	年初余额	负债及所有者权益（或股东权益）	行次	期末余额	年初余额
				盈余公积	70		
				未分配利润	71		
				所有者权益（或股东权益）合计	72		
资产总计	35			负债及所有者权益（或股东权益）总计	73		

单位负责人： 主管会计工作的负责人： 会计机构负责人： 填表人：

三、资产负债表的编制方法★★★

（一）资产负债表各项目的数据来源

资产负债表的各项目需要填列“年初数”和“期末数”两栏。其中，“年初数”栏内各项数字，应根据上年度资产负债表的“期末数”栏内所列数字填列。“期末数”为编制资产负债表当期的总分类账户和明细分类账户的期末数，可以是月末、季末或年末的数字，其资料来源有以下几个方面：

1. 直接根据总分类账户的期末余额填列

资产负债表中的大多数项目，可直接根据总分类账户期末余额填列，如资产项目中的“交易性金融资产”“累计折旧”，权益项目中的“短期借款”“应付职工薪酬”“应交税费”“实收资本”；有些项目，则需要根据几个总分类账户的余额合并填列，如“货币资金”项目需根据“库存现金”“银行存款”“其他货币资金”等总分类账户的合计数填列。

2. 根据明细分类账户余额填列

资产负债表中的有些项目，需根据明细分类账户余额来编制，如“应收账款”项目，应根据“应收账款”和“预收账款”所属明细科目的期末借方余额合计数填列。

3. 根据总分类账户与明细分类账户的期末余额填列

资产负债表中的个别项目，需根据总分类账户与明细分类账户的期末余额分析计算填列，如“长期借款”项目应根据“长期借款”总分类账户余额扣除明细分类账户中将于一年内到期的部分数额后填列。

4. 根据总分类账户与其备抵账户填列

资产负债表中的一些项目，需根据总分类账户与其备抵账户抵销后的净额填列，如“固定资产”项目，应根据“固定资产”总分类账户余额，减去“累计折旧”“固定资产减值准备”总分类账户余额后的金额填列。

5. 根据备查登记簿记录填列

会计报表附注中的有些资料，需要按照备查登记簿中的记录编制。如已向银行办理了贴现和已背书转让的商业承兑汇票，在备查登记簿中加以记录，会计报表附注中据以单独披露。

（二）资产负债表项目的具体编制方法

1. 资产项目的填列方法

（1）“货币资金”项目应根据“库存现金”“银行存款”“其他货币资金”科目期末余额合计

数填列。

(2)“交易性金融资产”项目应根据“交易性金融资产”科目的相关明细科目期末余额分析填列。自资产负债表日起超过一年到期且预期持有超过一年的以公允价值计量且其变动计入当期损益的非流动金融资产的期末账面价值,在“其他非流动金融资产”行项目反映。

(3)“应收票据及应收账款”项目应根据“应收票据”和“应收账款”科目的期末余额合计扣除“坏账准备”科目中相关坏账准备期末余额后的金额填列。已向银行贴现和已背书转让的应收票据,不包括在本项目内,其中已贴现的商业承兑汇票,应在会计报表附注中单独披露。

(4)“预付账款”项目应根据“预付账款”和“应付账款”所属明细分类账户的期末借方余额合计数填列。

(5)“其他应收款”项目应根据“其他应收款”“应收利息”“应收股利”总账科目的期末余额合计扣除与之相对应的“坏账准备”总账科目余额后填列。

(6)“存货”项目应根据“在途物资”“原材料”“库存商品”“发出商品”“周转材料”“委托加工物资”“委托代销商品”“生产成本”等账户的期末借方余额与贷方余额相抵后的金额,扣除“存货跌价准备”账户余额后的金额填列。

(7)“其他流动资产”项目反映除以上资产以外的其他流动资产,根据有关账户的期末余额填列。

(8)“债权投资”项目应根据“债权投资”科目的相关明细科目期末余额,减去“债权投资减值准备”科目中相关减值准备的期末余额后的金额分析填列。

(9)“其他债权投资”行项目应根据“其他债权投资”科目的相关明细科目期末余额分析填列。

(10)“长期应收款”项目应根据“长期应收款”总分类账户的期末余额扣除“未实现融资收益”账户余额,再扣除其所属相关明细分类账户中将于一年内到期的部分后的金额填列。

(11)“其他权益工具投资”行项目应根据“其他权益工具投资”科目的期末余额填列。

(12)“长期股权投资”项目应根据“长期股权投资”总分类账户的期末余额扣除“长期股权投资减值准备”总分类账户的期末余额后的金额填列。

(13)“固定资产”项目应根据“固定资产”总分类账户的期末余额扣除“累计折旧”“固定资产减值准备”总分类账户的期末余额,以及“固定资产清理”账户期末余额填列。

(14)“在建工程”项目应根据“在建工程”“工程物资”总分类账户的期末余额扣除相应的“在建工程减值准备”“工程物资减值准备”总分类账户的期末余额后的金额填列。

(15)“无形资产”项目应根据“无形资产”总分类账户的期末余额扣除“累计摊销”“无形资产减值准备”总分类账户的期末余额后的金额填列。

(16)“开发支出”项目应根据“开发支出”总账科目中所属的资本化明细分类账户期末余额填列。

(17)“长期待摊费用”项目应根据“长期待摊费用”总分类账户的期末余额扣除将于一年内摊销的数额后的金额填列。

(18)“递延所得税资产”项目应根据“递延所得税资产”总分类账户的期末余额直接填列。

(19)“其他长期资产”项目反映除以上资产以外的其他长期资产,根据有关账户的期末余额填列。

2. 负债项目的填列方法

(1)“短期借款”项目应根据“短期借款”总分类账户的期末余额直接填列。

(2)“交易性金融负债”项目应根据“交易性金融负债”总分类账户的期末余额直接填列。

(3)“应付账款及应付票据”项目应根据“应付票据”科目的期末余额及“应付账款”和“预付账款”所属明细分类账户的期末贷方余额合计数填列。

(4)“预收账款”项目应根据“预收账款”和“应收账款”所属明细分类账户的期末贷方余额合计数填列。

(5)“应付职工薪酬”项目应根据“应付职工薪酬”总分类账户的期末余额直接填列。

(6)“应交税费”项目应根据“应交税费”总分类账户的期末贷方余额直接填列，如有借方余颓，以“—”号填列。

(7)“其他应付款”项目应根据“其他应付款”“应付利息”“应付股利”总分类账户的期末余额相加填列。

(8)“其他流动负债”项目反映除以上流动负债项目以外的其他流动负债，应根据有关账户的期末余额填列。

(9)“长期借款”项目应根据“长期借款”总分类账户的期末余额扣除其所属明细分类账户中将于一年内到期部分后的金额填列。

(10)“应付债券”项目应根据“应付债券”总分类账户的期末余额扣除其所属明细分类账户中将于一年内到期部分后的金额填列。

(11)“长期应付款”项目应根据“长期应付款”总分类账户的期末余额扣除“未确认融资费用”总分类账户余额，再扣除其所属相关明细分类账户中将于一年内到期的部分后的金额填列。

(12)“预计负债”项目应根据“预计负债”总分类账户的期末余额直接填列。

(13)“递延所得税负债”项目应根据“递延所得税负债”总分类账户的期末余额直接填列。

(14)“其他长期负债”项目反映除以上长期负债项目以外的其他长期负债，应根据有关账户的期末余额填列。

3. 所有者权益项目的填列方法

(1)“实收资本”项目应根据“实收资本”总分类账户的期末余额直接填列。

(2)“资本公积”项目应根据“资本公积”总分类账户的期末余额直接填列。

(3)“库存股”项目应根据“库存股”总分类账户的期末余额直接填列。

(4)“盈余公积”项目应根据“盈余公积”总分类账户的期末余额直接填列。

(5)“未分配利润”项目应根据“本年利润”总分类账户与“利润分配”总分类账户的余额计算填列，若为未弥补亏损，则以“—”号反映。

四、资产负债表的编制实例

[例 9-1] 1. 根据项目八账务处理程序案例内容中有关账户余额，编制宏大有限责任公司 2×19 年 12 月初资产负债表。

表 9-5 **资产负债表**

编制单位：宏大有限责任公司　　2×19 年 11 月 30 日　　单位：元

资产	期末余额	年初余额	负债及所有者权益	期末余额	年初余额
流动资产：			流动负债：		
货币资金	758 400.00		短期借款	50 000.00	
交易性金融资产	88 447.50		交易性金融负债		
衍生金融资产			衍生金融负债		
应收票据及应收账款	103 000.00		应付票据及应付账款	86 500.00	
预付款项			预收款项		
其他应收款	2 000.00		合同负债		
存货	679 000.00		应付职工薪酬	130 000.00	
合同资产			应交税费	51 000.00	
持有待售资产			其他应付款	400.00	
一年内到期的非流动资产			持有待售负债		
其他流动资产			一年内到期的非流动负债		
流动资产合计	1 630 847.50		其他流动负债		
非流动资产：			流动负债合计	317 900.00	
债权投资			非流动负债：		
其他债权资			长期借款		
长期应收款			应付债券		
长期股权投资			其中：优先股		
其他权益工具投资			永续债		
其他非流动金融资产			长期应付款		
投资性房地产			预计负债		
固定资产	3 680 000.00		递延收益		
在建工程			递延所得税负债		
工程物资			其他非流动负债		
固定资产清理			非流动负债合计	0.00	
生产性生物资产			负债合计	317 900.00	
油气资产			所有者权益（或股东权益）：		
无形资产			实收资本（或股本）	3 000 000.00	
开发支出			其他权益工具		

（续表）

资产	期末余额	年初余额	负债及所有者权益	期末余额	年初余额
商誉			其中：优先股		
长期待摊费用			永续债		
递延所得税资产			资本公积	390 600.00	
其他非流动资产			减：库存股		
非流动资产合计	3 680 000.00		其他综合收益		
			盈余公积	927 140.00	
			未分配利润	675 207.50	
			所有者权益（或股东权益）合计	4 992 947.50	
资产总计	5 310 847.50		负债及所有者权益（或股东权益）总计	5 310 847.50	

单位负责人：吴辉　　主管会计工作的负责人：李华　　会计机构负责人：张帅　　填表人：陈红

2. 根据相关业务凭证，编制12月末总分类账户期末余额试算平衡表。

表9-6　　总分类账户期末余额试算平衡表　　单位：元

科目名称	借方余额	科目名称	贷方余额
库存现金	13 100.00	短期借款	500 000.00
银行存款	6 695 397.50	预收账款	
交易性金融资产	88 447.50	应付账款	22 000.00
应收票据	113 000.00	应付职工薪酬	130 000.00
应收账款	80 000.00	应交税费	61 832.95
原材料	251 492.50	长期借款	5 000 000.00
库存商品	375 900.00	盈余公积	1 003 750.96
预付账款	13 200.00	利润分配	459 665.72
固定资产	3 890 000.00	应付利润	229 832.87
无形资产	150 000.00	实收资本	3 600 000.00
其他应收款	2 000.00	资本公积	390 600.00
		应付票据	100 005.00
		应付利息	1 150.00
		累计折旧	165 700.00
		累计摊销	7 500.00
		坏账准备	500.00
合　计	11 672 537.50	合　计	11 672 537.50

3. 根据12月初资产负债表和12月末总分类账户期末余额试算平衡表，编制2×19年度资产负债表。

表9-7

资产负债表

编制单位：宏大有限责任公司　　2×19年12月31日　　单位：元

资产	期末余额	年初余额	负债及所有者权益	期末余额	年初余额
流动资产：			流动负债：		
货币资金	6 708 497.50	758 400.00	短期借款	500 000.00	50 000.00
交易性金融资产	88 447.50	88 447.50	交易性金融负债		
衍生金融资产			衍生金融负债		
应收票据及应收账款	192 500.00	103 000.00	应付票据及应付账款	122 005.00	86 500.00
预付款项	13 200.00		预收款项		
其他应收款	2 000.00	2 000.00	合同负债		
存货	627 392.50	679 000.00	应付职工薪酬	130 000.00	130 000.00
合同资产			应交税费	61 832.95	51 000.00
持有待售资产			其他应付款	230 982.87	400.00
一年内到期的非流动资产			持有待售负债		
其他流动资产			一年内到期的非流动负债		
流动资产合计	7 632 037.50	1 630 847.50	其他流动负债		
非流动资产：			流动负债合计	1 044 820.82	317 900.00
债权投资			非流动负债：		
其他债权投资			长期借款	5 000 000.00	
长期应收款			应付债券		
长期股权投资			其中：优先股		
其他权益工具投资			永续债		
其他非流动金融资产			长期应付款		
投资性房地产			预计负债		
固定资产	3 724 300.00	3 680 000.00	递延收益		
在建工程			递延所得税负债		
工程物资			其他非流动负债		
固定资产清理			非流动负债合计	5 000 000.00	0.00
生产性生物资产			负债合计	6 044 820.82	317 900.00
油气资产			所有者权益（或股东权益）：		

二、利润表的结构★

利润表是通过一定的格式来反映企业经营成果。利润表在形式上分为表头和基本内容两部分:表头部分主要反映报表名称、编制单位名称、编制日期、货币单位和报表编号;基本内容部分主要反映报表的各项指标内容。

由于不同的国家和企业对会计报表的信息要求不完全一样,所以利润表的基本结构也不完全一致。目前世界各国普遍采用的利润表格式主要有单步式利润表和多步式利润表两种。

(一) 单步式利润表

单步式利润表,是将一定会计期间的所有收益合计起来,然后再把所有费用支出合计起来,两者相减,一次计算得到当期损益。其基本结构如表 9-8 所示。

表 9-8 **利润表**

年 月 日 单位:元

项目	本月数	本年累计数
一、收益		
主营业务收入		
其他业务收入		
投资收益		
营业外收入		
收益合计		
二、费用成本		
主营业务成本		
其他业务成本		
税金及附加		
管理费用		
销售费用		
财务费用		
营业外支出		
所得税费用		
费用合计		
利润净额		

单步式利润表步骤简化、计算方便、结构简单,易于理解。但它不能分别反映各类收入与费用之间的联系,也不利于分析利润的构成情况及对未来盈利能力的预测。

(二) 多步式利润表

多步式利润表,是以企业营业收入为起点,逐步计算出当期的利润总额和净利润的利润表。其计算过程分为以下几步：

1. 第一步：计算营业利润

营业利润＝营业收入－营业成本－税金及附加－销售费用－管理费用－研发费用－财务费用－资产减值损失－信用减值损失＋其他收益＋投资收益＋公允价值变动收益＋资产处置收益 (9-1)

计算营业利润的目的考核企业营业活动的获利能力。

2. 第二步：计算利润总额

利润总额＝营业利润＋营业外收入－营业外支出 (9-2)

计算利润总额的目的考核企业的综合获利能力。

3. 第三步：计算净利润

净利润＝利润总额－所得税费用 (9-3)

计算净利润的目的考核企业最终获利能力。

目前，按照我国《企业会计准则》的规定，我国企业的利润表大多采用的是多步式结构。其基本结构如表 9-9 所示。

表 9-9 **利润表** 会企 02 表

编制单位： ____年____月 单位：元

项目	行次	本期金额	上期金额
一、营业收入	1		
减：营业成本	2		
税金及附加	3		
销售费用	4		
管理费用	5		
研发费用	6		
财务费用	7		
其中：利息费用	8		
利息收入	9		
资产减值损失	10		
信用减值损失	11		
加：其他收益	12		
投资收益(损失以“－”填列)	13		
其中：对联营企业和合营企业的投资收益	14		
净敞口套期收益(损失以“－”号填列)	15		

（续表）

项目	行次	本期金额	上期金额
公允价值变动收益（损失以"－"填列）	16		
资产处置收益（损失以"－"号填列）	17		
二、营业利润（亏损以"－"填列）	18		
加：营业外收入	19		
减：营业外支出	20		
三、利润总额（亏损总额以"－"填列）	21		
减：所得税费用	22		
四、净利润（净亏损以"－"填列）	23		
（一）持续经营净利润（净亏损以"－"号填列）	24		
（二）终止经营净利润（净亏损以"－"号填列）	25		

多步式利润表将企业日常经营过程中发生的营业活动项目与非营业活动项目进行区分，即将那些经常发生的营业收入与成本、费用和不经常发生的营业外收入与营业外支出相区分，便于对企业生产经营情况进行分析，有利于不同企业相互之间进行比较，有利于分析、预测企业未来的盈利能力。

三、利润表的编制方法★★

（一）利润表项目的数据来源

（1）本期金额利润表中"本期金额"栏的数字，反映各项目的本月实际发生额，是根据损益类各账户的本期发生额分析计算填列。

（2）上期金额利润表中"上期金额"栏的数字，应根据上年该期利润表"本期金额"栏内所列数字填列。如果上年该期利润表规定的各个项目的名称和内容同本期不一致，应对上年该期利润表规定的各个项目的名称和数字按本期的规定进行调整，填入报表的"上期金额"栏中。

（二）利润表各项目的填列方法

（1）"营业收入"项目反映企业经营主要业务和其他业务所确认的收入总额，本项目应根据"主营业务收入"和"其他业务收入"科目的发生额分析填列。

（2）"营业成本"项目反映企业经营主要业务和其他业务所发生的成本总额，本项目应根据"主营业务成本"和"其他业务成本"科目的发生额分析填列。

（3）"税金及附加"项目反映企业经营业务应负担的消费税、城市建设维护税、资源税、土地增值税和教育费附加等，本项目应根据"税金及附加"科目的发生额分析填列。

（4）"销售费用"项目反映企业在销售商品过程中发生的包装费、广告费等费用和为销售本企业商品而专设的销售机构的职工薪酬、业务费等经营费用，本项目应根据"销售费用"科目的发生额分析填列。

（5）"管理费用"项目反映企业为组织和管理生产经营发生的管理费用，本项目应根据

“管理费用”的发生额分析填列。

(6) “研发费用”项目,反映企业进行研究与开发过程中发生的费用化支出。该项目应根据“管理费用”科目下的“研发费用”明细科目的发生额分析填列。

(7) “财务费用”项目反映企业为筹集生产经营所需资金而发生的筹资费用,本项目应根据“财务费用”科目的发生额分析填列。

(8) “其中:利息费用”项目,反映企业为筹集生产经营所需资金等而发生的应予费用化的利息支出。该项目应根据“财务费用”科目的相关明细科目的发生额分析填列。

(9) “利息收入”项目,反映企业确认的利息收入。该项目应根据“财务费用”科目的相关明细科目的发生额分析填列。

(10) “资产减值损失项目”反映企业各项资产发生的减值损失,本项目应根据“资产减值损失”科目的发生额分析填列。

(11) “信用减值损失”行项目,反映企业按照《企业会计准则第 22 号——金融工具确认和计量》(2017 年修订)的要求计提的各项金融工具减值准备所形成的预期信用损失。该项目应根据“信用减值损失”科目的发生额分析填列。

(12) “其他收益”行项目,反映计入其他收益的政府补助等。该项目应根据“其他收益”科目的发生额分析填列。

(13) “投资收益”项目反映企业以各种方式对外投资所取得的收益,本项目应根据“投资收益”科目的发生额分析填列,如为投资损失本项目以负号填列。

(14) “净敞口套期收益”行项目,反映净敞口套期下被套期项目累计公允价值变动转入当期损益的金额或现金流量套期储备转入当期损益的金额。该项目应根据“净敞口套期损益”科目的发生额分析填列;如为套期损失,以“-”号填列。

(15) “公允价值变动收益”项目反映企业应当计入当期损益的资产或负债公允价值变动收益,本项目应根据“公允价值变动损益”科目的发生额分析填列,如为净损失本项目以负号填列。

(16) “资产处置收益”行项目,反映企业出售划分为持有待售的非流动资产(金融工具、长期股权投资和投资性房地产除外)或处置组(子公司和业务除外)时确认的处置利得或损失,以及处置未划分为持有待售的固定资产、在建工程、生产性生物资产及无形资产而产生的处置利得或损失。债务重组中因处置非流动资产产生的利得或损失和非货币性资产交换中换出非流动资产产生的利得或损失也包括在本项目内。该项目应根据“资产处置损益”科目的发生额分析填列;如为处置损失,以“-”号填列。

(17) “营业利润”项目反映企业实现的营业利润,如为亏损本项目以负号填列。

(18) “营业外收入”行项目,反映企业发生的除营业利润以外的收益,主要包括债务重组利得、与企业日常活动无关的政府补助、盘盈利得、捐赠利得(企业接受股东或股东的子公司直接或间接的捐赠,经济实质属于股东对企业的资本性投入的除外)等。该项目应根据“营业外收入”科目的发生额分析填列。

(19) “营业外支出”行项目,反映企业发生的除营业利润以外的支出,主要包括债务重组损失、公益性捐赠支出、非常损失、盘亏损失、非流动资产毁损报废损失等。该项目应根据“营业外支出”科目的发生额分析填列。

(20) “利润总额”项目反映企业实现的利润,如为亏损本项目以负号填列。

(21)“所得税费用”项目反映企业应从当期利润总额中扣除的所得税费用，本项目应根据“所得税费用”科目的发生额分析填列。

(22)“净利润”项目反映企业实现的净利润，如为亏损本项目以负号填列。

四、利润表的编制实例

[例 9-2] 宏大有限责任公司 2×19 年 12 月 31 日各损益类账户本期累计发生额如表 9-10 所示。

表 9-10 **宏大有限责任公司损益类账户 2×19 年 12 月累计发生额** 单位:元

科目名称	借方发生额	贷方发生额
主营业务收入		397 000
其他业务收入		12 000
主营业务成本	212 100	
其他业务成本	10 500	
税金及附加	3 584.76	
销售费用	18 000	
管理费用	39 512.5	
财务费用	1 500	
资产价值损失		
投资收益		
营业外收入		400
营业外支出	3 000	
所得税费用	30 300.69	

根据上述资料，编制 2019 年度宏大公司的利润表如表 9-11 所示。

表 9-11 **利 润 表**

编制单位:宏大有限责任公司 2×19 年 12 月 单位:元

项目	行次	本期金额	上期金额
一、营业收入	1	409 000.00	
减:营业成本	2	222 600.00	
税金及附加	3	3 584.76	
销售费用	4	18 000.00	
管理费用	5	39 512.50	
研发费用	6		
财务费用	7	1 500.00	

（续表）

项目	行次	本期金额	上期金额
其中：利息费用	8	1 500.00	
利息收入	9		
资产减值损失	10		
信用减值损失	11		
加：其他收益	12		
投资收益（损失以“－”填列）	13		
其中：对联营企业和合营企业的投资收益	14		
净敞口套期收益（损失以“－”号填列）	15		
公允价值变动收益（损失以“－”填列）	16		
资产处置收益（损失以“－”号填列）	17		
二、营业利润（亏损以“－”填列）	18	123 802.74	
加：营业外收入	19	400.00	
减：营业外支出	20	3 000.00	
三、利润总额（亏损总额以“－”填列）	21	121 202.74	
减：所得税费用	22	30 300.69	
四、净利润（净亏损以“－”填列）	23	90 902.05	
（一）持续经营净利润（净亏损以“－”号填列）	24		
（二）终止经营净利润（净亏损以“－”号填列）	25		

任务四 现金流量表

一、现金流量表的概念及作用

（一）现金流量表的概念

现金流量表是以现金及现金等价物为基础，总括反映一定会计期间内现金以及现金等价物流入与流出情况的会计报表。从其内容看，该报表作为一份动态的会计报表，它反映了企业在经营活动、投资活动、筹资活动中所发生的现金流入与流出，从而为评价企业的经营业绩、衡量企业的财务资源和财务风险发挥着突出的作用；从其编制原则看，该表以收付实现制原则为基础，将权责发生制下的盈利信息调整为收付实现制下的现金流量信息，以便会计信息的相关使用者全面了解企业净利润的质量。

（二）现金流量表的基本概念

1. 现金

现金是指库存现金和随时可以用于支付的存款。其“随时可以用于支付的存款”包括企业的银行存款以及其他货币资金，即：外埠存款、银行汇票存款、银行本票存款和在途货币资金等。

2. 现金等价物

现金等价物是指企业持有的期限短、流动性强、易于转换为已知金额的现金、市场价值变动风险较小的证券投资。

3. 现金流量

现金流量是指现金与现金等价物的流入和流出。现金流入是现金与现金等价物流入企业；现金流出则是现金与现金等价物流出企业。

4. 净现金流量

净现金流量亦称现金净流量，是指现金流入量与现金流出量的差额。若当期现金流入量大于现金流出量，则净现金流量为正值，意味着净流入；若当期现金流入量小于现金流出量，则净现金流量为负值，意味着净流出。

（三）现金流量表的作用

编制现金流量表的目的，是为会计报表使用者提供企业一定会计期间内现金和现金等价物流入和流出的信息，以便于报表使用者了解和评价企业获取现金和现金等价物的能力（获利能力）、偿债能力以及分配股利能力，并据以预测企业未来现金流量。现金流量表的作用，具体表现在以下几个方面。

1. 有助于评价企业支付能力、偿债能力和周转能力

现金流量表是以收付实现制为基础编制的，它消除了由于会计政策选择和会计估计不同等人为因素对企业偿债能力、支付能力和周转能力的影响。通过现金流量表可以了解企业现金流入的构成、分析企业偿还债务和分配现金股利的能力；收付实现制下的现金流量信息，更有利于评价企业的资产周转能力，为企业筹集资金提供有用的信息，有利于社会资源的有效配置。

2. 有利于预测企业未来的现金流量

如果现金流量表中各部分现金流量结构合理，现金流入流出无重大异常波动，一般来说企业的财务状况基本良好。企业最常见的失败原因、症结也可在现金流量表中得到反映，比如，从投资活动流出的现金、筹资活动流入的现金和筹资活动流出的现金中，可以分析企业是否过度扩大经营规模；通过不同年份现金流量状况的对比分析，可以预测企业未来现金流量的状况。

3. 有助于分析收益质量

企业的利润是按照权责发生制为基础计算的，一定时期内获得的利润并不代表企业实际可支配的现金数量，通过比较当期净利润与当期净现金流量，可以看出非现金流动资产吸收利润的情况，评价企业产生净现金流量的能力，有助于判断企业收益的质量。

4. 有助于说明企业一定时期内现金流入流出的原因

现金流量表将现金流量划分为经营活动、投资活动和筹资活动产生的现金流量，并按照现金流入和现金流出项目分别反映，能够反映出企业现金来源于哪里，又用到了什么地方，有助于了解影响企业净现金流量的因素。

二、现金流量表的结构

我国现金流量表采用报告式结构，包括正表和补充资料两部分内容。正表是现金流

量表的主体，企业一定会计期间现金流量的信息主要由正表提供。正表部分分类反映企业经营活动产生的现金流量、投资活动产生的现金流量、筹资活动产生的现金流量，最后汇总反映企业某一期间现金及现金等价物的净增加额。现金流量表的补充资料有三项内容：一是将净利润调节为经营活动产生的现金流量；二是不涉及现金收支的重大投资和筹资活动；三是现金和现金等价物净变动情况。现金流量表的基本结构如表9-12、表9-13所示。

表9-12　　现金流量表

编制单位：　　　　年　月　　　　单位：元

项目	本期金额	上期金额
一、经营活动产生的现金流量		
销售商品、提供劳务收到的现金收到的税费返还		
收到的其他与经营活动有关的现金		
经营活动现金流入小计		
购买商品、接受劳务支出的现金		
支付给职工以及为职工支付的现金		
支付的各项税费		
支付的其他与经营活动有关的现金		
经营活动现金流出小计		
经营活动产生的现金流量净额		
二、投资活动产生的现金流量		
收回投资收到的现金		
取得投资收益收到的现金		
处置固定资产、无形资产和其他长期资产收回的现金净额		
处置子公司及其他营业单位收到的现金净额		
收到的其他与投资活动有关的现金		
投资活动现金流入小计		
购建固定资产、无形资产和其他长期资产支付的现金		
投资支付的现金		
取得子公司及其他营业单位支付的现金净额		
支付的其他与投资活动有关的现金		
投资活动现金流出小计		
投资活动产生的现金流量净额		
三、筹资活动产生的现金流量		
吸收投资收到的现金		

（续表）

项目	本期金额	上期金额
取得借款收到的现金		
收到其他与筹资活动有关的现金		
筹资活动现金流入小计		
偿还债务支付的现金		
分配股利、利润或偿付利息支付的现金		
支付的其他与筹资活动有关的现金		
筹资活动现金流出小计		
筹资活动产生的现金流量净额		
四、汇率变动对现金及现金等价物的影响		
五、现金及现金等价物净增加额		
加:期初现金及现金等价物余额		
六、期末现金及现金等价物余额		

表 9-13 **现金流量表补充资料** 单位:元

补充资料	本期金额	上期金额
1. 将净利润调节为经营活动的现金流量		
净利润		
加:资产减值准备		
固定资产折旧		
无形资产摊销		
长期待摊费用摊销		
处置固定资产、无形资产和其他长期资产的损失(收益以“－”号填列)		
固定资产报废损失(收益以“－”号填列)		
公允价值变动损失(收益以“－”号填列)		
财务费用(收益以“－”号填列)		
投资损失(收益以“－”号填列)		
递延所得税资产减少(增加以“－”号填列)		
递延所得税负债增加(减少以“－”号填列)		
存货的减少(增加以“－”号填列)		
经营性应收项目的减少(增加以“－”号填列)		
经营性应付项目的增加(减少以“－”号填列)		

（续表）

补充资料	本期金额	上期金额
其他		
经营活动产生的现金流量净额		
2. 不涉及现金收支的重大投资和筹资活动		
债务转为资本		
一年内到期的可转换公司债券		
融资租入固定资产		
3. 现金和现金等价物净变动情况		
现金的期末余额		
减：现金的期初余额		
加：现金等价物的期末余额		
减：现金等价物的期初余额		
现金及现金等价物净增加额		

三、现金流量表的填列项目

（一）经营活动产生的现金流量的有关项目的编制

1. “销售商品、提供劳务收到的现金”项目

该项目反映企业本期销售商品或提供劳务所实际收到的现金收入（包括向购买者收取的增值税销项税额），具体包括本期销售商品、提供劳务所实际收到的现金，前期销售商品和提供劳务本期收到的现金、本期预收的款项，再减去本期退回本期销售的商品和前期销售本期退回的商品支付的现金。企业销售材料和代购代销业务收到的现金，也在本项目反映。该项目根据“库存现金”“银行存款”“应收账款”“应收票据”“预收账款”“主营业务收入”“其他业务收入”等账户分析填列。

2. “收到的税费返还”项目

该项目反映收到的返还的各种税费，具体是指企业上交后而由政府部门返还的增值税、消费税、所得税和教育费附加的退还等。该项目根据“库存现金”“银行存款”“营业外收入”“其他应收款”等账户分析填列。

3. “收到其他与经营活动有关的现金”项目

该项目反映企业收到的除了上述各项目外的其他与经营活动有关的现金，例如，对外单位的罚款收入、流动资产损失中由个人或保险公司赔偿的现金收入等。其他现金收入如价值较大的，应单设项目反映。该项目根据“库存现金”“银行存款”“营业外收入”等账户分析填列。

4. “购买商品、接受劳务支付的现金”项目

该项目反映本期购买商品、接受劳务实际支付的现金，包括本期购买原材料、商品、接受劳务支付的现金，以及本期支付前期购买商品、接受劳务的未付款项、本期预付款项，减去本

期发生的购货退回收到的现金。该项目根据"库存现金""银行存款""应付账款""应付票据""预付账款"主营业务成本""其他业务成本"等账户分析填列。

5. "支付给职工以及为职工支付的现金"项目

该项目反映企业实际支付给职工的工资、奖金以及各种津贴、补贴、养老金、保险金、住房公积金等,以及为职工支付的其他费用。该项目根据"库存现金""银行存款""应付职工薪酬"等账户分析填列。

6. "支付的各项税费"项目

该项目反映企业按照规定当期实际支付的各种税费,包括本期发生并支付的以及本期支付以前各期发生的税费和本期预交的税费,例如,所得税、增值税、消费税、教育费附加等。该项目根据"库存现金""银行存款""应交税费"等账户分析填列。

7. "支付其他与经营活动有关的现金"项目

该项目反映企业支付的除了上述项目以外的其他与经营活动有关的现金,例如,支付的罚款,企业的业务招待费、保险费、差旅费,经营租入固定资产的租金等。该项目根据"库存现金""银行存款""管理费用""营业外支出"等账户分析填列。

(二) 投资活动产生的现金流量项目的编制

1. "收回投资所收到的现金"项目

该项目反映企业收回投资时实际收到的现金。该项目根据"库存现金""银行存款""其他债权投资""其他权益工具投资""债权投资""长期股权投资"等账户分析填列。

2. "取得投资收益收到的现金"项目

该项目反映企业对外投资分回的现金股利和利息收入。该项目根据"库存现金""银行存款""投资收益"等账户分析填列。

3. "处置固定资产、无形资产和其他长期资产而收到的现金净额"项目

该项目反映企业为出售或报废固定资产、无形资产和其他长期资产所取得的现金,减去为处置这些资产而支付的有关费用后的净额。该项目根据"库存现金""银行存款""固定资产清理"等账户分析填列。

4. "处置子公司及其他营业单位收到的现金净额"项目

该项目反映企业处置子公司及其他营业单位收取得的现金减去相关的处置费用以及子公司及其他营业单位持有的现金和现金等价物后的净额。该项目根据"库存现金""银行存款""长期股权投资"等账户分析填列。

5. "收到其他与投资活动有关的现金"项目

该项目反映企业收到的除了上述项目以外的其他与投资活动有关的现金,例如,企业收到的购买股票和债券时支付的已经宣告但尚未领取的现金股利、已经到付息期但尚未领取的债券利息。该项目根据"库存现金""银行存款""应收股利""应收利息"等账户分析填列。

6. "购建固定资产、无形资产和其他长期资产所支付的现金"项目

该项目反映企业购买、建造固定资产、取得无形资产或其他长期资产所支付的现金,以及用现金支付的应由在建工程和无形资产负担的职工薪酬。该项目根据"库存现金""银行存款""固定资产""在建工程""无形资产"等账户分析填列。

7. "投资支付的现金"项目

该项目反映企业为取得投资所支付的现金,以及所支付的手续费、佣金等交易费用。该

项目根据“库存现金”“银行存款”“其他债权投资”“其他权益工具投资”“债权投资”“长期股权投资”等账户分析填列。

8.“取得子公司及其他营业单位支付的现金净额”项目

该项目反映企业购买子公司及其他营业单位所支付的现金，减去子公司及其他营业单位持有的现金和现金等价物后的净额。该项目根据“库存现金”“银行存款”“长期股权投资”等账户分析填列。

9.“支付其他与投资活动有关的现金”项目

该项目反映企业支付的除了上述项目以外的其他与投资活动有关的现金，例如，企业购买股票和债券时支付的已经宣告但尚未领取的现金股利、已经到付息期但尚未领取的债券利息。该项目根据“库存现金”“银行存款”“应收股利”“应收利息”等账户分析填列。

（三）筹资活动产生的现金流量项目的编制

1.“吸收投资收到的现金”项目

该项目反映企业发行股票、债券所实际收到的现金，减去直接支付的手续费、佣金、咨询费、印刷费、宣传费等后的净额。该项目根据“库存现金”“银行存款”“实收资本”等账户分析填列。

2.“取得借款收到的现金”项目

该项目反映企业取得长短期借款所实际收到的现金。该项目根据“库存现金”“银行存款”“短期借款”“长期借款”等账户分析填列。

3.“收到的其他与筹资活动有关的现金”项目

该项目反映企业收到的除了上述项目以外的其他与筹资活动有关的现金，例如，企业接受捐赠的现金捐赠等。该项目根据“库存现金”“银行存款”“营业外收入”等账户分析填列。

4.“偿还债务所支付的现金”项目

该项目反映企业为偿还债务所实际支付的现金，包括偿还借款、债券的本金等。该项目根据“库存现金”“银行存款”“短期借款”“长期借款”“应付债券”等账户分析填列。

5.“分配股利、利润或偿付利息支付的现金”项目

该项目反映企业给投资者、债权人所实际支付的现金股利、利润或借款利息、债券利息等。该项目根据“库存现金”“银行存款”“应付股利”“应付利息”“财务费用”等账户分析填列。

6.“支付的其他与筹资活动有关的现金”项目

该项目反映企业支付的除了上述项目以外的其他与筹资活动有关的现金，例如，企业使用权资产支付的租赁费、捐赠现金支出等。该项目根据“库存现金”“银行存款”“营业外支出”“长期应付款”等账户分析填列。

（四）汇率变动对现金及现金等价物的影响

该项目反映企业外币现金流量以及境外子公司的现金流量折算成人民币时，所采用的是现金流量发生日的即期汇率（或者平均汇率），而现金流量表“现金及现金等价物净增加额”中的外币现金净增加额是按期末汇率折算的人民币，两者之间的差额即表现为汇率变动对现金的影响额。

（五）现金流量表补充资料的编制

除了现金流量表反映的信息外，企业还应在报表附注中披露将净利润调整为经营活动的现

金流量、不涉及现金收支的重大投资和筹资活动、现金及现金等价物净变动情况等信息。

1. 将净利润调节为经营活动的现金流量

该项目是以本期净利润为起点，调整不涉及现金的收入、费用、营业外收支、债权债务、存货增减变动等项目，将净利润调节为经营活动的现金流量。

2. 不涉及现金收支的重大投资和筹资活动

该项目反映企业在一定时期内影响资产和负债但不形成该期现金收支的所有重大投资或筹资活动的信息，如将债务转为资本、一年内到期的可转换公司债券、使用权资产等，这些活动本期虽不涉及现金，但对以后各期的现金流入与流出会产生很大影响。

3. 现金及现金等价物净变动情况

该项目反映企业在一定时期内现金及现金等价物的期末余额减去期初余额后的净增加情况，是对现金流量表中“现金及现金等价物净增加额”项目的补充说明，其金额应保持一致。

四、现金流量表的编制方法

编制现金流量表时，列报经营活动产生的现金流量的方法有两种，即直接法和间接法。这两种方法通常也称为编制现金流量表的方法。

1. 直接法

直接法是指按现金收入和支出的主要类别直接反映经营活动产生的现金流量，如销售商品、提供劳务收到的现金，购买商品、接受劳务支付的现金等就是按现金收入和支出的类别直接反映现金的流入和流出。采用这种方法列报的经营活动产生的现金流量，一般是通过对利润表中的本期营业收入、营业成本以及其他项目进行调整后取得的。该方法清晰揭示了经营活动产生的现金流量的来源和用途，便于预测企业未来经营活动所能产生的现金流量，但编制的工作量较大。

2. 间接法

间接法是以利润表中的净利润为起算点，调整不涉及现金的收入、费用和营业外收支以及经营性应收应付项目的增减变动等有关项目，剔除投资活动、筹资活动对现金流量的影响，据此计算出经营活动产生的现金流量。采用间接法将净利润调整为经营活动的现金流量时，需要调整的项目有四大类：①实际没有支付现金的费用；②实际没有收到现金的收益；③不属于经营活动的损益；④经营性应收应付项目的增减变动。间接法比较简单、工作量小，但不能反映各类现金的流入与流出情况。

目前，我国《企业会计准则——现金流量表》规定，企业现金流量表的正表应当采用直接法编制，现金流量表的补充资料应当采用间接法编制，以对正表中采用直接法反映的经营活动现金流量进行核对和补充说明。

任务五　所有者权益变动表

一、所有者权益变动表的概念和作用

所有者权益变动表是反映构成所有者权益的各组成部分当期的增减变动情况的报表。

所有者权益变动表应当全面反映一定时期所有者权益变动的情况，不仅包括所有者权益总量的增减变动，还包括所有者权益增减变动的重要结构性信息，特别是要反映直接计入所有者权益的利得和损失，让报表使用者准确理解所有者权益增减变动的根源。

二、所有者权益变动表的结构

所有者权益变动表的基本结构如表 9-14 所示。

表 9-14 **所有者权益变动表**

编制单位： 年度 单位：元

项目	本年金额										上年金额
	实收资本（或股本）	其他权益工具			资本公积	减：库存股	其他综合收益	盈余公积	未分配利润	所有者权益合计	（内容同左）
		优先股	永续债	其它							
一、上年年末余额											
加：会计政策变更											
前期差错更正											
其他											
二、本年年初余额											
三、本年增减变动金额（减少以“－”号填列）											
（一）综合收益总额											
（二）所有者投入和减少资本											
1. 所有者投入的普通股											
2. 其他权益工具持有者投入资本											
3. 股份支付计入所有者权益的金额											
4. 其他											
（三）利润分配											
1. 提取盈余公积											
2. 对所有者（或股东）的分配											
3. 其他											
（四）所有者权益内部结转											

（续表）

项目	本年金额										上年金额
	实收资本（或股本）	其他权益工具			资本公积	减：库存股	其他综合收益	盈余公积	未分配利润	所有者权益合计	（内容同左）
		优先股	永续债	其它							
1. 资本公积转增资本（或股本）											
2. 盈余公积转增资本（或股本）											
3. 盈余公积弥补亏损											
4. 设定受益计划变动额结转留存收益											
5. 其他综合收益结转留存收益											
6. 其他											
四、本年年末余额											

三、所有者权益变动表的编制方法

（一）“上年年末余额”项目

“上年年末余额”项目，应根据上年资产负债表中“实收资本（或股本）”“其他权益工具”“资本公积”“其他综合收益”“盈余公积”“未分配利润”等项目的年末余额填列。

（二）“会计政策变更”和“前期差错更正”项目

“会计政策变更”和“前期差错更正”项目，应根据“盈余公积”“利润分配”“以前年度损益调整”等科目的发生额分析填列，并在“上年年末余额”的基础上调整得出“本年年初金额”项目。

（三）“本年增减变动金额”项目

1. “综合收益总额”项目

“综合收益总额”项目，反映企业当年的综合收益总额，应根据当年利润表中“其他综合收益的税后净额”和“净利润”项目填列，并对应列在“其他综合收益”和“未分配利润”栏。

2. “所有者投入和减少资本”项目

“所有者投入和减少资本”项目，反映企业当年所有者投入的资本和减少的资本，其中：

（1）“所有者投入的普通股”项目，反映企业接受投资者投入形成的实收资本（或股本）和资本公积，应根据“实收资本”“资本公积”等科目的发生额分析填列，并对应列在“实收资本”和“资本公积”栏。

（2）“其他权益工具持有者投入资本”项目，反映企业接受其他权益工具持有者投入资本，应根据“其他权益工具”等科目的发生额分析填列，并对应列在“其他权益工具”栏。

（3）“股份支付计入所有者权益的金额”项目，反映企业处于等待期中的权益结算的股份支付当年计入资本公积的金额，应根据“资本公积”科目所属的“其他资本公积”二级科目的发生额分析填列，并对应列在“资本公积”栏。

3. “利润分配”下各项目

反映当年对所有者(或股东)分配的利润(或股利)金额和按照规定提取的盈余公积金额，并对应列在“未分配利润”和“盈余公积”栏。其中：

“提取盈余公积”项目，反映企业按照规定提取的盈余公积，应根据“盈余公积”“利润分配”科目的发生额分析填列。

“对所有者(或股东)的分配”项目，反映对所有者(或股东)分配的利润(或股利)金额，应根据“利润分配”科目的发生额分析填列。

4. “所有者权益内部结转”下各项目

反映不影响当年所有者权益总额的所有者权益各组成部分之间当年的增减变动，包括资本公积转增资本(或股本)、盈余公积转增资本(或股本)、盈余公积弥补亏损等。其中：

“资本公积转增资本(或股本)”项目，反映企业以资本公积转增资本或股本的金额，应根据“实收资本”“资本公积”等科目的发生额分析填列。

“盈余公积转增资本(或股本)”项目，反映企业以盈余公积转增资本或股本的金额，应根据“实收资本”“盈余公积”等科目的发生额分析填列。

“盈余公积弥补亏损”项目，反映企业以盈余公积弥补亏损的金额，应根据“盈余公积”“利润分配”等科目的发生额分析填列。

“设定受益计划变动额结转留存收益”项目，反映企业因重新计量设定受益计划净负债或净资产所产生的变动计入其他综合收益，结转至留存收益的金额。

“其他综合收益结转留存收益”行项目，主要反映：(1)企业指定为以公允价值计量且其变动计入其他综合收益的非交易性权益工具投资终止确认时，之前计入其他综合收益的累计利得或损失从其他综合收益中转入留存收益的金额；(2)企业指定为以公允价值计量且其变动计入当期损益的金融负债终止确认时，之前由企业自身信用风险变动引起而计入其他综合收益的累计利得或损失从其他综合收益中转入留存收益的金额等。该项目应根据“其他综合收益”科目的相关明细科目的发生额分析填列。

(四) 本年年末余额项目

本年年末余额是指所有者权益的年末金额，应根据表内项目计算得到，各项计算结果应与同期资产负债表中的所有者权益项目的金额一致。

任务六 会计报表附注

一、会计报表附注的含义及作用★

会计报表附注是为了帮助报表使用者理解财务报表的内容而对报表的编制基础、编制依据、编制原则和编制方法及重要项目所作的解释。会计报表附注是改善会计报表的一种重要手段，是充分披露原则的具体体现。作为会计报表的重要组成部分，附注具有以下作用。

(一) 增进会计信息的可理解性

会计报表附注能够对会计报表中的信息进行进一步的详细解释，将一项总括数据的信息分解成若干个具体项目,并说明产生各项信息的会计方法等,有助于会计报表使用者对会计报表正确理解。

(二) 提高会计信息可比性

按照会计准则的规定,企业可结合自身特点对可供选择的多种会计政策进行选择,这将导致不同行业或同一行业所提供的会计信息的差异。另外,由于企业经营环境的变化,导致会计政策变更,这就要求企业在会计报表附注中对变更的情况、原因、产生的影响等加以说明,以便本企业前后各期及同行业之间的会计信息具有可比性。

(三) 突出重要的会计信息

会计报表附注中将一些重要的会计信息进一步予以分解说明,帮助会计报表使用者正确地作出决策。

二、我国会计报表附注的主要内容★

各国会计报表附注所包括的内容不尽相同,提供的信息也十分广泛。根据我国 2014 年修订的会计准则规定,附注应当披露财务报表的编制基础,相关信息应当与资产负债表、利润表、现金流量表和所有者权益变动表等报表中列示的项目相互参照。具体来说,附注一般应当按照下列顺序至少披露:

(一) 企业的基本情况

1. 企业注册地、组织形式和总部地址。
2. 企业的业务性质和主要经营活动。
3. 母公司以及集团最终母公司的名称。
4. 财务报告的批准报出者和财务报告批准报出日,或者以签字人及其签字日期为准。
5. 营业期限有限的企业,还应当披露有关其营业期限的信息。

(二) 财务报表的编制基础

(三) 遵循企业会计准则的声明

企业应当声明编制的财务报表符合企业会计准则的要求,真实、完整地反映了企业的财务状况、经营成果和现金流量等有关信息。

(四) 重要会计政策和会计估计

重要会计政策的说明,包括财务报表项目的计量基础和在运用会计政策过程中所做的重要判断等。重要会计估计的说明,包括可能导致下一个会计期间内资产、负债账面价值重大调整的会计估计的确定依据等。企业应当披露采用的重要会计政策和会计估计,并结合企业的具体实际披露其重要会计政策的确定依据和财务报表项目的计量基础,及其会计估计所采用的关键假设和不确定因素。

(五) 会计政策和会计估计变更以及差错更正的说明

企业应当按照《企业会计准则第 28 号——会计政策、会计估计变更和差错更正》的规定,披露会计政策和会计估计变更以及差错更正的情况。

(六) 报表重要项目的说明

企业应当按照资产负债表、利润表、现金流量表、所有者权益变动表及其项目列示的顺序,对报表重要项目的说明采用文字和数字描述相结合的方式进行披露。报表重要项目的明细金额合计,应当与报表项目金额相衔接。企业应当在附注中披露费用按照性质分类的利润表补充资料，可将费用分为耗用的原材料、职工薪酬费用、折旧费用、摊销费用等。

（七）或有和承诺事项、资产负债表日后非调整事项、关联方关系及其交易等需要说明的事项

（八）有助于财务报表使用者评价企业管理资本的目标、政策及程序的信息

项目小结

1. 会计报表是根据日常会计核算资料定期编制的，综合反映企业某一特定日期财务状况和某一会计期间经营成果、现金流量的总结性书面文件。一套完整的会计报表至少应当包括资产负债表、利润表、现金流量表、所有者权益（或股东权益）变动表及附注。

2. 资产负债表是反映企业在某一特定日期（月末、季末、半年末、年末）财务状况的会计报表。它是根据资产、负债和所有权益之间的相互关系，根据一定的分类标准和按照一定的顺序，把企业在一定日期的资产、负债、所有者权益各项目予以适当排列并对日常工作中形成的大量数据整理后编制而成的。资产负债表是一张时点、静态的会计报表，它表明企业在某一特定日期所拥有或者可以控制的、预期能为企业带来经济利益的资源、所承担的现时义务和所有者对净资产的要求权。资产负债表的格式有账户式和报告式两种，我国企业的资产负债表采用账户式结构。

3. 利润表又称损益表，是反映企业在一定会计期间内（月份、季度或年度）经营成果的会计报表。利润表的编制依据是“收入－费用＝利润”这一动态的会计等式，因此，利润表从其基本内容看，属于一个动态报表，反映的是企业资金运动取得的成果。利润表的格式主要有单步式和多步式，我国企业采用多步式格式。

4. 现金流量表是总体反映一定会计期间现金以及现金等价物的流入与流出的会计报表。我国现金流量表包括正表和补充资料两部分。正表中经营活动产生的现金流量采用直接法列示。在具体编制现金流量表时，可采用工作底稿法、T形账户法，或者根据有关科目的记录分析填列。

5. 所有者权益变动表是反映构成所有者权益的各组成部分当期的增减变动情况的报表。当期损益直接计入所有者权益的利得和损失，以及与所有者或股东的资本交易导致的所有者权益的变动，应当分别列示。

6. 会计报表附注是为了帮助报表使用者理解财务报表的内容而对报表的编制基础、编制依据、编制原则和编制方法及重要项目所作的解释。

练习题

一、单项选择题

1. 下列报表中，（　　）能反映企业某一特定时点的财务状况。★

A. 资产负债表　　B. 利润表

C. 所有者权益变动表　　D. 现金流量表

2. 反映企业在一定时期经营成果的会计报表是(　　)。★

A. 资产负债表　　B. 利润表　　C. 会计报表附注　　D. 现金流量表

3. 下列属于静态报表的是(　　)。★

A. 资产负债表　　B. 利润表

C. 所有者权益变动表　　D. 现金流量表

4. 企业会计核算的最终成果是(　　)。★

A. 会计凭证　　B. 会计账簿　　C. 会计报表　　D. 会计分析报告

5. “应收账款”所属明细类科目若有贷方余额,应反映在资产负债表(　　)项目中。★

A. 应收账款　　B. 应付账款　　C. 预收账款　　D. 预付账款

6. 会计报表编制的基础是(　　)。

A. 会计凭证　　B. 会计账簿　　C. 日记账　　D. 科目汇总表

7. 利润表是根据损益类账户的(　　)填列的。★

A. 期初余额　　B. 期末余额　　C. 本期发生额　　D. 净额

8. 下列属于现金等价物的是(　　)。

A. 三个月内到期的交易性金融资产　　B. 银行存款

C. 权益性股票投资　　D. 外埠存款

9. 资产负债表“年初余额”栏数字是根据(　　)填写的。★

A. 总账余额　　B. 明细账余额

C. 上期期末余额　　D. 上年末的“期末余额”

二、多项选择题

1. 会计报表的使用者有(　　　)。★

A. 投资者　　B. 债权人

C. 国家经济管理机关　　D. 各级主管机关

E. 企业内部管理人员

2. 会计报表的编制必须做到(　　　)。

A. 数字真实　　B. 计算准确　　C. 内容完整　　D. 编报及时

3. 属于流动资产的是(　　　)。★

A. 应收及预付账款　　B. 一年内到期的非流动资产

C. 存货　　D. 累计折旧

4. 在编制资产负债表时需要根据若干明细账户的期末余额计算填列的有(　　　)。★

A. 存货　　B. 应收票据及应收账款

C. 预付账款　　D. 应付票据应付账款及

5. 根据现行会计制度的规定,下列项目中可直接根据有关总账余额直接填列的是(　　　)。★

A. 应付票据　　B. 交易性金融资产

C. 短期借款　　D. 应付职工薪酬

6. 资产负债表中“应收票据及应收账款”项目包括(　　　　)。★
A. “应收账款”科目所属明细科目的借方余额
B. “应收账款”科目所属明细科目的贷方余额
C. “坏账准备”科目的期末余额中属于应收账款计提的部分
D. “预收账款”科目所属明细科目的借方余额
7. 资产负债表中“存货”项目应根据(　　　　)等账户的期末余额汇总填制。★
A. 库存商品　　B. 原材料　　C. 生产成本　　D. 包装物
8. 资产负债表中“货币资金”项目应根据(　　　　)账户的期末余额汇总填制。★
A. 应收票据　　B. 库存现金　　C. 银行存款　　D. 其他货币资金
9. 所有者权益变动表中各项目根据当期(　　　　)等情况分析填列。
A. 净利润　　B. 直接计入所有者权益的利得和损失
C. 净资产　　D. 所有者投入的资本
E. 向所有者分配利润

三、项目实训题

项目实训题(一)

1. 目的:练习资产负债表有关项目的计算。
2. 资料:大华公司2×19年年末部分账户的期末余额如表9-15所示。

表9-15　　期末余额　　单位:元

账户名称	期末余额	账户名称	期末余额
库存现金	2 180	库存商品	13 000
银行存款	356 782	生产成本	21 000
其他货币资金	51 000	长期股权投资	37 000
应收账款(明细账借方)	48 000	其中:一年内到期的长期股权投资	7 000
应收账款(明细账贷方)	8 000	应付账款(明细账借方)	8 500
坏账准备(贷方余额)	3 000	应付账款(明细账贷方)	49 000
预付账款(明细账借方)	9 560	预收账款(明细账借方)	1 200
预付账款(明细账贷方)	1 160	预收账款(明细账贷方)	58 000
原材料	78 350	长期借款	238 000
周转材料	13 680	其中:一年内到期的长期借款	28 000

3. 要求:根据资料计算资产负债表中下列项目的金额。
(1) 货币资金　　(2) 应收票据及应收账款　　(3) 预付账款
(4) 存货　　(5) 长期股权投资　　(6) 应付票据及应付账款
(7) 预收账款　　(8) 长期借款

项目实训题(二)

1. 目的:练习资产负债表的编制。
2. 资料:金鑫公司2×19年8月31日有关总账期末余额如表9-16所示。

表 9-16 总账期末余额 单位:元

账户名称	借方余额	账户名称	贷方余额
库存现金	2 050	坏账准备	6 320
银行存款	222 860	累计折旧	878 000
应收账款	51 210	短期借款	512 600
其他应收款	2 850	应付账款	91 120
原材料	130 000	其他应付款	13 000
生产成本	38 000	应交税费	18 900
库存商品	138 000	实收资本	1 000 000
长期股权投资	96 700	本年利润	238 520
其中:一年内到期的投资	6 700	盈余公积	305 530
固定资产	2 235 800	资本公积	90 000
利润分配	236 520		
合　计	3 153 990	合　计	3 153 990

3. 要求:根据以上资料,编制金鑫公司 2×19 年 8 月的资产负债表。

项目实训题(三)

1. 目的:练习利润表的编制。

2. 资料:美年公司 2×19 年 7 月 31 日有关总账期末余额如表 9-17 所示。

表 9-17 总账期末余额 单位:元

科目名称	借方发生额	贷方发生额
主营业务收入		1 356 000
其他业务收入		189 000
主营业务成本	628 000	
其他业务成本	110 000	
税金及附加	5 800	
销售费用	21 500	
管理费用	82 000	
财务费用	13 200	
资产减值损失	25 100	
投资收益		68 000
营业外收入		28 900
营业外支出	31 800	

假设美年公司 2×19 年 7 月实现的利润等于应纳税所得额,所得税税率为 25%。

3. 要求:根据以上资料,编制美年公司 2×19 年 7 月的利润表。

模块四

会计工作组织与要求

项目十　会计工作组织与工作规范

☞ **学习目标**

1. 了解会计法规的基本内容，工作组织的意义、内容；
2. 熟悉会计人员的职责和权限；
3. 掌握会计人员的职业道德规范。

☞ **能力目标**

掌握会计人员职业道德规范的应用。

任务一　会计工作组织

会计工作组织是指会计机构的设置、会计人员的配备、会计法规的制定与执行和会计档案的保管。

一、会计工作组织概述

（一）会计工作组织的概念和意义

会计工作组织是指企事业单位为保证会计工作正常、有效地运转，科学地组织会计工作，即如何安排、协调和管理好单位的会计工作。

会计是经济管理的重要组成部分，是项复杂、细致、专业性较强的经济管理活动。而一个合理有序的会计工作组织是充分发挥会计作用、提高会计工作质量、提高企业管理水平的前提保证。因此，科学地组织会计工作具有重要意义。

1. 会计工作组织是保证会计工作顺利进行的前提条件

会计反映的是再生产过程中以货币表现的纷繁复杂的经济活动。会计工作要把这些经济活动从凭证到账簿到报表，连续、系统、全面地进行确认、计量、记录、报告，需要经过一系列的程序和手续，为保证会计工作的顺利进行，就必须科学地组织会计工作。

一个单位应该设置合理的会计机构、配备必需的会计人员，如果不具备设置会计机构的条件，也必须配备专职的会计人员，才能保证单位的财务状况、经营成果得到及时、准确地反映与监督，提供会计信息使用者所需的财务信息，充分发挥会计信息系统的作用。

会计工作组织中对会计法规的执行、对会计政策、会计制度的设计则是进行会计工作的依据和行为规范。

2. 科学、有效的会计工作组织，有利于会计工作与其他经济管理工作的协调一致

会计工作是经济管理的重要组成部分，因此与其他经济管理工作，如计划、统计、审计、税收等联系密切。只有科学地组织会计工作才能使得会计与其他经济管理工作相互协调、相互促进、相互配合，才能充分发挥会计在经济管理中的作用。

3. 科学、有效的会计工作组织，有利于加强经济责任制

企业实行内部控制和管理的重要手段之一是经济责任制，而会计在加强经济责任制中起着重要的作用。企业在管理中的经济预测、决策、计划、资金的运用、业绩考评等都离不开会计。

4. 科学、有效的会计工作组织，有利于国家方针政策和财经纪律的贯彻执行

会计工作具有较强的政策性，要充分发挥会计反映和监督的职能，必须在会计工作中认真贯彻执行国家的方针、政策和法律、规范，监督经济活动的合理性、合法性，维护财经纪律，防范、制止、揭露违法、违纪行为，以维护良好的社会经济秩序。

（二）会计工作组织的内容

会计工作组织的内容就是与组织会计工作有关的一切事物，主要包括：会计机构的设置，会计人员的配备，会计人员的职责权限，会计工作的规范，会计法规制度的制定，会计档案的保管，会计工作的电算化等。

其中，会计机构和会计人员是会计工作的重要承担者，在会计工作中起着关键作用，是会计工作有效运行的必要条件，而会计法规则是会计工作正常运行的必要的保证和约束。

（三）会计工作组织的原则

1. 组织会计工作必须符合国家对会计工作的统一要求

国家对会计工作制定了严格的法律、规范，比如《会计法》《总会计师条例》《会计基础工作规范》《会计专业职务试行条例》《会计档案管理办法》《企业会计信息化工作规范》《会计电算化管理办法》，组织会计工作必须符合国家对会计工作的这些统一的要求，在实际的会计工作中认真贯彻、执行。

2. 组织会计工作要符合各单位生产经营管理的特点

各企业应根据自身规模的大小、经营管理的特点，从实际出发，确定本企业的会计制度，设置符合本企业实际的会计机构，配备满足本单位需求的会计人员。

3. 组织会计工作要在保证会计工作质量的前提下，讲求工作效率，提高经济效益

组织会计工作要在遵守国家统一的法律规范和各单位自身特点的前提下，以高质量的会计工作，充分发挥会计在经营管理中的重要作用，讲求工作效率，以提高经济效益。

二、会计机构★

（一）会计机构

会计机构是指各单位办理会计事务的职能部门。根据《会计法》的规定，各单位应当根据会计业务的需要，设置会计机构，或者在有关机构中设置会计人员并指定会计主管人员；不具备设置条件的，应当委托经批准从事会计代理记账业务的中介机构代理记账。

建立和健全会计机构，是充分发挥会计工作的作用，保证会计工作顺利进行的重要条件。会计机构主要完成以下工作。

(1) 进行有效的会计核算。

(2) 实行合理的会计监督。

(3) 制定本单位的会计制度、会计政策。

(4) 参与本单位计划的制定、考核计划的执行。

完成各项任务，实现会计的目标，会计机构应进行合理的分工，按照会计核算的流程设置岗位，配备会计人员。《会计法》第三十六条明确规定："各单位应当根据会计业务的需要，设置会计机构；或者在有关机构中设置会计人员并指定会计主管人员；不具备设置条件的，应当委托经批准设立从事会计代理记账业务的中介机构代理记账。"根据财政部1996年6月17日颁布的《会计基础工作规范》：第六条规定"各单位应当根据会计业务的需要设置会计机构；不具备单独设置会计机构条件的，应当在有关机构中配备专职会计人员。事业单位会计机构的设置和会计人员的配备，应当符合国家统一事业行政单位会计制度的规定。设置会计机构，应当配备会计机构负责人；在有关机构中配备专职会计人员，应在专职会计人员中指定会计主管人员。会计机构负责人、会计主管人员的任免，应当符合《中华人民共和国会计法》和有关法律的规定。"

(二) 会计机构的类型

我国会计机构主要包括三种类型：国家管理部门设置的会计机构、行政、事业单位设置的会计机构和企业单位设置的会计机构。

1. 国家管理部门设置的会计机构

《会计法》规定，国务院财政部门是主管全国会计工作的机构，地方各级人民政府的财政部门是主管该地区会计工作的机构。国家各级管理部门分别设置会计司、处、科等。国家管理部门会计机构的主要任务是：组织、指导、监督所属单位的会计工作；审核、汇总所属单位上报的会计报表；核算本单位和上、下级之间缴、拨款等事项。

2. 行政、事业单位设置的会计机构

行政、事业单位设置的会计机构，需要满足对经费的收支及时地进行核算和报告的要求，同时也需要遵循内部控制的原则，以保证各单位预算资金的安全与合理地使用。

3. 企业单位设置的会计机构

企业单位包括各种类型的企业组织。一般地，除了规模小、业务简单的企业不需要设立专门会计机构外(但必须进行正常的会计核算)，所有的企业单位都必须设置会计机构。

(三) 会计工作的组织形式

会计工作的组织形式是指会计机构的设置层次与会计核算资料的整理和提供的方式与分工。会计机构的组织形式关系到一个单位的会计部门要完成哪些会计工作，与企业的其他职能部门、车间、仓库等部门如何分工、协作。各企业应该根据自身规模的大小、业务繁简，以及单位内部其他组织机构设置的实际情况，来确定科学、合理的组织形式，另外，确定会计工作的组织形式还应注意简化核算手续，提高工作效率。

企业会计工作的组织形式有独立核算和非独立核算、集中核算和非集中核算、专业核算和群众核算等形式。

1. 独立核算和非独立核算

(1) 独立核算是指全面、系统地对本单位的业务经营过程及结果进行会计核算。实行独立核算的单位称为独立核算单位。独立核算单位的特点是具有一定数量的资金，在银行

单独开户,独立经营、计算盈亏,账簿体系完整,定期编制财务报表。独立核算单位应单独设置会计机构,配备必要的会计人员,业务少的单位也可只设专职会计人员。

(2) 非独立核算又称报账制。实行非独立核算的单位称为报账单位。它是由上级拨给一定数量的备用金和物资,日常填制和整理原始凭证,登记备用金账和实物账,定期将收入、支出向上级报销,由上级汇总。非独立核算单位的特点是不独立计算盈亏,不编制财务报表,一般不设置专门的会计机构,但需要配备专职的会计人员,处理日常的会计事务。

2. 集中核算与非集中核算

实行独立核算的单位,其会计工作的组织形式又可以分为集中核算和非集中核算。

(1) 集中核算就是将整个单位的会计工作都集中在企业会计部门进行。单位内部的各部门、各单位一般不进行单独核算,只对经济业务进行原始凭证的取得、填制、汇总,并定期报送单位的会计部门,会计部门负责原始凭证和原始凭证汇总表的审核、记账凭证的填制、账簿的登记、报表的编制。集中核算的优点是可以减少核算的层次,精简会计人员,缺点是不利于企业各部门和各单位及时利用核算资料进行日常的考核和分析。

(2) 非集中核算又称分散核算。分散核算就是将会计工作分散在各有关部门进行,企业的内部各单位要对自身发生的经济业务进行比较全面的会计核算。例如,在工业企业中,车间应设置成本明细账,登记、计算本车间发生的生产成本,厂部会计部门只根据车间报送的资料进行产品成本的总分类核算。非集中核算的优点是,有利于企业内部各部门、各单位及时了解本部门、本单位的经济活动情况,以便于及时发现问题、分析问题、解决问题。这种组织形式的缺点是核算手续和核算层次增加。

3. 专业核算和群众核算

除实行专业核算外,我国有的企业还实行群众核算。

(1) 专业核算就是由专职会计人员进行核算。

(2) 群众核算是由职工群众参加的经济核算。这种会计工作组织形式的具体做法是,确定核算单位,制订核算指标,选出核算人员,定期计算各项经济指标的实绩、得失,发现问题、总结经验,以取得良好的经济效果。如工业企业的班组核算,具体核算内容有:劳动生产率、产品任务完成率、出勤率、人均产值、工时、成本等,可以考核各企业班组生产任务的完成情况。群众核算的优点是便于群众及时了解班组完成的业绩,提高职工群众的生产积极性和主动性。

(四) 代理记账

代理记账,是指代理记账机构接受委托办理会计业务。代理记账机构是指依法取得代理记账资格,从事代理记账业务的机构。

1. 代理记账机构的审批

除会计师事务所以外的机构从事代理记账业务,应当经县级以上人民政府财政部门(简称审批机关)批准,领取由财政部统一规定样式的代理记账许可证书。具体审批机关由省、自治区、直辖市、计划单列市人民政府财政部门确定。

会计师事务所及其分所可以依法从事代理记账业务。

2. 代理记账的业务范围

代理记账机构可以接受委托办理下列业务:

(1) 根据委托人提供的原始凭证和其他资料,按照国家统一的会计制度的规定进行会计核算，包括审核原始凭证、填制记账凭证、登记会计账簿、编制财务会计报告等。

(2) 对外提供会计报告。

(3) 向税务机关提供税务资料。

(4) 委托人委托的其他会计业务。

3. 委托人、代理记账机构及其从业人员各自的义务

(1) 委托人委托代理记账机构代理记账，应当在相互协商的基础上，订立书面委托合同。委托合同除应具备法律规定的基本条款外，应当明确下列内容：①双方对会计资料真实性、完整性，自应当承担的责任；②会计资料传递程序和签收手续；③编制和提供财务会计报告的要求；④会计档案的保管要求及相应的责任；⑤终止委托合同应当办理的会计交接事宜。

(2) 委托人应当履行下列义务：①对本单位发生的经济业务事项，应当填制或者取得符合国家统一的会计制度规定的原始凭证；②应当配备专人负责日常货币收支和保管；③及时向代理记账机构提供真实、完整的原始凭证和其他相关资料；④对于代理记账机构退回的，要求按照国家统一的会计制度规定进行更正、补充的原始凭证，应当及时予以更正、补充。

(3) 代理记账机构及其从业人员应当履行下列义务：①遵守有关法律、法规和国家统一的会计制度的规定，按照委托合同办理代理记账业务；②对在执行业务中知悉的商业秘密予以保密；③对委托人要求其作出不当的会计处理，提供不实的会计资料，以及其他不符合法律、法规和国家统一的会计制度行为的，予以拒绝；④对委托人提出的有关会计处理相关问题予以解释。

代理记账机构为委托人编制的会计报告，经代理记账机构负责人和委托人负责人签名并盖章后，按照有关法律、法规和国家统一的会计制度的规定对外提供。

(五) 会计岗位的设置

1. 会计工作岗位设置要求

会计工作岗位，是指一个单位会计机构内部根据业务分工而设置的职能岗位。根据《会计基础工作规范》的要求，各单位应当根据会计业务需要设置会计工作岗位。会计工作岗位一般分为：会计机构负责人或者会计主管人员、出纳、财产物资核算、工资核算、成本费用核算、财务成果核算、资金核算、往来结算、总账报表、稽核、档案管理等。开展会计电算化和管理会计的单位，可以根据需要设置相应工作岗位，也可以与其他工作岗位相结合。

会计工作岗位，可以一人一岗、一人多岗或者一岗多人。但出纳人员不得兼任稽核、会计档案保管和收入、支出、费用、债权债务账目的登记工作。会计人员的工作岗位应当有计划地进行轮换。档案管理部门的人员管理会计档案，不属于会计岗位。会计人员应当具备从事会计工作所要的专业能力，遵守职业道德。

会计机构负责人或会计主管人员，是在一个单位内具体负责会计工作的中层领导人员。担任单位会计机构负责人(会计主管人员)的，应当具备会计师以上专业技术职务资格或者从事会计工作 3 年以上经历。

因有提供虚假财务会计报告，做假账，隐匿或者故意销毁会计凭证、会计账簿、财务会计报告，贪污，挪用公款，职务侵占等与会计职务有关的违法行为被依法追究刑事责任的人员，不得再从事会计工作。

2. 会计人员回避制度

国家机关、国有企业、事业单位任用会计人员应当实行回避制度。单位领导人的直系亲

属不得担任本单位的会计机构负责人、会计主管人员。会计机构负责人、会计主管人员的直系亲属不得在本单位会计机构担任出纳工作。需要回避的直系亲属为:夫妻关系、直系血亲关系、三代以内旁系血亲以及配偶亲关系。

3. 会计工作交接

会计工作交接,是指会计人员工作调动或因故离职时与接管人员办理交接手续的一种工作程序。办理好会计工作交接,有利于分清移交人员和接管人员的责任,可以使会计工作前后衔接,保证会计工作顺利进行。

会计人员调动工作、离职或者因病暂时不能工作,应与接管人员办清交接手续。一般会计人员办理交接手,由会计机构负责人会计主管人员监交;会计机构负责人(会计主管人员)办理交接手续,由单位负责人负责监交,必要时主管单位可以派人会同监交。

移交人员在办理移交时,要按移交清册逐项移交;接替人员要逐项核对点收。交接完毕后,交接双方和监交人要在移交清册上签名或者盖章,并应在移交清册上注明:单位名称,交接日期,交接双方和监交人的职务、姓名,移交清册页数以及需要说明的问题和意见等。移交清册一般应当填制一式三份,交接双方各执一份,存档一份。

接替人员应当继续使用移交的会计账簿,不得自行另立新账,以保持会计记录的连续性。

移交人员对所移交的会计凭证、会计账簿、会计报表和其他有关资料的合法性、真实性承担法律责任。

4. 会计专业职务与会计专业技术资格

(1) 会计专业职务。根据 1986 年 4 月中央职称改革工作领导小组转发财政部制定的《会计专业职务试行条例》的规定,会计专业职务分为高级会计师、会计师、助理会计师和会计员。其中,高级会计师为高级职务,会计师为中级职务,助理会计师和会计员为初级职务。

根据 2017 年 1 月中共中央办公厅、国务院办公厅《关于深化职称制度改革的意见》,要健全职称层级设置。各职称系列均设置初级、中级、高级职称,其中高级职称分为正高级和副高级,初级职称分为助理级和员级,可根据需要仅设置助理级。目前未设置正高级职称的职称系列均设置到正高级,以拓展专业技术人才职业发展空间。

(2) 会计专业技术资格。会计专业技术资格,是指担任会计专业职务的任职资格。会计专业技术资格分为初级资格、中级资格和高级资格三个级别。目前,初级、中级会计资格实行全国统一考试制度,高级会计师资格实行考试与评审相结合制度。

通过全国统一考试取得初级或中级会计专业技术资格的会计人员,表明其已具备担任相应级别会计专业技术职务的任职资格。用人单位可根据工作需要和德才兼备的原则,从获得会计专业技术资格的会计人员中择优录取。对于已取得中级会计资格并符合国家有关规定的,可聘任会计师职务;对于已取得初级会计资格的人员,如具备大专毕业且担任会计员职务满 2 年,或中专毕业担任会计员职务满 4 年,或者不具备规定学历的,担任会计员职务满 5 年,并符合国家有关规定的,可聘任助理会计师职务。不符合以上条件的人员,可聘任会计员职务。

5. 会计专业技术人员继续教育

根据《专业技术人员继续教育规定》,国家机关、企业、事业单位以及社会团体等组织(以下称用人单位)的专业技术人员应当适应岗位需要和职业发展的要求,积极参加继续教育,完善知识结构、增强创新能力、提高专业水平。用人单位应当保障专业技术人员参加继续教育的权利。

继续教育工作实行统筹规划、分级负责、分类指导的管理体制。

继续教育内容包括公需科目和专业科目。公需科目包括专业技术人员应当普遍掌握的法律法规、理论政策、职业道德、技术信息等基本知识。专业科目包括专业技术人员从事专业工作应当掌握的新理论、新知识、新技术、新方法等专业知识。

专业技人员参加继续教育的时间，每年累计不少于 90 学时，其中，专业科目一般不少于总学时的 2/3。

用人单位应当建立本单位专业技术人员继续教育与使用、晋升相衔接的激励机制，把专业技术人员参加继续教育情况作为专业技术人员考核评价、岗位聘用的重要依据。

三、会计人员★

会计人员是指从事会计工作的专职人员，在我国，会计人员按职权划分为总会计师、会计机构负责人、会计主管人员、一般会计；按专业技术职务划分为高级会计师、中级会计师、初级会计师。

会计工作人员的岗位一般可分为：会计主管、出纳、财产物资核算、收入利润核算、资金核算、工资核算、成本费用核算、往来结算、总账报表、税务核算、稽核、管理会计、会计电算化管理、会计事务管理等，这些岗位可以一人一岗，一人多岗或一岗多人。但出纳人员不得兼管稽核、会计档案保管和收入、费用、债权债务账目的登记工作。各单位可以根据行业特点、规模大小、业务繁简和人员多少情况具体确定。

（一）会计人员应具备的条件

会计人员应当具备从事会计工作所需要的专业能力。担任单位会计机构负责人（会计主管人员）的，应当具备会计师以上专业技术职务资格或者从事会计工作 3 年以上经历。

（二）会计人员的职责

（1）进行会计核算。这是会计人员最基本的职责。会计人员要根据实际发生的经济业务进行会计核算，做到手续完备，内容真实，账目清楚，如实地反映单位的财务状况、经营成果。及时地提供真实可靠的、满足财务信息使用者需要的会计信息。

（2）实行会计监督。这是会计核算的保障。会计人员要对经济业务的合理性、合法性、有效性进行监督，对不真实、不合法的凭证、记录，应当按照有关规定进行处理。

（3）拟订本单位办理会计事务的具体办法。

（4）参与拟定经济计划、业务计划，考核、分析预算、财务计划的执行情况。

（5）办理其他会计事务。

（三）会计人员的权限

（1）会计人员有权要求本单位有关部门、人员认真遵守国家财经纪律和财务会计规章制度。

（2）会计人员有权参与本单位计划的编制、定额的制订、经济合同的签订，有权参与有关业务会议。

（3）会计人员有权监督、检查本单位有关部门的财务收支、资金使用和财产保管、收支、计量、检查等情况。

(四) 会计人员职业道德

1. 会计职业道德的概念

会计职业道德,是指在会计职业活动中应当遵循的、体现会计职业特征、调整会计职业关系的职业行为准则和规范。

2. 会计职业道德的主要内容

会计职业道德主要包括爱岗敬业、诚实守信、廉洁自律、客观公正、坚持准则、提高技能、参与管理、强化服务八个方面内容。

(1) 爱岗敬业。要求会计人员正确认识会计职业,树立职业荣誉感;热爱会计工作,敬重会计职业;安心工作,任劳任怨;严肃认真,一丝不苟;忠于职守,尽职尽责。

(2) 诚实守信。要求会计人员做老实人,说老实话,办老实事,不搞虚假;保密守信,不为利益所诱惑;执业谨慎,信誉至上。

(3) 廉洁自律。要求会计人员树立正确的人生观和价值观;公私分明、不贪不占;遵纪守法,一生正气。廉洁就是不贪污钱财,不收受贿赂,保持清白。自律是指按照一定的标准,自己约束自己、自己控制自己的言行和思想的过程。自律的核心是用道德观念自觉抵制自己的不良欲望。对于整天与钱财打交道的会计人员来说,经常会受到财、权的诱惑,如果职业道德观念不强、自律意志薄弱,很容易成为权、财的奴隶,走向犯罪的深渊。

(4) 客观公正。要求会计人员端正态度,依法办事;实事求是,不偏不倚;如实反映,保持应有的独立性。

(5) 坚持准则。要求会计人员熟悉国家法律、法规和国家统一的会计制度,始终坚持按法律、法规和国家统一的会计制度的要求进行会计核算,实施会计监督。会计人员在实际工作中,应当以准则作为自己的行动指南,在发生道德冲突时,应坚持准则,维护国家利益、社会公众利益和正常的经济秩序。

(6) 提高技能。要求会计人员具有不断提高会计专业技能的意识和愿望;具有勤学苦练的精神和科学的学习方法,刻苦钻研,不断进取提高业务水平。

(7) 参与管理。要求会计人员在做好本职工作的同时,努力钻研业务,全面熟悉本单位经营活动和业务流程,主动提出合理化建议,积极参与管理,使管理活动更有针对性和实效性。

(8) 强化服务。要求会计人员树立服务意识,提高服务质量,努力维护和提升会计职业的良好社会形象。

3. 违反国家统一的会计制度行为的法律责任

违反《会计法》规定,有下列行为之一的,由县级以上人民政府财政部门责令限期改正,可以对单位并处3 000元以上5万元以下的罚款;对其直接负责的主管人员和其他直接责任人员,可以处2 000元以上2万元以下的罚款;属于国家工作人员的,还应当由其所在单位或者有关单位依法给予行政处分。构成犯罪的,依法追究刑事责任:

(1) 不依法设置会计账簿的。

(2) 私设会计账簿的。

(3) 未按照规定填制、取得原始凭证或者填制、取得的原始凭证不符合规定的。

(4) 以未经审核的会计凭证为依据登记会计账簿或者登记会计账簿不符合规定的。

(5) 随意变更会计处理方法的。

(6) 向不同的会计资料使用者提供的财务会计报告编制依据不一致的。

(7) 未按照规定使用会计记录文字或者记账本位币的。

(8) 未按照规定保管会计资料，致使会计资料毁损、灭失的。

(9) 未按照规定建立并实施单位内部会计监督制度或者拒绝依法实施的监督或者不如实提供有关会计资料及有关情况的。

(10) 任用会计人员不符合《会计法》规定的。

会计人员有上述所列行为之一，情节严重的，5 年内不得从事会计工作。有关法律对上述所列行为的处罚另有规定的，依照有关法律的规定办理。

四、总会计师★

总会计师是主管本单位会计工作的行政领导，是单位行政领导成员，是单位会计工作的主要负责人，全面负责单位的财务会计管理和经济核算，参与单位的重大经营决策活动，是单位主要行政领导人的参谋和助手。国有的和国有资产占控股地位或者主导地位的大、中型企业必须设置总会计师，其他单位可以根据业务需要，自行决定是否设置总会计师。

总会计师行使《总会计师条例》规定的职责、权限。

（一）总会计师的职责

(1) 总会计师负责组织本单位的下列工作：

第一，编制和执行预算、财务收支计划、信贷计划，拟订资金筹措和使用方案，开辟财源，有效地使用资金；

第二，进行成本费用预测、计划、控制、核算、分析和考核，督促本单位有关部门降低消耗、节约费用、提高经济效益；

第三，建立、健全经济核算制度，利用财务会计资料进行经济活动分析；

第四，承办单位主要行政领导人交办的其他工作。

(2) 总会计师负责对本单位财会机构的设置和会计人员的配备、会计专业职务的设置和聘任提出方案；组织会计人员的业务培训和考核；支持会计人员依法行使职权。

(3) 总会计师协助单位主要行政领导人对企业的生产经营、行政事业单位的业务发展以及基本建设投资等问题做出决策。

总会计师参与新产品开发、技术改造、科技研究、商品（劳务）价格和工资奖金等方案的制订；参与重大经济合同和经济协议的研究、审查。

（二）总会计师的权限

(1) 总会计师对违反国家财经法律、法规、方针、政策、制度和有可能在经济上造成损失、浪费的行为，有权制止或者纠正。制止或者纠正无效时，提请单位主要行政领导人处理。

单位主要行政领导人不同意总会计师对前款行为的处理意见的，总会计师应当依照《中华人民共和国会计法》的相关规定执行。

(2) 总会计师有权组织本单位各职能部门、直属基层组织的经济核算、财务会计和成本管理方面的工作。

(3) 总会计师主管审批财务收支工作。除一般的财务收支可以由总会计师授权的财会机构负责人或者其他指定人员审批外，重大的财务收支，须经总会计师审批或者由总会计师报单位主要行政领导人批准。

(4) 预算、财务收支计划、成本和费用计划、信贷计划、财务专题报告、会计决算报表,须经总会计师签署。

涉及财务收支的重大业务计划、经济合同、经济协议等,在单位内部须经总会计师会签。

(5) 会计人员的任用、晋升、调动、奖惩,应当事先征求总会计师的意见。会计机构负责人或者会计主管人员的人选,应当由总会计师进行业务考核,依照有关规定审批。

总会计师的任命(聘任)、免职(解聘)依照《总会计师条例》和有关法律的规定处理。

五、会计机构负责人、会计主管人员★

《会计法》第三十六条规定:"各单位应当根据会计业务的需要,设置会计机构,或者在机构中设置会计人员并指定会计主管人员。"根据这一规定,单独设置会计机构的,负责组织管理会计事务、行使会计核算与监督职权的负责人为会计机构负责人;不单独设置会计机构的单位,由单位指定的负责组织管理会计事务、行使会计核算与监督职权的负责人为会计主管。

会计机构负责人、会计主管人员是单位会计工作的组织者、领导者。

根据《会计基础工作规范》,会计机构负责人、会计主管人员应当具备下列基本条件:

(1) 坚持原则,廉洁奉公。

(2) 具有会计专业技术资格。

(3) 主管一个单位或者单位内一个重要方面的财务会计工作时间不少于2年。

(4) 熟悉国家财经法律、法规、规章和方针、政策,掌握本行业业务管理的有关知识。

(5) 有较强的组织能力。

(6) 身体状况能够适应本职工作的要求。

六、内部会计管理制度★

内部会计管理制度是各单位根据国家会计法律、法规、规章、制度的规定,结合本单位经营管理和业务管理的特点及要求而制定的旨在规范单位内部会计管理活动的制度、措施和办法。

各单位应当根据《中华人民共和国会计法》和国家统一会计制度的规定,结合单位类型和内部管理的需要,建立健全相应的内部会计管理制度。

(一) 制定内部会计管理制度应当遵循的原则

1. 应当执行法律、法规和国家统一的财务会计制度

虽然会计法规赋予各单位一定的理财自主权和会计核算方法的自主权,但这些自主权不能违背国家的法律法规,否则会对经济管理活动产生不利影响。因此,依法办事是会计工作的首要准则,也是制定单位内部会计管理制度的首要原则。

2. 应当体现本单位的生产经营、业务管理的特点和要求

内部会计管理制度是对单位制度中财务部门的进一步归纳和具体化,必须充分体现本单位生产经营、业务管理实际,要与单位其他管理制度相协调、衔接,而不能脱离单位实际照抄照搬书本上或其他单位的管理方法和管理模式,必须使内部会计管理制度适应内部管理要求才能充分发挥其作用。

3. 应当全面规范本单位的各项会计工作，建立健全会计基础，保证会计工作的有序进行

内部会计管理制度一方面要符合并体现会计科学的基本原理和方法，不能与会计学科的基本要求相违背；另一方面，应严格规范会计事务的各个方面、各个环节的工作，不能顾此失彼。

4. 应当科学、合理，便于操作和执行

一方面，单位所制定的内部会计管理制度要便于操作和执行，只有科学、合理、易于操作执行的管理制度，才会有生命力，才会起到积极的作用。

另一方面，内部会计管理制度必须体现内部控制的要求，有效的内部控制是现代管理的基本要求，而会计控制是内部控制的重要组成部分，因此，内部会计管理制度必须体现这方面的要求。

5. 应当定期检查执行情况

内部会计管理制度应便于检查执行情况，只有定期检查制度在实际工作中的执行情况，才能有效发挥其规范和控制的作用。

6. 应当根据管理需要和执行中的问题不断完善

各单位所制定的内部会计管理制度，应当根据执行情况和管理需要不断完善，才能保证制度更加适应不断变化的管理需要。

（二）内部会计管理制度的内容

1. 内部会计管理体系

内部会计管理体系主要内容包括：单位领导人、总会计师对会计工作的领导职责；会计部门及其会计机构负责人、会计主管人员的职责、权限；会计部门与其他职能部门的关系；会计核算的组织形式。

2. 会计人员岗位责任制度

会计人员岗位责任制度主要内容包括：会计人员工作岗位设置；各会计工作岗位的职责和标准；各会计工作岗位的人员和具体分工；会计工作岗位轮换办法；对各会计工作岗位的考核办法。

3. 账务处理程序制度

账务处理程序制度主要内容包括：会计科目及其明细科目的设置和使用；会计凭证的格式、审核要求和传递程序；会计核算方法；会计账簿的设置；编制会计报表的种类和要求；单位会计指标体系。

4. 内部牵制制度

内部牵制制度主要内容包括：内部牵制制度的原则；组织分工；出纳岗位的职责和限制条件；有关岗位的职责和权限。

5. 稽核制度

稽核制度主要内容包括：稽核工作的组织形式和具体分工；稽核工作的职责、权限；审核会计凭证和复核会计账簿、会计报表的方法。

6. 原始记录管理制度

原始记录管理制度主要内容包括：原始记录的内容和填制方法；原始记录的格式；原始记录的审核；原始记录填制人的责任；原始记录签署、传递、汇集要求。

7. 定额管理制度

定额管理制度主要内容包括：定额管理的范围；规定和修订定额的依据、程序和方法；定额的执行；定额考核和奖惩办法等。

8. 计量验收制度

计量验收制度主要内容包括：计量检测手段和方法；计量验收管理的要求；计量验收的责任和奖惩办法。

9. 财产清查制度

财产清查制度主要内容包括：财产清查的范围；财产清查的组织；财产清查的期限和对财产清查中发现问题的处理办法；对财产管理人员的奖惩办法。

10. 财务收支审批制度

财务收支审批制度主要内容包括：财务收支审批人员和审批权限；财务收支审批程序；财务收支审批人员的责任。

11. 成本核算制度

实行成本核算的单位应当建立成本核算制度，主要内容包括：成本核算的对象；成本核算的方法和程序；成本分析等。

12. 财务会计分析制度

财务会计分析制度主要内容包括：财务会计分析的主要内容；财务会计分析的基本要求和组织程序；财务会计分析的具体方法；财务会计分析报告的编写要求等。

七、会计档案管理★★

会计档案是记录和反映经济业务事项的重要史料和证据。《会计法》和《会计基础工作规范》对会计档案管理做出了原则性规定；财政部、国家档案局于 1984 年 6 月 1 日发布，1998 年 8 月 21 日修订，2015 年 12 月 11 日第二次修订，自 2016 年 1 月 1 日起施行的《会计档案管理办法》，对会计档案管理有关内容做出了具体规定。单位应当加强会计档案管理工作，建立和完善会计档案的收集、整理、保管、利用和鉴定销毁等管理制度，采取可靠的安全防护技术和措施，保证会计档案的真实、完整、可用、安全。

(一) 会计档案的概念

会计档案是指单位在进行会计核算等过程中接收或形成的，记录和反映单位经济业务事项的，具有保存价值的文字、图表等各种形式的会计资料，包括通过计算机等电子设备形成、传输和存储的电子会计档案。各单位的预算、计划、制度等文件材料属于文书档案，不属于会计档案。

(二) 会计档案的归档

1. 会计档案的归档范围

下列会计资料应当进行归档：

(1) 会计凭证，包括原始凭证、记账凭证；

(2) 会计账簿类，包括总账、明细账、日记账、固定资产卡片及其他辅助性账簿；

(3) 财务会计报告，包括月度、季度、半年度财务会计报告和年度财务会计报告；

(4) 其他会计资料，包括银行存款余额调节表、银行对账单、纳税申报表、会计档案移交清册、会计档案保管清册、会计档案销毁清册、会计档案鉴定意见书及其他具有保存价值的会计资料。

2. 会计档案的归档要求

(1) 同时满足下列条件的，单位内部形成的属于归档范围的电子会计资料可仅以电子形式保存，形成电子会计档案：①形成的电子会计资料来源真实有效，由计算机等电子设备形成和传输；②使用的会计核算系统能够准确、完整、有效接收和读取电子会计资料，能够输出符合国家标准归档格式的会计凭证、会计账簿、财务会计报表等会计资料，设定了经办、审核、审批等必要的审签程序；③使用的电子档案管理系统能够有效接收、管理、利用电子会计档案，符合电子档案的长期保管要求，并建立了电子会计档案与相关联的其他纸质会计档案的检索关系；④采取有效措施，防止电子会计档案被篡改；⑤建立电子会计档案备份制度，能够有效防范自然灾害、意外事故和人为破坏的影响；⑥形成的电子会计资料不属于具有永久保存价值或者其他重要保存价值的会计档案。满足上述条件，单位从外部接收的电子会计资料附有符合《中华人民共和国电子签名法》规定的电子签名的，可仅以电子形式归档保存，形成电子会计档案。

(2) 单位的会计机构或会计人员所属机构（以下统称单位会计管理机构）按照归档范围和归档要求，负责定期将应当归档的会计资料整理立卷，编制会计档案保管清册。

(3) 当年形成的会计档案，在会计年度终了后，可由单位会计管理机构临时保管 1 年，再移交单位档案管理机构保管。因工作需要确需推迟移交的，应当经单位档案管理机构同意。单位会计管理机构临时保管会计档案最长不超过 3 年。临时保管期间，会计档案的保管应当符合国家档案管理的有关规定，且出纳人员不得兼管会计档案。

(三) 会计档案的移交和利用

1. 会计档案的移交

单位会计管理机构在办理会计档案移交时，应当编制会计档案移交清册，并按照国家档案管理的有关规定办理移交手续。

纸质会计档案移交时应当保持原卷的封装。电子会计档案移交时应当将电子会计档案及其元数据一并移交，且文件格式应当符合国家档案管理的有关规定。特殊格式的电子会计档案应当与其读取平台一并移交。

单位档案管理机构接收电子会计档案时，应当对电子会计档案的准确性、完整性、可用性、安全性进行检测，符合要求的才能接收。

2. 会计档案的利用

单位应当严格按照相关制度利用会计档案，在进行会计档案查阅、复制、借出时履行登记手续，严禁篡改和损坏。

单位保存的会计档案一般不得对外借出。确因工作需要且根据国家有关规定必须借出的，应当严格按照规定办理相关手续。会计档案借用单位应当妥善保管和利用借入的会计档案，确保借入会计档案的安全完整，并在规定时间内归还。

(四) 会计档案的保管期限

会计档案保管期限分为永久、定期两类。会计档案的保管期限是从会计年度终了后的第一天算起。永久，即是指会计档案须永久保存；定期，是指会计档案保存应达到法定的时间，定期保管期限一般分为 10 年和 30 年。《会计档案管理办法》规定的会计档案保管期限为最低保管期限。

表 10-1 企业和其他组织会计档案保管期限表

序号	档案名称	保管期限	备注
一	会计凭证		
1	原始凭证	30 年	
2	记账凭证	30 年	
二	会计账簿		
3	总账	30 年	
4	明细账	30 年	
5	日记账	30 年	
6	固定资产卡片		固定资产报废清理后保管 5 年
7	其他辅助性账簿	30 年	
三	财务会计报告		
8	月度、季度、半年度财务报告	10 年	
9	年度财务报告	永久	
四	其他会计资料		
10	银行存款余额调节表	10 年	
11	银行对账单	10 年	
12	纳税申报表	10 年	
13	会计档案移交清册	30 年	
14	会计档案保管清册	永久	
15	会计档案销毁清册	永久	
16	会计档案鉴定意见书	永久	

(五) 会计档案的鉴定和销毁

1. 会计档案的鉴定

单位应当定期对已到保管期限的会计档案进行鉴定，并形成会计档案鉴定意见书。经鉴定，仍需继续保存的会计档案，应当重新划定保管期限；对保管期满，确无保存价值的会计档案，可以销毁。会计档案鉴定工作应当由单位档案管理机构牵头，组织单位会计、审计、纪检监察等机构或人员共同进行。

2. 会计档案的销毁

经鉴定可以销毁的会计档案，销毁的基本程序和要求是：

(1) 单位档案管理机构编制会计档案销毁清册，列明拟销毁会计档案的名称、卷号、册数、起止年度、档案编号、应保管期限、已保管期限和销毁时间等内容。

(2) 单位负责人、档案管理机构负责人、会计管理机构负责人、档案管理机构经办人、会计管理机构经办人在会计档案销毁清册上签署意见。

(3) 单位档案管理机构负责组织会计档案销毁工作，并与会计管理机构共同派员监销。监销人在会计档案销毁前应当按照会计档案销毁清册所列内容进行清点核对；在会计档案销毁后，应当在会计档案销毁清册上签名或盖章。

电子会计档案的销毁还应当符合国家有关电子档案的规定，并由单位档案管理机构、会计管理机构和信息系统管理机构共同派员监销。

3. 不得销毁的会计档案

保管期满但未结清的债权债务原始凭证和涉及其他未了事项的会计凭证不得销毁，纸质会计档案应当单独抽出立卷，电子会计档案单独转存，保管到未了事项完结时为止。单独抽出立卷或转存的会计档案，应当在会计档案鉴定意见书、会计档案销毁清册和会计档案保管清册中列明。

(六) 特殊情况下的会计档案处置

1. 单位分立情况下的会计档案处置

单位分立后原单位存续的，其会计档案应当由分立后的存续方统一保管，其他方可以查阅、复制与其业务相关的会计档案。单位分立后原单位解散的，其会计档案应当经各方协商后由其中一方代管或按照国家档案管理的有关规定处置，各方可以查阅、复制与其业务相关的会计档案。

单位分立中未结清的会计事项所涉及的会计凭证，应当单独抽出由业务相关方保存，并按照规定办理交接手续。

单位因业务移交其他单位办理所涉及的会计档案，应当由原单位保管，承接业务单位可以查阅、复制与其业务相关的会计档案。对其中未结清的会计事项所涉及的会计凭证，应当单独抽出由承接业务单位保存，并按照规定办理交接手续。

2. 单位合并情况下的会计档案处置

单位合并后原各单位解散或者一方存续其他方解散的，原各单位的会计档案应当由合并后的单位统一保管。单位合并后原各单位仍存续的，其会计档案仍应当由原各单位保管。

3. 建设单位项目建设会计档案的交接

建设单位在项目建设期间形成的会计档案，需要移交给建设项目接受单位的，应当在办理竣工财务决算后及时移交，并按照规定办理交接手续。

4. 单位之间交接会计档案的手续

单位之间交接会计档案时，交接双方应当办理会计档案交接手续。移交会计档案的单位，应当编制会计档案移交清册，列明应当移交的会计档案名称、卷号、册数、起止年度、档案编号、应保管期限和已保管期限等内容。交接会计档案时，交接双方应当按照会计档案移交清册所列内容逐项交接，并由交接双方的单位有关负责人负责监督。交接完毕后，交接双方经办人和监督人应当在会计档案移交清册上签名或盖章。电子会计档案应当与其元数据一并移交，特殊格式的电子会计档案应当与其读取平台一并移交。档案接受单位应当对保存电子会计档案的载体及其技术环境进行检验，确保所接收电子会计档案的准确、完整、可用和安全。

任务二 会计规范

会计规范是处理会计事务的法律、原则、程序和方法的总称，是进行会计工作的规则和准则。要使会计工作有组织、有秩序地进行，发挥其在核算、监督和加强经营管理，提高经济效益中的作用，必须建立科学的会计规范。

一、我国的会计规范★

我国的会计法规体系包括会计法律、会计行政法规和会计部门规章三个层次。

(一) 会计法律

会计法是规范我国经济生活中会计行为的法律总称。

我国第一部会计法——《中华人民共和国会计法》于 1985 年 1 月 21 日，由第六届全国人民代表大会常务委员会第九次会议通过，1985 年 5 月 1 日起施行，1993 年 12 月 29 日，为了适应社会主义市场经济建设的需求，第八届全国人民代表大会常务委员会第五次会议通过了《关于修改〈中华人民共和国会计法〉的决定》，对会计法进行了修改。1999 年 10 月 31 日第九届全国人民代表大会常务委员会第十二次会议根据进一步深化经济体制改革对会计工作提出的新的要求，审议通过了重新修订的会计法，并于 2000 年 7 月 1 日起施行。2017 年 11 月 4 日第十二届全国人民代表大会常务委员会第三十次会议修正，自 2017 年 11 月 5 日起施行。《中华人民共和国会计法》(以下简称《会计法》)分别对会计工作的基本目的、对会计工作的一般原则、会计核算、会计监督、会计机构和会计人员、法律责任等作了规定，是会计工作的根本大法，居于会计法规体系的最高层次，是其他会计法规制定的依据。

(二) 会计行政法规

会计行政法规是指依据《会计法》，由国家最高行政机关即国务院制定的、调整经济生活中某些方面会计关系的法律规范，是会计法律的补充和具体化。会计行政法规的效力仅次于会计基本法，是我国会计法规体系的重要组成部分。通常以条例、办法、规定等具体名称出现，如《企业财务会计报告条例》《总会计师条例》《会计基础工作规范》等。

《企业财务会计报告条例》是前国务院总理朱镕基 2000 年 6 月 21 日签署中华人民共和国国务院第 287 号令公布的，自 2001 年 1 月 1 日起施行。《企业财务会计报告条例》共 6 章 46 条。其主要目的是规范企业财务会计报告，保证财务会计报告的真实、完整。《企业财务会计报告条例》规定，本条例所称财务会计报告，是指企业对外提供的反映企业某一特定日期财务状况和某一会计期间经营成果、现金流量的文件。企业不得编制和对外提供虚假的或者隐瞒重要事实的财务会计报告。企业负责人对本企业财务会计报告的真实性、完整性负责。任何组织或者个人不得授意、指使、强令企业编制和对外提供虚假的或者隐瞒重要事实的财务会计报告。注册会计师、会计师事务所审计企业财务会计报告，应当依照有关法律、行政法规以及注册会计师执业规则的规定进行，并对所出具的审计报告负责。本条例对财务会计报告的构成、财务会计报告的编制、财务会计报告的对外提供、法律责任等进行了规范。

(三) 会计部门规章

会计部门规章是指依据会计法律和会计行政法规由主管全国会计工作的行政部门——财政部及其他相关部委就会计工作方面的内容所制定的规范性文件。企业会计部门规章主要包括企业会计准则和企业会计制度等。

1. 企业会计准则

会计准则是处理会计事项、评价会计工作质量的标准,是会计工作的规范。

我国于1992年11月第一次颁布企业会计准则,它是在我国经济改革开放后,随着计划经济向市场经济的转变,根据当时我国的国情,财政部借鉴国际惯例而出台的第一个会计准则,是我国会计改革的一次重要转折,标志着我国的会计体系工作开始走向国际化。

随着经济体制改革的进一步深化以及世界经济的一体化、国际资本市场的全球化进程的快速推进,会计理论也在不断发展、完善。为使会计信息更准确、客观地反映纷繁复杂的经济业务,我国陆续颁布了一些具体会计准则。特别是我国加入WTO以后,会计准则的国际化趋同需要也日益迫切。2006年2月15日,我国新的企业会计准则体系正式颁布,并于2007年1月1日起在上市公司范围内施行,其他企业鼓励执行。我国首次构建起了与中国国情相适应同时又充分与国际财务报告准则趋同的、涵盖各类企业(小企业除外)各项经济业务、独立实施的完整协调的会计准则体系,这是我国会计发展史上新的里程碑。《企业会计准则》由一项基本会计准则和38项具体会计准则组成。

会计准则体系分为基本会计准则、具体会计准则及应用指南三个层次。

(1) 基本会计准则。

基本会计准则类似于美国的"概念结构"和国际会计准则中的"编报财务报表的框架",用来指导、统驭具体会计准则,为具体准则、会计制度的制定提供了基本框架,以及指导没有具体会计准则规范的交易的处理。

我国的基本会计准则包括:总则,会计信息质量要求,资产,负债,所有者权益,收入,费用,利润,会计计量,财务会计报告及附则十一章。我国基本准则的制定吸收了当代财务会计理论研究的最新成果,反映了当前会计实务发展的内在需要,体现了国际上财务会计概念框架的发展动态,构建起了完整、统一的财务会计的基本目标、假设、会计基础和会计信息质量要求、会计要素及其确认、计量原则,以及财务报告的基本规范等。

(2) 具体会计准则。

具体会计准则是依据基本会计准则制定的,是对经济业务的会计处理及财务报告披露等所做的具体规定。38项具体会计准则,对我国目前各行业企业中存在的各类经济业务,明确了会计处理的具体原则和规范,分为一般业务准则、特殊行业的特定业务准则和报告准则三类。

一般业务准则规定各类企业一般经济业务的确认和计量要求,包括存货、会计政策、会计估计变更、会计差错更正、资产负债表日后事项、建造合同、所得税、固定资产、租赁、收入、职工薪酬、股票期权、捐赠与补助、外币折算、借款费用、投资、企业年金、每股收益、无形资产、非货币性交易、债务重组、资产减值、或有事项、投资性房地产、企业合并等。特殊行业的特定业务准则规范特殊行业的特定业务的确认和计量要求,包括石油天然气开采、生物资产、金融工具列报和披露、保险合同、再保险合同等。报告准则指规范各类企业财务会计报告的准则,包括财务报表列报、现金流量表、合并财务报表、中期财务报告、分部报告、关联方交易及其披露。

（3）应用指南。

应用指南主要指导在应用准则进行经济业务处理时有关会计科目、账务处理、会计报表及其格式等问题。准则规范确认、计量和报告，指南侧重记录。

2014 年初，为适应市场经济发展的需要，进一步规范会计计量方法，保持与国际财务报告准则的趋同，财政部先后发布了多项准则的增补或修订版，相继修订了《企业会计准则——基本准则》《企业会计准则第 2 号——长期股权投资》《企业会计准则第 9 号——职工薪酬》《企业会计准则第 30 号——财务报表列报》《企业会计准则第 33 号——合并财务报表》《企业会计准则第 37 号——金融工具列报》，并发布了《企业会计准则第 39 号——公允价值计量》《企业会计准则第 40 号——合营安排》《企业会计准则第 41 号——在其他主体中权益的披露》等三项具体准则。要求企业自 2014 年 7 月 1 日起执行。此次企业会计准则变化的主要内容包括职工薪酬的分类、五险一金的核算、离职后福利的处理、带薪缺勤的会计处理的变化，资产负债表列报格式发生重要变化，利润表编制、其他综合收益的构成以及转出规定、合并范围发生重大变化，长期股权投资分类发生重大变化，股权投资方法转换规则发生重大变化、关联交易抵销规则发生重大变化，合营安排、公允价值的定义和计量方法等。上述准则的重大变化将对会计核算、资产计量、会计业绩、财务信息系统、财务工作流程等产生重大影响。

2017 年企业会计准则的多项内容相继进行了修订。5 月 31 日印发修订《企业会计准则第 22 号——金融工具确认和计量》《企业会计准则第 23 号——金融资产转移》《企业会计准则第 24 号——套期会计》，在境内外同时上市的企业以及在境外上市并采用国际财务报告准则或企业会计准则编制财务报告的企业，自 2018 年 1 月 1 日起施行；其他境内上市企业自 2019 年 1 月 1 日起施行；执行企业会计准则的非上市企业自 2021 年 1 月 1 日起施行。同时，鼓励企业提前执行。

4 月 28 日印发修订《企业会计准则第 42 号——持有待售的非流动资产、处置组和终止经营》，自 5 月 28 日施行。新准则明确了持有待售的非流动资产，应如何分类，如何计量，如何进行会计处理。《会计准则》规定，企业将非流动资产或处置组首次划分为持有待售类别前，应按相关会计准则规定计量非流动资产或处置组中各项资产和负债的账面价值。

5 月 2 日印发修订《企业会计准则第 37 号——金融工具列报》，在境内外同时上市的企业以及在境外上市并采用国际财务报告准则或企业会计准则编制财务报告的企业，自 2018 年 1 月 1 日起施行；其他境内上市企业自 2019 年 1 月 1 日起施行；执行企业会计准则的非上市企业自 2021 年 1 月 1 日起施行。同时，鼓励企业提前执行。

5 月 10 日印发修订《企业会计准则第 16 号——政府补助》，自 2017 年 6 月 12 日起施行。修订后的准则共包含五章内容，分别是总则、确认和计量、列报、衔接规定和附则。修订的内容主要有：增加了对政府补助特征的表述、允许企业从经济业务的实质出发，判断政府补助如何计入损益和对财政贴息的会计处理做了更加详细的规定。

6 月 12 日印发《企业会计准则解释第 9—12 号》，自 2018 年 1 月 1 日施行。解释主要解决会计准则在执行中出现的问题，对会计确认、计量和列报作出更明确的要求。除企业会计准则解释第 9 号以外，其余三条准则解释都不要求追溯调整。

7 月 5 日印发修订《企业会计准则第 14 号——收入》，在境内外同时上市的企业以及在境外上市并采用国际财务报告准则或企业会计准则编制财务报表的企业，自 2018 年 1 月 1 日起施行；其他境内上市企业，自 2020 年 1 月 1 日起施行；执行企业会计准则的非上市企业，自 2021 年 1 月 1 日起施行。同时，允许企业提前执行。本次修订的主要内容如下：(1)将现行收入和建造合同两项准则纳入统一的收入确认模型；(2)以控制权转移替代风险报酬转移作为收入确认时点的判断标准；(3)对于包含多重交易安排的合同的会计处理提供更明确的指引；(4)对于某些特定交易(或事项)的收入确认和计量给出了明确规定。

2018 年 12 月 7 日，财政部修订发布了《企业会计准则第 21 号——租赁》，规定在境内外同时上市企业及在境外上市并采用国际财务报告准则或企业会计准则编制财务报表的企业自 2019 年起施行。这是进一步完善我国企业会计准则体系，保持与国际财务报告准则持续全面趋同的重要成果。

2. 企业会计制度

《企业会计制度》是企业进行会计工作所应遵循的规则、方法、程序的总称，是为了贯彻执行《中华人民共和国会计法》和《企业财务会计报告条例》，规范企业的会计核算工作制定的，财政部于 2000 年 12 月 29 日发布，于 2001 年 1 月 1 日起执行。这是我国会计核算制度的一次重大改革，打破了计划经济对我国会计核算制度的束缚，打破了行业和所有制界限，使会计信息更具有可比性，为提高我国企业会计信息质量，真实反映企业的财务状况、经营成果和现金流量，加快我国会计与国际接轨奠定了良好的基础。《企业会计制度》主要对会计科目及其核算内容、会计事项的处理方法、财务报告的编制方法等进行了规范。

在 2006 年《企业会计准则》颁布实施后，上市公司及执行新准则的企业不再执行《企业会计制度》。

除了《企业会计制度》，财政部还颁布了《金融企业会计制度》《小企业会计制度》《民间非盈利组织会计制度》《村集体经济组织会计制度》等，其中《金融企业会计制度》和《小企业会计制度》已经废止。

《会计法》、会计准则和会计制度都是会计工作和会计行为的规范，都是我国会计规范体系的重要组成部分。《会计法》主要对会计工作的一般原则、会计核算、会计监督等做出了规定，是会计工作的基本法，必须由全国人民代表大会及其常务委员会制定、修订。会计准则，主要规定会计核算的一般原则、会计要素、财务报告及具体项目的确认、计量、报告方法，其中基本会计准则是制定具体会计准则和会计制度的依据；会计制度，主要就会计科目和会计报表做出规定。会计准则和会计制度都是直接指导各单位会计核算的法规，都要遵守《会计法》的规定，都属于“国家统一的会计制度”中的会计核算制度范畴，由财政部制定、实施。

除以上三个层次的会计法规还有地方性会计法规、章程，主要指各省、自治区、直辖市根据会计法律、会计行政法规和国家统一的会计制度的规定，结合本地区的实际情况，在各自的行政区域内制定、实施的地方性会计法律规范。

二、国际会计准则

当代社会已进入经济全球化时代，各市场之间的联系更加紧密，投资者和企业都在不断寻找跨国界的机会，各国企业纷纷从单靠国内资本市场融资转向依靠国际资本市场融资，区域性或全球性的资本市场正在加速形成。全球化对国际会计协调的需求与日俱增，会计的国际趋同已经成为各个市场经济国家共同的目标，各个国家和地区都期待着高质量的、统一的国际会计规范。目前来看由国际会计准则理事会制定的国际会计准则已担当起这一重任。

（一）国际会计准则的产生与发展

会计标准的国际统一早在1904年的第一次国际会计师大会召开之后就开始了。20世纪60年代以后，这种会计国际化的运动以更快的速度发展。1966年，由英格兰和威尔士特许会计师协会会长H.边逊爵士发起，联合美国和加拿大的会计师协会共同组成会计师国际研讨组，国际研讨组当时的活动虽不是以直接制定国际会计准则为目的，但它却朝着制定国际会计准则这个方向迈出了第一步。1972年在悉尼召开的国际会计师大会上，成立了会计职业国际协调委员会。经过该组织的主要成员国有关人员的协商，提出了设立国际会计准则委员会的方案。1973年6月由来自澳大利亚、加拿大、法国、德国、日本、墨西哥、荷兰、英国和爱尔兰以及美国的会计职业团体发起成立的国际会计准则委员会（英文简称IASC）。国际会计准则委员会是个国际民间组织，其宗旨是要制定和发布为各国、各地区所承认并遵守的国际会计准则，促进国际会计的协调。

国际会计准则委员会成立之初，只是与银行、国际会计师联合会、国际经贸组织等联系和合作，协调各国现有的会计准则，但在国际会计准则的体系、国际会计准则与各国会计准则的关系、IASC的发展方向等战略性问题上的思路并不清晰。20世纪80至90年代中期，各国的资本市场逐步开放，各国会计准则之间的差异对不同国家财务报告编制者和使用者的影响也越来越大。各国会计准则制定机构开始关注国际会计准则的发展，产生了共同与IASC合作的意向。此时，IASC将战略调整为，引起更多的利益集团的注意，提高国际会计准则的地位，逐步形成规范现有会计实务的国际会计准则体系。我国于1997年加入国际会计师联合会成为国际会计准则委员会的观察员。

2000年5月，IASC进行重新改组，设立IASC基金会，下设“国际会计准则理事会”（IASB）、“国际财务报告解释委员会”（IFRIC）和“准则咨询委员会”（SAC）。其中，IASB主要负责各项会计准则的研究、制定等工作。这次改组使IASC在某种意义上由各国会计准则“协调者”的身份转变成“全球会计准则制定者”的身份。

（二）国际会计准则体系

改组后国际会计准则理事会制定的国际财务报告准则（IFRS）、中小主体国际财务报告准则（IFRS for SMEs），对部分原国际会计准则委员会制定的国际会计准则（IAS）进行了修订并继续有效。国际财务报告准则解释委员会发布国际财务报告准则解释（IFRIC）。因此，国际财务报告准则（IFRS）、中小主体国际财务报告准则（IFRS for SMEs）、国际财务报告准则解释（IFRIC）、部分继续有效的国际会计准则（IAS）及其解释（SIC）构成了现在的国际会计准则体系。

1. 本项目主要阐述会计工作组织和会计规范的有关知识，包括会计工作组织概述、会计机构、会计人员以及我国会计工作规范等内容。

2. 会计工作组织，是指企事业单位为保证会计工作正常、有效地运转，科学地组织会计工作，即如何安排、协调和管理好单位的会计工作。

3. 会计机构，是指各单位办理会计事务的职能部门。我国会计机构主要包括三种类型：主管会计工作的机构、业务主管部门的会计机构和单位的会计机构。

4. 企业会计工作的组织形式有独立核算和非独立核算、集中核算和非集中核算、专业核算和群众核算等形式。

5. 会计人员是指从事会计工作的专职人员，在我国，会计人员按职权划分为总会计师、会计机构负责人、会计主管人员、一般会计；按专业技术职务划分为高级会计师、中级会计师、初级会计师。

6. 会计规范是处理会计事务的法律、原则、程序和方法的总称，是进行会计工作的规则和准则。要使会计工作有组织、有秩序地进行，发挥其在核算、监督和加强经营管理，提高经济效益中的作用，必须建立科学的会计规范。

练习题

一、单项选择题

1. 企业会计工作的组织形式有专业核算和(　　)。

A. 独立核算　B. 非独立核算　C. 集中核算　D. 群众核算

2. 高级会计师资格实行(　　)制度。

A. 考试　B. 评审　C. 考试与评审相结合　D. 答辩

3. 专业技术人员参加继续教育的时间，每年累计不少于(　　)学时。

A. 80　B. 90　C. 70　D. 60

4. 会计档案的定期保管期限一般分为(　　)年和(　　)年。

A. 10 30　B. 10 20　C. 20 30　D. 10 15

5.《企业财务会计报告条例》属于(　　)。

A. 会计法律　B. 会计规章　C. 会计规范　D. 会计行政法规

二、多项选择题

1. 会计工作组织的内容包括(　　　　)。

A. 会计机构的设置　B. 会计人员的配备

C. 会计人员的职责权限　D. 会计档案的保管

2. 我国会计机构的类型分为(　　　　)三种。

A. 主管会计工作的机构　B. 采购部门的会计机构

C. 业务主管部门的会计机构　D. 单位的会计机构

3. 企业会计工作的组织形式有(　　　　)等形式。

A. 独立核算和非独立核算　B. 集中核算和非集中核算

C. 专业核算和群众核算　D. 对内核算和对外核算

4. 会计专业技术资格分为(　　　　)三个级别。

A. 初级资格　　B. 中级资格　　C. 副高级资格　　D. 高级资格

5. 以下属于会计职业道德的是(　　　　)。

A. 爱岗敬业　　B. 诚实守信　　C. 提高技能　　D. 廉洁自律

三、判断题

1. 会计机构和会计人员是会计工作的重要承担者,在会计工作中起关键作用。(　　)

2. 会计工作岗位,可以一人一岗、一人多岗或者一岗多人。(　　)

3. 出纳人员可以兼任稽核工作。(　　)

4. 担任会计主管人员的,应当具备会计师以上专业技术职务资格或者从事会计工作2年以上经历。(　　)

5. 诚实守信要求会计人员端正态度,依法办事;实事求是,不偏不倚;如实反映,保持应有的独立性。(　　)

四、简答题

1. 什么是会计规范?简要说明我国会计法规体系的内容。

2. 简要说明国际会计准则体系的内容。

3. 什么是会计工作组织?会计工作组织的内容有哪些?

4. 会计人员的职责和权限是什么?

5. 会计人员应具备哪些职业道德?

五、案例讨论题

甲公司由于企业内部经营管理不当和外部市场环境的影响,发生亏损,为粉饰报表,维护企业形象,公司的负责人要求公司的财务负责人调整本年度的财务数据,变亏损为盈利。公司会计人员对财务数据做了以下调整:虚构经济业务,编造虚假凭证,以增加营业额;隐瞒费用和成本,降低支出等。

讨论题:

上述行为是否违背了会计职业道德?哪些当事人违反了会计职业道德的哪些要求?

附录　参考答案

模块一　会计认知

项目一　总论

一、单项选择题

1. C　2. D　3. D　4. C　5. A　6. B　7. B　8. B　9. A　10. B

二、多项选择题

1. AB　2. ACD　3. ABD　4. ABCD　5. BC　6. ABD

三、判断题

1. ×　2.×　3. ×　4. √　5. ×　6. ×　7. ×　8. ×　9.×

四、业务题

权责发生制：

1月　收入=500 000(元)　费用=10 000(元)

2月　收入=1 000 000(元)　费用=10 000(元)

收付实现制：

1月　收入=400 000(元)　费用=120 000(元)

2月　收入=500 000+600 000=1 100 000(元)

模块二　会计核算基础

项目二　会计对象、会计要素与会计等式

一、单项选择题

1. B　2. A　3. C　4. D　5. B　6. A　7. D　8. D　9. B　10. A

二、多项选择题

1. ABCD　2. BCD　3. BC　4. AB　5. ABE　6. ABCE　7. ABCE　8. ABCD　9. ACE　10. ABE

三、判断题

1. √　2. ×　3. ×　4. √　5. √　6. √　7. √　8. ×　9. ×　10. ×

四、业务题

1. (1) 分析经济业务的发生对会计要素的影响如下表。

经济业务的发生对会计要素的影响　　单位:元

会计要素项目及数量关系	期初资产 375 000	期初负债 112 000	期初所有者权益 263 000
(1)	固定资产增加 30 000 银行存款减少 30 000		
(2)	原材料增加 10 000		实收资本增加 10 000
(3)	银行存款减少 5 000	应付账款减少 5 000	
(4)	银行存款增加 8 000 应收账款减少 8 000		
(5)		长期借款减少 50 000	实收资本增加 50 000
(6)			实收资本增加 20 000 资本公积减少 20 000
期末余额	380 000	57 000	323 000

(2) 从上表中可以看出,6 月末该公司的资产总额为 380 000 元,负债总额为 57 000 元,所有者权益总额为 323 000 元。

项目三　会计科目、会计账户与复式记账法

一、单项选择题

1. D　2. B　3. C　4. A　5. B　6. D　7. B　8. A　9. B　10. C

二、多项选择题

1. ABDE　2. ABCDE　3. BDE　4. BCDE　5. ABCDE　6. ABCE　7. DE　8. BCD　9. ACD　10. BD

三、判断题

1. √　2. ×　3. √　4. √　5. ×　6. √　7. ×　8. √　9. √　10. √

四、业务题

业务题 1

(1) 根据所给经济业务编制会计分录:

① 借:银行存款　200 000
　　贷:实收资本　200 000

② 借:固定资产　40 000
　　贷:银行存款　40 000

③ 借:原材料　15 000
　　贷:应付账款　15 000

④ 借:库存现金　2 000
　　贷:银行存款　2 000

⑤ 借:银行存款　20 000
　　贷:短期借款　20 000

⑥ 借:应付账款　35 000
　　贷:银行存款　35 000

⑦ 借：生产成本　　12 000
　　贷：原材料　　12 000

⑧ 借：短期借款　　30 000
　　贷：银行存款　　30 000

（2）根据给出余额资料的账户开设并登记有关总分类账户：

库存现金

借方		贷方	
月初余额	300		
(4)	2 000		
本月合计	2 000		
月末余额	2 300		

银行存款

借方		贷方	
月初余额	200 000	(2)	40 000
(1)	200 000	(4)	2 000
(5)	20 000	(6)	35 000
		(8)	30 000
本月合计	220 000	本月合计	107 000
月末余额	313 000		

原材料

借方		贷方	
月初余额	4 700	(7)	12 000
(3)	15 000		
本月合计	15 000	本月合计	12 000
月末余额	7 700		

固定资产

借方		贷方	
月初余额	160 000		
(2)	40 000		
本月合计	40 000		
月末余额	200 000		

生产成本

借方		贷方	
月初余额	15 000		
(7)	12 000		
本月合计	12 000		
月末余额	27 000		

短期借款

借方		贷方	
(8)	30 000	月初余额	10 000
		(5)	20 000
本月合计	30 000	本月合计	20 000
		月末余额	0

应付账款

借方		贷方	
(6)	35 000	月初余额	50 000
		(3)	15 000
本月合计	35 000	本月合计	15 000
		月末余额	30 000

实收资本

借方		贷方	
		月初余额	320 000
		(1)	200 000
		本月合计	200 000
		月末余额	520 000

（3）根据账户的登记结果编制的"总分类账户发生额及余额试算平衡表"见下表。

总分类账户发生额及余额试算平衡表

单位：元

账户名称	期初余额		本期发生额		期末余额	
	借方	贷方	借方	贷方	借方	贷方
库存现金	300		2 000		2 300	
银行存款	200 000		220 000	107 000	313 000	
原材料	4 700		15 000	12 000	7 700	
固定资产	160 000		40 000		200 000	

（续表）

账户名称	期初余额		本期发生额		期末余额	
	借方	贷方	借方	贷方	借方	贷方
生产成本	15 000		12 000		27 000	
短期借款		10 000	30 000	20 000		0
应付账款		50 000	35 000	15 000		30 000
实收资本		320 000		200 000		520 000
合计	380 000	380 000	354 000	354 000	550 000	550 000

业务题 2

（1）根据所给经济业务编制会计分录：

① 借：固定资产 50 000
　　贷：应付账款——东华机械厂 50 000

② 借：原材料——H 材料 10 000
　　　　　——Y 材料 8 000
　　贷：银行存款 10 000
　　　　应付账款——贸发材料公司 8 000

③ 借：应付账款——东华机械厂 60 000
　　贷：银行存款 60 000

④ 借：应付账款——贸发材料公司 28 000
　　贷：银行存款 28 000

⑤ 借：生产成本——A 产品 14 000
　　贷：原材料——H 材料 8 000
　　　　　　——Y 材料 6 000

（2）开设并登记“原材料”“应付账款”和“生产成本”总分类账户和明细分类账户：

借方　原材料　贷方

借方		贷方	
月初余额	8 000	(5)	14 000
(2)	18 000		
本月合计	18 000	本月合计	14 000
月末余额	12 000		

借方　应付账款　贷方

借方		贷方	
(3)	60 000	月初余额	50 000
(4)	28 000	(1)	50 000
		(2)	8 000
本月合计	88 000	本月合计	58 000
		月末余额	20 000

借方　生产成本　贷方

借方		贷方	
(5)	14 000		
本月合计	14 000		
月末余额	14 000		

借方　原材料——H 材料　贷方

借方		贷方	
月初余额	6 000	(5)	8 000
(2)	10 000		
本月合计	10 000	本月合计	8 000
月末余额	8 000		

借方	原材料——Y材料		贷方
月初余额	2 000	(5)	6 000
(2)	8 000		
本月合计	8 000	本月合计	6 000
月末余额	4 000		

借方	应付账款——东华机械厂		贷方
(3)	60 000	月初余额	30 000
		(1)	50 000
本月合计	60 000	本月合计	50 000
		月末余额	20 000

借方	应付账款——贸发材料公司		贷方
(4)	28 000	月初余额	20 000
		(2)	8 000
本月合计	28 000	本月合计	8 000
		月末余额	0

借方	生产成本——A产品		贷方
(5)	14 000		
本月合计	14 000		
月末余额	14 000		

(3) 编制的"总分类账户与明细分类账发生额及余额试算平衡表"见下表。

总分类账户与明细分类账发生额及余额试算平衡表 单位:元

账户名称	期初余额		本期发生额		期末余额	
	借方	贷方	借方	贷方	借方	贷方
"原材料"总账	8 000		18 000	14 000	12 000	
"原材料"明细账合计	8 000		18 000	14 000	12 000	
H材料	6 000		10 000	8 000	8 000	
Y材料	2 000		8 000	6 000	4 000	
"应付账款"总账		50 000	88 000	58 000		20 000
"应付账款"明细账合计		50 000	88 000	58 000		20 000
东华机械厂		30 000	60 000	50 000		20 000
贸发材料公司		20 000	28 000	8 000		0
"生产成本"总账			14 000		14 000	
"生产成本"明细账合计			14 000		14 000	
A产品			14 000		14 000	

模块三 会计核算方法

项目四 会计凭证

一、单项选择题

1. B 2. D 3. C 4. A 5. C 6. C 7. D 8. D 9. B 10. D 11. C 12. C 13. A 14. D 15. B 15. C 17. D 18. B 19. B 20. B

二、多项选择题

1. ACD 2. ABCD 3. ABD 4. BCD 5. ABD 6. ABCD 7. ABC 8. BC

9. ABD 10. ABCD 11. AC 12. BCD 13. ABC 14. ABCD 15. CD

三、判断题

1. × 2. × 3. × 4. × 5. × 6. √ 7. × 8. × 9. × 10. √

四、项目实训题

（一）项目实训题 1

大写	小写
人民币陆仟伍佰元整	¥6 500.00
人民币叁仟壹佰伍拾元零伍角整	¥3 150.50
人民币壹拾万零伍仟元整	¥105 000.00
人民币陆仟零叁万陆仟元整	¥60 036 000.00
人民币叁万伍仟元零玖角陆分	¥35 000.96
人民币壹拾伍万零壹元整	¥150 001.00
贰零壹柒年零壹拾月零叁拾日	2017 年 10 月 30 日
贰零壹陆年零贰月壹拾伍日	2016 年 2 月 15 日

（二）项目实训题 2

（1）2×19 年 6 月 5 日，收到员工黄俊交来的罚款 1 000 元，出纳李红填写收据。

收 款 收 据

2×19 年 6 月 5 日

收到：员工黄俊 现金收讫
交来：罚款
金额（大写）人民币壹仟元整
¥1 000.00

华利公司

单位盖章： 会计： 出纳：李红 经办人：黄俊

（2）略。

（3）2×19 年 6 月 20 日，车间生产产品领用甲材料 200 公斤，单位成本为 20 元（领料人王伟，发料人张青。）填写领料单，见下表。

领 料 单

领料部门：生产车间 凭证编号

用　　途：生产产品 2×19 年 6 月 20 日 发料仓库

材料名称	计量单位	数量		价格	
		请领	实领	单价	金额
甲材料	公斤	200	200	20.00	4 000.00
合　计		200	200		4 000.00

记账 发料：张青 审批 领料：王伟

项目实训题(三)

(1) 2×19 年 6 月 5 日，收到员工黄俊交来的罚款 1 000 元，出纳李红填写收款凭证见下表。

收款凭证

借方科目:库存现金　　　　2×19 年 6 月 5 日　　　　现收字第 1 号

摘　要	贷方科目		金额										√
	总账科目	明细科目	千	百	十	万	千	百	十	元	角	分	
收到罚款	营业外收入						1	0	0	0	0	0	
附单据　1　张	合计					¥	1	0	0	0	0	0	

会计主管　　记账　　复核　　出纳　　制证

(2) 2×19 年 6 月 12 日，出纳李红开出现金支票，提取现金 5 000 元备用。填写付款凭证，见下表。

付款凭证

贷方科目:银行存款　　　　2×19 年 6 月 12 日　　　　银付字第 1 号

摘　要	借方科目		金额										√
	总账科目	明细科目	千	百	十	万	千	百	十	元	角	分	
提备用金	库存现金						5	0	0	0	0	0	
附单据　1　张	合计					¥	5	0	0	0	0	0	

会计主管　　记账　　复核　　出纳　　制证

(3) 2×19 年 6 月 20 日，车间生产产品领用甲材料 200 公斤，单位成本为 20 元。填写转账凭证，见下表。

转账凭证

2×19 年 6 月 20 日　　　　转字第 1 号

摘　要	总账科目	明细科目	记账√	借方金额										记账√	贷方金额									
				千	百	十	万	千	百	十	元	角	分		千	百	十	万	千	百	十	元	角	分
生产领料	生产成本							4	0	0	0	0	0											
	原材料	甲																	4	0	0	0	0	0
附单据　1　张	合计						¥	4	0	0	0	0	0					¥	4	0	0	0	0	0

会计主管　　记账　　复核　　制证

项目五 工业企业主要经济业务的核算

一、单项选择题

1. C 2. D 3. C 4. B 5. A 6. A 7. A 8. B 9. B 10. B

二、多项选择题

1. AC 2. ABCE 3. BCDE 4. ABCDE 5. BD 6. ABC 7. ABCDE 8. ACE 9. DE 10. ACD

三、判断题

1. × 2. √ 3. × 4. × 5. √ 6. × 7. × 8. √ 9. × 10. ×

四、业务题

2×19 年海南蓝海公司发生以下业务，要求编制会计分录：(答案)

1. 借：银行存款 3 000 000
    贷：实收资本 3 000 000
2. 借：固定资产 20 000
    应交税费——应交增值税(进项税额) 2 600
    贷：实收资本 22 600
3. 借：无形资产 200 000
    贷：实收资本 200 000
4. 借：无形资产 3 200 000
    贷：实收资本 3 000 000
        资本公积——资本溢价 200 000
5. 借：银行存款 60 000
    贷：股本 15 000
        资本公积——股本溢价 45 000
6. 借：资本公积 200 000
    贷：实收资本 200 000
7. 借：银行存款 100 000
    贷：短期借款 100 000
8. 借：财务费用 250
    贷：应付利息 250
9. 借：银行存款 5 000 000
    贷：长期借款 5 000 000
10. 借：固定资产 101 000
    应交税费——应交增值税(进项税额) 13 130
    贷：银行存款 114 130

会计分录	借方	贷方
11. 借：在建工程	205 000	
应交税费——应交增值税（进项税额）	26 650	
贷：银行存款		231 650
12. 借：在建工程	9 000	
贷：原材料		4 000
应付职工薪酬		5 000
13. 借：固定资产	214 000	
贷：在建工程		214 000
14. 借：在途物资——甲材料	12 500	
——乙材料	8 000	
应交税费——应交增值税（进项税额）	2 665	
贷：应付账款——金星公司		23 165
15. 借：预付账款——大华工厂	20 000	
贷：银行存款		20 000
16. 借：在途物资——丙材料	21 600	
应交税费——应交增值税（进项税额）	2 808	
贷：预付账款——大华工厂		20 000
银行存款		4 408
17. 借：原材料——甲材料	16 500	
——乙材料	9 600	
——丙材料	21 600	
贷：在途物资——甲材料		16 500
——乙材料		9 600
——丙材料		21 600
18. 借：生产成本——A产品	110 000	
——B产品	120 000	
制造费用	20 000	
贷：原材料——甲材料		100 000
——乙材料		150 000
19. 借：生产成本——A产品	50 000	
——B产品	60 000	
制造费用	25 000	
管理费用	25 000	
贷：应付职工薪酬——工资		160 000
20. 借：库存现金	160 000	
贷：银行存款		160 000
21. 借：应付职工薪酬——工资	160 000	
贷：库存现金		160 000

		借方	贷方
22.	借：生产成本——A 产品	7 000	
	——B 产品	8 400	
	制造费用	3 500	
	管理费用	3 500	
	贷：应付职工薪酬——职工福利		22 400
23.	借：应付职工薪酬——职工福利	22 400	
	贷：银行存款		22 400
24.	借：制造费用	3 800	
	贷：银行存款		3 800
25.	借：制造费用	500	
	管理费用	2 500	
	贷：累计折旧		3 000
26.	借：生产成本——A 产品	24 000	
	——B 产品	28 800	
	贷：制造费用		52 800
27.	借：库存商品——A 产品	216 000	
	——B 产品	233 400	
	贷：生产成本——A 产品		216 000
	——B 产品		233 400
28.	借：银行存款	180 800	
	贷：主营业务收入		160 000
	应交税费——应交增值税(销项税额)		20 800
29.	借：应收账款——北宁公司	340 500	
	贷：主营业务收入		300 000
	应交税费——应交增值税(销项税额)		39 000
	银行存款		1 500
30.	借：应收票据——通达公司	45 200	
	贷：主营业务收入		40 000
	应交税费——应交增值税(销项税额)		5 200
31.	借：银行存款	100 000	
	贷：预收贷款——天途公司		100 000
32.	借：预收账款——天途公司	100 000	
	银行存款	1 700	
	贷：主营业务收入		90 000
	应交税费——应交增值税(销项税额)		11 700
33.	借：主营业务成本	281 500	
	贷：库存商品——A 产品		112 500
	——B 产品		129 000
	——C 产品		15 000
	——D 产品		25 000

34. 借：税金及附加——A 产品　15 000
——B 产品　4 100
——C 产品　500
——D 产品　800
贷：应交税费——应交消费税　10 000
——应交城市维护建设税　6 500
——应交教育费附加　3 900

35. 借：银行存款　6 780
贷：其他业务收入　6 000
应交税费——应交增值税（销项税额）　780

36. 借：银行存款　5 650
贷：其他业务收入　5 000
应交税费——应交增值税（销项税额）　650

37. 借：其他业务成本　4 000
贷：原材料　4 000

38. 借：其他业务成本　4 000
贷：包装物　4 000

39. 借：管理费用　60 000
贷：库存现金　60 000

40. 借：管理费用　5 000
贷：累计折旧　5 000

41. 借：税金及附加　9 000
贷：应交税费——应交车船使用税　3 600
——应交房产税　4 000
银行存款　1 400

42. 借：管理费用　1 300
库存现金　300
贷：其他应收款——李东　1 600

43. 借：销售费用　3 000
应交税费——应交增值税（进项税额）　270
贷：银行存款　3 270

44. 借：销售费用　4 000
贷：应付职工薪酬——工资　4 000

45. 借：银行存款　40 000
贷：营业外收入　40 000

46. 借：营业外支出　20 000
贷：银行存款　20 000

47. 借：所得税费用　74 987.50
贷：应交税费——应交所得税　74 987.50

48. 借：主营业务收入　　632 000
　　其他业务收入　　36 000
　　投资收益　　56 000
　　营业外收入　　40 000
　　贷：本年利润　　764 000

49. 借：本年利润　　539 037.5
　　贷：主营业务成本　　281 500
　　　　税金及其附加　　20 400
　　　　其他业务成本　　28 000
　　　　管理费用　　106 300
　　　　财务费用　　250
　　　　销售费用　　7 600
　　　　营业外支出　　20 000
　　　　所得税费用　　74 987.5

五、项目实训题答案(略)。

项目六　会计账簿

一、单项选择题

1. C　2. C　3. D　4. D　5. B　6. C　7. B　8. B　9. B　10. C　11. A　12. D　13. D　14. B　15. A　15. A　17. A　18. C　19. B　20. B

二、多项选择题

1. ABD　2. AC　3. ABC　4. AD　5. ACD　6. BC　7. CD　8. AB　9. ABC　10. ABD　11. ABCD　12. ABCD　13. ABC　14. ABC　15. AC　15. ABC　17. ABCD　18. BC　19. ACD　20. CD

三、判断题

1. √　2. √　3. √　4. √　5. √　6. ×　7. √　8. ×　9. √　10. ×　11. ×　12. ×　13. ×　14. ×　15. √　16. √　17. ×　18. √　19. √　20. ×

四、业务题

要求:指出下列错账适用的更正方法并进行更正。

(1) 方法:划线更正法

步骤:用红笔从错误记录 2 600 元中间画一条红线,并将正确的 26 000 写到正上方,并在空白处签字或盖章以明确经济责任。

(2) 方法:红字更正法

步骤:(1) 借：预收账款　　[25 000]
　　　　贷：银行存款　　[25 000]

(2) 借：预付账款　　25 000
　　贷：银行存款　　25 000

(3) 方法:红字更正法

步骤：借：管理费用　　900

　　　贷：银行存款　　900

（4）方法：补充登记法

步骤：借：制造费用　　90

　　　贷：银行存款　　90

五、项目实训题

项目实训题（一）

（1）1日，从银行提取现金6 000元备用。填写付款凭证见下表。

付款凭证

贷方科目：银行存款　　2×19年5月1日　　银付字第1号

摘　要	借方科目		金额										√
	总账科目	明细科目	千	百	十	万	千	百	十	元	角	分	
提备用金	库存现金						6	0	0	0	0	0	
附单据　　张	合计					¥	6	0	0	0	0	0	

会计主管　　记账　　复核　　出纳　　制证

（2）3日，收到启明公司投资款100 000元，存入银行。填写收款凭证，见下表。

收款凭证

借方科目：银行存款　　2×19年5月3日　　银收字第1　号

摘　要	贷方科目		金额										√
	总账科目	明细科目	千	百	十	万	千	百	十	元	角	分	
收到投资款	实收资本	启明公司			1	0	0	0	0	0	0	0	
附单据　　张	合计			¥	1	0	0	0	0	0	0	0	

会计主管　　记账　　复核　　出纳　　制证

（3）4日，采购员肖小月出差预借差旅费5 000元，出纳以现金支付。填写付款凭证，见下表。

付款凭证

贷方科目:库存现金　　　　2×19 年 5 月 4 日　　　　现付字第 1 号

摘　要	借方科目		金额										√
	总账科目	明细科目	千	百	十	万	千	百	十	元	角	分	
预支差旅费	其他应收款	肖小月					5	0	0	0	0	0	
附单据　　张	合计					¥	5	0	0	0	0	0	

会计主管　　　　记账　　　　复核　　　　出纳　　　　制证

(4) 6 日,开出转账支票支付公司产品广告费 4 000 元,未收到增值税专用发票,填写付款凭证,见下表。

付款凭证

贷方科目:银行存款　　　　2×19 年 5 月 6 日　　　　银付字第 2 号

摘　要	借方科目		金额										√
	总账科目	明细科目	千	百	十	万	千	百	十	元	角	分	
支付广告费	销售费用	广告费					4	0	0	0	0	0	
附单据　　张	合计					¥	4	0	0	0	0	0	

会计主管　　　　记账　　　　复核　　　　出纳　　　　制证

(5) 8 日,将现金 2 000 元存入银行。填写付款凭证见下表。

付款凭证

贷方科目:库存现金　　　　2×19 年 5 月 8 日　　　　现付字第 2 号

摘　要	借方科目		金额										√
	总账科目	明细科目	千	百	十	万	千	百	十	元	角	分	
送存现金	银行存款						2	0	0	0	0	0	
附单据　　张	合计					¥	2	0	0	0	0	0	

会计主管　　　　记账　　　　复核　　　　出纳　　　　制证

3. 实训要求：按照以上经济业务编制记账凭证并登记现金日记账和银行存款日记账。答案见下表。

库存现金日记账

第 1 页

2×19 年		凭证		摘要	对方科目	借方	贷方	余额
月	日	字	号					
5	1			上月结余				8 000
5	1	银付	1	提备用金	银行存款	6 000		14 000
5	4	现付	1	预支差旅费	其他应收款		5 000	9 000
5	8	现付	2	送存现金	银行存款		2 000	7 000

银行存款日记账

第 1 页

2×19 年		凭证		摘要	对方科目	借方	贷方	余额
月	日	字	号					
5	1			上月结余				240 000
5	1	银付	1	提备用金	库存现金		6 000	234 000
5	3	银收	1	收到投资款	实收资本	100 000		334 000
5	6	银付	2	支付广告费	销售费用		4 000	330 000
5	8	现付	2	送存现金	库存现金	2 000		332 000

项目实训题（二）

(1) 1 日，生产车间领用甲材料 1 000 公斤，单位成本 20 元，用于生产 A 产品；领用乙材料 500 公斤，单位成本 12 元，用于生产 B 产品。填写转账凭证，见下表。

转账凭证

2×19 年 5 月 1 日　　　　转字　1 号

摘　要	总账科目	明细科目	记账√	借方金额										记账√	贷方金额									
				千	百	十	万	千	百	十	元	角	分		千	百	十	万	千	百	十	元	角	分
领料	生产成本	A					2	0	0	0	0	0	0											
		B						6	0	0	0	0	0											
	原材料	甲																2	0	0	0	0	0	0
		乙																	6	0	0	0	0	0
附单据　　张	合计					¥	2	6	0	0	0	0	0				¥	2	6	0	0	0	0	0

会计主管　　　　记账　　　　复核　　　　制证

(2) 5 日，购进甲材料 500 公斤，单价 20 元，购入乙材料 200 公斤，单价 12 元，增值税税率为 17%，材料已经验收入库，款项开出转账支票支付。填写付款凭证，见下表。

付款凭证

贷方科目：银行存款　　　　2×19 年 5 月 5 日　　　　银付字第 1 号

摘　要	借方科目		金额										✓
	总账科目	明细科目	千	百	十	万	千	百	十	元	角	分	
购进材料	原材料	甲				1	0	0	0	0	0	0	
		乙					2	4	0	0	0	0	
	应交税费	应交增值税					2	1	0	8	0	0	
附单据　　张	合计				¥	1	4	5	0	8	0	0	

会计主管　　　　记账　　　　复核　　　　出纳　　　　制证

3. 实训要求：按照以上经济业务编制记账凭证并登记总账和明细分类账。答案见下表。

总分类账

会计科目：原材料　　　　第　页

2×19 年		凭证		摘要	对方科目	借方	贷方	借或贷	余额
月	日	字	号						
5	1			上月结余				借	116 000
5	1	转	1	生产领料	生产成本		26 000	借	90 000
5	5	银付	1	购进材料	银行存款	12 400		借	102 400

总分类账

会计科目：生产成本　　　　第　页

2×19 年		凭证		摘要	对方科目	借方	贷方	借或贷	余额
月	日	字	号						
5	1	转	1	生产领料	原材料	26 000		借	26 000

总分类账

会计科目：银行存款　　　　第　页

2×19年		凭证		摘要	对方科目	借方	贷方	借或贷	余额
月	日	字	号						
5	1			上月结余				借	240 000
5	5	银付	1	购进材料	原材料		14 508	借	225 492

原材料明细分类账

明细科目：甲材料　　计量单位：公斤　　第　页

2×19年		凭证		摘要	收入			发出			结存		
月	日	字	号		数量	单价	金额	数量	单价	金额	数量	单价	金额
5	1			上月结余							4 000	20	80 000
5	1	转	1	生产领料				1 000	20	20 000	3 000	20	60 000
5	5	银付	1	购进材料	500	20	10 000				3 500	20	70 000

原材料明细分类账

明细科目：乙材料　　计量单位：公斤　　第　页

2×19年		凭证		摘要	收入			发出			结存		
月	日	字	号		数量	单价	金额	数量	单价	金额	数量	单价	金额
5	1			上月结余							3 000	12	36 000
5	1	转	1	生产领料				500	12	6 000	2 500	12	30 000
5	5	银付	1	购进材料	200	12	2 400				2 700	12	32 400

生产成本明细分类账

明细科目：A产品　　第　页

2×19年		凭证		摘要	借方	（借方）金额分析							
月	日	字	号			直接材料							
5	1	转	1	生产领料	20 000	20 000							

生产成本明细账

明细科目:B产品　　　　第　页

2×19年		凭证		摘要	借方	(　借方　)金额分析							
月	日	字	号			直接材料							
5	1	转	1	生产领料	6 000	6 000							

项目七　财产清查

一、单项选择题

1. C　2. A　3. B　4. A　5. C　6. D　7. A　8. B　9. C　10. B

二、多项选择题

1. AD　2. CD　3. ABCD　4. ACD　5. ABCD　6. ABCD　7. ABD　8. ABCD　9. ABCD　10. AD

三、判断题

1. √　2. ×　3. ×　4. √　5. ×　6. √　7. √　8. √　9. ×　10. √

四、业务题

1.

银行存款余额调节表　　单位:元

项目	金额	项目	金额
企业银行存款日记账余额 加:银行已收,企业未收 减:银行已付,企业未付	691 600 4 000 2 000	银行对账单余额 加:企业已收,银行未收 减:企业已付,银行未付	681 600 15 000 3 000
调节后的存款余额	693 600	调节后的存款余额	693 600

2. (1) 批准前:借:原材料——A材料　6 400
　　贷:待处理财产损溢——待处理流动资产损溢　6 400

(2) 批准后:借:待处理财产损溢——待处理流动资产损溢　6 400
　　贷:管理费用　6 400

3. (1) 批准前:借:待处理财产损溢——待处理流动资产损溢　22 600
　　贷:原材料——B材料　20 000
　　　　应交税费——应交增值税(进项税额转出)　2 600

(2) 批准后:借:其他应收款——某责任人　9 000
　　其他应收款——保险公司　6 000
　　管理费用　1 000
　　营业外支出　6 600
　　贷:待处理财产损溢——待处理流动资产损溢　22 600

4. (1) 批准前:借:待处理财产损溢——待处理流动资产损溢 200
贷:库存现金 200

(2) 批准后:借:其他应收款——某出纳员 200
贷:待处理财产损溢——待处理流动资产损溢 200

5. (1) 批准前:借:待处理财产损溢——待处理固定资产损溢 150 000
累计折旧 50 000
贷:固定资产 200 000

(2) 批准后:借:营业外支出 150 000
贷:待处理财产损溢——待处理固定资产损溢 150 000

项目八 账务处理程序

一、单项选择题

1. A 2. D 3. C 4. D 5. B 6. A 7. B 8. B

二、多项选择题

1. ACD 2. ABD 3. ABD 4. CD 5. AB 6. BCD

三、判断题

1. √ 2. × 3. × 4. × 5. √ 6. √

四、思考题

1. 什么是会计账务处理程序?账务处理程序有哪些种类?

答:账务处理程序又称会计核算形式、会计核算组织程序,是指对会计数据从取得原始凭证到产生完整会计信息的步骤和方法。其主要内容包括整理和汇总原始记账凭证,填制记账凭证,登记各种账簿,编制会计报表这一过程的步骤和方法。

目前我国企业常用的账务处理程序主要为记账凭证账务处理程序、汇总记账凭证账务处理程序、科目汇总表账务处理程序。

2. 各种账务处理程序之间有什么主要区别?

答:这几类账务处理程序的基本模式没有太大差别,主要区别在于登记总分类账的依据和方法不同。

3. 科目汇总表账务处理程序与汇总记账凭证账务处理程序有什么区别?

答:可以从账务处理流程、适用范围、优缺点等方面解答。

五、业务题

1. (1) 借:银行存款 40 000
贷:实收资本 40 000

(2) 借:固定资产 101 400
应交税费——应交增值税(进项税额) 13 000
贷:银行存款 114 400

(3) 借:在途物资 54 000
应交税费——应交增值税(进项税额) 6 500
贷:银行存款 60 500

(4) 借：生产成本 80 000
管理费用 20 000
贷：应付职工薪酬 100 000
(5) 借：管理费用 2 600
贷：银行存款 2 600
(6) 借：其他应收款 6 000
贷：银行存款 6 000
(7) 借：银行存款 2 000
贷：库存现金 2 000
(8) 借：库存商品 6 000
贷：生产成本 6 000
(9) 借：原材料 5 000
应交税费——应交增值税(进项税额) 650
贷：应付账款 5 650
(10) 借：银行存款 10 000
贷：应收账款 10 000

科目汇总表

2×19 年 5 月 1 日至 31 日

第××号

单位:元

会计科目	记账凭证起讫号数	本期发生额		总账页数
		借方	贷方	
库存现金			2 000	
银行存款		52 000	183 500	
应收账款			10 000	
其他应收款		6 000		
在途物资		54 000		
原材料		5 000		
库存商品		6 000		
生产成本		80 000	6 000	
固定资产		101 400		
应付账款			5 650	
应交税费		26 350		
应付职工薪酬			100 000	
实收资本			40 000	
管理费用		22 600		
合计		347 150	347 150	

汇总收款凭证

借方科目:银行存款　　2×19年5月　　汇收第××号

贷方科目	金额				总账页数	
	1—10收款凭证 第　号至第　号	11—20收款凭证 第　号至第　号	21—31收款凭证 第　号至第　号	合计	借方	贷方
实收资本	40 000			40 000		40 000
应收账款			10 000	10 000		10 000
合计	40 000		10 000	50 000		50 000

汇总付款凭证

贷方科目:库存现金　　2×19年5月　　汇付第××号

借方科目	金额				总账页数	
	1—10付款凭证 第　号至第　号	11—20付款凭证 第　号至第　号	21—31收款凭证 第　号至第　号	合计	借方	贷方
银行存款			2 000	2 000	2 000	
合计			2 000	2 000	2 000	

汇总付款凭证

贷方科目:银行存款　　2×19年5月　　汇付第××号

借方科目	金额				总账页数	
	1—10付款凭证 第　号至第　号	11—20付款凭证 第　号至第　号	21—31收款凭证 第　号至第　号	合计	借方	贷方
固定资产	101 400			101 400	101 400	
应交税费	13 000	6 500		19 500	19 500	
在途物资		54 000		54 000	54 000	
管理费用			2 600	2 600	2 600	
其他应收款			6 000	6 000	6 000	
合计	114 400	60 500	8 600	183 500	183 500	

六、案例分析题

1. 答:小张负责的工作职责不合理合理。因为国家规定从事相关财务工作必须取得会计人员从业资格证书。

2. 答(1)小张考虑用专用记账凭证(收款凭证、付款凭证和转账凭证)合理。因为我国会计制度规定企业可以使用通用记账凭证和专用凭证记账。(2)小张采用订本总账和日记账合理,因为我国会计制度规定总分类账簿、银行存款日记账库存现金日记账必须使用订本账(3)购买三栏账和数量金额账基本合理,但不是商品种类多而是财务管理需要。(4)用科目汇总表合理。

七、项目实训题答案略。

项目九 会计报表

一、单项选择题

1. A 2. B 3. A 4. C 5. C 6. B 7. C 8. A 9. D

二、多项选择题

1. ABCDE 2. ABCD 3. ABC 4. BCD 5. ABCD 6. ACD 7. ABCD 8. BCD 9. ABCDE

三、项目实训题

项目实训题(一)

(1) 货币资金=2 180+356 782+51 000=409 962

(2) 应收票据及应收账款=48 000+1 200-3 000=46 200

(3) 预付账款=9 560+8 500=18 060

(4) 存货=78 350+13 680+13 000+21 000=126 030

(5) 长期股权投资=37 000-7 000=30 000

(6) 应付票据及应付账款=49 000+1 160=50 160

(7) 预收账款=58 000+8 000=66 000

(8) 长期借款=238 000-28 000=210 000

项目实训题(二)

资产负债表

编制单位:金鑫公司　　2×19 年 8 月 31 日　　单位:元

资产	期末余额	年初余额	负债及所有者权益	期末余额	年初余额
流动资产:			流动负债:		
货币资金	224 910		短期借款	512 600	
交易性金融资产			交易性金融负债		
衍生金融资产			衍生金融负债		
应收票据及应收账款	44 890		应付票据及应付账款	91 120	
预付款项			预收款项		
其他应收款	2 850		合同负债		
存货	306 000		应付职工薪酬		
合同资产			应交税费	18 900	
持有待售资产			其他应付款	13 000	
一年内到期的非流动资产	6 700		持有待售负债		

（续表）

资产	期末余额	年初余额	负债及所有者权益	期末余额	年初余额
其他流动资产			一年内到期的非流动负债		
流动资产合计	585 350		其他流动负债		
非流动资产：			流动负债合计	635 620	
债权投资			非流动负债：		
其他债权投资			长期借款		
长期应收款			应付债券		
长期股权投资	90 000		其中：优先股		
其他权益工具投资			永续债		
其他非流动金融资产			长期应付款		
投资性房地产			预计负债		
固定资产	1 357 800		递延收益		
在建工程			递延所得税负债		
工程物资			其他非流动负债		
固定资产清理			非流动负债合计		
生产性生物资产			负债合计		
油气资产			所有者权益（或股东权益）：		
无形资产			实收资本（或股本）	1 000 000	
开发支出			其他权益工具		
商誉			其中：优先股		
长期待摊费用			永续债		
递延所得税资产			资本公积	90 000	
其他非流动资产			减：库存股		
非流动资产合计	1 447 800		其他综合收益		
			盈余公积	305 530	
			未分配利润	2 000	
			所有者权益（或股东权益）合计	1 397 530	
资产总计	2 033 150		负债及所有者权益（或股东权益）总计	2 033 150	

单位负责人：　　主管会计工作的负责人：　　会计机构负责人：　　填表人：

项目实训题(三)

利润表

编制单位:美年公司　　2×19 年 7 月　　单位:元

项　目	行次	本期金额	上期金额
一、营业收入	1	1 545 000	
减:营业成本	2	738 000	
税金及附加	3	5 800	
销售费用	4	21 500	
管理费用	5	82 000	
研发费用	6		
财务费用	7	13 200	
其中:利息费用	8	13 200	
利息收入	9		
资产减值损失	10	25 100	
信用减值损失	11		
加:其他收益	12		
投资收益(损失以"—"填列)	13	68 000	
其中:对联营企业和合营企业的投资收益	14		
净敞口套期收益(损失以"—"号填列)	15		
公允价值变动收益(损失以"—"填列)	16		
资产处置收益(损失以"—"号填列)	17		
二、营业利润(亏损以"—"填列)	18	727 400	
加:营业外收入	19	28 900	
减:营业外支出	20	31 800	
三、利润总额(亏损总额以"—"填列)	21	724 500	
减:所得税费用	22	181 125	
四、净利润(净亏损以"—"填列)	23	543 375	
(一) 持续经营净利润(净亏损以"—"号填列)	24		
(二) 终止经营净利润(净亏损以"—"号填列)	25		

模块四　会计工作组织与要求

项目十　会计工作组织与工作规范

一、单项选择题

1. D　2. C　3. B　4. A　5. D

二、多项选择题

1. ABCD　2. ACD　3. ABC　4. ABD　5. ABCD

三、判断题

1. √　2. √　3. ×　4. ×　5. ×

四、简答题

1. 会计规范是处理会计事务的法律、原则、程序和方法的总称，是进行会计工作的规则和准则。

我国的会计法规体系包括会计法律、会计行政法规和会计部门规章三个层次。会计法是规范我国经济生活中会计行为的法律总称。会计行政法规是指依据《会计法》，由国家最高行政机关即国务院制定的、调整经济生活中某些方面会计关系的法律规范，是会计法律的补充和具体化。会计部门规章是指依据会计法律和会计行政法规由主管全国会计工作的行政部门—财政部及其他相关部委就会计工作方面的内容所制定的规范性文件。主要包括企业会计准则和企业会计制度等。

2. 国际财务报告准则（IFRS）、中小主体国际财务报告准则（IFRS for SMEs）、国际财务报告准则解释（IFRIC）、部分继续有效的国际会计准则（IAS）及其解释（SIC）构成了现在的国际会计准则体系。

3. 会计工作组织，是指企事业单位为保证会计工作正常、有效地运转，科学地组织会计工作，即如何安排、协调和管理好单位的会计工作。

会计工作组织的内容就是与组织会计工作有关的一切事物，主要包括：会计机构的设置，会计人员的配备，会计人员的职责权限，会计工作的规范，会计法规制度的制定，会计档案的保管，会计工作的电算化等。

4. 会计人员的职责：

(1) 进行会计核算；这是会计人员最基本的职责。

(2) 实行会计监督；这是会计核算的保障。

(3) 拟订本单位办理会计事务的具体办法。

(4) 参与拟定经济计划、业务计划，考核、分析预算、财务计划的执行情况。

(5) 办理其他会计事务。

会计人员的权限：

(1) 会计人员有权要求本单位有关部门、人员认真遵守国家财经纪律和财务会计规章制度。

(2) 会计人员有权参与本单位计划的编制、定额的制定、经济合同的签订，有权参与有关业务会议。

(3) 会计人员有权监督、检查本单位有关部门的财务收支、资金使用和财产保管、收支、计量、检查等情况。

5. 会计职业道德主要包括爱岗敬业、诚实守信、廉洁自律、客观公正、坚持准则、提高技能、参与管理、强化服务八个方面内容。

五、案例讨论题

上述行为违背了会计职业道德。

财务负责人和会计人员均违反了会计职业道德的诚实守信、客观公正和坚持准则要求。

参考文献

[1] 乙宸.会计准则变革对会计处理的影响和意义[J].现代营销(经营版),2019(7).

[2] 吴树怀.对新会计准则下财务管理的改进措施研究[J].财会学习,2019(7).

[3] 陈玲莉,何清.浅谈深化增值税改革对制造业的影响[J].经济师,2019(7).

[4] 邵士超.企业会计准则与税法的差异研究[J].纳税,2019(5).

[5] 李丽辉.增值税改革,全年减税超万亿元[N].人民日报,2019－03－28(9).

[6] 徐泓.基础会计学[M].4版.北京:中国人民大学出版社,2019.

[7] 中华人民共和国财政部.企业会计准则:合订本[M].北京:经济科学出版社,2019.

[8] 颜剩勇,廖文军.基础会计学[M].2版.大连:东北财经大学出版社,2019.

[9] 企业会计准则编审委员会.企业会计准则详解与实务[M].北京:人民邮电出版社,2019.

[10] 李占国.基础会计学综合模拟实验[M].3版.大连:东北财经大学出版社,2018.

高等教育出版社

教学资源索取单

尊敬的老师：

您好！

感谢您使用**韩丹**主编的《**基础会计**》。为便于教学，本书另配有课程相关教学资源，如贵校已选用了本书，您只要添加服务 QQ 号 800078148，或者把下表中的相关信息以电子邮件或邮寄方式发至我社即可免费获得。

我们的联系方式：

联系电话：(021)56718921/56718739　　电子邮箱：800078148@b.qq.com

服务 QQ：800078148(教学资源)

财务与会计教师论坛 QQ 群：960638476

地址：上海市虹口区宝山路 848 号　　邮编：200081

姓　　名		性别		出生年月		专　　业	
学　　校				学院、系		教 研 室	
学校地址						邮　　编	
职　　务				职　　称		办公电话	
E-mail						手　　机	
通信地址						邮　　编	
本书使用情况	用于________学时教学，每学年使用________册。						

您对本书有什么意见和建议？

您还希望从我社获得哪些服务？

☐ 教师培训　　☐ 教学研讨活动

☐ 寄送样书　　☐ 相关图书出版信息

☐ 其他____________________

郑重声明

高等教育出版社依法对本书享有专有出版权。任何未经许可的复制、销售行为均违反《中华人民共和国著作权法》，其行为人将承担相应的民事责任和行政责任；构成犯罪的，将被依法追究刑事责任。为了维护市场秩序，保护读者的合法权益，避免读者误用盗版书造成不良后果，我社将配合行政执法部门和司法机关对违法犯罪的单位和个人进行严厉打击。社会各界人士如发现上述侵权行为，希望及时举报，本社将奖励举报有功人员。

反盗版举报电话 （010）58581999　58582371　58582488
反盗版举报传真 （010）82086060
反盗版举报邮箱 dd@hep.com.cn
通信地址 北京市西城区德外大街4号　高等教育出版社法律事务与版权管理部
邮政编码 100120